RESEARCH METHODS FOR SOCIAL WELFARE

사회복지조사론

고관우 김경민 김현수 백창환
서민호 유승창 이수진 전대성
공 저

수양재

머리말

사회복지는 인간의 복지와 사회질서 유지에 기본적인 것으로 인정되는 사회적 욕구를 충족시키기 위한 제반 준비를 확보하고 강화하는 법률, 프로그램, 급여 및 서비스 체계이며 기본적 욕구를 충족시키기 위하여 인간의 안녕을 도모하는 것을 목적으로 하는 조직적 활동이라고 할 수 있다. 더욱이 오늘날의 사회복지는 시대와 상황, 그리고 사회환경에 따라 사회복지의 욕구 분야가 매우 다양하게 전개되고 있다. 이에 따라 사회사업의 계획 및 시행에 따르는 여러 가지 문제점들에 대한 원인 및 해결방안을 찾고 이를 토대로 사회사업의 지식과 개념을 확대하고 일반화하기 위하여 행해지는 것이 사회복지조사라고 할 수 있다.

최근 사회복지실천현장에서도 조사론에 대한 필요성이 점차적으로 증가하고 있다. 공공기관의 펀드(fund)를 유지하기 위해서 지역사회 욕구조사가 필수적이며, 예산이 얼마나 투명하게 집행되었으며 얼마나 효율적으로 수행되었는지를 평가하기 위해서도 다양한 분석을 통한 객관적 자료를 요구하고 있기 때문이다. 그러나 경우에 따라서 현장의 사회복지사는 조사론에 익숙하지 않아 힘들게 자료를 수집, 정리하고도 이를 적절히 활용하지 못하는 경우가 많다.

따라서 본 책은 사회복지학을 공부하는 예비 전문가들이 사회복지조사론에 대한 기본적인 개념을 이해하고 이 과목에 대한 흥미를 유발할 수 있도록 하는 데 도움을 주고자 시작되었으며, 특히 한국사회복지교육협의회(2022)의 “사회복지 교과목 지침서”에 근거하여 내용을 충실히 반영하고자 하였다.

구체적으로 본 책은 총 13장으로 구성하였는데, 1장 과학적 방법의 정의 및 특성에서는 사회과학과 사회복지, 과학에 대한 이해를 소개하였으며, 2장 증거기반실천에서는 증거기반실천의 이해, 증거기반실천의 효과, 증거기반실천의 태도 및 증거기반실천의 전제를 기술하였고, 3장 사회복지조사의 윤리에서는 연구윤리의 역사, 연구윤리의 적용, 사회복지조사 윤리의 개념과 원칙 및 쟁점 그리고 기관생명윤리위원회에 대해 소개하였으며, 4장 사회복지조사의 개관에서는 사회복지조사의 이해, 사회복지조사의 과정, 조사연구의 유형 및 조사연구의 주요 개념에 대해 기술하였다. 5장 개념화와 측정에서는 정의, 측정오류 및 신뢰도와 타당도에 대해 소개하였고, 6장 측정과 척도에서는 측정의 개념과 측정도구, 측정수준, 척도의 구성 및 척도형태 결정 시 고려사항을 기술하였으며, 7장 인과관계추론과 연구설계에서는 인과적 추론, 내적 타당도와 외적 타당도, 실험설계 및 단일사례연구설계에 대해 소개하였고, 8장 프로그램 평가와 욕구조사에서는 프로그램 평가와 욕구조사에 대해 기술하였다. 9장 표본추출에서는 표본추출의 이해와 표집방법에 대한 접근에 대해 소개하였으며, 10장 설문조사에서는 설문조사의 이해와 설문지 작성에 대해 기술하였고, 11장 질적 연구방법에서는 질적 연구의 이해, 질적 연구의 유형, 질적 연구의 자료수집 및 질적 자료의 분석에 대해 소개하였으며, 12장 양적 자료분석에서는 추리통계, 기술통계 및 점수 표시 방법에 대해 기술하였고, 13장 연구보고서 작성에서는 조사계획서, 조사보고서 및 프로그램 평가보고서에 대해 소개하였다.

본 책이 사회복지실천가로서 조사에 기반을 둔 지식을 습득하여 활용하고 실제적으로 조사분석을 활발하게 수행하는 데 도움이 되기를 소망해 본다. 마지막으로 출판을 맡아 주신 수양재의 강성민 사장님과 임직원 여러분의 수고에 진심으로 감사를 드립니다.

2023년 7월
저자 일동

차 례

Chapter 01

과학적 방법의 정의 및 특성

배울 내용

1. 사회과학과 사회복지
2. 과학에 대한 이해

학습목표

1. 사회과학과 사회복지의 관련성을 파악한다.
2. 과학적 방법의 정의 및 특징들을 설명할 수 있다.

01
Chapter
과학적 방법의 정의 및 특성

1. 사회과학과 사회복지

1) 사회과학과 사회복지의 관계

사회과학(社會科學, social science)은 인간과 인간 사이의 관계에서 일어나는 사회현상과 인간의 사회적 행동을 탐구하는 과학의 한 분야로, 자연과학의 발전에 영향을 받아 발전한 과학적 방법을 사용하여 사회현상을 연구한다. 따라서 자연과학과 같이 사회과학 역시 경험적 지식체계를 구축하는 경험과학이라고 할 수 있다. 그러나 자연과학과 달리 사회과학은 인간 사이의 관계를 연구하기 때문에 가치관의 문제가 대두될 수 밖에 없다. 즉, 자연과학과 동일한 방법으로 사회현상을 연구하여 규명하기에는 한계가 있다. 하지만 사회현상에서도 독자적인 규칙성을 발견할 수 있기 때문에 사회과학은 이를 설명할 수 있다.

다시 말해, 사회과학(social science)은 인간의 모든 행위, 즉 개인의 독자적 행동과 타인과 상호 관련되어 나타나는 사회적 활동을 연구대상으로 하여 사회현상이나 인간의 행동을 분석하고 종합하여 일반적 법칙을 찾아내려는 인간의 지식적 활동에 의한 지식체계이다. 즉, 사회과학은 경험과학이고, 역사과학이며, 실천과학이고, 사회현실에 대한 전체적 인식과학이다. 사회복지학(social welfare)은 사회과학의 한 분야로 과학의 분류를 살펴보면 그림 1-1과 같다.

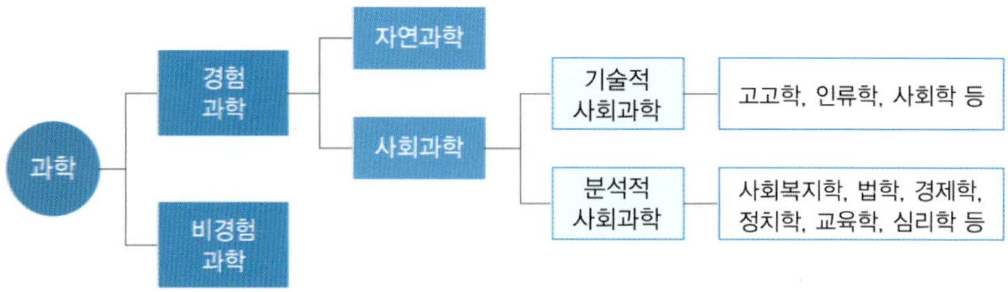

그림 1-1 과학의 분류

사회과학이 다루는 사회현상은 사회 그 자체의 구성에서부터 사회에서 일어나는 경제, 정치, 문화적인 사건뿐만 아니라 사회의 구성원인 개인의 심리에 이르기까지 다양하다. 이들 가운데 대표적인 분야로는 표 1-1과 같은 학문들이 있다.

표 1-1 사회과학의 대표적인 분야

구분		내용
기술적 사회과학	고고학	고고학(考古學, archaeology)이란 과거 인류가 남긴 잔존물을 통해 과거 문화를 복원하고 그들의 생활상을 연구하는 학문이다. 과거의 인간들의 활동은 반드시 그 잔존물을 남기게 되는데, 이것이 유적, 유구, 유물 등의 고고학적 자료이고, 이 물질적인 잔존물을 통해 고고학의 연구가 이루어진다.
	인류학	인류학(人類學, anthropology)은 '그리스어 anthropos(인간)와 logos(학문, 지식)가 합쳐진 말'로 인간에 관한 모든 것을 연구하는 학문으로 정의할 수 있다.

구분		내용
	사회학	사회학(社會學, sociology)이란 인간 사회와 인간의 사회적 행위를 연구하는 학문이다. 사회학의 창시자인 오귀스트 콩트(Isidore Auguste Marie François Xavier Comte)는 인간 사회도 자연세계처럼 자연과학적 방법과 동일하게 연구될 수 있다고 보고, 인간 사회를 과학적으로 탐구하는 새로운 과학의 필요성을 주장하면서 사회학을 '사회 질서와 진보의 법칙을 연구하는 학문'으로 명명하고 있다.
분석적 사회과학	법학	법학(法學, Jurisprudence)은 법률을 연구대상으로 하는 학문이다. 즉, 헌법, 민법, 상법, 형법과 같은 법률의 해석을 다루는 법해석학이라고 할 수 있다. 법학에서는 법의 개념을 정리하고 법률의 종류를 분류하며 법의 효력, 적용과 해석 등을 연구한다.
	경제학	경제학(經濟學, economics)은 세상을 구하고 나라를 다스린다는 경세제민(經世濟民)의 준말로서, 인간의 생활 가운데 부(富) 또는 재화 및 용역의 생산 · 분배 · 소비 활동을 다루는 사회과학의 한 분야이다.
	정치학	정치학(政治學, political science)은 정치 체제나 정치 행위와 같은 정치 현상을 탐구하는 사회과학이다. 정치학은 서로 연관되어 있는 정치적 사건과 여러 조건들을 살펴보고, 세계의 정치 방향을 연구하여 그 안에 있는 규칙성을 발견하고 개념화하는 학문이다.
	교육학	교육학(敎育學, pedagogy)은 교사가 지도하는 일에 대한 기술과 연구를 의미하며, 일반적으로 교수(敎授)의 전략이나 방법을 가리킨다. 넓은 의미에서 교육을 대상으로 하는 교육론(敎育論)을 포함하기도 한다. 또한 교육학은 교사가 학생과 상호작용하는 방법과 교사가 설정하고자 하는 사회적 및 지적 환경을 포함하기도 한다.
	심리학	심리학(心理學, psychology)은 인간의 행동과 심리과정을 과학적으로 연구하는 경험과학의 한 분야를 뜻한다. 인간과 동물의 행동이나 정신과정에 대한 다양한 질문의 답을 찾는 과학 중의 하나가 바로 심리학이다.

사회과학(Social sciences)은 우리 사회의 다양한 현상과 인간관계를 연구대상으로 삼는다. 그중 사회복지는 사회과학의 분석적 사회과학의 한 분야라고 할 수 있다. 이러한 사회복지는 사회현상에 내재하는 여러 문제를 해결하기 위해 노력하는 학문이며, 이를 위해 실천적이고, 현장중심적인 성격을 가진다. 이러한 실천적 노력을 통해 다양한 대안을 제시하고, 나아가 문제해결을 도모하는 것이 사회복지의 주요한 내용이다.

특히 사회복지는 인간의 다양한 생활 전반에 대한 풍부한 자료를 갖고 있기 때문에 사회과학의 근간이 되며, 이렇듯 사회과학과 사회복지는 상호 간의 밀접한 연관성을 가지고 있다. 이러한 밀접한 연관성을 기반으로 사회과학과 사회복지는 다양한 사회 문제를 해결하고, 완화하는 데 초점을 둔다. 또한 사회복지가 사회과학적 연구방법을 적용함으로써 얻는 효과는 과학성이라고 할 수 있다. 이러한 과학성은 객관성을 기반으로 한다(이세형, 2019).

2) 사회복지조사와 사회과학

사회과학의 전반적 발전이 촉진되고 사회조사가 과학적 연구방법으로 조명되었으며, 특히 1970년대부터 사회복지서비스에 대한 평가가 중요시되면서 사회복지학에서 사회조사의 적용과 사회복지학의 과학적 위상을 높이려는 노력이 폭넓게 이루어졌다. 사회복지학의 학문적 발전을 위해서는 물론 실천지식과 기술의 과학성을 높이기 위해서도 사회복지조사를 체계적으로 연구하고 활용하는 것이 중요하다.

사회복지조사는 사회현상에 대한 지식을 과학적 방법으로 수립하는 절차이다. 사회현상을 다루는 사회과학의 전반적 분야에 모두 적용되는 것으로 사회과학의 연구방법 또는 사회과학방법론이라고 해도 무방하다. 한편 사회복지조사는 개인들을 둘러싼 사회체계(가족, 이웃, 지역사회 및 국가사회)와의 관계에서 나타나는 문제와 이를 해결하기 위한 사회제도에 관련되는 지식을 논리적 타당성과 경험적 확인을 통하여 수립하고 검정하는 활동 및 절차라고 할 수 있다. 사회복지조사는 개인 욕구를 충족시키고 행복을 증진시키고 사회문제에 대한 해답을 찾기 위해 수행되므로 결국 사회복지조사는 사회복지의 목적을 달성하는 수단이라고 할 수 있다(강종수, 2013). 사회복지조사는 **표 1-2**와 같은 유용한 역할을 담당한다(사회복지교육연구센터, 2016).

표 1-2 사회복지조사의 역할

구분	내용
학문적 기초를 형성하고 응용적 역할을 한다.	사회복지조사는 사회복지학의 지식과 기술축적 등의 학문 발달에 이용되는 순수 조사의 성격을 가지면서 동시에 문제해결에 필요한 지식산출이라는 현실생활에서 실제로 사용되기도 하는 응용적 역할을 한다. 사회복지조사는 실제문제에서 출발하고 그 목적은 사회복지 프로그램을 개발하고 실천해 나가는 데 활용될 수 있는 지식을 산출하는 것이다.
과학적 실천을 가능하게 한다.	사회복지 전문가들은 사회복지의 과학적 실천활동에 대한 체계적 지식을 수집하기 위한 수단으로 조사방법을 활용한다. 인간의 문제에 대한 객관적인 자료를 수집하고 개입 계획을 세우며, 개입 후 효과성을 평가하여 가설의 연관성과 문제의 인과관계를 검증할 수 있다.
사회복지이론과 기술체계 구축에 유용하다.	사회복지조사는 사회복지이론(사회복지 관련 현상을 설명하고 예측할 목적으로 변수들 간 관계를 구체화시키고 현상에 대해 체계적인 지식을 제시)을 형성하고 이를 바탕으로 실천기술을 구축하는 데 유용하다.
사회복지의 책임성을 제고한다.	사회복지 개입의 효과를 입증하고 이를 통해 전문직으로서의 책임과 역할을 다하기 위해 사회복지조사가 활용될 수 있다.

2. 과학에 대한 이해

1) 과학의 정의 및 목적

현대사회에 살고 있는 우리는 과학의 시대에 살고 있다. 쉽게 말해, 과학은 어떠한 현상에 내재되어 있는 속성과 법칙을 객관적인 방법으로 규명하여 보편적인 진리로 인식하는 것으로써, 그것을 응용하는 과정을 거친 진술이나 이론을 의미한다. 즉, 과학이란 지식 제공, 규칙성 일반화, 변수들 사이의 관계 진술, 이론을 바탕으로 하는 현상을 예측하는 것을 목적으로 한다. 과학의 구체적인 목적은 어떤 현상을 탐색, 기술하고, 설명하며, 예측하고 통제하고자 하는 것으로, 이를 구체적으로 살펴보면 다음과 같다.

(1) 탐색적 확인

어떤 사회현상에 대해 좀 더 잘 알아보려고 하거나 그에 대한 새로운 통찰을 얻기 위해 탐색적 조사연구가 진행될 수 있다. 탐색은 연구자가 어떤 문제에 대해 새로운 관심을 갖거나 연구주제 자체가 비교적 새로운 경우에 이루어지며 대부분 그 자체가 목적이 아니다. 탐색적 연구의 일반적인 목적은 연구자의 관심과 보다 나은 이해를 얻으려는 욕구를 만족시키는 것, 더 깊이 있는 조사연구의 수행 가능성을 검정하는 것, 그리고 이후의 연구에서 이용할 수 있는 방법을 개발하는 세 가지로 정리할 수 있다. 탐색적 연구는 해답을 암시하고 어떤 연구방법이 결정적 해답을 줄 수 있는지에 대한 시사점을 줄 수는 있지만 연구문제에 대해 만족스러운 해답을 주는 경우는 드물다.

(2) 현상의 기술

기술이란 어떤 사건이나 현상에 대하여 관찰한 사실들을 요약하고 기록함으로써 현상 자체의 속성을 있는 그대로 기록하는 것이다. 기술을 목적으로 한 연구에서는 어떤 현상이 있으면 왜 그런 현상이 나타나게 되었는지를 설명하기보다는 단순히 현상의 속성이나 특성을 있는 그대로 관찰하여 서술하는 데 그 주안점을 두고 있다. 모든 연구는 주제에 대한 충분한 탐색이 이루어진 후에 기술이 가능하고 이러한 사회현상의 기술을 토대로 연구자는 현상에 대한 과학적 설명과 예측의 차원으로 발전시킬 수 있다. 기술은 간단히 '무엇이 어떠하다'는 개념으로 이해된다.

사회복지와 관련하여 현상에 대한 기술을 목적으로 하는 전형적인 연구주제의 예를 살펴보면, "아동학대의 유형별 실태 분석", "사회복지사가 경험하는 직급별 소진 수준", "청소년들의 인터넷 사용 정도" 등이다. 그리고 "아동학대의 유형별 실태 분석"의 경우 아동학대의 유형이 무엇인지, 유형별로 몇 퍼센트인지를 기술할 뿐 왜 학대가 나타나게 되었는지를 설명하지는 않는다.

(3) 과학적 설명

설명은 현상이 일어나게 된 이유 또는 원인을 밝히는 것을 의미한다. 어떤 현상에 관한 궁금증을 풀어 주는 것으로 '왜(why)'라는 물음에 대답하는 것이다. 현상이 '무엇(what)'인가를 밝히는 기술과는 차원이 다른 것으로 설명은 주어진 상황에서 현상 발생의 원인이 되는 선행요인에 대한 체계적이고 경험적인 분석을 토대로 가능하며 설명을 통해 특정 사건들이 왜 특정 시간과 장소에서 발생하고 있는지를 알 수 있게 된다.

연구의 목적이 현상을 설명하는 데 있다면, 그 연구는 과학적 검정과정을 통해 현상의 특성과 그러한 현상이 나타나게 된 이유를 제시하는 데 초점을 두게 된다. 예를 들어, "학대를 경험한 아동의 성격특성과 대인관계 성향의 관계는 어떠한가?", "왜 경제적 불안정이 이혼율을 증가시키는가?", "청소년의 인터넷 사용과 정신건강과의 관계는 어떠한가?" 등이다.

(4) 미래의 예측

예측이란 이론의 기초적인 명제로부터 보다 복잡한 명제를 추론하는 것으로 관찰에 의해 입증될 수 있는 미래의 사회적 현상의 특정한 측면에 관한 예상이나 기대의 진술을 의미한다. 우리가 어떤 현상의 원인을 알고 있다면 그 원인과 관련된 현재의 상태가 어떠한지를 파악함으로써 미래가 어떻게 될 것인지를 예측할 수 있다.

예측은 설명과 유사하지만 설명은 이미 일어난 현상에 대해 그 원인을 밝히기 위해 연구를 통해 법칙을 찾아내는 것이라면, 예측은 일반적인 법칙과 사실을 통해 특정 현상이 발생하기 전에 그 현상을 예측하고자 한다. 예를 들어, "사회복지직 공무원의 이직 의도에 관한 연구", "저출산 · 고령사회에 따른 국민연금 재정 추계" 등이다.

(5) 현상의 통제

통제는 현상을 결정하는 사건을 조작하는 것으로 인간의 형태, 사회현상이 발생하는 원인을 알게 되면 이러한 원인 · 선행조건을 조작하여 현상을 바람직한 방향으로 통제할 수 있다. 즉, 어떤 현상이 나타났을 때 왜 그런 현상이 나타났는지를 인과적으로 설명할 수 있다면 그 현상을 일으키는 조건을 강화하거나 제거함으로써 통제할 수 있게 된다. 사회복지조사의 궁극적인 목적은 단순한 현상의 기술이나 설명을 넘어 적극적으로 원인을 찾고 적절하게 통제하여 문제를 해결하는 것이기도 하다.

2) 과학적 연구방법

과학적 연구방법(科學的 方法, scientific method)은 현상을 연구하고 새로운 지식을 구축하거나 이전의 지식들을 모아 통합할 때 사용되는 기법으로, 경험과 측정에 근거한 증거를 사용하여 현상의 원리를 밝히는 과정이다. 이러한 과학적 연구방법은 하나로 정형화되어 있지는 않기 때문에 여러 과학 분야에서 다양한 과정이 사용된다. 그러나 현상을 설명하는 가설을 수립하고, 이 가설에 의한 예측이 들어맞는지를 검증하기 위해 실험을 설계한다는 점은 공통적이다. 과학적 연구방법에 의해 설계된 실험은 어떠한 실험자가 하여도 실수나 혼동이 없이 재현될 수 있도록 각 단계를 구체적으로 제시하여야 한다. 실험을 통해 수립된 가설은 다시 독립적인 다수의 시험을 통해 동일한 조건 속에서 그 결과가 같음을 검증받아야 한다. 과학계의 동료평가를 통해 검증된 가설은 해당 분야의 이론으로 받아들이게 된다. 새롭게 검증된 가설은 이론을 이루고, 이론에 따라 또다시 새로운 가설이 만들어질 수 있다.

과학적 연구방법을 따르는 여러 과학 분야는 결과에 대한 설명에 편견이 개입하는 것을 줄이기 위해 가능한 객관적이고자 한다. 과학적 문서는 모든 데이터, 연구와 실험방법 등을 기록하고, 이를 공개하여 다른 과학자들로 하여금 검증할 수 있는 기회를 제공하여야 한다. 흔히 '전면 공개'라고 불리는 이러한 관행에 따라 공표된 데이터는 다른 실험자가 신뢰도를 평가할 수 있다.

다시 말해, 과학적 연구방법은 과학적으로 지식을 획득하는 방법을 말한다. 과학적 연구방법은 연구절차가 논리적이고, 체계적이어야 하며, 경험적으로 검증이 가능해야 한다. 이를 통해 다른 연구자에 의해 연구가 이루어진다고 해도 동일한 결과를 얻을 수 있도록 객관적이어야 한다. 따라서 과학적 방법에는 연구자가 정확하고 신뢰할 수 있는 결론에 도달하도록 돕기 위해 고안된 일련의 단계가 포함된다. 과학적 방법의 과정을 간단하게 살펴보면 표 1-3과 같다.

표 1-3 과학적 방법의 과정

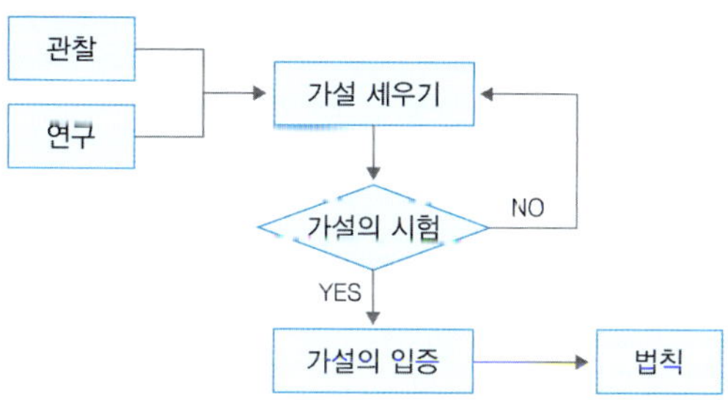

1. 문제를 정의하기
2. 정보와 자료를 모으기(관찰)
3. 관찰한 사실을 설명할 수 있는 가설 세우기
4 실험을 통해 데이터를 모으고 가설을 시험하기
5. 데이터를 분석하기
6. 분석된 데이터를 기준으로 가설을 평가하고 새로운 가설을 세우기
7. 결과를 발표하기
8. 다시 시험하기(종종 다른 과학자들이 발표된 가설을 검증)
9. 반복된 실험으로 검증된 가설은 이론으로 인정

3) 과학적 지식의 특징

과학적 연구방법이란 어떤 현상에 대해 체계적이고, 논리적이며, 경험적인 관찰을 통하여 객관적으로 지식을 획득하는 방법을 의미한다. 즉, 어떤 현상에 대해 논리적으로 유추된 지식이 경험적으로 관찰된 사실과 일치할 때 과학적이라고 말할 수 있다. 이러한 과학적 지식(scientific knowledge)의 특징을 살펴보면 그림 1-2, 표 1-4와 같다.

그림 1-2 과학의 정의

표 1-4 과학적 지식의 특징

구분	내용
논리성	과학은 논리적 사고에 의존하며 사건 간의 연결이 객관적 사실에 의해 뒷받침되어야 한다. 과학의 논리는 모순이 없어야 하는데 일반적으로 논리성 확보를 위해서는 연역법과 귀납법이라는 두 가지 방법을 사용하게 된다.
인과성	과학에서는 모든 결과가 어떠한 원인에 의한 것이며, 원인과 결과를 논리적으로 설명할 수 있어야 한다. 그러나 과학적 방법을 사용하여도 모든 결과의 원인을 찾아내는 것은 불가능하며 하나의 결과에 대해서도 여러 가지 원인이 있다는 것을 인정해야 한다.
일반성	경험을 통해 얻은 구체적 사실 등을 바탕으로 보편적인 원리를 추구하는 것을 말하며, 연구결과가 많은 현상을 설명하거나 예측할 수 있다면 더 좋은 과학적 연구결과라고 할 수 있다.
간결성	어떠한 현상을 설명하기 위해 최소한의 설명변수만을 사용하여 가능한 최대의 설명력을 높이는 것이 중요하다. 그러나 간결성을 높이면 설명력이 떨어지는 경향이 있고 설명력을 높이면 간결성이 떨어지는 경향이 있기 때문에 적정한 수준에서 간결성을 선택해야 한다.

구분	내용
구체성	과학적 방법에서 사용되는 개념이 무엇인가를 정확히 정리해야 하며, 이러한 정의를 다른 사람이 이해하도록 구체적으로 표현해야 한다. 개념에 대한 정의를 부여하는 과정을 개념의 조작화라고 하며, 하나의 개념에 대해서도 여러 가지의 조작화가 가능하다. 조작적 정의는 개념을 측정 가능하도록 구체화하는 것이다.
검증 가능성	제시한 이론들이 현실에서 검증될 수 있어야 한다. 주장하는 이론을 직접 검증하거나 반대되는 이론이 잘못되었다는 점을 검증하는 방법을 적용한다.
상호 주관성	과학적 방법론은 경험을 통해 검증되어야 할 뿐 아니라 객관적 수준에서도 인정을 받아야 한다. 상호주관성은 이와 같이 서로 다른 연구자가 서로 다른 동기를 가지고 연구를 할 경우라도 동일한 방법과 과정을 통해 검증을 할 경우 동일한 결론에 도달할 수 있어야 한다는 것을 의미한다.
수정 가능성	과거에는 사실이라고 인정받았던 이론들이 시간이 경과함에 따라 잘못된 것으로 확인되거나 다른 이론들로 대체될 수 있으며, 모든 연구자들은 이런 전제를 인정해야 한다. 즉, 모든 이론들은 항상 수정될 수 있다는 것을 전제해야 한다.
효용성	과학적 방법으로 설명되는 이론들은 진위여부도 중요하지만 현실 세계를 이해하는 데 얼마나 유용한가도 평가되어야 한다.

4) 지식의 형성방법

지식(knowledge)이란 무엇에 대하여 아는 상태 또는 어떤 현상이나 그 현상에 대한 설명을 사실(truth)이라고 믿는 것을 말한다. 지식은 우리가 단지 사실이라고 믿는 것에 불과하며 반드시 실재(reality)를 나타내는 것은 아니다. 지식을 습득하는 방법에는 개인이 직접적으로 경험한 것(관찰)에 근거한 '경험적 지식(experiential knowledge)'과 사회구성원의 합의에 의해 형성된 보편적 지식인 '합의적 지식(agreement knowledge)'이 있는데(고수현, 박성복, 2013; 박선희, 천정웅, 2018; 장정순, 2016), 구체적인 내용은 표 1-5와 같다.

표 1-5 지식의 유형

구분	내용
경험적 지식	경험적 지식은 자신의 직접 경험에 의해 믿게 되는 사실로 어떤 현상을 직관적으로 이해하거나 자신이 직접 경험한 사실에 기초하여 사물을 이해하는 것이다. 예를 들어, 어린아이는 뜨거운 난로에 손을 대 본 경험이 있으면 어머니가 난로가 뜨겁다는 것을 가르쳐 주지 않아도 직접적인 경험을 통해 난로가 뜨겁다는 것(지식)을 알게 되는 것이다. 바늘에 찔리면 피가 나고 아프다거나 물은 위로 흐르지 않고 아래로만 흐른다는 사실은 우리의 직접적인 경험을 통해 믿게 되는 사실이다.
합의적 지식	합의적 지식은 다수의 사람들이 사실이라고 믿기 때문에 사실이 되는 것이다. 우리가 알고 있는 지식의 대부분은 합의에 바탕을 두고 있는 것으로, 예를 들어 우리가 일상적인 경험으로는 지구가 둥글다는 것을 느끼지 못하지만 초등학교 학생들도 지구가 둥글다는 사실을 받아들인다. 이는 다수의 사람들이 지구가 둥글다는 사실에 대해 합의하고 있으므로, 그것은 사실이 되고 책을 포함한 다양한 문화적 사회화의 과정에서 이러한 합의적 사실들을 널리 알리기 때문이다.

예전부터 지식 축적을 위해 다양한 방법들을 사용하여 왔다. 하지만 이러한 방법들은 과학적 방법에 비하면 너무나도 하위호환(下位互換, Backward Compatibility)이기 때문에 어느 정도 이상의 엄밀함을 보장하려면 과학적 방법을 따르게 된다. 지식의 형성방법에 대해 살펴보면 다음과 같다.

(1) 신비적 방법

자기가 특별한 꿈을 꾸었다거나, 하늘에서 계시를 받았다거나, 우주의 선택을 받았다거나 하는 신비주의적 주장으로 어떤 지식을 정당화하는 방법이다. 전근대 사회에서는 날씨를 예측하거나 중요한 의사결정을 할 때 신비적 방법에 크게 의존하였다. 특히 제정일치 사회에서는 아래의 '권위에 의한 방법'과도 크게 다르지 않았다. 그러나 이는 주장을 주장으로 정당화하는 것이며, 자연주의적이지도 않고, 경험적으로도 신뢰할 수 없는 경우가 많다.

(2) 단순한 경험에 의한 방법

과거의 자신 혹은 타인의 유사한 경험을 바탕으로 어떤 지식을 정당화한다. 흔히 노하우라고 불리는 지식이 이런 종류이다. 이렇게 얻어진 지식은 일반화에 한계가 있으며, 그 일반화의 경계 조건이 어디까지인지도 파악할 수 없다. 또한 경험에는 해석이 포함되기 때문에 자칫 잘못된 인과성 추론과 같은 미신적 사고가 발동하기 쉽고, 기억이 왜곡되면 그것에 기초한 지식도 쓸모가 없어진다.

(3) 관습에 의한 방법

지금까지 줄곧 그렇게 해 왔으니 그것이 항상 옳을 것이라고 어떤 지식을 정당화한다. 이것은 지식의 보존과 전수에는 효과적이지만, 이미 갖고 있는 지식을 발전 · 확장 · 비판 · 교정하는 데에는 취약하다. 특히 시간이 지남에 따라 얼마든지 변화할 수 있는 사회과학적 현상들은 그것을 설명하는 지식 역시 변화에 맞게 다듬어져야 하는데, 관습으로 취득된 지식은 그런 변화를 감지할 수 없다.

(4) 권위에 의한 방법

사회적으로 합당한 권위를 갖추었다고 인정받는 사람의 전문성에 의거하여 어떤 지식을 정당화한다. 실제로도 사회의 '웃어른'들에게 인생의 교훈을 듣는 청년들이나, 정계 원로에게 조언을 구하는 정치인 등을 떠올릴 수 있다. 법학계에서도 어떤 사람을 전문가로서 법정에 세우기 위한 전문성의 기준을 엄밀하게 정해 놓고 있다. 여기서 문제가 되는 것은, 권위자들 역시 세상의 변화에 빠르게 대처하지 못한다는 것이다. 또한 그 사람이 합당한 권위를 갖추었는가의 자체가 시빗거리가 되기도 하고, 여러 권위자들 사이에 지식이 서로 갈려서 어느 쪽을 따라야 할지 애매해지는 상황도 많이 발생한다.

(5) 상식에 의한 방법

세상을 알아가는 또 다른 방법으로 상식이 있다. 상식은 논리적 추론을 의미하며, 관습과 권위에 기초한 광범위하게 공유된 믿음을 의미한다. 상식은 우리의 개인적인 경험이나 우리 주위의 다른 사람의 경험을 실제적인 지식의 원천으로 삼는 경우이다. 상식에서 문제가 되는 것은 '모든 사람이 알고 있는' 것이 틀릴 수 있다는 것이다. 상식은 합리적이고 명확한 것으로 보이기도 하지만, 지식의 기원으로서 과학에 대한 대안으로는 불충분하고 위험하다. 상식은 일반화된 지식의 기반이 되기 어려운데 그것은 개인의 특수하고 독특한 상황과 연관되어 있기 때문이다.

(6) 편향적인 직관에 의한 방법

직관적으로 쉽게 상상될 수 있다는 점을 들어서 어떤 지식을 정당화한다. 문제는 직관이 항상 명확하지는 않다는 것이다. 인간은 온갖 편향에 시달리는 존재이고, 자기 좋을 대로 세상을 이해한다. 직관은 신속한 생각일 뿐, 신속하고도 정확한 생각은 되지 못한다. 실제로 과학적 방법에 따라 연구를 진행함으로써 틀렸다고 판정된 직관적 아이디어들이 매우 많고, 지금 이 순간에도 수많은 과학자들이 의외의 연구결과들을 발표하고 있다.

(7) 대중에 의한 방법

다수의 사람들 사이에 이미 사회적으로 통용되고 있는 바를 근거로 어떤 지식을 정당화한다. 특히 이는 대중매체를 다루는 커뮤니케이션학이나 비평이론 분야에서 주목하고 있는 부분이다. 예컨대, '전체 가구 중의 과반수는 어머니-아버지-자녀 3명으로 구성되어 있다' 같은 지식은 어떤 정당화를 따로 거쳐서가 아니라 온갖 매체들에서 그런 가족 이미지를 보여 주었기 때문이다. 이 방법의 한계점은 대중도 얼마든지 틀릴 수 있다는 것, 그중에서도 특히 사회적 압박과 동조 현상을 고려하지 않는다는 것, 역시 시간의 흐름에 따른 현상의 변화에 대응하지 못한다는 것 등이 있다.

(8) 과학적 방법

과학적 방법이란 과학적 지식을 습득하는 방법을 의미한다. 현상의 개념에 대한 가설 검증 등의 체계적이고 객관적인 단계를 거쳐 이론을 도출하는 방법으로 가설 검증 과정을 통해 명제의 정확성을 확보한다. 이러한 논리적으로 유추된 현상에 대한 지식이 경험적으로 관찰된 사실과 일치하면 과학적 지식으로 간주된다.

5) 과학적 이론

이론이란 말은 본래 '본다'는 뜻에서 유래되었다. 다시 말해, 이론은 사물을 정확히 본다는 뜻이다. 따라서 이론은 어떤 현상을 질서 있게 또는 체계 있게 설명해 주는 것으로 말할 수 있으며, 이러한 설명이 일반성을 가지게 되고 미래에 대한 예측력을 갖게 된다고 할 수 있다.

과학적 연구의 논리는 크게 연역법과 귀납법으로 구분할 수 있다. 일반적인 사실에서 특수한 결론에 도달하기도 하고 반대로 특수한 사실에서 일반적인 결론에 이르기도 한다. 과학적 이론을 연역법과 귀납법으로 구분하여 살펴보면 표 1-6과 같다(이세형, 2019).

표 1-6 연역법과 귀납법

구분	내용
연역법 (deduction)	전통적인 과학적 연구의 접근방법으로 보편적이거나 일반적인 법칙으로부터 구체적이고 특수한 현상에 대한 지식을 추론해 내는 접근방법이다. 연역법에서 가장 흔히 인용되는 대표적인 예로 삼단논법이 있다. 주로 실증주의자들이 사용한다. 가설: 모든 사람은 죽는다. → 조직화: 소크라테스는 사람이다. → 관찰, 경험: 그러므로 소크라테스는 죽는다. → 검증: 모든 사람은 죽는다. ▣ **연역적 방법의 추론단계** • 1단계: 자신이 관심을 갖고 있는 주제를 상세히 기술한다. 주제는 가치가 있어야 함과 동시에 자신에게도 흥미가 있어야 한다. • 2단계: 자신이 선택한 주제에 대해 다른 사람들은 어떻게 말하는지를 대화나 논문, 책 등을 통해 찾아본다. • 3단계: 이론이 다룰 현상의 범위를 구체적으로 기술한다. • 4단계: 주요 개념들과 변수들을 파악하여 상세히 기술한다. • 5단계: 위의 변수들 간의 관계에 대해 이미 알려진 명제들을 모은다. • 6단계: 위의 명제로부터 자신이 조사하고 있는 구체적 주제로 논리적인 추론을 한다.
귀납법 (induction)	개별적인 사실로부터 일반적인 원리 또는 이론으로 전개해 나가는 논리적 과정이다. 관찰에서 시작하여 일반적인 원리나 이론으로 전개해 나간다. 연구대상이 된 경험세계를 객관적으로 관찰하고 결과를 기록하고, 그 결과가 어떤 규칙에 따라 일정한 유형으로 전개되는 것을 발견하는 것이다. 귀납법에 의해서 임시적으로 결론 내린 유형을 객관적 수준에서 증명하기 위해서는 계량적인 분석절차와 통계적 분석이 필요하다. 주제선정: 인간의 죽음 → 관찰: 소크라테스의 죽음을 관찰 → 유형발견: 다른 많은 사람들의 죽음을 관찰 → 임시결론: 그러므로 모든 사람은 죽는다. ▣ **귀납적 방법의 특징** • 관찰에서 시작하여 일반적인 원리나 이론으로 전개해 나가는 논리적 과정이다. • 경험의 세계에서 관찰된 사실들이 공통적 유형으로 전개되는 것을 객관적 수준에서 증명하는 것이다. • 연구주제는 가설을 설정하지 않고 관심 분야나 문제를 인식하는 차원에서 출발한다. • 연구대상이 된 경험세계를 객관적으로 관찰하고 결과를 기록한다. 기록한 결과가 어떤 규칙에 따라 일정한 유형으로 전개되고 있는가를 발견하고자 한다. • 일정한 유형이나 규칙성을 객관적 수준에서 설명하고 임시적 결론으로 발전시킨다. • 분석절차와 방법이 계량적이어야 하고 이를 위해 통계분석이 필요하다.

구분	내용
연역법과 귀납법의 통합	연역법은 합리적 추론에 의해서, 귀납법은 경험적 근거에 의해서 지식을 얻게 되는 방법이다. 이러한 연역법과 귀납법은 상호보완적인 순환관계이다. 연역법과 귀납법은 각각 독립적으로 이론을 전개해 나가는 것처럼 보이지만 실제 연구에서는 연역법과 귀납법은 순환적 관계로 상호 연결되어 있다. 이러한 과정은 시작점과 종착점이 없는 순환과정이다.

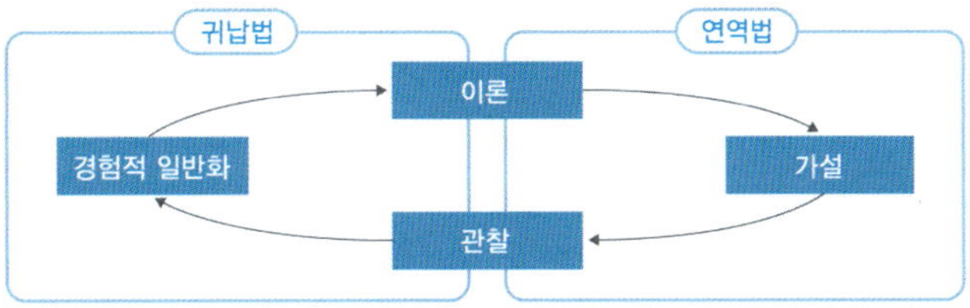

일반적으로 기존 이론이 존재할 때는 연역법을 사용하고, 기존 이론이 존재하지 않을 때는 귀납법을 주로 사용한다.

6) 연구패러다임의 이론과 철학적 논의

패러다임(paradigm)은 어떤 것에 대한 관점을 조직화시켜 주는 근본적 모델 또는 개요(scheme)이다. 즉, 인간이 사물과 현상을 관찰하는 데 있어 공통적으로 가지는 '인식체계' 또는 '인식의 틀'을 의미한다. 어떤 인식의 틀을 가지고 있는가에 따라 가치관과 의식구조가 다르기 때문에 동일한 현상이라고 하더라도 보는 사람의 인식의 틀에 따라 그 현상의 진정한 의미와 실체가 달라진다. 간단히 말해 패러다임은 사회현상을 기본적으로 이해하는 시각 또는 정신적 창문이다.

연구에 있어서 패러다임은 동일한 사고와 방법을 가진 공동체를 구성하는 기본 사상으로서의 의미를 갖는다. 쿤(Kuhn)은 패러다임을 "의미에 대한 과학적 탐색에서 과학을 특징짓는 근본적 관점"으로 보았다. 그에 따르면, 한 사회의 패러다임이 이동함에 따라 이전에는 이해되지 않거나 볼 수 없었던 사실들이 새롭게 나타나며, 따라서 과학적 지식의 혁명은 지식들이 누적되어 나타나는 결과라기보다는 '패러다임 전환(paradigm shift)'에 따라 이루어진다는 것이다. 패러다임의 이동에 의해 새로운 개념과 개념적 틀, 그리고 이를 뒷받침하는 새로운 사실들에 대한 관찰이 가능하다.

사회과학자는 사회행동의 이해에 사용하기 위한 많은 패러다임을 만들어 왔다. 자연과학자는 일반적으로 한 패러다임에서 다른 패러다임으로 옮겨 가는 것을 부정확한 관점에서 정확한 관점으로 넘어가는 진보를 나타낸다고 믿지만 이와 반대로 사회과학에서는 이론적 패러다임이 인기를 얻거나 혹은 잃을 수는 있지만 완전히 버려지는 일은 거의 없다. 사회과학 패러다임은 다양한 관점을 제공하고 각각은 다른 패러다임이 갖지 못한 통찰을 제공한다.

한편 구바와 링컨(Guba & Lincoln, 1994)은 패러다임을 연구를 이끄는 존재론적·인식론적·방법론적 전체를 형성하는 기본적인 신념체계로 규정하였다. 패러다임은 그 자체의 특정 존재론, 인식론, 가치론, 방법론 등을 갖고 있으며 이는 쉽게 변하지 않는다고 가정한다. 연구 패러다임에 대한 이론적, 철학적 논의를 존재론(ontology), 인식론(epistemology), 방법론(methodology) 및 여러 다른 연구방법(methods)을 통해 살펴보면 다음과 같다(박선희, 천정웅, 2018).

(1) 존재론

존재론(ontology)은 존재의 근원 혹은 존재하는 것을 다루는 철학의 한 분야로 무엇이 실제로 존재하며 실재하는 것의 기본적 구분이 무엇인지에 대한 의문을 가진다. 즉, 사회적 세계(social world)를 보는 방법을 말하는 것으로, 존재의 본질이 무엇인가를 연구하는 것이다. 존재의 개념은 사회적 실재성(social reality)의 본질은 무엇인가에 관한 것이다(What is the nature of social reality?). 즉, 영원불변하는 사회적 실재가 존재하는가(foundationalism, non-foundationalism) 그리고 그 사회적 실재의 속성을 무엇이라고 볼 것인가(법 또는 규범, 문화적 가치, 의사소통 등)에 관한 것이다. 사회적 현상은 사회적 상황, 이벤트, 사회적 행위뿐만 아니라 사회적 집단을 포함할 수 있다. 그러면 지식의 본질은 무엇인가? 각기 다른 존재론적 입장을 확인할 수 있는데, 그중 하나는 객관주의(objectivism)로, 사회현상은 그에 관련된 사회적 행위자와 무관하게 그 자체의 존재성을 가지는 것을 말한다. 둘째는 구성주의(constructivism)로, 사회현상은 관련 사회적 행위자의 상호작용과 성찰(reflection)을 통해 지속적으로 검토(review)하는 구성된 생각들(constructed ideas)의 의미에서만 실재한다고 보는 입장이다.

(2) 인식론

인식론(epistemology)은 주변의 세계를 어떻게 인식하고 무엇이 이들을 진실이라고 주장할 수 있게 하는지에 대한 문제이다. 우리가 세계를 배우고 알게 되는 방식은 우리의 존재론적 가정에 근거를 둔다. 인식론은 지식을 창출하기 위해 우리가 무엇을 필요로 하며 우리가 창출한 과학적 지식이 어떻게 보이는지를 다룬다. 인식론은 지식의 본질이 무엇인가를 다룬다. 어떻게 지식이 획득되며 어떻게 다른 사람에게 전달되느냐와 관련된 것으로 지식은 획득될 수 있는 것이지만 반면에 개인적인 경험에서 얻어져야 한다는 관점이다.

인식론은 하나의 사회적 현상에 관하여 지식으로 간주되는 것을 말하며 '지식'과 '연구자'의 관계성이 무엇인가에 대한 것이다(What is the relationship between 'knowledge' and 'researcher'?). 인식론의 구별기준은 사회과학과 자연과학과의 관계, 연구자와 연구대상과의 관계, 연구자의 위상(위치) 등이다. 여기에는 지식에 관한 이론들이 있고 정당화를 제시하고 지식에 대한 시각을 제시한다.

(3) 방법론

방법론(methodolgy)은 지식이 어떻게 찾아지는가에 대한 것이다(How should knowledge be found out?). 대표적으로 양적(quantitative) 방법론과 질적(qualitative) 방법론이 있다. 방법론에 대한 사전적 설명을 보면, 방법론은 진리를 얻기 위한 방법을 고찰하는 것으로 넓은 의미로는 논리학의 한 부분이다. 플라톤(Platon)의 대화편에는 소피스트의 방법과 소크라테스(Socrates)의 방법의 차이점에 관한 논의가 있으며, 중세에는 신학적 방법과 철학적 방법의 차이점이 논의되었다. 동양에서도 방법론에 대해 깊은 생각을 한 사상가가 많다. 또한 현대의 과학적 방법론은 논리학의 한 분야로서 형식적인 추리나 논리계산을 다루는 연역논리학과는 반대로, 경험을 기술, 개괄하고 서술하는 귀납적인 방법을 사용하는 귀납논리학을 가리킨다.

한편 방법론은 특별한 조사방법(연구방법)을 사용하는 데 근거가 되는 전략, 행동 계획, 과정 또는 설계라는 의미를 갖는다. 이와 구별되는 방법(method)이라는 말은 조사문제나 가설에 관계되는 자료를 수집하고 분석하는 데 사용되는 기술과 절차를 말한다. 많은 경우 방법론과 방법을 구분하지 않고 상호교환적으로 사용하고 있으며, 방법이라는 말보다는 방법론이라는 말을 더 많이 사용하는 경향이 있다.

크로티(Crotty)는 인식론에 근거하여 이론적 시각이 생기고, 이에 근거하여 방법론이 생겨나고, 방법론에 근거하여 방법이 생겨난다고 주장한다. 인식론에는 표 1-7과 같이 객관주의, 구성주의, 주관주의가 있다.

표 1-7 인식론의 유형

객관주의	구성주의	주관주의
사회적 현실은 우리의 인식 밖에 독립적으로 존재하기 때문에 우리는 그 객관적 존재의 의미를 발견하면 된다.	우리가 사회적 현실과 상호작용하는 가운데 사회적 현실의 의미가 형성된다.	우리가 사회적 현실과 상호작용하는 가운데서 의미를 형성하는 것이 아니라, 우리가 일방적으로 존재하는 객체에 대하여 주관적으로 의미를 부여함으로써 의미를 갖는 것이다.

(4) 과학철학

과학의 궁극적 목적은 현상에 대한 규명과 이론을 정립하는 데 있다. 과학적 방법에 대한 대표적인 견해는 귀납주의, 연역주의, 논리적 실증주의, 논리적 경험주의, 반증주의, 과학적 혁명을 들 수 있다. 구체적인 내용을 살펴보면 표 1-8과 같다(이세형, 2019).

표 1-8 과학철학

구분	내용
귀납주의	16세기 베이컨(Bacon)으로 대표되는 귀납주의는 특정한 사례를 실험하고 관찰함으로써 공통적인 것을 찾아내어 일반적인 것을 추론하고 이에 관한 법칙과 이론을 형성할 수 있는 귀납법을 중시한다.
연역주의	17세기 데카르트(Descartes)로 대표되며, 연역주의는 논리적 추론을 통해 일반적인 전제로부터 결론을 유도해 내는 연역법을 중시한다. 보편적이거나 일반적인 원리나 법칙으로부터 가설을 형성하여 경험적 관찰을 통해 가설을 검증함으로써 과학이 발전한다고 주장한다.
논리적 실증주의	논리적 실증주의는 고전적 실증주의와 경험주의를 결합한 철학이다. 논리적 실증주의는 과학적인 증명을 중요시하여 초월적인 사고방식을 부정하고 진리는 검증으로 확인되었을 때만이 참된 의미를 가질 수 있다고 주장한다. 이론은 관찰을 통해 검증되어야 정당화될 수 있으며, 그러한 방식으로 추론된 이론만이 유의미하다.
논리적 경험주의	과학의 이론들은 '확률적으로 검증되는 관찰'에 의해서만 정당화될 수 있으며 연속적인 경험적 검증을 거쳐 진리로 발전된다고 주장한다. 논리적 실증주의가 유일한 관찰에 의해 명제나 진술을 규명하기 어려운 점을 보완하여 진리를 가설로 세워 확인시킨다. 한계점은 소수의 관찰에 의해 논리적 판단을 행하는 것은 문제가 있으며, 관찰수행자의 주관에 의한 측정오류를 배제할 수 없다는 것이다.
반증주의	포퍼(Popper)로 대표되는 반증주의는 과학의 발전은 기존 이론의 모순에 대한 계속적인 반증과정을 통해 이루어진다고 본다. 논리적으로는 연역법에 의존한다. 또한 반증주의는 '과학은 진리추구의 과정'이며, 과학은 기존의 이론과 상충되는 현상을 관찰하는 데서 출발하여 기존의 이론에 엄격한 검증을 행해야 한다. 즉, 기존 이론의 모순에 대한 계속적인 반증과정을 통해 과학적 검증이 이루어지는 것이다. 따라서 경험보다는 인간의 이성이나 직관과 논리적 추론을 통해 일반적인 논리를 설정하고 경험적 관찰을 통하여 그러한 논리가 틀리지 않았다는 것에 근거를 들어 밝히는 것이 바람직하다고 보았다.

구분	내용
과학적 혁명	쿤은 정상과학과 과학혁명을 패러다임이라는 개념을 이용하여 설명하였다. 쿤은 논리경험주의와 반증주의가 제시한 과학적 방법의 불변적인 기준과 누적적인 진보를 부정하면서 역사적 사실들과 더 잘 부합하는 이론을 제시하기 위해 새로운 과학관을 제시하였다. 과학이 발전하기 위해서는 기존 패러다임의 반증에서부터 시작해야 한다는 포퍼의 주장이 실제 과학의 역사적 흐름과는 일치하지 않는다는 문제점을 극복하기 위해 쿤은 과학적 혁명을 도입했다. 과학의 발전이 점진적 패턴으로 이루어지는 것이 아니라 변칙적으로 어느 한순간의 급격한 변화에 의해 이루어진다고 본다. 즉, 기존 패러다임에 근본적인 오류가 내재되어 있음을 발견하게 되면서 위기에 봉착하게 되므로, 그 패러다임에서 완전히 벗어난 새로운 패러다임으로 이동하게 된다는 것이다.

Chapter 02

증거기반실천

배울 내용

1. 증거기반실천의 이해
2. 증거기반실천의 효과
3. 증거기반실천의 태도
4. 증거기반실천의 전제

학습목표

1. 증거기반실천의 개념 및 절차를 이해한다.
2. 증거기반실천의 효과성을 파악한다.
3. 증거기반실천의 태도를 숙지한다.
4. 증거기반실천의 전제를 통해 발전방안을 모색해 본다.

02
Chapter
증거기반실천

1. 증거기반실천에 대한 이해

1) 증거기반실천의 개념

전문적 실천 모델인 '증거기반실천'의 개념은 1970년대 의료분야에서 환자의 질병을 치료하고 건강을 증진하기 위한 최선의 방법을 결정하기 위해서 근거중심의학(Evidence-Based Medicine: EBM)이라는 용어로 처음 사용되었다. 그 후 임상적 문제를 해결하기 위해 정신건강, 교육현장, 사회복지 등 다양한 분야에 적용되어 오고 있는 개념이다. 우선 의학 분야에서 사용되어 온 정의를 살펴보면, "근거중심의학(EBM)이란 개별 환자의 진료와 관련된 의사결정을 함에 있어서 최근의 가장 좋은 증거를 세심하고, 명확하며 현명하게 적용하는 것이며 최고의 연구 근거를 임상적 숙련도와 환자의 가치에 통합시키는 것이다"라고 정의하고 있다. 하지만 의학과 사회복지를 비롯한 다양한 원조 전문직에서 증거기반실천의 개념은 여러 학자에 의해서 조금씩 다르게 표현되고 있다.

이러한 근거중심의학에 기초를 둔 초기 증거기반실천(Evidence-Based Practice: EBP)의 철학적 개념은 "클라이언트에게 해를 가하지 않고 그들에게 원조할 수 있는 기회를 증진하고자 실천현장과 조사연구 사이의 간격(gaps)을 줄이고자 고안된 새로운 교육적, 실천적, 정책적 패러다임"으로 정의할 수 있다. 이러한 철학적 개념은 사회복지사가 클라이언트를 원조할 때, 어떤 결정을 내려야 하는지에 대한 지침이 되기도 한다. 즉, 증거기반실천(EBP)는 사회복지실천의 효과성에 관한 증거를 체계적으로 분석, 종합하고, 사회복지사가 클라이언트의 이익을 최우선 목표로 최근의 증거를 객관적이고 효율적으로 찾아 현장에 적용하는 것이라고 정의할 수 있다.

이상의 의견을 종합해 보면 증거기반실천(EBP)의 핵심은 "3Es", 즉 '클라이언트의 권익증진(Empowerment)'을 목적으로 '효과성(Effectiveness)'이 담보되며 '증거(Evidence)'에 의거한 사회복지실천이라고 할 수 있다(박승민, 2009).

따라서 증거기반실천은 사회복지사가 실천현장에서 무엇을 해야 하고, 어떤 결정을 해야 하는지에 대한 새로운 접근방식 중의 하나이며, 언제 어떻게 개입을 해야 하는지에 대한 이론적이고 실천적 판단을 할 수 있도록 지원을 하는 모델이라고 할 수 있다. 또한 객관적 조사연구의 증거를 바탕으로 클라이언트와 협력하여 개별적이고 사려 깊은 개입을 하도록 촉진하는 과정이라고 할 수 있다.

이러한 특성을 가진 증거기반실천은 조사연구 증거(best research evidence)를 기반으로 실천가의 임상적 지식[1], 클라이언트의 가치, 선호도 및 전문가의 윤리, 그리고 기관의 상황 등을 고려하여 최선의 의사결정을 하는 과정이라고 할 수 있다. 또한 클라이언트 중심 실천이란 클라이언트의 복지를 최대한 증진시키는 것과 관련이 있다고 할 수 있다.

1) 임상적 전문 지식이란 임상적 기술(clinical skills)을 활용하고 경험적으로 개별 클라이언트의 고유한 상황, 특성 그리고 개입으로 인하여 클라이언트에게 발생 가능한 잠재적 위험과 이득 및 그들의 기대를 파악할 수 있는 능력을 의미한다.

이러한 측면에서 증거기반실천은 클라이언트 중심 실천이라고 할 수 있는데, 클라이언트가 중심이 되는 증거기반실천의 의사결정 과정은 그림 2-1과 같다.

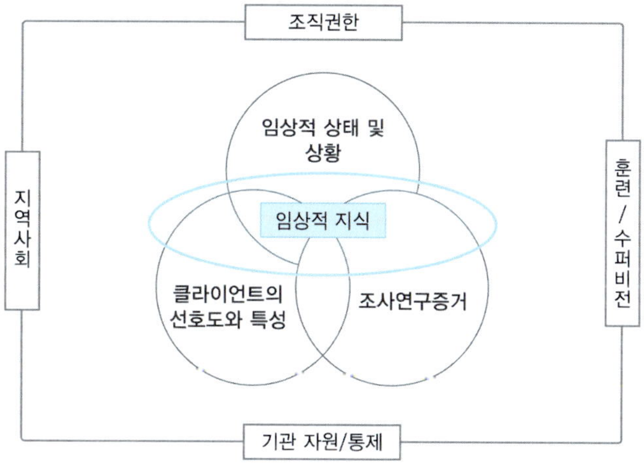

그림 2-1 증거기반실천의 모델

출처: 이현주(2013). 증거기반실천을 위한 정신보건 프로그램의 효과성에 대한 메타분석: 정신장애인을 중심으로. 가톨릭대학교 대학원 박사학위논문.

사회복지사가 실천현장에서 증거에 기반한 의사결정을 하지 않는 것에 대해 그레이(Gray, 2001)는, 첫째, 비효과적인 개입이 소개되며, 둘째, 클라이언트에게 도움이 되는 것보다는 오히려 피해가 되는 개입을 하며, 셋째, 더 효과적인 개입이 소개되지 않으며, 넷째, 훨씬 비효과적인 개입이나 해가 되는 개입이 시작되는 중대한 실수를 범하게 된다고 주장하였다. 이처럼 증거기반실천은 클라이언트와 사회복지사가 함께 협력하여 효과적이고 효율적이며 윤리적인 서비스를 제공하도록 원조하며, 서비스 개입에 대한 모니터링(Gibbs & Gambrill, 2002)도 클라이언트와 함께 해야 하는 윤리적 책임이 있는 것이다

이렇게 증거기반실천의 중요성이 강조되고 있음에도 사회복지실천현장에서는 조사

연구 결과를 적극적으로 반영하지 않고 있다. 게다가 사회복지사들이 조사연구 결과에 대한 정보를 수집하더라도 그 결과가 자신들의 선호도와 맞지 않을 경우 연구방법론의 과학적 엄밀성과는 관련 없이 무시하는 경향도 있어 증거기반실천이 용이하지 않는 경우가 발생한다. 그러므로 사회복지사의 조사연구 활용 능력을 향상시키기 위해서 사회복지사와 관리자의 조사연구에 대한 관행적 태도를 개선하기 위한 교육이 필요하다. 또한 기관 자원이 실천현장에서 조사연구에 적용되도록 지원하고 사회복지사는 개입에 대한 비판적 평가가 가능하도록 역량을 강화시키는 등의 증거기반실천을 위한 능력 배양에 중점을 두어야 한다(이현주, 2013).

2) 증거기반실천의 절차

증거기반실천을 실행하는 절차는 실제 적용상의 정의가 되며, 이는 증거기반실천모델의 특성을 가장 잘 나타내는 부분이라고 할 수 있다. 증거기반실천은 5단계로 제시되고 있는데, 각 단계는 그림 2-2와 같다(장유림, 2010).

1단계	사회복지실천의 의사결정과 관련되어 궁금한 점을 답변 가능한 질문으로 전환한다.
2단계	질문에 대한 답이 되는 최선의 증거를 최대한 효율적으로 찾는다.
3단계	수집된 증거를 타당성, 효과의 정도, 적용가능성에 대해서 비판적으로 평가한다.
4단계	비판적 평가의 결과를 실천에 적용한다.
5단계	실행의 결과를 평가한다.

그림 2-2 증거기반실천의 절차

(1) 1단계: 답변 가능한 질문 만들기

증거기반실천의 첫 단계는 검색할 수 있는 질문을 만들고 예비적인 검색계획을 세우는 것이다. 개념화된 질문과 검색계획은 검색의 생산성을 높여 주고 수집한 정보를 통해 질 높은 서비스를 만들어 낼 가능성이 높다. 질문의 종류와 성격은 필요로 하는 정보에 따라 특정한 개입기법이나 프로그램의 효과성, 예방적 효과가 높은 접근법, 타당하고 신뢰할 만한 사정도구 및 평가도구, 비용효과성에 관한 것 등 다양할 수 있다. 또한 질문의 범위도 상당히 일반적이거나 실천이 이루어지는 환경의 특성, 클라이언트의 특성 등을 어느 정도 제한하여 아주 구체적인 것이 될 수도 있다.

예를 들어, "ADHD 아동의 공격성, 주의력결핍, 과잉행동, 대인관계, 의사소통문제 등의 행동특성에 대하여 가장 효과적인 치료방법은 무엇인가?"와 같은 질문이 만들어질 수 있다. 질문이 만들어지면 그 질문에 답을 찾을 수 있는 주요단어나 주제어를 정한다. 이러한 ADHD 아동의 치료나 교육의 효과를 극대화하기 위해 본인, 가족 및 사회환경과 상호 협력하는 것이 중요하기 때문에 체계적인 질문은 매우 중요하다(이정효, 2007).

(2) 2단계: 질문에 대한 답이 되는 증거 찾기

사전에 정한 주요단어나 주제어를 어디서 자료를 찾을지 그리고 어떤 자료를 찾을지에 대해서 결정해야 한다. 오늘날 전자 데이터베이스(DB)의 발달로 최신 정보를 찾는 것이 이전보다 훨씬 용이해졌는데 자신이 찾는 질문에 대한 답을 찾을 수 있는 데이터베이스나 인터넷 사이트를 알아야 한다. 현재 국내의 대학 및 국회의 전자도서관, 한국학술정보원 등과 같이 국내·외의 학술정보에 관한 데이터베이스를 활용할 수 있으며, 정보에 대해서 신중한 판단이 필요하나 때로는 구글(Google)과 같은 검색엔진을 이용하여 찾을 수도 있다. 특별히 증거기반실천을 추진하기 위한 목적으로 데이터베이스를 잘 구축해 놓은 곳이 있다. Campbell Collaboration(http://www.campbellcollaboration.org)의 데이터베이스는 사회, 행동, 교육 분야의 효과성에 관한 의사결정에 정보적 도움을 주기 위해 만들어진 것으로 사회복지분야의 효과성에 관한 질문들에 답을 얻을 수 있는 자료들이 잘 갖추어져 있다.

(3) 3단계: 수집된 증거에 대해 평가하기

자료를 찾는 과정에서 모아진 수많은 정보를 자료의 형태, 내용의 성격과 질 등에 대해서 평가하고, 분석의 결과를 통합하는 단계이다. 사회복지사는 무엇을 적합한 증거로 받아들이고 배제할지에 대하여 결정하고 이를 위해서 수집된 정보의 질을 평가할 수 있는 조직화된 개념적 틀과 평가하는 절차를 갖고 있어야 한다. 증거기반실천의 핵심적인 개념은 적합한 증거가 되는 기준을 선택하는 데 있어서 조사연구의 질에 대해 서열을 두고 있으며 연구로부터 나온 정보를 가장 신뢰하고 증거기반실천에 적합한 가장 좋은 정보는 관련된 분야의 여러 연구들을 체계적이고 객관적인 방법으로 종합한 메타분석의 결과라는 점이다(Rosenthal, 2004).

의학 분야에서는 타당도와 신뢰도의 측면에서 설계된 연구들이 많아 수준 높은 연구방법을 사용한 논문만을 제한하여 증거의 대상으로 검토하고 있다. 그러나 사회복지분야에서는 주제에 따라서 연구가 상당히 이루어진 영역도 있지만 조사연구가 거의 실시되지 않은 영역도 있고, 의학처럼 실험–통제집단 연구가 많지 않은 것이 사실이다. 따라서 증거로 포함될 수 있는 기준의 선택은 현재 분야의 조사연구의 실태를 반영할 수밖에 없다. 사회복지분야에서 최고의 증거에 대한 기준이 무엇일지에 대해서는 많은 전문가들의 논의가 필요하겠지만 증거의 기준에 따라 실천 등급을 나누는 예는 표 2-1과 같다.

표 2-1 증거 수준에 따른 실천 등급

등급	특성	사용
최고의 실천	조사연구에 기반을 둔 증거, 임상 비교시험연구, 지침서나 매뉴얼이 있고 안전성과 효과성을 나타내는 일관된 다각도의 증거를 보인다.	최우선의 선택, 클라이언트의 개인적·문화적 가치와 갈등을 빚을 때를 제외하고 가장 빈번히 사용한다.
우수한 실천	조사연구에 기반을 둔 어느 정도의 증거, 사례연구와 만족도 보고서, 지침서가 있고 대부분의 증거는 안전성과 효과성을 보인다.	클라이언트가 강하게 선호하거나 최고의 실천을 적용할 수 없을 때 종종 사용한다.
받아들일 만한 실천	조사연구에 기반을 둔 어느 정도의 증거, 몇몇의 임상실험연구, 사례연구, 만족도 보고서가 있고 증거는 위험이 거의 없다는 것과 어느 정도 효과성이 있다는 것을 보인다.	클라이언트가 강한 선호도를 밝힐 때, 최고의 실천이나 우수한 실천이 적용되지 않을 경우에 가끔 사용한다.
의심스러운 실천	조사연구에 기반을 둔 증거의 부족, 약간의 사례연구 및 만족도 보고서가 있고 증거는 약간의 위험과 아주 작은 부분의 효과성을 보인다.	거의 사용되지 않음, 최후의 선택, 보다 좋은 실천이 비효과적이거나 적용할 수 없을 때 사용한다.
위험한 실천	조사연구에 기반을 둔 증거가 부족하거나 부정적인 결과를 나타내고, 사례연구나 만족도 조사가 없거나 부정적인 결과가 나타나고 증거는 상당한 위험과 아주 약간의 효과성이 있음을 보인다.	절대 사용하지 않는다.

출처: Cournoyer, B. R. (2004). The Evidence-Based Social Work Skills Book. NY: Allyn and Bacon.

(4) 4단계: 실천에 적용하기

분석한 내용들을 통합하여 좋은 실천방법으로서 확인된 것을 실제 상황에 적용하는 단계를 말한다. 잘 설계된 조사연구들에서 일관된 결론을 보여 주는 증거가 확실한 최고의 실천방법을 찾았다 하더라도 그 방법을 그대로 적용할 수 있는 경우는 그리 많지 않다. 증거기반실천의 개념은 조사연구의 실천에 통합하되 원조전문가의 전문성, 기관의 상황, 클라이언트의 특성 및 선호도를 동시에 포함하는 것이라는 점을 상기한다면 실제 적용에서 고려해야 할 점은 다음과 같다.

클라이언트의 문제, 상섬, 나이, 성별 등과 같은 특성이 조사연구상의 클라이언트의 실제 실천과정에서 만나는 클라이언트 또는 만날 클라이언트와 얼마나 유사하고 다른지에 대해서 비교하고, 고려하고 있는 실천방법이 적용될 때 클라이언트에게 위험보다는 이득이 많을 것인가를 판단하여야 한다. 그리고 사용될 실천방법을 클라이언트에게 잘 알려 주어서 클라이언트가 고지된 참여자가 되도록 해야 한다.

(5) 5단계: 실행에 대해 평가하기

최고의 증거를 찾아서 실천에 적용하는 것으로 끝나는 것이 아니라 자신이 직접 실천한 것에 대해서 평가를 해야 한다. 아무리 최고의 실천방법으로 입증된 것을 선택하여 적용했다 하더라도 자료를 검색하고 평가하는 과정이 잘못되었을 수도 있고, 실제 개입한 클라이언트의 특성이 조사연구에 포함되었던 대상과는 너무 달라서 기대했던 좋은 결과가 나오지 않을 수도 있다. 평가하는 방법은 질문에서 출발하여 자료를 찾고 최고의 증거를 확인하여 적용한 실천의 내용에 따라서 효과성 평가가 될 수도 있을 것이며, 사정도구의 정확성에 대한 평가가 될 수도 있다.

근거중심의학의 과정은 증거기반실천 과정에서도 적용되어 실천가들의 임상적 문제해결과정을 돕는 일련의 단계들로 제시된다. 즉, 임상적 문제의 확인과 이에 대한 구조화되고 답변 가능한 질문형성, 문헌조사 등 최선의 증거를 통한 답변, 증거에 대한 비판, 전체 과정에 대한 평가라는 일련의 과정을 동일하게 거쳐야 하는 것이다. 따라서 사회복지분야의 연구는 증거를 검토하고, 어떤 기준점으로부터 조사연구를 최상의 증거로 보아야 할지에 대해서 의학이나 임상심리학의 기준을 그대로 따르기보다는 사회복지분야 내의 합의점을 찾는 것이 필요하다고 할 수 있다. 이런 의미에서 증거기반실천에 대한 연구가 진행됨에 따라 장점(Gibbs & Gambrill, 2002; Leach, 2006)과 한계점(Mullen & Steiner, 2004; Rosenthal, 2004)에 대한 논의가 활발하게 진행되어 왔다(장유림, 2010).

증거기반실천의 장점은, 첫째, 연구조사와 경험적으로 입증된 증거들을 활용해야 하기 때문에 전통적인 방법, 동료로부터 제공받았던 것을 구분하고 불완전한 정보나 절차 등을 사용하지 않도록 임상적 의사결정과정을 명료하게 해주고, 향상된 결정과정을 통해 클라이언트에게 제공된 치료와 이에 따른 성과를 향상시키고 치료 비용을 줄이며 임상적인 실수를 감소시킬 수 있다. 그리하여 연구와 실천의 괴리를 좁혀 주는 역할을 하며, 향상된 성과는 임상실천의 확대성과 지속가능성을 향상시킬 뿐만 아니라 개인의 치료욕구를 효과적으로 충족시키는 것이 될 수 있고, 건강관리의 효과성에 관한 우선적인 질문을 규명하고 답하는 데 있어서 유용하고 과학적인 방법을 제공한다. 증거기반실천의 장점이 실천으로 적용되기 위해서는 전문가들이 보다 많은 교육을 받고 임상적 효율성, 비용 편익과 개입의 현실성을 포함한 넓은 범위의 치료측면을 검증하고 조사하는 태도를 가져야 한다는 점을 전제로 한다.

증거기반실천에 대한 보다 객관적인 이해와 평가를 위해서는 장점이 무엇인가를 아는 것도 중요하지만 실천방법에 대한 비판적인 견해를 아는 것도 중요하다. 증거기반실천에 대한 대표적인 비판은 조사연구의 질을 평가하는 방법, 집합적인 정보를 개별 클라이언트에게 적용하는 방법, 그리고 증거를 바탕으로 조사된 연구가 미흡한 실정을 언급할 수 있다.

첫째, 증거의 개념, 조사연구의 질을 평가하는 기준, 증거의 서열에 대해서 문제가 있다고 보는 것이다. 실제 조사연구의 질은 측정도구에 따라서 다양할 수 있으며, 가장 타당한 측정절차와 측정도구에 대해서 합의가 이루어지지 않은 경우가 많고, 실험–통제집단 설계를 최상의 증거로 두는 것은 조사연구의 질을 평가하는 데서 신뢰도와 타당도만을 주요한 평가기준으로 보는 것이며, 적합성이나 실현가능성에 대해서는 고려하고 있지 않다는 것이다(Rosenthal, 2004). 둘째, 증거는 증명과 정당화의 기능을 갖고 있으며, 무엇이 증거가 되고 누가 그것을 정하는가는 결국 힘의 관계에서 나오는 것인데 증거기반실천에서 전형적으로 중요하게 여기는 증거 외에 포함되어야 할 것이 무엇인지 그리고 증거기반실천을 통해서 누가 이득을 보게 되고 또 손해를 보게 되는지,

행여 증거기반실천의 강조를 통해서 사회복지에서 중요한 이슈를 놓치지 않는지에 대해서 질문을 제기하고 있다(Witkin & Harrison, 2001). 사실 사회복지분야에서 어떤 연구를 포함시켜야 하고, 어떤 기준을 갖춘 조사연구를 최상의 증거로 보아야 할지에 대해서 의학이나 임상심리학의 기준을 그대로 따르기보다는 사회복지분야 내의 합의점을 찾는 것이 필요하다. 셋째, 집합적인 정보를 이용한 지식이나 일반화된 지식을 개별 클라이언트 체계에 적용했을 때 도움이 되는 적합한 정보가 되지 못한다는 점이다(Mullen & Steiner, 2004).

대체로 사회복지의 많은 연구들이 사회문제를 분석하고 기술하는 연구에 집중되어 있으며, 사회문제, 개입방법, 클라이언트 유형 등에 따라서 실천에 관한 조사연구(practice-based research)의 양에 있어서 편차가 매우 심하고, 사회복지실천에 관한 조사연구라도 증거기반실천모델에서 우수한 조사연구에 해당하는 기준을 갖춘 조사연구가 아주 미약하다(Fraser, 2003). 데이터베이스를 활용한 자료검색이 쉬워졌다 하더라도 제기한 질문에 적합한 답을 제공할 수 있는 증거가 부족하다는 점은 앞으로 사회복지실천분야에서 조사연구를 보다 많이 실시해야 할 필요성을 높여 주고 있다.

2. 증거기반실천의 효과

증거기반실천의 과정은 의사결정과 관련된 궁금점을 답변 가능한 질문으로 전환하고 그 질문에 답할 수 있는 최선의 증거를 찾고 수집된 증거가 타당한지와 적용가능성에 대해서 비판적으로 평가해야 한다. 또한 평가과정에 사회복지사는 임상적 전문 지식과 클라이언트의 고유 특성과 환경을 고려하고 효과성과 효율성을 평가하여 개선하도록 해야 하는 과정을 강조하고 있다.

이 과정에서 사회복지사는 임상적 질문과 관련된 정보의 수집, 클라이언트의 욕구에 적합한 도구의 개발, 불확실성의 처리, 조사연구의 증거가 개별 클라이언트에게 적용할 수 있는지의 문제 등을 고려하여 결정해야 한다(Gambrill, 2011). 이처럼 증거기반실천은 단순히 조사연구의 증거를 찾아서 클라이언트에게 적용하는 과정이 아니라, 적용 과정에서 사회복지사의 임상적 전문 지식, 조사연구의 증거, 클라이언트의 관점 등을 고려하여 결정되는 복합적인 과정이라고 할 수 있다. 또한 이 과정의 기본가정은 효율성이 보장되고 이용할 수 있는 최선의 증거를 가지고, 사회복지사가 효과적으로 개입할 수 있도록 돕고자 하는 것에 있다고 할 수 있다. 그러므로 사회복지사가 증거기반실천을 위해서 축적된 정보를 활용할 수 있도록 사회복지계와 실천현장의 노력과 지원이 필수적이라고 할 수 있다. 이러한 증거기반실천은 사회복지 관련 서비스, 예를 들어 사회서비스 등에도 확장되어 사회복지의 서비스 질을 개선하고 클라이언트의 욕구에 부합한 맞춤형 서비스를 제공할 기회를 강화해야 할 것이다.

이처럼 증거기반실천은 다음과 같은 긍정적 효과가 있어 실천현장에서의 활용이 적극적으로 권장되고 있다(공계순, 서인해, 2006; Gambrill, 2011).

첫째, 권위와 전통적인 관점에 의한 실천에서 벗어나 과학적 실천을 할 수 있도록 원조한다. 증거기반실천은 권위에 기반한 의사결정(authority-based decision-making)의 대안으로 나타났다. 사회복지사가 권위 중심의 실천을 할 경우 주로 동료의 판단, 기관의 선동적 관습에 의한 견해, 일회적인 경험, 대중적 인기와 같은 객관적이지 못한 것을 기준으로 삼아 클라이언트에게 오히려 해가 되는 개입을 할 수 있다. 반면 증거기반실천을 하는 사회복지사는 객관적인 조사연구의 증거를 개입에 접목할 수 있어 사회복지실천의 전문성을 강화할 수 있다. 또한 증거기반실천은 클라이언트에게 서비스 제공 시 정확도가 높은 사정척도를 활용하여 업무 수행의 효과성을 높이고, 정보를 효율적으로 찾아 적용하도록 함으로써 책무성이 강조되는 오늘날의 시대적 상황과 일치하는 특징이 있어 사회복지실천의 효과성을 향상시킬 수 있는 방안이 될 수 있다.

둘째, 사회복지사의 윤리적 실천을 촉진한다. 우리나라의 사회복지사윤리강령(한국사회복지사협회, 2001)을 살펴보면, 사회복지사는 무엇보다도 "클라이언트에게 최상의 서비스를 제공하기 위해, 지식과 기술을 개발하는 데 최선을 다하며", 클라이언트의 자발적이고 고지된 동의를 얻어서 최대한 권리 보장을 하여 클라이언트 스스로 자기결정권을 행사할 수 있도록 지원해야 함을 강조하고 있다. 증거기반실천은 사회복지사의 윤리강령에서 강조하고 있듯이, 클라이언트의 권익옹호를 최우선으로 삼고 있으며, 최상의 서비스를 제공하기 위해 조사연구의 증거를 활용할 것과 클라이언트가 의사결정과정에 참여해야 함을 중요시 여긴다. 이 과정에서 클라이언트 가치, 특징, 선호도 및 기관의 상황 등을 동시에 고려함으로써 사회복지사의 윤리적 실천을 강화할 수 있다. 이처럼 증거기반실천은 윤리적이고 효과적으로 클라이언트에게 개입하기 위하여 윤리, 증거 및 실제 적용에 관한 관심을 체계적으로 통합하여 접근하도록 하는 특징이 있다.

셋째, 클라이언트 중심의 실천이 촉진될 수 있다. 권위에 기반한 모델이 전문가 관점을 중시하는 반면, 증거기반실천은 클라이언트가 의사결정의 중심이 된다고 할 수 있다. 즉, 증거기반실천은 클라이언트 개개인의 욕구에 부합한 맞춤형 서비스를 제공하여 그들의 자발성과 주체성을 증진하고자 하는 목적이 있다. 또한 개입 결과의 평가에도 함께하여 개입의 효과에 대해 평가하고 개선 방안을 서로 모색하는 기회를 가지게 되므로 클라이언트의 의사를 적극적으로 반영할 수 있는 이점이 있다. 루빈(Rubin, 2011)도 증거기반실천을 하기 위해서 사회복지사는 클라이언트가 실생활에서 필요로 하는 것이 정말로 무엇인지 배워야 하며 사회복지사의 열망으로 클라이언트의 욕구를 대체해서는 안되며, 단지 실증적 연구뿐만 아니라 클라이언트의 욕구에 대한 연구도 증거기반실천의 요소임을 강조하였다.

넷째, 연구와 실천의 괴리를 좁힐 수 있다. 증거기반실천은 최선의 조사연구 증거를 사회복지사의 임상적 전문 지식과 통합하는 것을 요구한다. 즉, 실천현장에서 사회복지사가 클라이언트에게 개입 시, 단지 임상적 전문 지식뿐만 아니라 조사연구의 증거를 접목하여 효과적이고 효율적인 개입을 해야 함을 강조하고 있다. 또한 실천현장에서 증거기반실천을 활용한 연구물들을 적극적으로 발표하여 연구와 실천의 괴리를 좁히는 역할을 하도록 원조하고 있다.

다섯째, 사회복지사에게 평생학습의 과정을 요구한다. 증거기반실천은 클라이언트에게 중요한 특정 문제와 관련하여 지속적으로 문제 제기하고 그 문제에 관련된 최선의 조사연구 증거를 객관적이고 효율적으로 찾고, 발견한 증거를 기반으로 적절한 개입을 하기 위한 평생학습과정(a process of life long learning)이라 할 수 있다. 기존의 조사연구 증거는 보다 정확하고 효과적이고 새로운 방법으로 대체될 수 있으므로, 사회복지사는 조사연구의 발전과정에 관심을 가지고 클라이언트에게 개입 시 새로운 조사연구 증거를 적용하는 개방적 자세를 갖는 것도 중요하다.

3. 증거기반실천의 태도

증거기반실천의 태도를 심리적 대상물에 대한 긍정적 또는 부정적 감성으로 주어진 대상에 대하여 호의적 또는 비호의적으로 일관성 있게 반응하는 기질(정은희, 2008; Fishbein & Ajzen, 1975)이나, 경험을 통하여 형성, 조직된 준비성의 정신적 또는 신경적 상태(mental or neural state of readiness)로서 관련된 모든 사물 및 상황에 대한 개인들의 반응에 지시적 또는 역동적 영향력을 행사하고 있다고 정의한다. 이러한 태도는 인간, 사물, 장소, 상황 등 사회적 대상물에 반응하기 위한 인간의 심리적 경향 내지 준비성으로 간주하고 있다(정은희, 2008). 그리고 이민영(1999)은 경험을 통해 후천적으로 습득된 인지적, 정서적, 행동적 속성을 내포한 개념이며, 개인의 욕구, 성격, 규범 그리고 습득한 정보(경험, 학습 등)에 의해서 형성되고 변화한다고 하였다. 이러한 태도는 적응, 지식, 가치표출, 자아방어 기능을 하면서 행동으로 표출된다고 하였다. 따라서 증거기반실천 적용에 대한 태도 역시 증거기반실천에 대해 인지적, 정서적, 행동적 반응이라고 할 수 있다.

증거기반실천 적용에 대한 제공자의 태도에 관한 중요한 영역을 4가지로 구분하고 있다(장유림, 2010). 첫째, 혁신에 대한 직관적인 호감이 조직적 변화를 고려하는 데 중요하다는 것이다. 이는 설득과정과 제공자의 효능감의 연구에서 지지(Tormala & Petty, 2002)는 연구조사와 책보다는 동료가 주는 정보를 보다 쉽게 인식한다는 것이다. 따라서 직관적인 호감은 증거기반실천 적용에 영향을 줄 수 있을 것이다. 둘째, 조직의 정책이나 예산 규정에서 특정한 서비스를 제공하도록 요구하며 서비스 제공자는 이 부분에 대해 받아들일 수도 거부할 수도 있다. 따라서 요구에 따른 순응도의 차이는 개방성에 영향을 줄 수 있을 것이다. 셋째, 변화에 대한 개방성이다. 따라서 개인의 차이는 조직적 특성과 작업수행에 영향을 줄 수 있을 것이다. 넷째, 현존하는 실천과 새로운 실천 간에 차이를 인식할 때 불일치가 발생할 수 있다. 따라서 일반적인 체계가 증거기반실천의 사용을 장려하더라도 제공자들이 연구평가에 대한 문화나 의무화에 대한 인식정도에 따라 실천의 사용에 대해 의구심이 영향을 줄 수 있을 것이다.

4. 증거기반실천의 전제

우리나라의 사회복지실천현장에서 증거기반실천을 위한 전제로는 사회복지사들의 과학적 실천을 위해 무엇보다도 활용할 충분한 증거가 있어야 하며, 자료를 찾고 적용하는 데 필요한 지술과 기식을 함양하고, 증거기반실천을 지지하는 사회복지실천현장의 환경적 자원과 여건이 우선적으로 마련되어야 한다(공계순, 서인해, 2006).

하지만 현재 사회복지실천현장에서는 개별 클라이언트에게 활용할 최선의 조사연구가 매우 부족하기에 향후 사회복지실천 관련 조사연구가 많이 발표되고, 현장의 사회복지사들이 조사연구의 참여 정도를 높여 증거기반실천의 가능성을 높일 수 있도록 해야 한다. 또한 증거기반실천을 위해서 사회복지사들은 체계적으로 입증된 증거를 찾고, 비판적으로 수집된 정보를 평가하고 축척된 증거를 실천에 적용하는 능력 배양이 중요하다(공계순, 서인해, 2006). 이를 위해 사회복지실천현장과 사회복지학계 등이 연계하여 증거기반실천의 교육과정 확립과 교육 프로그램 개발 및 조사연구 증거의 데이터베이스 개발을 위해 협력할 필요가 있다.

그러나 무엇보다도 사회복지실천현장의 증거기반실천을 위해 재정과 행정규정 등과 관련하여 기관의 불충분한 지원이 문제이다. 특히 사회복지실천현장의 사회복지사들이 과중한 업무에 시달리고 있어 업무량이 우선적으로 조정되지 않는 한 증거기반실천을 위한 자료 검색조차도 어려울 것이다. 이런 상황에서 클라이언트의 복지와 안녕을 최우선으로 해야 하는 사회복지사는 클라이언트에게 가장 효과적인 개입조차 고려할 수 없어 자신의 책무를 수행할 수 없는 상황이 발생하기도 한다.

루빈(2011)은 클라이언트에게 서비스 개입 시 클라이언트의 욕구를 반영하지 않는 실천현장의 태도가 증거기반실천을 하는 데 가장 큰 걸림돌이라고 하였다. 클라이언트의 욕구를 반영하고 증거기반실천의 활용을 강화하기 위해서는 최신 개입모델에 대한 사회복지사들의 개방적이고 긍정적인 태도가 형성되어야 하고 그런 환경을 조성할 수 있도록 조직환경의 변화가 필요하다. 이렇게 증거기반실천을 위해서는 기관이 변화에 대해 유연하고 개방적인 태도를 갖고 의사결정과정에서도 사회복지사에게 자율성을 부여하여야 한다.

Chapter 03

사회복지조사의 윤리

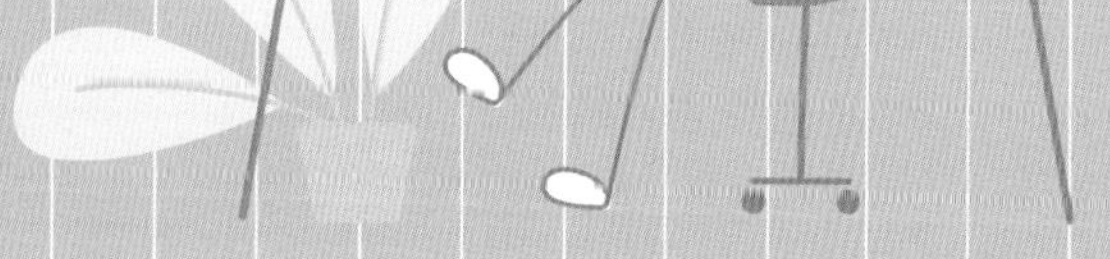

배울 내용

1. 연구윤리의 역사
2. 연구윤리의 적용
3. 사회복지조사 윤리의 개념과 원칙 및 쟁점
4. 기관생명윤리위원회

학습목표

1. 연구윤리의 역사를 이해한다.
2. 연구윤리의 적용사례를 통해 연구윤리의 문제점을 파악한다.
3. 사회복지조사 윤리의 개념과 원칙 및 쟁점을 숙지한다.
4. 기관생명윤리위원회의 개념과 진행절차를 숙지한다.

03

Chapter

사회복지조사의 윤리

1. 연구윤리의 역사

연구윤리의 발생 배경과 역사적 발전과정은 크게 세 가지, 즉 뉘른베르크 강령(1946), 헬싱키 선언(1964), 벨몬트 보고서(1979)에 의해 영향을 받았는데, 이에 대해 구체적으로 살펴보면 다음과 같다(권경희 외, 2021).

1) 뉘른베르크 강령

히포크라테스의 선서는 의사 자신이 환자를 진료할 때 사회에 적합한 임상적 · 윤리적 행동강령을 준수하겠다는 약속이다. 그러나 이 약속은 사회적 구속력을 갖는 보편적 합의에 의해 이루어진 것이 아니다. 또한 각 사회는 모두 다른 행위규범과 신념의 체계를 가지고 있음으로써 상대주의적 성격을 가지게 된다. 이런 상대주의적인 규범과 신념의 체계는 근대 이후 인간의 권리문제와 관련하여 심각한 상황을 초래하게 되었는데, 그 대표적인 사례가 2차 세계대전 중에 독일 나치와 일본 군국주의자들에 의해 자행된 인체실험이다. 2차 세계대전이 끝난 1946년 독일의 뉘른베르크에서 나치 의사들에 대한 재판〈표 3-1〉이 시작되면서 뉘른베르크 재판정은 동의하지 않은 사람을 대상으로 한 임상시험을 예방하기 위한 행동강령을 제정하였는데, 이것이 이른바 뉘른베르크 강령(The Nuremberg Code)이다.

표 3-1 뉘른베르크 전범 재판

1945년 독일 뉘른베르크에서 열린 나치 독일의 전범과 유대인 학살 관련자를 심판한 연합국 측의 국제 군사 재판이다. 일반적으로 뉘른베르크 전범 재판이라고 부르거나 뉘른베르크 국제 군사 재판이라고도 한다. 피고들은 침략 전쟁 등의 공모와 참가, 계획, 실행과 전쟁 범죄, 비인도적 범죄(유대인 학살) 등의 이유로 기소되었다. 뉘른베르크 전범 재판 당시 논쟁이 된 부분은 사병, 즉 병사들과 하사관들의 경우 명령에 따를 수밖에 없는 위치에 있었는데, 이들이 지은 죄에 대해서는 어떻게 처벌해야 할 것인가이었다. 이 재판은 1945년 10월 1일부터 이듬해까지 1년 동안 1급 전범 24명을 기소하였다. 이들 중 2명은 구금 중 자살 또는 병으로 죽어 나머지 22명에 대하여 판결이 내려졌는데, 헤르만 괴링 등을 비롯한 12명에 대하여는 사형, 루돌프 헤스 등 3명은 종신형, 알베르트 슈페어 등은 징역형, 나머지 3명은 형이 면제되었고, 12명 중 헤르만 괴링(10월 15일 자살)을 제외한 나머지 11명의 사형은 10월 16일 실시되었다. 2차 재판은 나치 독일의 전쟁 범죄인 유대인 학살에 대한 재판이다. 1946년 12월부터 1949년 3월까지 있었고, 유대인 학살 만행에 관여한 의사, 관료, 법률가 185명이 기소되었다. 피고 중 25명에게 사형이, 20명에게 무기 징역이 선고되었다.

뉘른베르크 강령이란, 의료 및 심리학적 생체실험의 준비와 진행에 있어서, 오늘날 쓰이는 핵심적인 윤리법칙이다. 뉘른베르크 강령은 뉘른베르크 의사재판의 판결로 만들어진 이후로, 의학교육에서 특히 중요시되고 있다. 의학연구라는 이름으로 인간에게 가해졌던 반인류적인 의학실험(특히 범죄적인 약물실험 및 강압적인 여성 불임 시술)이 뉘른베르크 강령이 만들어지게 된 동기이다. 뉘른베르크 강령의 주요한 내용은 표 3-2와 같다.

표 3-2 뉘른베르크 강령의 주요 내용

① 인체실험 대상자의 자발적 동의는 절대적으로 필수적이다. 이것은 실험대상자가 동의를 할 수 있는 법적 능력이 있어야 한다는 의미이며, 어떠한 폭력, 사기, 속임, 협박, 술책이 요소가 개입되지 않고, 배후의 압박이나 강제가 존재하지 않는 가운데 스스로 자유롭게 선택할 수 있는 권한이 주어진 상태이어야 하며, 이해와 분명한 지식에 근거한 결정을 할 수 있도록 충분한 지식과 주관적 요소들에 대한 이해를 제공하여야 한다는 의미이다. 후자를 충족시키기 위해서는 실험대상자가 내린 긍정적인 결정을 받아들이기 전, 그에게 실험의 성격, 기간, 목적, 실험방법 및 수단, 예상되는 불편 및 위험, 실험에 참가함으로써 올 수 있는 건강 혹은 개인에게 올 영향에 대해 알려야 한다. 동의의 질(quality)을 보장하기 위한 의무와 책임은 실험을 시작하고 지도하며 참여하는 개개인에게 있다. 이것은 타인에게 법적인 책임을 지지 않고서는 위임할 수 없는 개인적 의무이자 책임이다.

② 연구는 사회의 선을 위하여 다른 방법이나 수단으로는 얻을 수 없는 가치 있는 결과를 낼 만한 것이어야 하며, 무작위로 행해지거나 불필요한 연구이어서는 안된다.

③ 연구는 동물실험 결과와 질병의 자연경과 혹은 연구 중인 여러 가지 문제에 대한 지식에 근거를 두고 계획되어야 하며, 예상되는 실험결과가 실험수행을 정당화할 수 있어야 한다.

④ 연구는 불필요한 모든 신체적, 정신적 고통과 상해를 피하도록 수행되어야 한다.

⑤ 사망이나 불구를 초래할 것이라고 예견할 만한 이유가 있는 실험의 경우에는 의료진 자신도 피험자로 참여하는 경우를 제외하고는 시행되어서는 안된다.

⑥ 실험에서 무릅써야 할 위험의 정도가 그 실험으로 해결될 수 있는 문제의 인도주의적 중요성보다 커서는 안된다.

⑦ 손상과 장애, 사망 등 매우 적은 가능성까지를 대비해서 피험자를 보호하기 위한 적절한 설비를 갖추어야 한다.

⑧ 실험은 과학적으로 자격을 갖춘 사람만이 수행하여야 한다. 실험에 관련되어 있거나 직접 수행하는 사람은 실험의 모든 단계에 있어서 최고의 기술과 주의를 기울여야 한다.

⑨ 실험을 하는 도중에 피험자는 자기가 육체적, 정신적 한계에 도달했기 때문에 더 이상 실험을 못 하겠다는 생각이 들면 실험을 끝낼 자유를 가진다.
⑩ 실험과정에서, 실험을 주관하는 과학자는 자신에게 요청된 성실성, 우수한 기술과 주의 깊은 판단에 비추어, 실험을 계속하면 피험자에게 손상이나 불구, 또는 사망을 초래할 수 있다고 믿을 만한 이유가 있으면, 어떤 단계에서든지 실험을 중단할 준비가 되어 있어야 한다.

뉘른베르크 강령은 최초로 국제적으로 받아들여진 연구윤리 강령으로서 그 의의가 크다고 할 수 있다. 2차 세계대전 이후에 생겨난 개별 국가 수준에서, 혹은 국제적 수준에서 마련된 윤리강령 및 관련 법규들은 뉘른베르크 강령에 기초를 두고 있다. 이 강령은 피험자들의 인권보호에 대한 과학자들의 책임을 명시한 것으로 지금까지도 그 효력이 있다. 이 강령은 발표된 직후, 일반 대중과 전문가 사이에서 전 세계적인 주목을 받았다. 이후에 인체실험과 인권과 관련해서 채택된 선언문들의 내용은 뉘른베르크 강령에서 영향을 받았음을 보여 주고 있다. 예를 들어, 유엔의 "일반시민의 권리와 정치적 권리에 관한 국제적인 계약"이나 1947년 창설된 국제의사회의(World Medical Association)의 "제네바 선언"에도 뉘른베르크 강령의 정신이 반영되어 있으며, 1954년 "인체시험에 관한 결의"에도 나타나 있다.

2) 헬싱키 선언

헬싱키 선언(Declaration of Helsinki)은 임상연구에서 의사 및 다른 모든 연구참여자들이 준수해야 할 일련의 윤리지침을 담고 있다. 이 선언은 1947년 6월 나치즘의 인체실험에 대한 반성에서 생긴 뉘른베르크 강령의 영향을 받아 1964년 핀란드의 수도 헬싱키에서 열린 세계의사협회 제18회 총회에서 의학 연구자가 스스로를 구제하기 위해 채택된 인체실험에 대한 윤리규범이다.

표 3-3 헬싱키 선언

Declare of Helshinki(1964)

정식명칭은 '사람을 대상으로 한 의학연구에 대한 윤리적 원칙'이다. 1964년 핀란드 헬싱키에서 열린 제18회 세계의사협회 총회에서 채택된 의료 연구윤리 선언으로, 제2차 세계대전 동안 벌어진 나치의 인체실험 만행에 대한 반성에서 나온 1947년의 뉘른베르크 강령을 수정 · 보완하여 만든 규범이다.

헬싱키 선언의 정식명칭은 '사람을 대상으로 한 의학연구에 대한 윤리적 원칙'이다. 그 후 시대의 영향에 의해 몇 번이나 수정 절차를 거쳤으며, 필요에 의해 추가되고 있다. 2000년 10월에 인간 게놈 계획에 관한 부분이 에든버러의 총회에서 개정되었다. 헬싱키 선언의 주요 내용은 표 3-4와 같다.

표 3-4 헬싱키 선언의 주요 내용

① 인간을 대상으로 하는 생명의료 연구는 일반적으로 승인된 과학원칙에 따르며, 적절히 시행된 실험이나 동물실험의 근거가 있어야 한다.
② 실험의 계획 및 시행은 국내법 규정에 따라 독립적인 위원회의 사전 심의를 거쳐야 한다.
③ 자격 있는 유능한 과학자의 책임하에 연구를 진행해야 한다.
④ 연구 목적의 중요성은 위험과 균형을 이루어야 한다.
⑤ 피험자의 이익에 대한 고려를 과학 및 사회의 이익에 우선해야 한다.
⑥ 신체의 완전성에 대한 권리, 프라이버시를 존중해야 한다.

⑦ 연구에 따른 위험이 잠재적 이익보다 크다고 판단될 때에는 연구를 중단해야 한다.
⑧ 연구 결과를 발표할 때 의료진은 결과의 정확성을 유지하고, 이 선언서에 규정된 원칙을 따라야 한다.
⑨ 연구 자체의 목적과 방법, 예견되는 이익과 내재하는 위험성, 그에 따르는 고통 등에 관하여 피험자에게 사전에 충분히 알려 주어야 한다. 피험자에게 충분한 설명에 근거한 자발적인 동의를 받아야 한다.
⑩ 이때 동의는 당해 조사에 참가하지 않는, 독립된 지위에 있는 의료진이 받아야 한다.
⑪ 법률상 무능력자에 대해서는 국내법에 따라 법적 대리인의 동의를 받아야 한다.
⑫ 연구자는 모든 재정적 이해관계를 윤리심사위원회와 잠재적 연구 참여자에게 밝혀야 하며, 간행되는 논문에도 이를 명시해야 한다.
⑬ 새로운 치료의 유효성을 지지하지 않는 반대연구(negativestudy)의 결과도 발표되어야 한다.
⑭ 학술 잡지는 이 선언의 원칙을 준수하지 않는 보고서를 수용해서는 안된다.

3) 벨몬트 보고서

벨몬트 보고서는 1979년 미국정부의 "생명의료연구 및 행동연구의 인간 피험자를 보호하기 위한 국가위원회(National Commission for the Protection of Human Subjects of Biomedical and Behavioral Research)"에 의해 채택되었다. 국가위원회는 「공공법(Public Law)」 93-348조에 의거하고 있으며, 이 보고서는 윤리원칙이 인간 피험자를 대상으로 한 연구행위에 관련된 수많은 연방정책의 발전을 위한 초석이 되게끔 요약되어 있다. 그 결과 이 보고서는 많은 연방정부기관, 예를 들어 국립보건기구(National Institute of Health)와 미국교육부(US Department of Education) 등에 의해 활용된다. 이와 같이 미국 연방정부기관의 윤리적 판단기준이 되는 벨몬트 보고서는 '인간 피험자 보호를 위한 윤리원칙과 지침'이란 부제를 달고 있다. 이 부제가 말해 주듯이, 미국 연방정부기관에서 활용되는 윤리원칙은 인간피험자를 포함한 연구를 계획하고 실행할 때 개재된 윤리적 이슈를 관련된 모든 이해당사자들이 보다 잘 이해하게끔 도와주기 위한 수준에서 서술되고 있다. 터스키기 매독 연구와 벨몬트 보고서는 표 3-5, 벨몬트 보고서의 주요 구성 내용은 표 3-6과 같다.

표 3-5 터스키기 매독 연구와 벨몬트 보고서

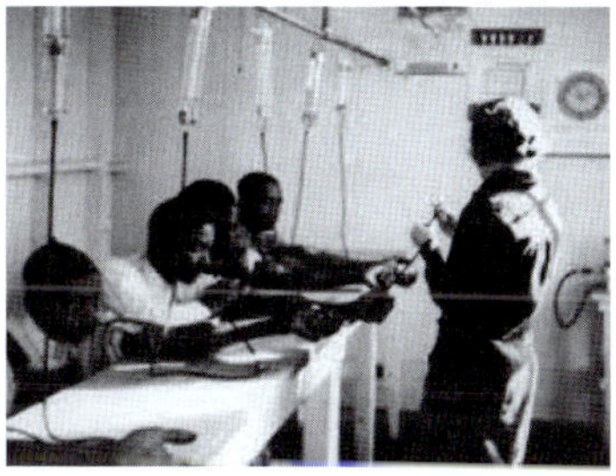

Belmont Report(1979)

미국에서 채택된 연구윤리 기준의 하나로, 터스키기 매독 생체실험 사건이 세상에 폭로되자 충격을 받은 미국 의회에서 1974년 국가연구법을 통과시켰으며, 국가 연구법을 토대로 1978년 임상시험의 인간 피험자를 보호하기 위한 윤리원칙과 가이드라인(Ethical Principles and Guidelines for the Protection of Human Subjects of Research)을 거쳐 1979년에 이르러 벨몬트 보고서가 나오게 되었다.

표 3-6 벨몬트 보고서의 주요 구성 내용

벨몬트 보고서

생명의료 및 행동 연구의 인간 피험자 보호를 위한 국가위원회, 1979년 4월 18일

차 례

인간 피험자 대상 연구의 윤리적 원칙과 지침
A. 시술과 연구의 경계
B. 기본적 윤리 원칙들
  1. 인간 존중
  2. 선행
  3. 정의
C. 적용
  1. 충분한 정보에 근거한 동의
  2. 위험과 이득의 평가
  3. 피험자 선정

표 3-6과 같이 벨몬트 보고서는 머리말을 포함하여 'A. 시술과 연구의 경계, B. 기본적인 윤리원칙들, C. 적용'이란 세 부분으로 구성되어 있다. 먼저 머리말에서 이 보고서는 '인간 피험자 대상 연구의 윤리적 원칙과 지침'이 뉘른베르크 강령에서 유래함을 분명히 하고, 그 이후 많은 윤리강령들이 제정되었지만, 그 규칙들이 복잡한 실제상황을 다루기에 부적절함을 들어, 세 원칙과 일반적인 처방적 판단으로 하여금 연구에서 발생하는 윤리문제를 해결하기 위한 지침으로 삼을 수 있는 하나의 분석틀을 제공하는 것이라고 밝히고 있다. 벨몬트 보고서의 특징을 살펴보면 다음과 같다.

첫째로, 시술과 연구가 용어상으로 구분됨에도 그 경계가 매우 불분명하다. 시술이란 오직 (개별)환자의 복지증진을 위해 계획된 의학적 개입을 말하며, 연구는 본래 가설을 시험하고 결론을 이끌어 내는 등 일반화된 지식을 말한다. 그런데 환자의 이익을

위해 새로운 시술방법이 실험적으로 행해졌다고 하여 이것이 자동적으로 연구에 해당하는 것은 아니다. 새로운 시술은 그 안정성과 효과를 검증받기 위해 초기단계부터 공식적으로 연구대상이 되어야 하며, 또한 새로운 방법이 공식적인 연구 프로젝트에 통합되기 위해서는 의료시술위원회(Medical Practice Committees)의 승인을 필요로 한다.

둘째로, 벨몬트 보고서의 기본원칙이란 특정한 윤리적 처방을 정당화하기 위한 기준인 동시에 인간적 행동을 평가하기 위한 일반적인 판단기준을 말한다. 이런 기본원칙들에는 인간존중, 선행, 정의의 원칙이 있다〈표 3-7〉.

표 3-7 벨몬트 보고서의 기본원칙

구분	내용
인간존중의 원칙	인간존중이란 각자의 자율성을 인정해 주는 동시에 자율성이 부족한 인간을 보호해 주는 것을 의미한다. 먼저 자율성의 존중이란 자율적인 인간의 숙고된 의견이나 선택을 그들의 행동이 다른 사람들에게 명백한 피해를 주지 않는 한 방해받지 않고 존중받는 것을 말한다. 자율성이란 각자의 의사결정능력에서 나오며, 강요, 설득, 조작에 의해 간섭받지 않는 자발성을 의미한다. 이런 의사결정능력은 성장과 더불어 증대하지만, 어떤 사람은 질병, 정신이상 또는 자유가 심하게 제한된 상황 등으로 인해 자기결정능력이 현저하게 떨어진다. 따라서 미성년자를 포함하여 이런 무능력자를 보호해 주는 것은 자율성 존중 못지 않게 인간존중을 위해 필요한 것이다.
선행의 원칙	인간존중이 환자 · 피험자를 위험으로부터 보호하는 것이라면, 선행은 그들의 복지를 증진시키려는 것이다. 선행의 원칙은 다음과 같은 두 개의 명법(明法)으로 정식화된다. 즉, 해악을 끼치지 말라와 가능한 한 이익을 극대화하고, 가능한 한 해악은 극소화하라가 그것이다. 해악금지는 히포크라테스의 선서에서 유래하는 윤리학의 기본원칙인데, 이것은 (환자의)위험 때문에 (연구자 자신의)이익을 포기하는 것을 말한다. 그리고 이익의 극대화는 연구와 관련한 이익이 반드시 사회적 이익과 일치해야 함을 의미한다.
정의의 원칙	정의는 이익의 분배에 관한 원칙이다. 연구에서 생기는 이익을 누가 누리고, 부담은 누가 감당해야 하는가가 문제인데, 이것은 분배의 공정성 또는 합당한 응분이란 의미에서 정의의 문제이다. 정의론에 따르면 이것은 분배적 정의의 문제이고, 분배적 정의의 명법(明法)은 다음과 같이 정식화된다. 즉, 각자에게 각자의 몫을, 각자의 개별적 필요에 따라, 각자의 사회적 기여도에 따라, 각자의 공적에 따라 분배하라는 것이다.

셋째로, 기본원칙을 연구의 수행과정에 적용할 때 고려사항〈표 3-8〉은 충분한 정보에 근거한 동의, 위험 · 이익의 평가, 연구대상의 선정의 세 가지를 의미한다. 먼저 충분한 정보에 근거한 동의는 위의 인간존중의 원칙과 관련이 있고, 이때 정보, 숙지, 자발성 등 세 요소를 포함해야 한다는 점을 역설한다. 위험과 이익의 평가는 선행의 원칙과 관련이 있으며, 위험과 이익이 적절한 비율로 균형을 이루어야 한다고 주장한다. 그리고 피험자의 선정은 정의의 원칙과 관련이 있는 것으로서 공정한 절차에 따라야 한다는 점을 강조한다.

표 3-8 벨몬트 보고서의 기본원칙 적용 시 고려사항

구분	내용
충분한 정보에 근거한 동의	피험자는 연구절차, 목적, 위험과 예상되는 이득, 대안 시술(치료법의 경우), 그리고 피험자에게 질문의 기회를 주며, 언제라도 연구참여를 그만둘 수 있음을 알리는 내용이 포함된 동의서를 받아야 한다. 또한 이러한 정보에 대한 이해를 하고, 자발적으로 연구에 참여한다는 동의를 구해야 한다.
위험과 이익의 평가	선행의 원칙과 관련하여 신체적, 정신적, 사회적, 법적 측면으로 위험과 이익을 피험자에게 안내하고 연구에 참여하는 이익이 위험보다 반드시 커야 한다.
대상자 선정	피험자 선정 절차의 공정성 및 선정 결과의 공정성을 가져야 한다. 개인적 정의는 연구자가 피험자 선정을 할 때 입맛에 맞게 선정할 수 없다는 의미이며, 사회적 정의는 어떤 피험자 계층이 특정 종류의 연구에 참여해야만 하고 어떤 피험자 계층은 특정한 연구에 참여해서는 안된다는 등의 사회적 부정의가 발생할 가능성에 대해 고려해야 한다는 점이다. 흉악범들에게 임상실험의 대상이 되어서 죗값을 치러야 한다던가, 그 흑인들은 어차피 가난해서 치료도 못 받고 죽을 사람들인데 그냥 죽을 바에야 의학발전에 기여하고 죽는 게 낫지 않냐고 말하던 미국의 터스키기 연구진처럼 부지불식간에 우리의 편견은 혼란한 사회상을 틈타 사회적 부정의로 자라게 됨으로 향상 경계해야 한다.

2. 연구윤리의 적용

연구윤리의 적용을 일반인 대상의 실험, 환자 대상의 실험, 태아 및 어린이 대상의 실험, 수형자 대상의 실험 및 동물 대상의 실험으로 구분하여 살펴보면 다음과 같다(권경희 외, 2021).

1) 일반인 대상의 실험

인체실험의 문제는 독일과 일본이 전쟁 중에 여러 가지 목적으로 인간을 대상으로 실험을 한 것이 알려지면서 논란이 되었다. 인간을 대상으로 한 실험에 참가한 많은 사람들은 고통을 받으면서 죽어 갔다.

표 3-9 독일의 인체실험

독일은 극한 상황에서 인간이 얼마만큼 견뎌 낼 수 있는지의 실험을 실행하였다. 즉, 질병에 걸린 병사를 치료하기 위한 실험 등을 군사적 목적으로 인체실험을 했으며, 이 실험으로 많은 사람들이 고통을 받으며 죽어 갔다. 제2차 세계대전 후 23명의 나치 의사와 과학자들은 강제 수용소 수감자들을 대상으로 실시된 실험에 대해 '살인혐의'로 전범재판에 기소되었는데, 이것이 뉘른베르크 전범재판이다. 이 재판에서 23명 중 15명이 유죄판정(7명에게는 교수형, 8명에게는 각종 종신형에서 10년에 이르는 징역형이 선고), 8명은 사면되었다. 뉘른베르크 전범재판을 통해 인간대상 연구에서 연구자가 반드시 지켜야 할 10가지 윤리적 기본원칙이 제정되었다.

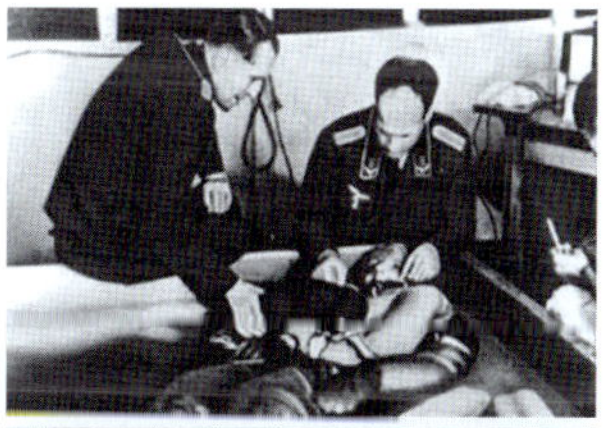

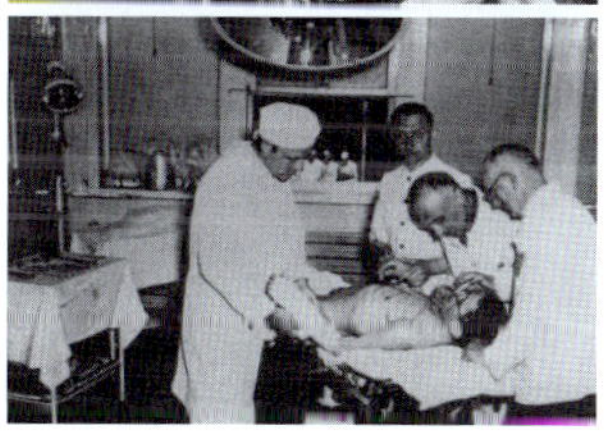

표 3-10 일본 731 부대 생체 실험

일본의 731 부대는 중국 헤이룽장성 하얼빈에 있던 관동군 산하 세균전 부대이다. 이 부대에서 1936년에서 1945년 여름까지 중국인과 한국인 등 3,000여 명을 대상으로 각종 세균실험과 약물실험을 자행하였다. 731 부대 예하에는 바이러스, 곤충, 동상, 페스트, 콜레라 등 생물학 무기를 연구하는 17개 연구반이 있었으며, 각각의 연구반에는 마루타라고 불리는 인간을 생체실험용으로 사용하였다. 1940년 이후 해마다 600명의 마루타들이 생체실험에 동원되어 최소한 3,000여 명의 한국인, 중국인, 러시아인, 몽골인 등이 희생된 것으로 추정되며, 1945년 제2차 세계대전이 끝나자 만행의 흔적을 없애기 위해 살아남은 150여 명의 마루타들까지 모두 처형하였다. 종전 후 이시이 시로를 비롯한 부대원들은 세균전 연구결과를 모두 미국으로 넘기는 조건으로 전범재판에 회부되지 않고 면책되었다. 즉, 미국 점령군 사령부가 일본 실험 수행자들의 기소 면제권과 생물학 전쟁에 대한 정보를 교환하여 이런 사실은 오랫동안 비밀로 숨겨졌다.

■ 독일과 일본의 인체실험에서 제기될 수 있는 윤리적 문제는 무엇이라고 생각하십니까?

독일과 일본이 실시했던 인체실험의 윤리적 문제로는 결과론적 사고[1]의 문제(실험에서 생기는 위험보다 더 많은 이익을 얻을 수 있다는 결과만 강조), 인간의 자율적인 자기결정능력 존중(실험대상자의 자발적 동의 아래에서 이루어져야 함), 실험에 대한 충분한 이해와 지식의 제공(실험을 결정하기 전에 실험에 대한 충분한 지식 제공), 보상의 문제(보상이 부족할 때에는 착취의 문제가 발생, 보상이 과도할 때에는 보상의 유혹 때문에 자율성이 훼손되는 문제가 발생) 등의 윤리적 문제가 제기될 수 있다.

표 3-11 밀그램(Milgram)의 복종실험

예일대학교 심리학과 교수 스탠리 밀그램(Stanley Milgram)은 1963년 인간이 권위에 대해서 어디까지 복종이 가능한지 알아보고자 실험을 실시하였다. 그는 2차 세계대전 동안 수용소에서 수많은 사람들이 윗사람의 명령에 의해 학살당하는 장면을 보고 이런 의문을 품었다. 그들은 지원자 40명을 모집한 뒤, 교사와 학생으로 나눈다고 말한 뒤, 제비 뽑기를 한다. 하지만 모든 제비에 '교사'라는 단어만 적혀 있을 뿐 학생은 단 1명이었고, 그는 밀그램이 사전에 섭외한 가짜 '학생' 연기를 위한 사람이었다. 이렇게 교사와 학생을 두 방으로 나눈 뒤(서로 볼 수 없는), 학생에게 문제를 내 주고 틀릴 때마다 전기충격을 준다. 물론 전기충격은 가짜였고, 그 충격으로 고통스러워하는 학생의 연기도 가짜였다. 학생이 문제를 틀릴 때마다 교사는 전기충격 버튼을 하나씩 올리며 눌렀는데, 교사는 전기충격이 실제라고 생각하며 버튼을 누를 때마다 괴로운 표정을 지었다. 전기충격의 정도는 15볼트(경미)부터 450볼트(심각)까지 였다. 실험을 설계했던 연구자들은 대부분의 참가자들이 중간에 실험을 멈추지 않을까 예상했지만, 실제는 전혀 달랐다. 40명의 참가자 중 300볼트 이하로 그만둔 교사들은 아무도 없었고, 26명이나 450볼트(심각)단계까지 눌렀다. 중간중간 연구자들이 참가자들에게 '실험을 계속해야 한다'는 이야기를 하긴 했지만, 자신의 선택으로 학생이 고통받는 것을 알면서도 그저 연구자들의 말에 따라 버튼을 끝까지 눌렀던 것이다. 이 실험은 굉장한 파장을 일으켰다. 명령에 복종한 사람들이 윤리의식 없이 얼마나 잔인해질 수 있는지 가늠할 수 있는 실험이었다.

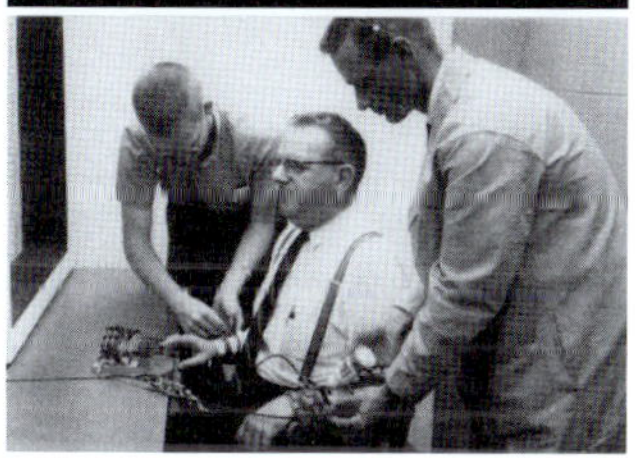

1) 결과주의는 행위의 옳고 그름이 결과의 좋고 나쁨에 의존한다는 이론으로 행위란 본질적 가치를 지니고 있지 않으며 그것이 옳고 그른가는 주어진 상황에서 그것이 가져올 결과에만 달려 있다고 보는 것이다. 따라서 이런 일의 원인이나 과정은 생각하지 않고 오직 결과만 가지고 논의하게 된다.

■ 밀그램의 복종실험에서 제기될 수 있는 윤리적 문제는 무엇이라고 생각하십니까?

밀그램의 복종실험은 피험자들에게 심리적 외상을 줄 수 있음에도 불구하고 이를 미리 알리지 않았다는 이유로 윤리적으로 많은 비판을 받을 수 있으며, 기만(deception) 연구의 특성에 맞은 동의방법 고려와 심리적 위해에 대한 대책 수립 미흡(기만 연구는 사후 동의 방법이 있지만 기관생명윤리위원회(IRB)의 승인을 받는 전제 조건이 필요함. 또한 이런 기만 연구는 사후에 디브리핑 과정을 통해 설명을 해 주고 피험자의 동의 없이는 연구결과를 사용 않겠다고 말을 해 주어야 함) 등의 윤리적 문제가 제기될 수 있다.

2) 환자 대상의 실험

환자들의 경우도 정상적인 실험대상자들의 경우와 같은 동일한 원칙들이 적용된다. 그러나 그러한 조건들은 본래 환자의 경우에는 충족되기 어렵다. 환자의 육체적 상태, 정신적 곤궁함, 의사와 간호사 같은 타인에의 의존성 등 금치산 선고에 비유할 수 있는 건강상태와 그 정황이 환자로 하여금 건강인과 똑같이 자주적 인간으로 존재하는 것을 불가능하게 만든다. 질병에 속박되어 그 치유에만 관심을 가질 수밖에 없는 환자의 심리적 상태와 제한되고 축소된 자유로 인해 환자의 자율적인 동의는 제대로 이루어지기 어렵다. 그럼에도 불구하고 환자를 대상으로 하는 실험은 더욱더 허용되고 있는 추세이다.

표 3-12 터스키기 매독 실험

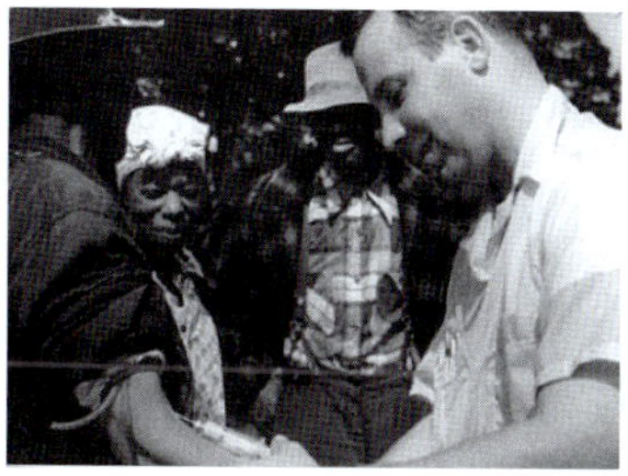

터스키기 매독 실험(syphilis experiment)은 1932년에서 1972년 사이에 미국 공중보건국이 매독을 치료하지 않고 내버려 두면 어떻게 되는지 알기 위해서 앨라배마의 농촌 지역의 흑인들을 대상으로 시행한 악명 높은 생체실험이다. 즉, 가난한 아프리카계 미국 흑인 남성들을 대상으로 매독의 자연경과를 기록하려는 목적을 가진 연구이다. 이 연구에는 매독에 감염된 수백 명의 남성(시험군)과 매독에 감염되지 않은 건강한 수백 명의 남성(대조군)이 연구에 참여하였고, 연구에 참여한 대상자들은 자기도 모르는 사이 매독에 감염되고 방치된 피해자들은 정부의 무료 건강관리를 받는 것이라고 기만당했다. 공중보건국은 대공황 중이던 1932년 앨라배마의 유명 흑인대학교 터스키기 연구소와 공조하여 실험을 시작했다. 실험에 사용된 피험자들은 600명으로 주로 메이컨군에 거주하는 빈곤한 소작농들이었다. 이들 중 399명은 실험 시작 이전에 이미 매독에 감염된 바가 있었으며, 201명은 매독에 감염된 적이 없었다. 피험자들에게는 무료로 의료, 식사가 제공되었으며 죽었을 경우 상조 비용도 제공되었다. 피험자들 중 실험의 정체에 대해 아는 사람은 한 명도 없었고, 1947년에 이미 매독을 치료할 수 있음이 밝혀진 페니실린 주사를 맞은 사람도 한 명도 없었다. 피험자들에게는 매독, 빈혈, 피로증을 모두 통쳐서 말하는 지역 방언인 "나쁜 피(bad blood)"를 치료한다는 정보만이 주어졌다. 그 결과 28명의 사망자와 100여 건의 장애, 그리고 19건의 선천적인 매독을 초래하게 되었다.

- 터스키기 매독 실험에서 제기될 수 있는 윤리적 문제는 무엇이라고 생각하십니까?

터스키기 매독 실험(syphilis experiment)에서 충분한 설명에 근거한 동의의 부재, 기만, 이용 가능한 치료의 보류, 연구대상자와 그 가족들을 위험에 방치, 연구참여로부터 이득을 얻지 못하는 취약한 환경의 연구대상자에 대한 착취 등의 윤리적 문제가 제기될 수 있다.

3) 태아 및 어린이 대상의 실험

태아에 대한 연구는 최근에 급증하고 있는 추세이다. 즉, 태아 발육 연구, 자궁 안의 태아에 대한 연구, 태아 조직 이식 연구 외에도 최근에는 사람의 질병을 연구하기 위한 동물 모델을 만드는 연구에도 태아를 사용하는 것으로 알려져 있다. 이러한 연구들은 낙태와 연관될 수 있고, 더 나아가 연구의 이름으로 낙태를 당연시하는 분위기를 만들 수 있다는 점에서 심각한 문제를 안고 있다(박석건, 2001).

표 3-13 임산부의 방사성 물질

제2차 세계대전 직후, 냉전의 최전선이 임박한 미국인들의 마음에 많은 의학 연구자들은 방사능과 전쟁이라는 개념에 몰두하게 되었다. 밴더빌트 대학의 한 실험에서 829명의 임산부에게 비타민 의료가 주어졌고, 태아의 건강을 개선할 것이라고 설명하였다. 하지만 연구자들의 설명과는 다르게 음료에는 방사성 철분이 포함되어 있었고 연구원들은 방사성 동위 원소가 태반으로 얼마나 빨리 교차하는지를 연구하고 있었다. 이 실험으로 최소 7명의 아이가 나중에 암과 백혈병으로 사망했으며, 여성들은 발진, 타박성, 빈혈, 머리카락과 치아의 손실, 암을 경험하게 되었다.

■ 임산부의 방사성 물질 연구에서 제기될 수 있는 윤리적 문제는 무엇이라고 생각하십니까?

임산부의 방사성 물질 연구에서는 피험자와 태아 모두에게 심각한 문제를 발생할 수 있음에도 불구하고 사전에 그들에게 충분하게 연구에 대해 설명하지 않고 동의를 구하지 않았다는 윤리적 문제가 제기될 수 있다.

어린이를 상대로 하는 연구의 역사는 천연두 백신 개발을 위해서 자기 아들을 인체 실험 대상으로 삼았던 제너(Edward Jenner)에까지 거슬러 올라간다. 대개 백신 개발을 위해서 어린이를 해당되는 질병에 노출시켜 백신 테스트를 하는 식의 연구 사례가 보고된다. 이 경우 대개 보호 시설 어린이들을 상대로 실험이 실시되어 논쟁의 대상이 되고 있다. 연구자들이 시설에 수용된 어린이들에 대한 유혹을 떨치지 못하는 이유는 이들이 일정 시설에 수용되어 집단적인 생활을 함으로 생활조건을 표준화하기 쉽기 때문이다(박은정, 2000).

표 3-14 신생아 실험

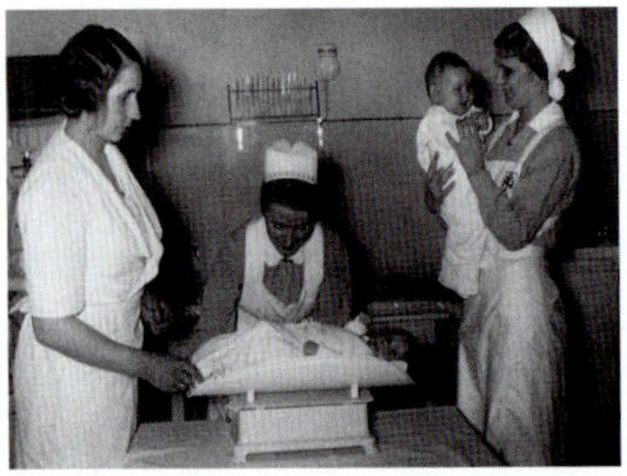

1960년대 캘리포니아 대학의 연구원들은 혈압과 혈류의 변화를 연구하기 위한 실험을 시작하였다. 연구진은 1시간에서 3일 사이에 113명의 신생아를 실험대상으로 사용했다. 한 실험에서 제대 동맥을 통해 대동맥에 카테터를 삽입했다. 그런 다음 신생아의 발을 대동맥 압력 테스트를 위해 얼음물에 담근다. 또 다른 실험에서는 최대 50명의 신생아를 개별적으로 포경 수술판에 묶은 다음 기울여서 혈액이 머리로 흘러가고 협압을 모니터닝 하는 실험을 실시하였다.

- 신생아 실험에서 제기될 수 있는 윤리적 문제는 무엇이라고 생각하십니까?

1960년대 캘리포니아 대학의 연구원들에 의해 실시된 신생아 연구는 신생아들에게 위험한 상황을 초래할 수 있는 실험임에도 실험을 수행했다는 점(신생아에게 실험을 위해 카테터를 삽입)과 충분한 설명과 동의를 구하지 않았다는 점이 윤리적 문제점으로 지적될 수 있다.

표 3-15 **탈리도마이드(Thalidomide)**

탈리도마이드(Thalidomide)는 1957년 독일 제약회사 그뤼넨탈이 개발하여 판매를 시작한 약이다. 이 약은 특히 임신부들에게 입덧 완화제로 판매되었다. 무독성이라는 특징을 가진다고 당시에 알려져 많은 사람들이 복용을 하게 되었다. 하지만 이 약에는 치명적인 부작용이 있었는데, 바로 약을 복용한 산모에게서 사지가 없거나 짧은 신생아들이 태어났다는 점이다. 당시 이 약을 먹은 여성들은 팔, 다리뼈가 없거나 극단적으로 손발이 몸통에 붙어 있는 1만 명 이상의 기형아를 출산하였다. 약을 출시하기 전 쥐와 개, 고양이를 대상으로 한 실험에서는 이러한 부작용을 보이지 않았다. 추후 인간과 좀 더 유사한 원숭이를 대사으로 실험한 결과 기형아를 낳는 결과를 보였고, 약은 결국 시장에서 퇴출하게 되었다. 이 사건을 콘테르간 스캔들(제품명이 콘테르간)이라고 부르며 현대의학 역사상 최악의 사건으로 불리고 있다. 다만 전 세계적인 피해가 발생했음에도 불구하고 미국에서는 17건만의 사례만 보고되었는데, 그 이유는 미국식약품안전청(FDA)에서 많은 자료의 미비, 임상시험 자료의 부족으로 승인을 거부하였기 때문이다.

■ 탈리도마이드 연구에서 제기될 수 있는 윤리적 문제는 무엇이라고 생각하십니까?

탈리도마이드 연구에서는 동물실험을 전제로 한 독성 실험 결과가 인간실험에서는 전혀 다른 불행한 결과를 나타낼 수 있으며, 제약회사의 숨기기 및 이윤추구를 위한 비처방 약물로 출시했다(이유는 비처방약물로 출시함으로써 식약품안전청으로부터 승인을 받지 않아도 되기 때문)는 등의 윤리적 문제점이 제기될 수 있다.

4) 수형자 대상의 실험

수형자를 대상으로 하는 연구는 금하거나 극히 제한적으로 허용해야 한다. 무엇보다도 이들은 자발적으로 동의권을 행사할 수 있는 환경에 있다고 보기 어렵기 때문이다. 이들은 별 이득은 없이 위험에 노출됨으로써 이익과 위험이 공정하게 분배되어야 한다는 원칙에 반하는 처우를 받을 수 있다. 예를 들어, 이들은 자율성 원리와 공정성 원리에 반하는 처우를 받을 수 있다.

표 3-16 교도소의 실험연구

구분		내용
홈즈 버그 감옥	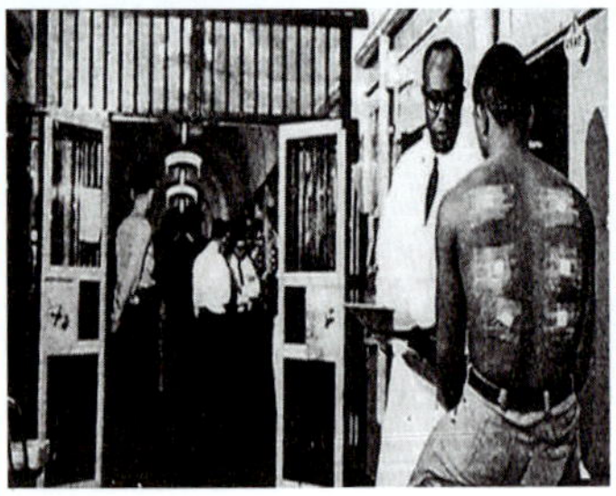	1951년 펜실베이나아 대학의 피부과 의사인 클리그만 박사는 필라델피아의 홈즈 버그 감옥에서 수감자들을 대상으로 실험을 실시하였다. 그들은 20년 동안 치약, 탈취제, 스킨 크림, 세제, 액체 식단, 점안액, 풋파우더 및 헤어 염색과 관련된 실험에 참여하였다. 하지만 수감자 중 누구도 장기적인 피해를 입지는 않았다.

<table>
<tr><th colspan="2">구분</th><th>내용</th></tr>
<tr><td>Stateville 교도소</td><td>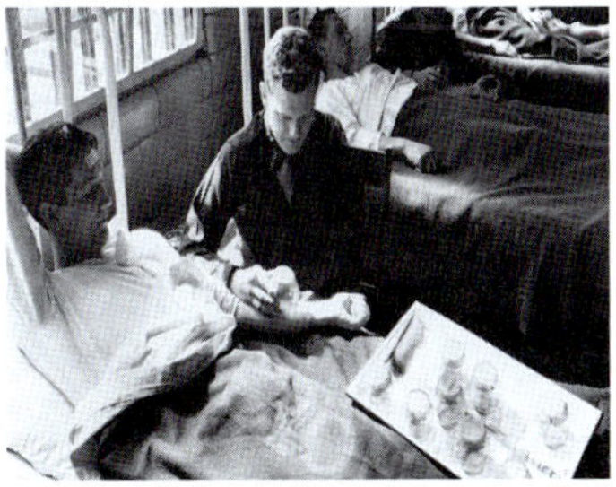</td><td>제2차 세계대전 동안 말라리아와 가티 열대성 질병은 태평양에서 미군의 노력을 방해하는 요인이었다. 이에 일리노이 주 졸리 엣에 있는 Stateville 교도소에 말라리아 연구 프로젝트가 설립되었다. 시카고 대학의 의사들은 441명의 자원봉사자 수감자들을 말라리아에 감염된 모기에 물린 것에 노출시켰다. 한 수감자가 심장마비로 사망했지만 연구원들은 그의 죽음이 연구와 관련없다고 주장하였다. 이 실험은 29년 동안 계속되었으며 말라리아 및 폐 포자충 폐렴 치료에 사용되는 약물인 Primaquine에 대한 최초의 인체 검사가 포함되었다.</td></tr>
<tr><td>수감자에 대한 의료 실험</td><td></td><td>캘리포니아의 San Quentin 교도소에서 수감자가 됨으로써 얻을 수 있는 이점 중의 하나는 유명한 Bay Area 의사와 쉽게 접촉할 수 있다는 것이다. 하지만 단점은 의사들이 쉽게 수감자들에게 접근할 수 있다는 것이다. 1913년부터 1951년까지 San Quentin의 수석 외과의 의사인 스탠리(Stanley) 박사는 다양한 기괴한 의학 실험에서 수감자를 실험 대상으로 이용하였다. 스탠리는 사형수와 경우에 따라 염소와 멧돼지의 고환을 사용하여 살아 있는 수감자에게 고환 이식을 수행하였다.</td></tr>
</table>

■ 교도소의 실험연구에서 제기될 수 있는 윤리적 문제는 무엇이라고 생각하십니까?

교도소의 수감자들을 대상으로 실시되는 실험은 연구참여에 있어 일반인과 동등한 참가 권리를 가지지 못할 가능성이 매우 높으며, 매우 위험한 실험에 노출될 가능성이 높기 때문에 윤리적 문제가 제기될 수 있다.

5) 동물 대상의 실험

최근 우리나라 한 대학의 연구팀(2021)이 학술지에 발표한 논문을 두고 국내 · 외에서 동물실험 관련 연구윤리 문제가 불거져 논란이 되었다. 연구는 비글 개 암수 두 마리의 한쪽 눈을 각각 적출한 뒤 3D프린팅 기술을 활용해 개발한 콘택트렌즈 형태의 인공 눈과 안와임플란트(적출 후 빈 곳을 메워 주기 위한 이식물)를 넣는 방식으로 진행되었으며, 실험 후 실험에 사용된 개는 모두 안락사되었다. 이 연구는 많은 독자로부터 연구윤리 문제와 함께 실험에 사용된 동물의 고통을 줄이기 위한 적절한 조치를 하지 않았다는 비판을 받았다. 즉, 연구팀이 개발한 인공 눈이 기존 적출방법보다 임상적으로 유용한지, 또 연구목적을 이루기 위해 아무 문제가 없는 개를 사용했어야 하는지에 대한 문제가 제기되었다.

표 3-17 인간 대신 우주로 간 라이카(Laika)와 펠리세트(Fellicet)

최초로 우주에 간 개 라이카	최초로 우주에 간 고양이 펠리세트
	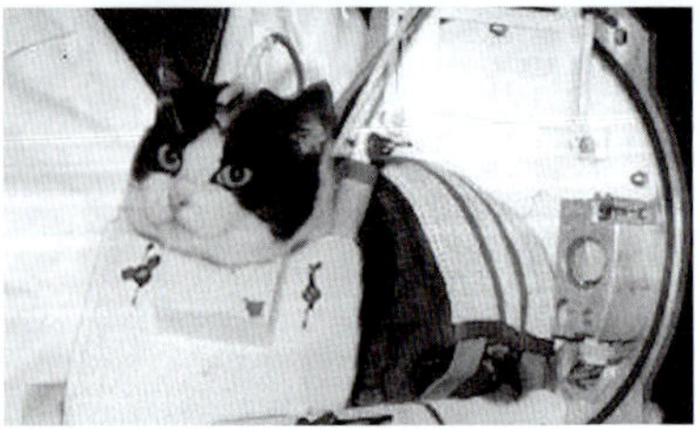

최초로 우주에 간 개 라이카	최초로 우주에 간 고양이 펠리세트
냉전시대 당시 미국과 소련의 우주 경쟁 도중에 희생된 동물 중 하나이다. 소련의 연구진들은 스푸트니크 1호를 성공적으로 발사한 후 스푸트니크 2호에 개를 태워, 인간 대신 우주로 내보내 생물체를 실은 우주선의 가능성 여부를 확인하려고 하였다. 사실 우주로 인간을 바로 보냈다가는 무슨 일이 벌어질지 장담할 수 없었기 때문에 미국과 소련은 먼저 각종 동물을 우주 공간으로 내보냈는데, 소련은 라이카라는 개를, 미국은 햄이라는 침팬지를 보냈다.	프랑스 우주 프로젝트에 이용된 14마리의 고양이 중 하나로 이름은 만화 "요술고양이 펠릭스"에 나오는 암컷 캐릭터에서 이름을 땄다. 고된 훈련 끝에 성격이 온화하고 체중이 알맞는 등의 이유로 우주로 가게 되었다. 1963년 10월 18일 비행하여 약 13분 동안 지구에서 160km 떨어진 우주에 갔다 왔고, 세계를 뒤흔들 만할 업적을 가져왔지만 프랑스의 우주 프로젝트가 흐지부지해져 주목을 받지는 못했다. 이후 건강이 악화되어 1964년 초 안락사했다.

■ 라이카와 펠리세트와 같이 다양한 동물실험에서 제기될 수 있는 윤리적 문제는 무엇이라고 생각하십니까?

동물실험에서 제기될 수 있는 윤리적 문제는 동물실험을 반대하는 입장으로 설명될 수 있다. 따라서 동물실험을 할 경우 동물실험 원칙[2]을 고려하여 실시하는 것이 중요하다.

2) 동물실험에는 3R 원칙이 있다. 즉, 대체(Replacement), 감소(Reduction) 및 개선(Refinement)이다. 구체적으로 대체는 동물을 이용하지 않는 실험을 최우선시하고, 부득이하게 동물실험을 할 수밖에 없다면, 고등동물보다는 하등동물을 활용하자는 원칙이다. 감소는 실험동물의 수를 줄이자는 것이며, 개선은 동물의 고통을 최소화하는 등 비인도적 처치를 자제하자는 것을 의미한다. 이러한 3가지 모두의 원칙을 적용한 것이 동물대체시험법이다. 즉, 동물대체시험법은 실험에 사용되는 실험동물의 희생을 최소화하고 동물의 고통을 경감시키기 위하여 동물실험 대신에 세포 수준에서 의약품, 식품, 화장품 등의 효능과 독성을 평가하는 시험법으로, 과학적이고 객관적인 검증을 거쳐 시행하자고 주장한다.

3. 사회복지조사 윤리의 개념과 원칙 및 쟁점

1) 사회복지조사 윤리의 개념

사회복지조사 윤리란 연구자가 연구를 수행하면서 지켜야 할 원칙이나 행동양식으로 정의된다. 즉, 연구자가 정직하고 정확하며 성실한 태도로 바람직하고 책임 있는 연구를 수행하기 위해 지켜야 할 윤리적 원칙이나 행동양식을 의미한다. 이러한 윤리적 원칙을 준수함으로써 연구자는 절차적 투명성과 내용적 정직성을 확보하게 되고, 그 결과 바람직한 연구수행을 유도하는 기능을 하게 된다.

사회과학은 인간의 행위와 관련된 내용을 연구하므로 인간이 연구대상인 경우가 많으며, 또한 인간이 연구를 위한 도구가 되기도 한다. 이에 사회 · 문화 현상의 연구과정에서 연구대상자가 되는 인간의 권리는 침해되지 않는 것이 중요하다. 따라서 사회과학자들은 연구대상자들에게 연구시행과 관련된 허락을 받아야 하며, 그들의 이익을 보호해야 할 책임이 있다.

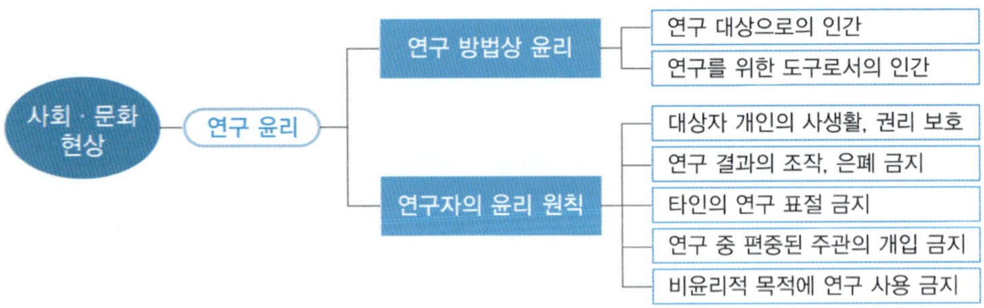

그림 3-1 연구윤리의 개념도

2) 사회복지조사 윤리의 원칙

사회복지조사 연구자들의 윤리 조항은 다음과 같다. 첫째, 연구대상자 개인의 사생활이나 민감한 부분들에 대한 권리를 보호해야 한다. 둘째, 연구결과 또는 과정을 연구자의 의도대로 조작, 은폐해서는 안된다. 자신이 예상하는 연구결과가 나오지 못한 경우에도 그 사실을 그대로 시인하고 연구결과를 사실대로 보고해야 한다. 셋째, 다른 연구자의 연구 관련 저작물을 자신의 저작인 것처럼 가져다 쓰는 표절 행위는 강력하게 규제되고 있다. 이 모든 윤리 조항들은 불법 행위나 테러 행위 등 고려해야 할 더 중요한 이유가 없다면 반드시 지켜져야 한다.

연구윤리는 윤리로서 연구자에게 강제성을 부여해 왔지만 최근에는 저작권법, 인권침해, 명예 훼손 등 관련 법률 조항의 적용으로 법적 처벌이 가능해짐에 따라 그 엄격성이 더해지고 있다. 책임 있는 연구수행을 위해 대다수의 연구자가 보편타당하게 지켜야 할 윤리적 가치가 존재하는데, 이러한 윤리적 원칙으로는 표 3-18과 같다.

표 3-18 사회복지조사의 윤리적 원칙

원칙	내용
정직성	연구자는 데이터나 연구결과를 조작, 위조 또는 왜곡하지 말아야 한다. 또한 조사과정에서 드러난 문제점과 실패도 모두 보고해야 한다.
조심성	연구자는 연구에 있어 오류를 피해야 한다. 특히 결과 부분의 제시에 있어서 더욱 주의해야 한다. 그리고 특정답변을 유도하는 질문은 조사의 객관성을 떨어뜨려 조사결과의 일반화 및 이후 활용에 심각한 문제를 발생시킨다.
개방성	연구자는 데이터, 방법, 아이디어, 기법, 도구 등을 공유해야 한다.
자유	연구자는 어떤 문제나 가설에 대한 연구를 자유롭게 수행해야 한다.
공로	연구에 있어 마땅히 그것이 주어져야 할 사람에게 주어져야 한다.
교육	연구자는 예비 연구자들을 교육시키고, 그들이 더 나은 과학을 수행할 방법을 확실하게 배울 수 있도록 도와야 한다

원칙	내용
사회적 책임	연구자는 사회에 대해서 해를 끼치는 것을 피하고, 사회적 이익을 창출하도록 노력해야 한다.
합법성	연구의 과정에서 연구자는 작업에 적용되는 법을 준수해야 할 의무를 가진다.
기회	어떤 연구자라도 자원을 사용하거나 과학적 직업에서 기회가 부당하게 거부되어서는 안 된다.
상호존중	연구자는 동료들을 존중해야 한다. 또한 동료집단 조언을 통해 편견을 방지해야 한다.
효율성	연구자는 자원을 효율적으로 사용해야 한다. 예를 들어, 논문 작성 시 연구결과를 여러 편의 논문으로 쪼개어 출간하거나 동일한 결과를 단지 미세한 수정을 통해 여러 편의 상이한 논문들에 활용하는 일을 해서는 안된다.
실험대상에 대한 존중	연구자는 인간을 실험대상으로 이용할 때 인권 또는 존엄성을 침해해서는 안된다. 이는 동물을 실험으로 사용할 때도 조심스럽고 적절한 존중에 의해 연구가 수행되어야 함을 의미한다.

3) 사회복지조사 윤리의 쟁점

(1) 고지된 동의

고지된 동의(informed consent)는 잠재적 연구대상자가 연구에 참여를 결정하는 데 영향을 미칠 수 있는 조사연구의 모든 측면을 상세하게 설명하고 이에 대한 충분한 이해를 바탕으로 동의를 구하는 것을 말한다. 즉, 조사대상자로부터 고지된 동의를 얻는다. 판단능력이 상실된 대상(예를 들어, 아동, 장애인, 노인)에게는 그의 후견인에게 고지된 동의를 받아야 한다. 그리고 조사과정 중 언제라도 참여를 중단할 수 있음을 사전에 고지해야 한다. 이는 조사의 전반적인 내용과 과정(조사 참여 시의 위험 및 혜택, 대상자의 의사에 따른 참여 중단의 권리 등)을 조사 시작 전 대상자에게 알려 주어야 한다. 또한 연구참여에 따른 위험과 더불어 혜택도 고지되어야 한다. 고지된 동의는 조사자를 보호하기 위해 활용될 수 있다. 따라서 연구에 있어 사전에 동의를 구해야 하는 내용은 표 3-19와 같다.

표 3-19 사전에 동의를 구해야 하는 내용

- 연구의 목적
- 연구대상자의 참여 기간, 절차 및 방법
- 연구대상자에게 예상되는 위험 및 이득
- 개인정보 보호에 관한 사항
- 연구참여에 따른 손실에 대한 보상
- 개인정보 제공에 관한 사항
- 동의의 철회에 관한 사항
- 그 밖의 기관생명윤리위원회가 필요하다고 인정하는 사항

(2) 속임

연구윤리의 주요 쟁점에 있어 또 다른 문제점은 연구자의 속임(deception)이다. 즉, 순수한 연구를 목적으로 수행된다고 하더라도 연구대상자를 속이는 것은 윤리적인 문제가 될 수 있다. 그러나 참여관찰 연구의 사례에서 볼 수 있는 것처럼 연구대상자의 일상적인 행동을 관찰하기 위해서는 연구의 목적과 방법을 숨기거나 진짜 연구의 가설을 알리지 못하는 경우가 있을 수 있다. 이처럼 불가피하게 연구대상자를 속여야 한다면, 연구가 종료한 후에 연구에 대해 충분히 설명하는 과정이 반드시 마련되어야 한다.

(3) 위해

연구윤리의 주요 생점으로 위해(least harm)를 기해서는 안된다. 연구의 참여를 자발적으로 결정하였다고 하더라도 연구대상자에게 어떠한 종류의 신체적 위해라든지 심리적 스트레스 상황을 최소화하거나 만일의 상황에 대해 연구자는 충분한 통제능력이 있음을 증명해야 한다. 예를 들어, 연구참여자에게 강력한 심리적 자극에 노출시키는 상황 등에 있어서도 가능한 참여자에게 그 스트레스를 최소화할 수 있는 방안이 마련

되어져야 하며, 이러한 강력한 자극의 노출이 불가피한 경우에는 이보다 큰 긍정적인 유익을 인센티브로 제공하거나 연구 종료 후 충분한 심리적 디브리핑(debriefing)을 통해 스트레스 완화를 위한 적절한 조치를 취해야 한다. 다시 말해, 연구자는 연구대상자에게 피해를 주어서는 안된다.

(4) 사생활 보호

사생활(privacy) 보호는 '특정한 시간과 조건하에 다른 사람이 연구참여자의 신념, 가치, 행동 등에 대해 접근하여 이들을 통제할 수 있는 능력'이라고 정의하고 있다. 이러한 사생활 보호는 다시 익명성과 비밀보장으로 구분하여 설명해 볼 수 있다. 먼저 익명성(anonymity)은 '연구자를 포함하여 어느 누구도 데이터와 특정 참여자를 연결할 수 없음'을 의미하고, 이에 비해 비밀보장(confidentiality)은 '참여자로부터 수집된 데이터가 그가 누구인지 추적될 수 있는 범위 내에서 일부 공개가 가능한 것'을 의미한다.

따라서 조사대상자의 익명성을 보장해야 한다. 그러나 익명성의 유지가 조사내용의 비밀유지와 직결되지는 않는다. 오히려 조사내용에 관한 비밀유지는 조사대상자의 비밀유지에 관한 조사자의 의지와 윤리의식에 더욱 영향을 받는다. 또한 수집된 정보에 대하여 비밀을 유지해야 하며, 필요에 따라 누구인지 식별할 수 있는 항목을 제거한 후 자료를 공개해야 한다.

(5) 연구부정행위

교육부의 '연구윤리지침'에 의하면 연구부정행위(misconduct)를 일반적으로 연구의 계획, 수정 혹은 심사, 그리고 연구의 결과보고 등에 있어서 위조(fabrication), 변조(falsification), 표절(plagiarism) 등으로 분류하고 있다. 구체적으로 위조는 존재하지 않는 데이터 또는 연구결과 등을 허위로 만들어 내는 행위이며, 변조는 연구재료, 장비, 과정 등을 인위적으로 조작하거나 데이터를 임의로 변형, 삭제함으로써 연구내용 또는 결과를 왜곡하는 행위이며, 표절은 타인의 아이디어, 연구내용 및 결과 등을 적절한 인용 없이 사용하는 행위로 정의하고 있다.

4) 사회복지조사의 한계

사회복지조사는 다음과 같은 한계점들이 따른다(양성관 외, 2014). 첫째, 인간이 경험적으로 인식할 수 있는 대상이 한정되어 있기 때문에 인식의 제한성으로 인한 오류가 가능하다(경험적 인식의 제한성). 둘째, 사회복지조사 연구의 목적에 적합한 기간을 산정하여 연구를 실시해야 하는 한계가 있다(시간적 제한성). 셋째, 사회복지조사는 제한된 지역 내지 공간에서 이루어지기 때문에 보고서에 연구지역을 제시하여야 한다(공간적 제한성). 넷째, 지나치게 비용 낭비가 예상되는 조사는 실시하지 않는 것이 좋다(비용적 제한성). 다섯째, 사회복지조사는 조사자의 개인적 가치가 조사과정에 개입될 가능성이 크다(개인적 가치의 개입 가능성). 여섯째, 사회복지조사는 논리적 타당성보다는 조사 당시의 사회적 이념이나 정치적 규범 등에 따라 수용과 거부가 결정되기도 한다(정치적 · 문화적 · 사회적 요인에 따른 제한성).

4. 기관생명윤리위원회

1970년대부터 선진국 각국에서는 뉘른베르크 강령과 헬싱키 선언의 정신을 구현하여 피험자 보호를 위한 제도로서 기관생명윤리위원회(Institutional Review Board: IRB)를 정착

시켰다. 즉, 인간을 대상으로 하는 모든 연구는 과학자 내부 및 과학자 사회 외부의 구성원으로 이루어진 윤리위원회에서 연구에 대한 피험자의 자발적 동의, 연구의 윤리성, 안정성 및 과학성에 대한 사전 심의를 제도화한 것이다.

기관생명윤리위원회(IRB)의 일차적 기능은 연구대상자인 피험자의 복지와 안전, 존엄성의 보호이다. 따라서 모든 기관생명윤리위원회(IRB)는 인체를 대상으로 하는 연구의 기본 원칙이 '인간 존엄성의 존중'이며, 피험자의 권리 · 안전 · 복지는 우선 심의의 대상으로 과학과 사회의 이익보다 중요함을 기본 원리로 채택하고 있다. 또한 해당 연구의 예측되는 위험과 불편 사항에 대한 충분한 고려를 통해 피험자 개인과 사회가 얻을 수 있는 이익이 그 위험성을 상회 또는 정당화할 수 있다고 판단되는 경우에 한하여 승인하도록 되어 있다.

연구윤리심의제도는 연구자나 의뢰자가 해당 연구에 걸려 있는 이해 때문에 부지불식간에 피험자의 안전과 인권을 침해하지 않도록 보장하기 위한 제도이다. 즉, 이들로부터 독립된 기관생명윤리위원회(IRB)가 연구의 윤리성을 사전에 검토하고 진행상황을 감독함으로써, 객관적으로 피험자를 보호할 수 있도록 만든 것이다. 기관생명윤리위원회(IRB) 제도는 연구윤리에서 주요한 전환점을 이루게 되었다. 뉘른베르크 강령이 연구자에게 연구의 윤리성을 모두 책임질 것을 요구했다면, 기관생명윤리위원회(IRB)에 의한 연구윤리심의제도는 연구자라는 한 개인이 아닌 위원회 및 연구 기관이 윤리성에 대한 책임을 지도록 하는 제도이다. 이러한 기관생명윤리위원회(IRB) 제도는 사회에서 피험자들이 연구자들에 의해 착취되지 않는다는 것을 보장해 주는 제도이기도 하다.

기관생명윤리위원회(IRB)의 국내 현황은 1989년 가톨릭의과대학병원에서 처음으로 기관생명윤리위원회(IRB)를 설치하고 운영한 이래 1992년 울산의과대학병원, 1993년 서울대학교병원, 1994년 연세의대병원이 차례로 기관생명윤리위원회(IRB)를 설치하고 운영하였다. 1995년 10월에는 의약품임상시험관리기준의 도입으로 임상연구심의기구가 제도적으로 정착되어, 임상시험으로 인증받은 약 70여 개의 병원에서 기관생명윤리위원회(IRB)가 설치되었다. 그러나 국내에서 기관생명윤리위원회(IRB)의 설치 및 운영은 주로 의약품임상시험을 수행하는 병원에서만 의무화되었다. 국내의 짧은 의학연구윤리 역사에서 유일하게 존재해 왔던 구조는 병원의 의약품임상시험에 관한 업무를 담당하는 기관생명윤리위원회(IRB)이었던 것이다.

현재는 기관생명윤리위원회(IRB) 구성원으로서의 전문성과 경험을 가진 전문인력 자원이 적고 위원회에 대한 인식이 선진국에 비해 매우 낮은 상태이므로, 우선 국내·외적인 요구에 맞추어 인간을 대상으로 하는 모든 연구를 위한 기관생명윤리위원회(IRB) 설치 및 운영을 촉진하고자 대한 임상연구심의기구협의회의 주도로 2003년 2월 "기관생명윤리위원회(IRB) 설치 및 운영 지침"을 마련하였다.

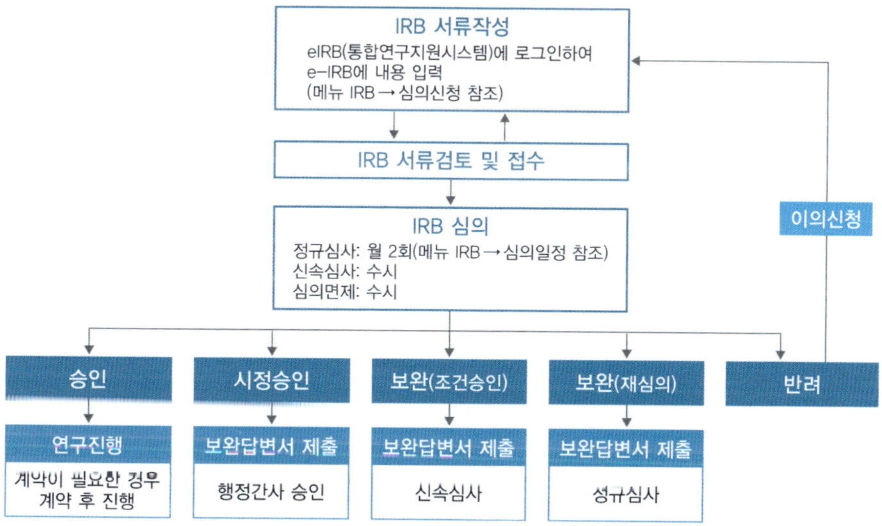

그림 3-2 기관생명윤리위원회(IRB) 심의 절차

출처: 전남대학교 생명의학기관생명윤리위원회(http://irb.cnuh.com/).

사회행동과학연구(SBR)의 경우 설문조사, 인터뷰, 오디오 및 비디오 기록, 포커스 그룹, 참여관찰, 인터넷 연구 등 연구대상자에 대한 다양한 상호작용과 개입을 통해 연구에 필요한 정보를 수집하게 되므로, 연구의 위험을 평가하는 데 있어 개인의 정보보호와 사생활 보호가 주요한 요소가 된다(서이종 외, 2013). 기존에는 사회행동과학연구(SBR)의 이러한 연구 특성상 병원에서 수행되는 연구에 비해 신체적 위해의 가능성이 적다는 점에서 윤리적인 문제 또한 적은 것으로 여겨져 왔지만, 생명과학기술의 발달과 함께 인간 생명의 존엄성이나 개인의 권리 및 정보에 대한 가치가 높아지면서 사회행동과학연구(SBR)에서 개인정보보호 및 사생활 보호 측면에서의 연구대상자 보호 또한 중요한 의미를 가지게 되었다(한성숙 외, 2007).

이처럼 전면 개정된 「생명윤리법」의 시행이 인간을 대상으로 연구를 수행하는 모든 기관에 기관생명윤리위원회(IRB) 설치 근거를 마련하고 연구대상자 보호에 대한 인식을 확산시키는 계기를 만든 것은 분명 의미 있는 변화이다. 하지만 많은 연구들에서 사회행동과학연구(SBR)에 적절한 심의를 위해서는 사회행동과학연구(SBR)의 본질적 연구 특성들을 고려하여 기존의 임상시험 등과 다른 관점에서 연구의 위험, 이익 평가와 연구대상자 보호가 필요함에도 사회행동과학연구(SBR)에 대한 심의의 역사가 짧은 만큼 참고할 만한 근거 규정이나 가이드라인이 부족하여 기관생명윤리위원회(IRB)와 연구자 모두 어려움을 겪고 있다고 지적하고 있다(김시형, 추정완, 2015). 더욱이 하이트만 등(Heitman et al., 2007)의 연구 결과에 따르면 관련 규정이나 기관생명윤리위원회(IRB) 심의 절차에 대한 적절한 교육이 뒷받침되지 않는 상태에서 이처럼 강화된 규정 및 기관생명윤리위원회(IRB)의 역할은 연구자들에게 부담을 야기하고, 기관생명윤리위원회(IRB)가 연구를 방해한다는 인식을 가지게 한다고 보고하고 있어 우리에게 시사하는 바가 크다고 할 수 있다.

Chapter 04

사회복지조사의 개관

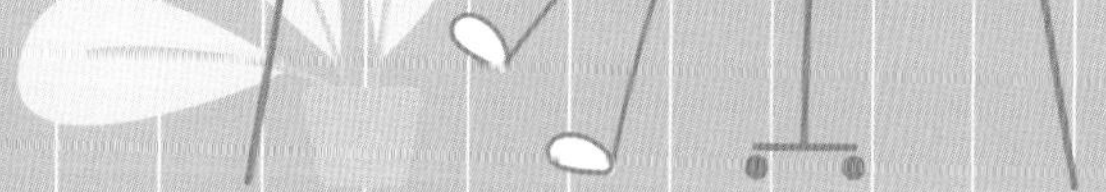

배울 내용

1. 사회복지조사의 이해
2. 사회복지조사의 과정
3. 조사연구의 유형
4. 조사연구의 주요 개념

학습목표

1. 사회복지조사의 개념, 필요성, 목적 및 특성을 이해한다.
2. 사회복지조사의 과정을 숙지한다.
3. 조사연구의 유형을 설명할 수 있다.
4. 조사연구의 주요 개념을 숙지한다.

Chapter 04

사회복지조사의 개관

1. 사회복지조사의 이해

1) 사회복지조사의 개념

조사(research)란 사회현상을 파악하거나 해결하기 위한 방안을 강구하기 위해 합리적이고 과학적인 절차와 타당한 논리적 원칙에 입각하여 기존의 지식을 기각 또는 강화하거나 새로운 지식을 만들어 내려는 실천적인 지식 탐구활동이다. 또한 사회복지조사(social welfare research)란 사회복지의 목적을 달성하기 위한 수단으로 개인의 복지욕구 충족과 사회적 문제해결 방안을 찾아 자료를 수집하는 지식 탐구활동이자 절차이다. 사회복지조사는 사회복지실천현장에서 필요한 지식들을 산출하는 방법에 관한 것이다.

사회복지에 관한 지식들을 적절히 갖추어 나가기 위해서는 올바른 지식 습득의 방법이 일차적으로 중요하다. 아무리 많은 관심과 노력을 기울인다 해도 지식 습득의 방법들이 적절하지 못하면 건전한 지식 축적은 이루어지기 어렵기 마련인데, 현재 우리가 알고 있는 가장 효과적인 지식 습득의 방법은 과학적인 방법이다. 따라서 현재의 사회복지학이 사회과학적인 체계와 방법론에 의거하고 있는 것도 이러한 이유에서 찾을 수 있을 것이다.

2) 사회복지조사의 필요성

사회복지조사는 사회적으로 요구되는 정보의 획득과 축적을 위한 분야로써 다양한 필요성을 갖고 있다. 즉, 사회복지 개입의 효과성을 높이고, 클라이언트(복지서비스 소비자)의 복지욕구를 과학적으로 분석하며, 실천과정에서 클라이언트(복지서비스 소비자)에 관한 임상 자료 수집을 통해 실천지식과 기술을 과학적으로 발전시키는 것이 가능하다. 이처럼 과학적인 조사방법은 사회복지의 불완전한 지식을 실천현장에서 보충할 수 있게 해 주는 방법이다. 사회복지조사방법은 실천적인 이론들이 현장에서 개발되는 것을 돕고 그런 이론들이 타당한지의 여부를 검증할 수 있게 한다.

실천 이론들이 조사방법을 통해 경험적 검증과정을 거쳐 축적되어 가면 그것이 곧 궁극적으로는 사회복지의 일반적 지식 확대를 가져오게 되는 것이다. 그러므로 사회복지에 있어 과학적 연구방법은 사회복지의 이상과 가치를 더욱 빛내 줄 뒷받침 요소로서 없어서는 안 될 중요한 방법이다. 사회복지조사 필요성의 주요한 내용은 표 4-1과 같다(이세형, 2019).

표 4-1 **사회복지조사의 필요성**

- 효과적인 사회복지 프로그램 개발
- 클라이언트(복지서비스 소비자)의 능력 강화
- 프로그램 평가 및 이론 형성
- 정보 공유 및 홍보
- 시대적 요구에 부응
- 다양한 주체들의 참여증진 기회제공

3) 사회복지조사의 목적

사회복지조사의 목적은 클라이언트(복지서비스 소비자)에 대해 적합한 서비스를 제공하기 위해 프로그램을 계획하고 수행하는 데 활용될 수 있는 지식을 산출하는 것이다. 구체적으로 탐색, 현상의 기술, 인과관계 설명, 가설의 검증, 예측, 각종 지표의 개발, 사회복지 프로그램 평가 등이 있다. 이를 통해 사회복지의 과학성과 전문성 및 책임성을 향상시킬 수 있다.

4) 사회복지조사의 특성

사회복지조사의 특성으로는 응용조사와 순수조사의 양면성, 사회개혁 및 사회개량적 특성, 계획적 특성, 평가적 특성, 시험적 특성 및 과학적 특성으로 구분할 수 있는데, 구체적인 내용은 표 4-2와 같다(이세형, 2019).

표 4-2 사회복지조사의 특성

구분	내용
응용조사와 순수조사의 양면성	인간의 욕구충족과 문제해결을 위하여 사회복지정책이나 프로그램 계획 등에 즉각적으로 활용되고 있다. 그러나 동시에 사회복지조사는 지식 자체를 획득하려는 조사자의 지적 호기심의 충족이라는 목적도 지니고 있다. 지식을 획득하려는 기초 조사의 성격과 해결에 필요한 지식을 산출하는 응용조사의 성격이 있다.
사회개혁 및 사회개량적 특성	사회복지조사는 부정적인 사회현상 및 사회적 약자 문제를 주로 다루는 사회개혁 및 사회개량적 특성을 지니고 있다. 사회복지조사는 주로 사회적 약자를 문제로 다루고 사회복지증진과 사회문제를 해결하는 사회개량적 특성이 있다.
계획적 특성	사회복지서비스의 대상자 선정과 욕구 종류 및 수준을 파악하여 사회복지서비스를 계획하고 지원하는 특성을 지닌다. 즉, 욕구조사를 통하여 대상자 선정과 욕구의 종류 및 수준을 파악하여 사회복지서비스를 체계적이고 계획적으로 제공할 수 있다.
평가적 특성	사회복지서비스의 효과성과 효율성 평가를 제공한다. 이를 통해 정책대안의 개입적 효과를 확인할 수 있다. 따라서 사회복지서비스의 효과성과 효율성을 평가하기 위한 도구로 활용된다.
시험적 특성	사회복지 프로그램이나 대안이 복지욕구에 적합한 것인지를 확인할 수 있다. 사회복지 프로그램이나 복지정책이 복지욕구에 적합한지 시험을 통해 상호작용과 상관관계를 분석해 볼 수 있다.
과학적 특성	사회문제를 계량화할 수 있다. 이를 통해 통계적으로 검증할 수 있는 사회복지실천의 과학화를 추구한다. 사회복지 문제나 현상을 개념화하고, 변수를 조작하는 등 과학적 방법을 활용한다.

2. 사회복지조사의 과정

조사연구란 자료수집을 통한 모든 연구를 말한다. 문헌조사와 같은 간접적인 방법이든 현장에서 직접적으로 자료를 수집한 방법이든 어떠한 방법을 이용하든 간에 자료수집을 통해 이루어지는 모든 연구를 지칭한다(임봉호 외, 2012). 이러한 과학적 조사연구 절차는 그림 4-1과 같다.

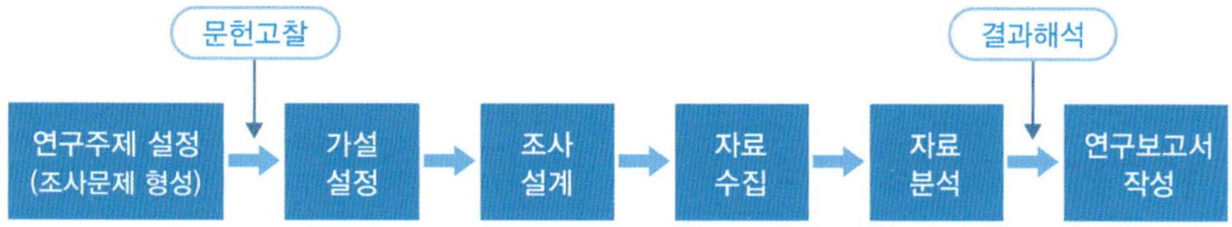

그림 4-1 사회복지조사연구의 과정

사회복지조사연구의 전체적인 과정은 연구주제의 설정(조사문제 형성), 가설설정, 문헌고찰, 조사설계, 자료수집, 자료분석, 결과해석 및 연구보고서 작성의 과정을 통해 이루어지는데, 이를 구체적으로 살펴보면 다음과 같다(박선희, 천정웅, 2018; 이세형, 2019).

1) 연구주제의 설정

(1) 연구주제의 선정

주제의 선정은 문제를 의식하는 시점에서 시작하여 문제의 존재 위치나 존재 모양을 확인함으로써 종료한다. 연구를 시작할 때 연구자는 우선 어떤 주제를 연구대상으로 할 것인가를 결정해야 한다. 주제선정에 영향을 주는 요인은 문제의식, 학문적 관심, 단순한 호기심 등으로 매우 다양하며, 그 범위도 적용하는 기준에 따라 매우 넓다. 연구주제를 설정할 때는 표 4-3과 같은 몇 가지 사항을 고려하여 연구주제로 선정하는 것이 좋다(채구묵, 2010).

표 4-3 연구주제 설정 시 고려사항

- 현재까지의 연구결과들로는 알고자 하는 사항을 충분히 파악하기 어려운 경우
- 기존의 연구결과들이 일치하지 않는 경우
- 현존하고 있는 현상이 기존의 이론으로 설명하기 어려운 경우 등

연구주제를 연구문제로 구체화할 때 그 문제를 실제로 탐구하는 실행 가능성(feasibility)을 고려해야 한다. 궁극적으로 연구주제를 연구문제로 구체화하는 데 가장 중요한 기준은 연구문제에 대한 답이 사회복지정책이나 사회복지실천을 이끄는 데 중요한 잠재적 관련성이 있어야 한다는 것이다. 연구문제의 일반적 유용성을 측정하는 한 가지 방법은 연구문제와 관련 있는 문헌의 완벽한 검토를 수행하는 것이다. 문헌고찰(literature review)은 연구문제의 일반적 유용성을 평가하도록 도울 뿐만 아니라 처음 시작하는 연구문제를 선정하기 위한 훌륭한 기초를 연구자에게 제공한다.

(2) 문제의 형성

문제의 형성단계에서 수행하는 여러 가지 활동은 궁극적으로 연구자의 중요한 연구문제를 확인하고, 실행 가능하며 유용한 연구 질문을 정교하게 확실히 하려는 데 목적이 있다. 주제선정은 조사의 일반적 작업에 속하여 과학적인 고려에 입각하지 않고도 가능하지만 문제의 형성은 문제의 특성화 과정으로서 연구될 문제를 정확하고 구체적이며 분명한 언어로 표현하여 과학적 방법으로 취급될 수 있도록 체계화하는 단계이다. 연구목적을 결정하고 연구의 중요한 요소들, 예를 들어 분석 단위, 가설, 변수, 조작적 정의 등을 구체화한다. 이 단계에서는 문헌고찰이 매우 중요하다. 조사주제를 의문문 형식으로 만든다는 것은 하나의 의미 있는 서술적 의문문장으로 만드는 것을 말한다. 의문문 형식의 조사문제는 현황(실태)에 대한 의문(Who? What? How?)이나 관계(Why?)에 관한 의문이라고 할 수 있다.

조사를 의문문 형식으로 표현하는 것은 양적 조사나 질적 조사에서 모두 필요한 사항이다. 다만 질적 조사는 양적 조사보다 조사 질문내용이 구체적이지 못하거나 명확하지 못한 경우가 많다. 이 단계에서 조사 질문에 포함된 개념(concept)을 명확하게 정의하고 개념을 보다 구체화하는 것도 필요하다.

2) 문헌고찰

문헌고찰(literature review)은 연구문제와 관련된 정보를 체계적으로 확인하고 조사하고 요약하는 과정을 의미한다. 연구자들은 문헌고찰을 통해 자신의 연구주제에 대한 현재 지식의 지형을 형성하고, 각 연구를 개별적으로 읽을지 여부를 결정하게 된다. 그리고 문헌고찰은 새로운 연구자나 해당 분야의 발전을 따라잡고자 하는 바쁜 과학자들이 연구 공백을 찾고, 새로운 연구 분야를 발견하는 데에 매우 유용하다. 문헌고찰의 일반적 목적을 살펴보면 표 4-4와 같다.

표 4-4 문헌고찰의 일반적 목적

구분	내용
연구 아이디어의 제공	• 선행연구를 고찰하면서 연구문제를 발견할 수 있는 기회를 가짐 • 현재의 상황과 차이점을 발견하게 되어 좀 더 연구문제를 구체화하고 명료하게 할 수 있음
이미 연구된 것이 무엇인지 제공	• 관심 있는 연구문제를 이해하는 데 필요한 지식을 얻을 수 있음 • 동일한 연구가 반복되는 것을 피할 수 있음 • 진보적이고 새로운 것을 발견하도록 도움을 줌
개념적 맥락의 제공	연구문제에 적용시킬 수 있는 광범위한 이론적 기틀을 형성하는 데 필요한 지식 제공
연구방법에 대한 정보 제공	연구문제에 대한 연구수행 가능성 연구계획, 도구제작, 자료수집 및 자료분석 등의 연구과정에 대한 정보를 제공받게 됨

그리고 체계적 문헌고찰(systematic review)이란 기존의 문헌을 철저히 검토해 명확한 질문을 만들어 내는 것이다. 이런 검토에서는 명백하고, 반복 가능하며, 최소한의 바이어스를 가진 방법론을 사용해 연구질문에 관련된 근거를 검색하고, 식별하고, 선정하고, 평가하고, 종합한다. 체계적 문헌고찰은 특히 근거에 기반한 의학에서 결정적인 역할을 하지만, 다른 분야에서도 높은 가치를 가진다. 체계적 문헌고찰의 유형은 그림 4-2와 같다.

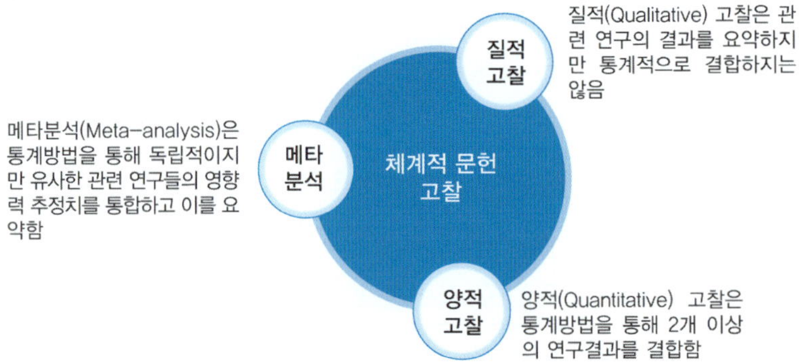

그림 4-2 체계적 문헌고찰의 유형

3) 가설의 형성

가설의 형성(hypothesis formulation)은 선정된 연구문제를 조사가능하고 실증적으로 검증가능하도록 구체화하는 과정이다. 가설은 조사대상과 자료수집, 검증방법 선정에 있어 구체적인 방향을 제시한다. 가설은 연구목적 및 연구문제와 일관성을 유지해야 한다. 세부적이고 경험적이며 현실적으로 연구 가능하며 측정 가능해야 한다. 즉, 문제에 대해 구체적인 해답을 제공할 수 있어야 한다.

4) 조사설계

조사설계(research design)란 필요한 자료를 수집하고 분석하기 위한 전반적인 계획을 설계하는 단계이다. 구체적으로 조사설계에서는 자료수집방법의 결정, 자료수집과정 및 절차, 모집단의 정의와 표본추출방법, 주요변수의 측정, 자료분석기법의 계획 등을 포함한다. 따라서 조사설계라는 용어는 두 가지 의미로 이해할 수 있는데, 첫째는 연구자가 선택할 수 있는 여러 가지 논리전개로 실험설계, 상관관계 설계 등을 의미하며 또 다른 의미는 연구를 계획하는 과정에서 연구자가 내려야 하는 모든 결정을 말한다. 또한 연구를 구조화해 실행할 것인지, 아니면 새로운 통찰력을 발견하면서 수정하며 연구를 실행할 것인지의 방향을 제시한다.

연구자가 이 단계에서 결정하는 구체적인 것들은 자료수집방법(질문지조사, 면접, 실험, 관찰, 내용분석, 2차 자료분석)을 결정하며, 연구모집단, 표본 수 및 표본추출 방법 등을 결정하고, 질문지(조사도구)를 작성한 후, 질문지의 신뢰도, 타당도를 검증하며, 분석 시 사용해야 할 통계기법 등이다. 조사설계는 논리적으로 타당하고 질서정연해야 한다.

5) 자료수집

자료수집이란 연구자가 조사설계에 의해 자료를 수집하는 단계이다. 자료수집 이전의 단계를 설계과정이라 한다면 자료수집 이후의 단계는 설계를 집행하는 단계라고 할 수 있다. 설문지를 회수하거나 관찰내용이나 면접내용을 기록한다. 또한 이러한 1차 자료 이외에 정부기관이나 조사기관의 간행물, 학술지의 논문 등과 같은 2차 자료를 포함한다. 실제 조사를 시행하는 단계로서 양적 연구자는 매우 신중하게 자료를 기록하고 정보를 검증하고, 거의 항상 숫자형태이며 보통 수집된 자료를 컴퓨터로 판독 가능한 형태로 변환한다. 일단 자료수집한 후 자료의 편집(자료의 정정, 보완, 삭제)과 부호화(관찰된 내용에 일정한 숫자를 부여하는 과정)가 이루어진다.

6) 자료분석

자료를 해석하기 쉽게 만들기 위해 관찰자료를 분류하거나 코딩하는 단계이다. 즉, 수집된 자료를 조사설계에 따라 편집, 분류, 코딩하여 입력하고, 입력된 자료들을 분석하고 해석하여 경험적 자료가 연구문제 및 가설과 부합하는지 여부를 평가하게 된다. 자료분석단계에서는 각종 통계적 기법, 통계 프로그램(SPSS 혹은 SAS)을 활용하여 통계치, 차트, 표, 그래프 등으로 자료분석 결과를 일목요연하게 제시한다.

7) 결과해석

연구보고서는 자료분석 결과를 제시하는 것으로 끝나지 않는다. 분석결과를 다르게 해석할 수 있는 가능성, 어떤 일반화를 할 수 있고 어떤 일반화를 할 수 없는지, 분석결과의 의미와 타당도와 관련 있는 방법론상의 제약에 대한 논의가 뒤따른다. 마지막으로 사회복지정책, 프로그램 개발, 사회복지 실천과 이론, 후속연구에 주는 함의를 제시한다.

8) 연구보고서 작성

연구결과를 정리하여 보고서나 학술논문 형태로 기술하는 단계이다. 연구보고서의 구성요소는 연구과정의 단계를 대체로 따른다. 연구보고서는 연구문제의 배경을 제시하고, 연구의 필요성과 중요성, 관련 이론과 선행연구들을 고찰하는 서론으로 시작한다. 서론 다음에는 분석단위, 변수, 가설, 가정과 조작적 정의 등 연구의 개념적 요소에 대한 설명이 이어진다. 방법론 부분은 논리전개, 표본추출과 자료수집 방법, 측정방법 등 연구설계를 기술한다. 다음으로 자료분석 결과가 이어지는데 사용한 통계기법을 분명히 하고 표, 그래프 및 기타 시각적 도구로 자료를 제시하며, 구체적 자료가 의미하는 것을 기술적이고 사실적으로 보고하는 설명을 제공한다. 다음으로 논의 부분에서는 결과해석에서 확인한 쟁점을 포함하고 있다.

3. 조사연구의 유형

사회복지조사의 각 분류 기준에 따른 유형을 살펴보면 그림 4-3과 같다(고수현 외, 2013; 박선희, 천정웅, 2018; 이세형, 2019; 임봉호 외, 2012).

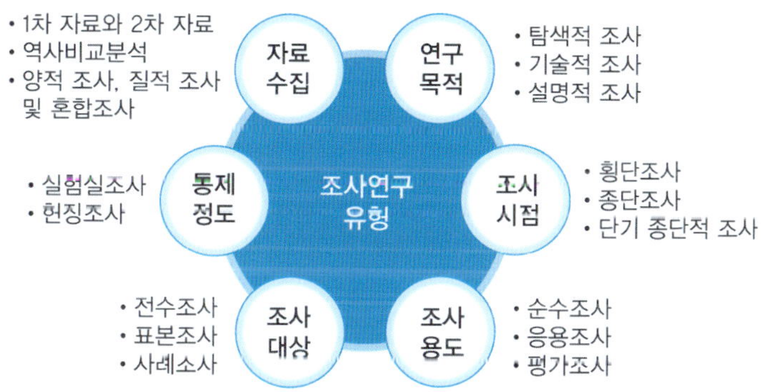

그림 4-3 조사연구의 유형

1) 연구목적에 따른 분류

(1) 탐색적 조사

사회복지 분야의 조사들 중 많은 조사가 어떤 주제를 탐색하기 위해 수행된다. 탐색적 조사(exploratory research)는 주제가 굉장히 새롭고, 주제에 대해 아는 것이 거의 없거나 전혀 모를 때, 아무도 이 주제에 대해 연구하지 않았을 때 실시한다(Newman, 2013). 연구의 목적은 새로운 관심사에 대해 연구하거나, 연구주제가 비교적 새롭고 연구하지 않았거나, 연구자가 좀 더 철저한 연구를 수행할 수 있는 실행 가능성을 알아보고자 하거나 좀 더 철저한 연구에서 사용할 방법을 개발하고자 할 때 주로 사용하게 된다. 따라서 탐색적 조사는 연구자가 새로운 분야에 관심을 가질 때마다 꼭 필요한 과정이며, 거의 언제나 연구주제에 대한 새로운 통찰력을 제공할 수 있다.

탐색적 조사를 수행하는 연구자는 창의적이고 개방적이며 유연해야 하며, 탐구하는 자세를 견지해야 하고 모든 종류의 정보의 원천을 탐구해야 한다. 탐색적 조사에는 정확한 조사문제나 조사내용, 정확한 조사계획과 절차가 없다. 양적으로 많은 대상을 조사하는 것보다는 소수의 사례에 대하여 질적으로 조사하는 경우가 많고 관련된 자료는 무엇이나 중요하게 생각한다. 탐색적 조사의 주된 단점은 이 연구가 연구문제에 대한 만족할 만한 답을 주는 경우가 거의 없다는 점이다. 탐색적 조사는 단지 답에 대한 힌트를 제시하거나 좀 더 확실한 답을 제공할 수 있는 연구방법에 대한 통찰력을 줄 수 있다.

(2) 기술적 조사

많은 사회복지조사는 상황과 사건을 기술하는 것이다. 기술적 조사(descriptive research)는 상황, 사회환경, 관계 등의 특정한 상세 내용을 사진과 같이 표현하는 것이다. 현재의 상황이나 상태를 밝히는 점에서는 탐색적 조사와 비슷하지만 기술적 조사는 보다 명확한 조사문제가 있고 조사절차와 내용이 체계적이고 정확한 것이 다르다. 기술적 조사는 한마디로 현상의 실태를 조사하는 것으로 사회복지 분야에서 가장 잘 알려진 기술적 조사는 사회복지교육협의회(Council on Social Work Education)가 실시하는 사회복지 대학원 연간 통계조사이다(Rubin & Babbie, 2016).

기술적 조사는 주로 어떤 개념과 개념 간의 관계를 발견하거나 인과관계를 발견하려는 목적은 거의 없고 다만 현상을 명확히 기술함으로써 어떤 개념과 개념 간의 관계를 추리할 수 있는 근거를 제공할 수는 있다. 양적 연구와 질적 연구에서 기술이라는 용어는 서로 다르게 사용된다. 양적 연구에서 기술이란 특정 모집단의 특성을 말한다. 양적 연구에서 기술하는 자료는 수량화하기 쉬운 외적인 속성, 예를 들어 연령, 소득, 가구원의 수 등의 자료이다. 질적 연구에서 기술은 어떤 현상과 그 현상의 깊은 의미에 대한 풍부한 고찰을 말한다.

(3) 설명적 조사

사회복지조사는 어떤 것을 설명하는 것에 목적이 있기도 하다. 설명적 조사는 '왜?'라는 의문에 대한 해답을 내용으로 하는 조사라고 할 수 있는데, 개념 간의 상관관계나 인과관계를 규명하려는 것을 목적으로 하고 있다. 즉, 설명적 조사(explanatory research)는 탐색적 조사나 기술적 조사를 근거로 하거나 기존의 이론이나 직관 또는 선험적, 논리적 사유로 가설을 설정하여 그 가설을 검증하거나 상관관계 또는 인과관계를 발견하는 것을 목적으로 한다(최성재, 2008).

예를 들어, 어떤 도시는 다른 도시보다 왜 아동학대율이 높은지 알아보는 것은 설명적 조사인 반면, 단순히 도시별 아동학대율을 조사하는 것은 기술적 조사이다. '아동의 조기 영어교육을 찬성하는 부모들이 얼마나 되는지'를 알아내기 위한 것은 기술적 조사이지만 '왜 그들이 조기 영어교육을 찬성하는가'를 규명하는 것은 설명적 조사이다.

2) 조사시점에 따른 분류

조사시점에 따른 분류에서는 그림 4-4와 같이, 크게 횡단조사, 종단조사 및 단기 종단적 조사(계열조사) 등으로 구분할 수 있다(강순희 외, 2022).

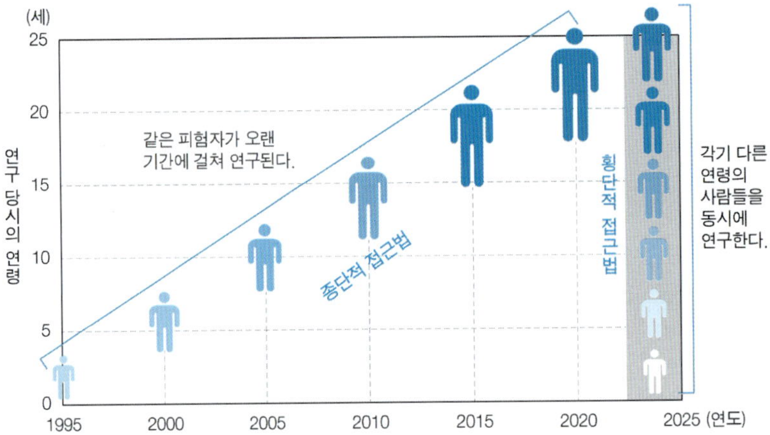

그림 4-4 횡단조사와 종단조사

(1) 횡단조사

횡단조사(cross-sectional study)는 조사를 어느 한 시점에서 광범위하게 한 번만 실시한다. 횡단이란 서로 다른 연령, 인종, 성별, 소득수준, 교육수준 등 광범위한 사람들의 표집을 말한다. 조사자가 조사대상에 대하여 관찰이나 자료 수집을 한 시점에서 한 번만 하는 조사를 의미한다. 이에 반해 종단조사는 시간의 흐름에 따른 조사대상의 특성변화를 측정하지만, 횡단조사는 특정시점에 다른 특성을 가지고 있는 집단들 사이의 차이를 측정하고자 한다. 횡단조사는 조사대상의 특성에 따라 집단을 나누어 비교분석하기 때문에 종단조사에 비해 표본의 크기가 상대적으로 크다.

예를 들어, 영유아의 운동능력 발달에 관심이 있다면 1세, 3세, 5세, 7세, 9세 아동을 각 연령집단에서 100명씩 표집하여 이들을 대상으로 운동능력을 측정하고, 연령 집단 간 차이를 운동능력 발달과정의 차이로 간주할 수 있다. 또 다른 예로 3~10세 아동의 다문화에 관한 의식을 조사한다고 할 때, 각 연령별로 몇십 명씩 표집한 후 다문화 의식을 조사하여 연령별 다문화에 대한 의식을 조사하는 방법이 횡단적 연구설계이다. 종단적 연구에서와 같이 3세 아동이 10세가 될 때까지 지속적으로 추적조사하며 필요한 정보를 얻는 방법보다 시간과 경비를 절약할 수 있다는 장점이 있다. 그러나 영유아 개개인의 발달과정과 특성을 알기 어렵다는 단점을 지닌다. 왜냐하면 횡단적 연구방법에서는 각 연령층마다 서로 다른 대상을 표집하게 되므로 발달의 경향성을 추론할 수 있으나 각 연령의 차이가 연령 그 자체의 차이라기보다 동시대의 시대 상황이 다문화 의식에 영향을 미칠 수 있기 때문이다.

(2) 종단조사

종단조사(longitudinal study)는 장기간에 걸쳐 같은 연구문제에 대해 반복하여 조사를 실시한다. 종단조사는 조사대상을 일정한 시간 간격을 두고 적어도 2번 이상 관찰하거나 자료를 수집하는 조사를 말한다. 종단조사는 횡단조사보다 복잡하고 비용이 많이 들지만 시간적 경과에 따라 사회현상의 진행과정이나 변화 등을 연구하는 데 사용한다. 종단조사에는 동류집단 조사, 패널조사, 경향조사 등이 있다.

표 4-5 종단조사의 구분과 내용

구분	내용
동류집단 조사	동류집단 조사(cohort study)는 동년배조사, 코오트(cohort)조사라고도 불린다. 특정인구 집단의 시간의 변화에 따른 변화의 모습을 조사한다. 조사대상자들이 동일인이 아니지만 동일 인구집단을 시간대별로 조사한다.

구분	내용
패널조사	패널조사(panel study)는 동일한 주제, 동일한 응답자에 대해 장기간 반복적으로 면접이나 관찰을 시행하는 조사이다.
경향조사	경향조사(trend study)는 일반적으로 조사대상자들이 시간에 따라 어떻게 변하는가에 대한 경향을 알아보는 것이다. 동일한 주제로 장기간 반복적으로 실시하나 응답자는 조사마다 동일하지 않다.

예를 들어, 아동의 운동능력 발달을 파악하기 위해 1세 영아 100명을 표집한 다음, 이들이 9세가 될 때까지 2년에 한 번씩 추적해서 운동능력을 측정하는 것이 종단적 접근법이다. 동일한 아동에 대한 8년 동안의 반복적 연구를 토대로 아동의 운동능력 발달의 변화 양상을 규명해 낼 수 있다.

종단적 연구는 연령 증가에 따른 아동의 발달적 변화 양상을 횡단적 연구에 비해 정확하게 밝혀낼 수 있다는 장점이 있다. 그러나 종단적 연구를 수행하기 위해서는 시간과 비용이 많이 요구된다는 단점이 있으며, 오랜 기간 연구대상을 추적 연구하는 과정에서 연구대상이 탈락하는 경우가 많다. 또한 연구대상자가 성장발달하는 과정에 있으므로 동일한 측정도구를 반복적으로 사용하기에 적절치 못하거나 연구 도중에 새로운 척도가 개발되어도 활용하기 어렵다는 단점이 있다.

(3) 단기 종단적 조사(계열조사)

횡단조사와 종단조사의 단점을 보완하고 장점을 살리기 위해 두 접근법을 절충한 연구설계방법이 단기 종단적 조사이다. 종단조사에 소요되는 과다한 시간과 비용을 줄이면서 발달상의 변화를 보다 정확하게 파악하기 위해 설계된 단기 종단적 조사는 최근 계열조사(Sequential Design)라는 명칭으로 자주 사용된다.

앞에서 제시되었던 아동의 운동능력 발달을 파악하기 위한 연구를 단기 종단적 조사로 실시하려면, 2020년에 1세, 3세, 5세 아동을 각각 100명씩 연구대상으로 표집하여 운동능력을 측정한다. 2년 후 2022년에 3세, 5세, 7세가 되어 있는 대상 아동들을 추적하여 운동능력에 관한 자료를 얻고, 다시 2년 후 2024년에 5세, 7세, 9세를 대상으로 동일한 연구를 반복한다. 이러한 반복연구를 통해 연구자는 1세에서 9세 아동의 자료를 4년에 걸쳐 수집할 수 있다. 만약 1세 영아 100명을 종단적으로 추적 연구하였다면 8년에 걸쳐 수집했을 자료를 4년 만에 수집했으므로 본 연구설계는 단기 종단적 조사에 해당된다. 또한 세 개의 연령집단을 동시에 연구하였으므로 횡단조사 분석이 가능하며, 동시에 동일한 연구대상을 2년 간격으로 3번을 반복 연구하였으므로 종단조사의 분석도 가능하다.

3) 조사용도에 따른 분류

(1) 순수조사

순수조사(pure research)는 기초조사(basic research)라고도 불린다. 순수하게 사회적 현상에 대한 지적인 이해와 지식 습득 그 자체에만 목적을 둔 조사이다. 조사자는 단순히 주변세계에서 자신의 관심사를 이해하는 것이 목적이다. 조사결과를 직·간접적으로 이용하고자 하는 생각은 없으며, 사회문제를 해결하는 데 직접적인 도움을 주지 않을 수 있다. 그러나 여러 가지 특수한 정책이나 문제에 일반적으로 적용할 수 있는 기본적인 지식이나 원리, 법칙 등을 제공해 줄 수 있다.

(2) 응용조사

응용조사(applied research)의 연구목적은 구체적인 실제 문제를 해결하기 위한 정보를 얻는 데 있다. 따라서 기업체, 정부, 병원, 교육기관, 사회복지기관 등에서 주로 실시한다. 예를 들어, 사회복지시설에서 많이 실시되고 있는 욕구조사도 응용조사의 형태이다. 조사결과를 간접적으로 사회적 현상에 응용함으로써 문제의 해결이나 개선을 위해 수행되는 조사이다.

(3) 평가조사

평가조사(evaluation research)는 사회복지정책이나 프로그램의 효과성을 평가하기 위해 실시되는 조사이다. 조사의 목적은 지식의 획득이 아니라 프로그램의 지속, 중단 등의 여부를 평가하는 것이다. 응용조사의 하나로 사회복지 분야에서 책임성 요구와 관련하여 중요시된다. 사회정책이나 제도 등의 평가를 통해 사회정책에 대한 제언을 마련하기 위해 실시하는 조사이다.

4) 조사대상의 범위에 따른 분류

(1) 전수조사

전수조사(complete enumeration)는 조사대상 모집단 전체를 조사하는 방식으로 통계청에서 5년에 한 번씩 실시하는 인구주택총조사가 대표적인 사례이다. 전수조사는 모집단 전체를 조사하는 것이므로 모집단 전체의 다양한 의견을 모두 알 수 있고 전체 인구를 대상으로 하므로 지역별, 연령별 등 목적에 따른 분류가 가능하여 표본조사를 할 때 기초자료로 사용할 수 있다. 단점으로는 시간과 비용이 많이 들고, 비표집오차가 커질 수 있어 표본조사보다 정확도가 떨어질 수 있다.

(2) 표본조사

표본조사(sampling study)는 모집단 중 일부만을 대상으로 그들로부터 추려 낸 표본(sample)에 대해 일정하게 표준화된 도구를 사용해 자료를 얻어 내는 방법이다. 현실적으로 시간과 비용이 적게 든다는 이점이 있고, 표본추출이 잘못되면 연구결과를 일반화할 수 없다. 특히 연구자의 자의성이나 표본추출방법의 오류로 인해 표본의 대표성이 확보되지 않은 상태로 표본조사를 수행할 경우, 조사결과가 모집단의 특성을 정확하게 추론할 수 없고 결과를 왜곡시킬 수 있다.

(3) 사례조사

사례조사(case study)는 소규모의 특정 사례를 집중적으로 조사하여 현상이나 문제를 파악하고 이를 실증적으로 분석하는 조사유형으로 장점은 소수를 대상으로 조사함으로써 조사대상의 독특한 성질을 구체적으로 서술하며 행동이나 특성의 변화와 영향을 미친 요인 사이의 관계를 파악하는 데 유용할 수 있다. 또한 처음부터 끝까지 조사대상의 동태적 변화나 흐름 등 자연적 상황이나 일상적 생활을 연구하는 데 용이하며, 구체적 조사가 가능하고 조사대상에 대한 종합적 이해가 가능하다. 단점은 조사대상이 하나 또는 소규모이기 때문에 표본의 대표성 측면에서 한계를 지니며, 자료의 신뢰성을 검증할 방법이 없다는 것, 연구의 반복 수행이 어렵고 결과를 일반화하기가 어려우며, 다른 변수에 대한 관찰 및 다른 대상과의 비교가 불가능한 것이다. 또한 관찰이나 기록에 있어서 표준화가 요구되기 때문에 통계적 방법의 보완을 필요로 한다는 점이다.

5) 통제 정도에 따른 분류

(1) 실험실 조사

실험실 조사(laboratory research)는 연구에 관심 있는 변수 이외에 결과에 영향을 미칠 수 있는 모든 가능한 다른 변수들의 영향이 최소화되도록 연구자가 실험환경을 철저하게 통제한 후 조사가 진행되는 것을 말한다. 즉, 자연적 상황 속에서 발생할 수 있는 외부의 영향과 다른 변수들의 영향이 의도적으로 통제된 실험실 내 상황에서 관찰조건을 형성하여 독립변수의 조작에 따른 종속변수의 변화를 측정함으로써 독립변수의 효과를 측정하거나 인과관계에 대한 가설을 검증하는 조사이다. 사회복지조사의 경우 사람을 대상으로 하므로 실험실 조사와 같은 인위적인 통제는 사실상 어렵다고 볼 수 있다.

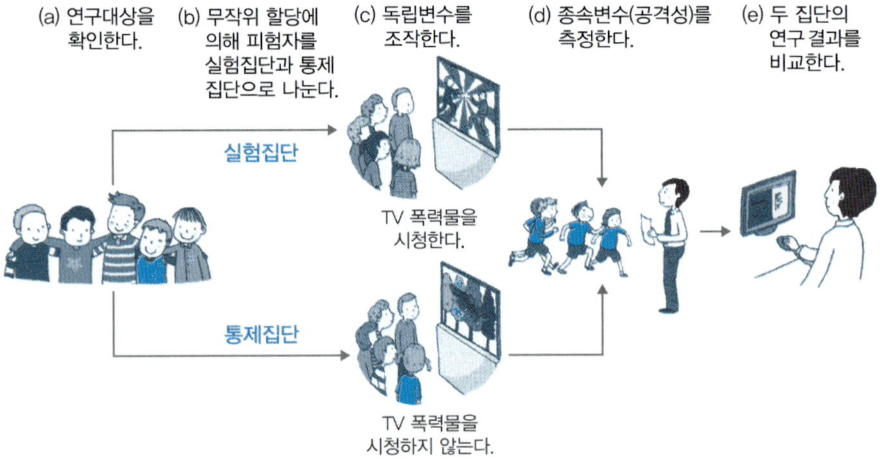

그림 4-5 실험실 조사의 예

출처: 정옥분(2014). 영아발달. 학지사.

(2) 현장조사

현장조사(field research)는 연구자가 임의로 실험환경을 설계하는 실험실이 아닌 실제 환경 또는 이에 가까운 상태에서 진행되는 연구를 말한다. 상황이 허락하는 한도 내에서 한두 개 혹은 최소의 변수들을 변화시켜 이에 대한 결과를 분석하는 방법이다.

6) 자료수집 방법에 따른 분류

(1) 1차 자료와 2차 자료

사회 · 문화현상을 연구하는 과정에서 자료가 연구결과를 밝히는 데 매우 중요한 역할을 하기 때문에 양적 조사와 질적 조사 모두 자료수집 단계를 강조한다. 탐구 과정에서 수집되는 자료는 크게 1차 자료와 2차 자료로 구분할 수 있다.

1차 자료는 연구자가 자료수집 단계에서 직접 수집하거나 작성한 자료를 말하며, 원자료라고도 한다. 질문지법이나 실험법에서는 주로 연구자가 스스로 자료를 작성하기 때문에 이때 사용되는 자료는 1차 자료가 대부분이다.

2차 자료는 연구자가 직접 측정한 자료가 아니라 다른 사람이 이미 만들어 놓은 자료를 활용한 자료를 말하며, 이 경우 가공 자료라고도 한다. 즉, 1차 자료를 활용하여 연구자가 새롭게 구성한 자료가 2차 자료이다. 문헌 연구법에서 주로 다른 사람이 가공해 놓은 2차 자료를 많이 사용하는 편이다. 이 경우 2차 자료인 신문이나 잡지, 고문서 등과 같은 자료가 연구자의 연구주제에 얼마나 적합한지가 문제가 되며, 이를 가공하여 연구자 자신의 자료로 재정리해야 하는 경우가 많다. 2차 자료를 활용하면 시간과 비용을 절약할 수 있다는 장점이 있다.

(2) 역사비교분석

역사비교분석은 역사적으로 발생한 일반적이거나 특수한 사례에서 나타난 인과관계와 영향력을 더 폭넓게 이해하기 위하여 여러 사회를 비교 · 분석하는 것이다. 일반적으로 사회현상을 설명하기 위한 연구 방법은 크게 세 가지로 구분할 수 있다. 구체적으로 첫째는, 보편적으로 적용할 수 있는 일반이론을 개발하기 위하여 법칙적인 일반화를 추구(nomological generation)하는 방법이다. 두 번째는 사회현상에서 보편적 이론 개발의 한계를 지적하고 특정 사례가 갖는 특수성에 초점을 맞추어 그 의미를 해석하는 해석주의(interpretivism) 방법이다. 세 번째는 사회현상의 맥락과 그 맥락의 역사에 초점을 맞추는 중범위 이론(비교역사적 접근법(comparative historical approach)) 연구이다(하연섭, 2011).

먼저, 법칙적인 일반화를 추구(nomological generation)하는 방법은 사회현상에 대해 시·공간을 뛰어넘어 어떠한 사례에서나 보편적으로 적용될 수 있는 법칙을 찾아내어 일반화를 추구하는 것이다. 따라서 실증적인 인과관계를 밝혀내기 위한 방법으로 변수지향의 양적 연구를 주로 선호한다. 이러한 방법을 통한 연구과정은 먼저 어떤 현상들 간의 보편적인 법칙을 도출하여 어떤 사건이 법칙에 포괄될 수 있는지를 탐색한 후, 일반화된 법칙을 가지고 그 사건을 만들어 낸 요인들 간 인과관계를 설명한다. 그렇게 되면 보편적인 법칙 아래서는 모두 동일한 인과관계를 가지게 된다는 것으로 해석될 수 있다. 따라서 법칙에 영향을 준다고 판단된 요인 외의 다른 사례들은 오차로서의 의미만을 가질 뿐이기 때문에 제도가 형성하는 과정에 있었던 특수한 사건이나 비의도적인 요인들을 간과할 수 있다.

둘째, 해석주의 연구방법과 비교역사주의 접근법은 사례를 중심으로 하는 질적 조사를 선호한다. 그중 해석주의(interpretivism) 연구방법은 현상의 특수한 사례를 심층적이고 체계적으로 조사연구하여 그 사례에 대한 심화된 이해를 하기 위함이다. 따라서 행위자가 속한 사회의 관습과 규칙, 그리고 행위자들이 처한 상황에 대한 이해를 통해 인간의 행위를 해석하려고 할 뿐이다. 이러한 방법은 유사성이나 규칙성들 같은 어떠한 법칙은 찾아내기 어렵다. 따라서 어떠한 제도가 역사적인 맥락 속에서 형성되는 것이라고 할 때, 제도 형성의 인과관계를 밝혀내기에는 한계가 있다.

셋째, 국가와 사회 간의 중범위를 분석단위로 하는 역사적 제도주의에서는 소수의 사례를 중심으로 '어떤 일'이 '왜', '어떻게' 전개되었는지 변화하는 제도의 역사적 전개과정을 동태적으로 분석하는 비교역사적(historical comparative) 접근을 한다. 동일한 요인들 간의 결합이 된다고 할지라도 이 요인들이 결합되는 시점과 그 맥락에 따라 결과가 전혀 다르게 나타날 수 있다. 따라서 역사적 제도주의는 다양한 요인들이 결합되는 그 역사적 맥락을 분석하기 때문에 비교역사적 분석(비교 · 사례분석)을 활용한다. '비교'라는 것은 일정한 사고 안에서 둘 이상의 대상을 놓고 그들의 유사성과 차이를 밝히는 과정이다. 즉, 정책에 대한 비교연구는 체계적인 틀 속에서 둘 이상의 정책의 유사점과 차이점을 분석하는 연구방법이다.

비교연구는 연구 현상 안에서 체계 간의 차이와 유사성을 파악하고 현상을 설명함으로써 사회정책 생성 경로의 인과성을 밝혀내고, 현실세계의 현상과 사건을 한층 올바르게 인식하고 대처할 수 있을 뿐만 아니라 미래에 대한 예측까지 가능하게 한다는 이점을 가지고 있다. 비교역사적 분석은 그 분석에 있어 소수의 특정 사례(제도)가 시간이 흐름에 따라 형성 및 발전되게 되는 구조와 행위, 행위자 간의 상호작용의 양상 등을 분석하는 서술적 분석법을 사용한다. 서술적 분석방법을 통해 정책의 발전 과정을 전체적인 구조와 과정을 중심으로 총체적이고 포괄적으로 분석하고, 그것을 시기별 흐름에 따른 정책마다 적용해 보는 과정을 통해 정책의 도입과 발전 등의 인과관계를 발견해 내고 구조화할 수 있다(하연섭, 2011).

(3) 양적 조사, 질적 조사 및 혼합조사

① 양적 조사

양적(quantitative) 조사는 조사결과를 수량화하는 연구방법이다. 실증주의적 인식론에 바탕을 두고 있으며, 일반적으로 가설을 설정하고 타당도를 활용한 질문지법을 사용하여 증명한다. 조사에 따른 시간을 절약할 수 있고, 대량표집을 할 수 있다는 장점이 있지만, 연구자 위주의 질문 작성과 응답자는 주어진 질문에 피동적으로 답변해야 한다는 한계점을 지니고 있다.

다시 말해, 양적 조사는 연구문제와 관련된 현상에 대한 원인과 결과를 수량화하고 이를 통해 현상을 이해하고 분석하려는 것이다. 양적 조사 시 연구자가 주의해야 할 점은 연구자의 편견이나 가치 등이 포함되지 않도록 해야 한다는 것이다. 이러한 양적 조사의 특성으로 인해 연구자는 현상을 객관적으로 측정할 수 있는 척도를 활용하여 자료를 수량화하고 통계적 방법을 통해 결과를 처리하게 된다. 양적 조사의 구분과 내용은 표 4-6과 같다(강순희 외, 2022).

표 4-6 양적 조사의 구분과 내용

구분	내용
질문지 조사	질문지를 이용하여 자료를 수집하는 조사로서, 우편조사, 전화조사, 인터넷조사 등이 있다. 질문지법은 면접자의 질문에 대답하는 것이 아니라 반응자가 질문지를 읽고 자신이 직접 표시하는 것이다. 즉, 질문지법은 다수의 인원을 대상으로 자료를 수집하고자 할 때 가장 흔히 사용하는 방법으로 빠른 시간에 필요한 정보를 얻을 수 있다는 점에서는 경제적이고 효율적이나, 글을 읽지 못하거나 문장을 이해하지 못하는 경우에는 적절하지 않다는 한계점을 지니고 있다.
면접조사	응답자로부터 원하는 정보나 의견, 신념, 태도 등의 표현을 얻기 위해서 서로 대면하여 언어적 상호작용에 의해 자료를 수집한다. 면접조사의 경우에는 응답자에게 직접 질문지가 주어지지 않고 응답자에게 질문을 읽어 주고 조사자가 직접 응답내용을 기입한다는 점에서 질문지와는 다르다. 면접조사는 관찰법과 달리 연구대상과의 직접적인 상호작용을 통해 개인으로부터 필요한 정보를 얻는 데 효과적인 방법으로 질문지조사보다 정보를 상세하고 구체적으로 파악할 수 있지만 시간과 비용이 많이 들고 면접자와 피면접자의 편견이 개입될 수 있다는 단점이 있다.
검사법	검사법 또는 심리검사법은 표준화된 검사를 통해 개인이나 집단의 특성을 측정하는 방법이다. 20세기 초 비네이 지능검사를 창안한 것으로 시작하여 점차 그 영역이 확대되었다. 표준화된 검사로 널리 사용되는 것으로는 지능, 적성, 태도, 성격검사, 자아개념 등 여러 종류가 있다. 표준화된 검사는 전문가들의 실험을 거쳐 제작되며, 개인의 심리적 특성을 한 번에 여러 측면의 많은 자료를 수집하여 비교적 정확하게 수량화하여 파악할 수 있다는 장점이 있는 반면, 표준화된 검사라 해도 그 신뢰도와 타당도가 높지 않은 것이 있어서 측정상의 오류나 해석상의 오류를 범하기 쉬운 단점도 있다.
실험	조사대상에 대한 여러 변수 간의 인과관계를 인위적으로 규정하고, 즉 외생변수를 통제하고 독립변수를 조작하여 종속변수를 관찰함으로써 인과관계를 파악하는 것이다.

구분	내용
정신생리학적 방법	정신생리학적 방법은 사건을 언어적으로 보고할 수 없거나 걸음마기 영유아의 정신적, 정서적 경험을 해석하는 데 유용하다. 예를 들어, 뇌의 전기적 활동을 기록하는 뇌파기록장치(electroencephalogram: EEG)를 이용하여 개인의 각성상태에 따라 뇌파의 움직임이 달라지는 것을 알 수 있다. 또한 뇌 활동의 3차원 그림을 제공하는 기능적 자기공명영상(functional magnetic resonance imaging: fMRI)을 통해 대뇌의 어떤 영역이 기억과 관련되어 있는지를 파악할 수 있다. 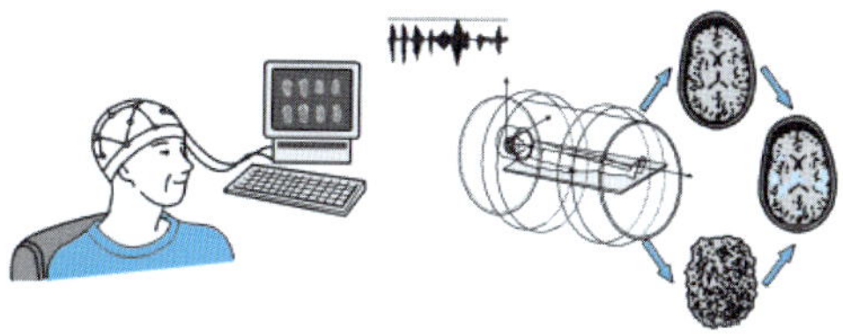 그림 4-6 뇌파기록장치와 기능적 자기공명영상 출처: 신명희 외(2016). 유아발달. 학지사.
내용분석	서적, 신문, 영화, 노래 등 기존자료를 객관적, 체계적으로 분석하여 어떤 정보를 얻어 내는 방법이다.
기존 통계자료 분석	정부기관이나 기존 연구자료에서 발표된 통계자료를 이용해서 새로운 정보를 얻어 내는 방법을 말한다.

② 질적 조사

질적(qualitative) 조사는 구성주의적 인식론에 바탕을 두고 있으며, 일반적으로 참여관찰법을 활용하여 연구자의 주관적인 해석으로 의미를 파악한다. 연구자의 겸손한 자세와 피평가자의 논리와 상황 위주로 평가를 실시한다는 장점이 있지만 시간과 비용이 많이 소요되고 소량만 실시할 수 있으며 조사결과를 객관화하는 데 어려움이 따른다는 단점을 지니고 있다. 평가척도로 활용될 때 정성평가는 정량화할 수 없는 문제에 대해 체크리스트를 활용하여 평가자가 주관적으로 수준을 결정한다.

질적 조사의 방법으로 관찰을 통한 현지조사는 조사대상을 지속적으로 관찰하여 시각, 청각 같은 감각기관을 통해 언어, 행동, 현상 등을 인지하고 이를 통해 질적 자료를 수집하는 방법으로 대규모의 조사대상에 대해 적용하기 어려우며, 주로 작은 규모의 대상이나 집단구성원을 장기간에 걸쳐 관찰함으로써 이루어진다.

다시 말해, 질적 조사는 연구자가 연구대상에게 구조화된 질문 혹은 비구조화된 질문을 하거나 관찰을 통해 수집된 자료를 분석하고 결과를 도출하는 것이다. 따라서 질적 조사는 연구자 자신이 일차적 도구이며, 질문과 관찰을 통해 수집된 정보의 분석은 주로 연구자의 해석에 의존하게 된다.

③ 혼합조사

혼합(mixed)조사는 양적 조사와 질적 조사를 결합함으로써 조사의 질을 높이고 두 가지 접근의 장점이 서로 상호보완적인 역할을 하게 되어 균형감 있고 깊이 있는 접근을 하도록 하는 것이다. 혼합조사를 이해하기 위해 양적 조사와 질적 조사의 특성을 구체적으로 살펴보면 표 4-7과 같다.

표 4-7 양적 조사와 질적 조사의 특성

차원	양적 접근	질적 접근
목적	**예언과 통제:** 인간 행동의 원인과 결과를 탐색한다	**이해:** 인간의 해석과 지각을 이해하려고 한다
실재	**정체성:** 실재는 변화되지 않는 사실로 구성되어 있다	**역동성:** 실재는 인간의 지각이 변화됨에 따라 변화된다
관점	**국외자:** 실재는 양으로 나타낼 수 있는 자료로 존재하고 있다	**내재자:** 실재는 인간이 존재하고 있다고 지각하는 바의 것이다
가치	**가치중립성:** 가치는 적절한 방법론적 절차로 통제할 수 있다	**가치제한성:** 가치는 영향력을 가지며, 연구를 수행하고 보고할 경우 이해되고 고려되어야 한다
초점	**개별성:** 미리 선택하고 정의한 변인을 연구한다	**총체성:** 전체적 또는 완전한 상황이 추구된다

차원	양적 접근	질적 접근
방향	**검증:** 미리 설정한 가설을 검증한다	**발견:** 수립된 자료에서 이론과 가설을 발견한다
자료	**객관성:** 자료는 인간의 지각과는 독립되어 있다	**주관성:** 자료는 환경 속에 있는 인간의 지각이다
도구	**비인간:** 미리 구성한 검사, 관찰기록, 질문지, 평정척도 등을 사용한다	**인간:** 인간이 일차적 자료수집 도구이다
조건	**통제성:** 통제된 조건하에서 연구를 수행한다	**자연성:** 자연적 상태에서 연구를 수행한다
결과	**신뢰성:** 엄격하고 반복가능한 자료를 얻기 위한 실험설계와 절차를 강조한다	**타당성:** 실제적이고, 풍부하며, 심층적 자료를 얻기 위한 연구설계와 절차를 강조한다

출처: 김병하 역(1997). 질적연구의 이해와 실천. 특수교육.

4. 조사연구의 주요 개념

조사연구의 주요 개념으로 개념, 가설 및 변수에 대해 구체적으로 살펴보면 다음과 같다.

1) 개념

개념(concepts)이란, 관심의 대상이 되는 경험세계에서의 어떤 현상이나 사건, 사물, 현상이 속성을 추상적인 용어를 사용하여 관념적인 것으로 구성한 것이다. 개념은 경험적으로 인지될 수 있는 어떤 대상이나 현상을 대변하는 것이다. 개념은 용어, 단어

혹은 상징으로도 표현되며, 서로 다른 개체들이 가지고 있는 공통성을 나타내는 것이다. 특히 개념의 중요성은 이론이 개념과 개념 간의 관계에 의해 형성되는 데 있다.

이러한 맥락에서 정확한 의사소통을 위해서는 개념의 의미를 명료화하는 작업이 필요하다. 그리고 개념이 훌륭할수록 더 좋은 이론을 형성할 수 있다. 개념은 추상화하여 의미를 부과한 것이므로 개념 자체를 경험적으로 검증하기 위해서는 개념들이 명료하게 정의되어야 한다. 연구문제에 포함된 개념과 변수들에 대해 명확하고 구체적인 정의가 이루어져야 연구문제를 명확하게 서술할 수 있다.

2) 가설

(1) 가설의 의미와 특성

가설은 두 개 이상의 변수들 간의 관계에 대한 잠정적인 진술로 말 그대로 사회조사에서 밝히고자 하는 가정적 진술이다. 가설은 모든 연구에서 다 설정되는 것은 아니지만 설명적 조사에서는 반드시 가설을 설정하여야 한다. 가설에서는 개념과 변수라는 용어가 상호교환적으로 사용되는 경우도 있는데, 이론적 진술에서 사용되면 개념, 가설의 진술에 사용되면 변수라고 부르는 경우가 많다. 가설에서 사용되는 용어를 때로는 개념으로 때로는 변수로 부르는 경우도 많다. 가설은 2개 이상 변수들 간의 관계를 진술하는 명제인데 많은 경우 미래형 긍정문으로 표현한다. 가설은 구조나 형태로 보아 연구문제에서 형태만 바꾼 것으로 보이지만 가설이 도출되는 과정에는 논리적 타당성이 명확히 설명되어야 한다.

가설은 다음과 같은 세 가지의 특성을 갖추고 있다(최성재, 2012). 첫째, 잠정적인 명제이고, 둘째, 그 타당성이 아직 알려져 있지 않고(검정되지 않고), 셋째, 거의 대부분의 경우 두 가지 이상의 변수들 간의 관계를 진술하고 있다는 것이다. 가설을 도출할 수 있는 근거가 되는 것으로는 개인적 관심, 조사자 주위의 주요인물, 사회문제, 이론 및 가설(다른 가설), 기존 사회조사, 일상적 연구나 독서활동, 프로그램 평가, 신념 및 가치관, 일상생활에서의 관찰, 인간대상 서비스 실천 등이 있다.

가설은 이론과 다르다. 이론은 많은 경험적 검증을 거쳐 현실과의 부합성 또는 현실적 타당성이 높은 것으로 인정된 명제인 데 비하여 가설은 아직도 경험적 검증을 거친 바가 없고 장차 경험적 검증을 거치게 될 명제라고 할 수 있다. 엄격히 말한다면 변수 간의 관계에 관하여 진술하는 명제로서 그것이 경험적 검정을 거쳤다면 이론이고, 안 거쳤으면 가설이라고 할 수 있다.

(2) 가설의 필요성

가설을 설정할 필요성(박선희, 천정웅, 2018; 이세형, 2019; 최성재, 2012)으로, 첫째, 연구문제에 대한 정확한 해답을 얻기 위해 가설설정이 필요하다. 둘째, 조사문제의 어떤 측면을 명확히 하여 조사의 초점을 맞출 수 있게 하기 위해 가설설정이 필요하다. 셋째, 사회조사는 기존의 이론과 다른 가설 및 기존의 관련 연구와 논리적 연관성을 가지고 이론을 개발하고 수정하는 것을 중요한 목적으로 삼고 있는데, 기존의 이론과 가설에 근거를 둔 가설을 설정하여 이를 검정하는 것은 바로 이론형성에 기여하기 때문이다. 넷째, 사전에 변수 간의 관계가 어떨 것이라는 가정을 해 놓고 실제 현실세계의 자료를 수집하여 분석해 본 결과도 가정한 대로 나타났다면 이는 사전에 가정이 없이 출발하여 관찰된 자료만으로 변수 간의 관계를 확인하는 것보다 그 관계의 개연성이 더 확실할 수 있다. 다섯째, 연구문제에 대한 논리적 검정을 보다 확실하게 하기 위하여 가설설정이 필요하다.

(3) 가설의 종류

가설의 종류에는 연구가설, 귀무가설 및 대립가설로 구분할 수 있는데, 가설의 유형을 사례를 통해 살펴보면 표 4-8과 같다(이세형, 2019).

표 4-8 가설유형의 사례

행복종합복지관에서 노인평생교육을 수강하고 있는 40명을 평생교육 프로그램인 '자아존중감 향상 프로그램'이 노인들의 자아존중감에 어떤 영향을 미치는지 알아보려고 한다. 각각 20명씩 실험집단(프로그램 실시대상)과 통제집단(프로그램 실시하지 않음)에 배치하고 연구자는 '자아존중감 향상 프로그램'이 노인들의 자아존중감을 향상시킬 것이라고 예측한다.	
연구가설	자아존중감 향상 프로그램에 참여한 집단이 참여하지 않은 집단보다 자아존중감이 높아질 것이다.
귀무가설	자아존중감 향상 프로그램에 참여한 집단과 참여하지 않은 집단 간에 자아존중감에서 차이가 없을 것이다.
대립가설	자아존중감 향상 프로그램에 참여한 집단과 참여하지 않은 집단 간에 자아존중감에서 차이가 있을 것이다.

① 연구가설

연구가설은 과학적 가설, 작업가설, 실험가설이라고 불린다. 이론으로부터 도출된 가설로서 검증될 때까지는 연구문제에 대한 잠정적인 해답으로 간주되는 가설, 'X와 Y는 관계 있다'와 같은 형식의 문장이다.

② 귀무가설

귀무가설은 '영가설'이라고도 불린다. 연구가설의 역(逆)으로서 주어진 연구가설에서 명시된 것을 부정하거나 기각하기 위해 설정하는 가설이다. 대립가설을 설정함으로써 오히려 연구가설을 지지하려고 한다. 즉, 'X와 Y는 관계가 없다'로 진술된다. 보편적으로 믿는 가설을 의미한다. 일반적으로 그대로 받아들여지는 가설이기 때문에 귀무 혹은 영(null)점이 되는 가설이라는 의미로 논문이나 연구보고서는 H_0로 표시한다.

③ 대립가설

대립가설은 귀무가설에 대립되는 가설, 즉 귀무가설이 거짓일 때 채택하기 위해 설정하는 가설이다. 대립가설은 표본으로부터 주어진 증거에 의해 연구자가 주장하고자 하는 가설로서 간혹 연구가설과 동일시되기도 한다. 연구자가 기존 주장의 문제점을 발견하여 그에 반하는 새로운 주장을 하는 가설을 의미한다. 논문이나 연구보고서에는 H_1로 표시한다.

3) 변수

특정 개념이 조작적 정의를 통하여 측정가능하게 되면 두 가지 이상의 값(value)으로 속성을 지니는 변수(variable)가 된다. 변수는 연구대상의 경험적 속성을 나타내며 그 속성에 계량적 수치를 부여할 수 있는 개념 또는 경험적으로 측정가능한 개념이다. 변수는 측정수준에 따라 명목, 서열, 등간, 비율 수준으로 구분할 수 있으며 연구모형에서 어떤 기능을 하느냐에 따라 독립변수(independent variable), 종속변수(dependent variable), 매개변수(mediating variable), 조절변수(moderating variable), 외생변수(suppressor variable) 및 통제변수(control variable)가 될 수 있다.

(1) 독립변수와 종속변수

독립변수는 인과관계에서 어떤 것의 원인이 되는 변수로 다른 변수의 변화를 일으키는 변수이다. 사회현상이나 인간행동에 대한 영향을 알아내기 위해서 연구자가 설정하거나 조작의 대상으로 삼는 요인이다. 실험설계에서는 연구자에 의하여 조작되는 변수로 실험처치, 실험자극이 독립변수에 해당한다. 원인변수, 설명변수, 예측변수라고도 부른다(곽종형 외, 2013).

종속변수는 결과변수, 피설명변수, 피예측변수라고도 하는데, 독립변수의 영향을 받아 일정하게 변화된 결과를 나타내는 기능을 수행하는 변수를 말한다. 종속변수는 다른 변수에 의존하지만 다른 변수에 영향을 미칠 수 없는 변수로서 인과관계에서 결과를 나타낸다. 예를 들어, “음주가 질병 발생률을 높인다”라는 가설에서 음주 여부가 독립변수라면 질병 발생률은 종속변수이다.

지금까지 살펴본 바와 같이 독립변수는 원인이 되고 시간적으로 먼저 변하는 속성을 가진 변수라면 종속변수는 설명하려는 대상이 되거나 결과가 되고 시간적으로 독립변수가 변한 후에 따라서 변하는 변수이다. 경우에 따라서는 독립변수이던 것이 종속변수가 되고, 종속변수이던 것이 독립변수가 되기도 하므로 독립변수와 종속변수를 확실히 구분하기 어려운 경우도 많다. 변수 간의 관계에서 독립변수와 종속변수는 세 가지 조건일 경우 성립할 수 있다. 즉, 독립변수와 종속변수는 상관관계에 있어야 하고, 시간상 독립변수가 먼저 변하고 종속변수가 후에 변하여야 하며, 두 변수와의 관계가 다른 변수로 인해 나타나서는 안된다는 것이다.

(2) 매개변수와 조절변수

두 변수는 직접적 관계가 없는데 제3의 변수가 두 변수를 중간에서 연결시켜서 두 변수가 직접적으로 관계를 가지는 경우, 이 두 변수 사이에 놓인 변수를 매개변수라고 한다. 매개변수는 종속변수에 영향을 미치는 변수이지만 동시에 독립변수의 영향을 받는 변수라고 할 수 있다. 매개변수는 종속변수와의 관계에서는 독립변수의 역할을 할 수 있고, 독립변수와의 관계에서는 종속변수의 기능을 수행하게 된다. 만일 가정의 경제수준이 청소년의 성취욕구에 어떠한 영향을 미치고, 그렇게 함으로써 궁극적으로는 학업성적을 높일 수 있다면 “성취욕구”는 매개변수가 된다.

매개변수는 독립변수(가정경제수준)와 종속변수(학업성적) 사이에 존재하는 변수다. 다시 말해, 그림 4-7에 제시된 것처럼 독립변수가 매개변수에 영향을 미치고 매개변수가 다시 종속변수에 영향을 미치는 식의 인과 사슬을 볼 수 있다. 이러한 매개변수는 독립변수와 종속변수 사이에 위치하기 때문에 중재변수(intervening variable)라고도 한다.

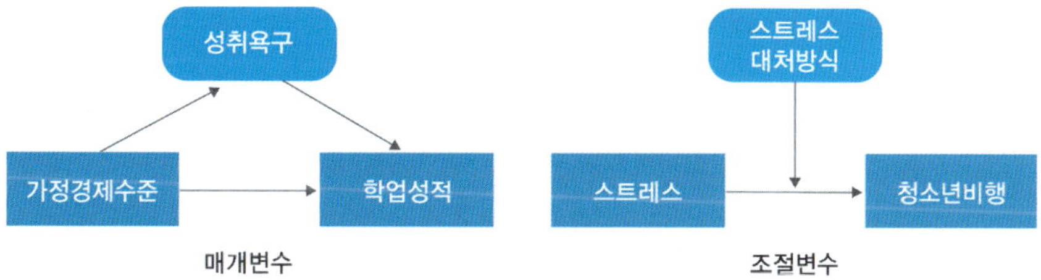

그림 4-7 매개변수와 조절변수

조절변수는 매개효과와 같이 독립변수와 종속변수 사이에 존재하는 변수라는 점에서는 유사하다. 그러나 조절변수는 조절변수가 증가하거나 감소함에 따라 독립변수와 종속변수 관계가 변화된다는 특징을 가진다(유영준, 2014). 즉, 조절변수는 독립변수와 종속변수 간의 관계를 강화시키거나 약화시키는 등 관계의 크기를 조절하는 제3의 변수이다. 예를 들어, 스트레스가 청소년비행에 영향을 미친다 하더라도 스트레스 대처방식에 따라 그 영향관계가 변화될 수 있다는 것이다.

(3) 외생변수와 통제변수

독립변수가 종속변수에 표면상으로는 영향을 미쳐 인과관계가 있는 것처럼 보이지만 실제로는 두 변수 각각에 밀접한 관계를 갖고 있어 두 변수가 인과관계가 있는 것처럼 보이게 하는 제3의 변수를 외생변수(suppressor variable) 혹은 허위변수(spurious variable)라고 한다. 이 경우 두 변수의 인과관계는 가식적 관계임을 밝히기 위해 통제되어야 하는 변수를 말한다. 예를 들어, 병원에서 환자의 입원기간과 수명을 조사했더니 입원기간이 길수록 수명이 짧아진다는 것을 발견했다. 이때 질병이 심각할수록 입원기간이 길고, 따라서 수명이 짧아진다면 질병의 심각성이라는 변수를 무시하면 입원기간과 수명의 관계가 잘못 설명된다. 이때 외생변수인 질병의 중한 정도를 통제하면 독립변수와 종속변수의 가식적 관계는 사라진다. 외생변수는 독립변수와 종속변수 이외의 제3의 변수로서 독립변수와 종속변수 모두에 영향을 미치는 변수이다.

통제변수(control variable)는 두 변수 간의 관계를 정확히 파악하기 위해 두 변수 사이의 관계에 영향을 미칠 수 있는 제3의 변수를 통제한 경우를 말한다. 즉, 독립변수와 종속변수의 인과관계에 영향을 주는 제3의 변수로서 설계에서 통제되고자 하는 외생변수는 더 이상 외생변수라 하지 않고 통제변수라고 한다(곽종형 외, 2013).

예를 들어, 키가 작을수록 오래 산다는 연구결과에 대해 제3의 변수인 성별을 통제하여 키와 수명 간의 관계를 파악해 보니 아무런 관계가 없었다. 성별을 통제하지 않았을 때는 여성의 키가 남성보다 작은 데 비해 오래 사는 이유로 평균수명과 키와의 관계를 인과적 관계로 보았으나 통제변수를 설정함에 따라 성별과의 관계를 밝힐 수 있는 것이다.

Chapter 05

개념화와 측정

배울 내용

1. 정의
2. 측정오류
3. 신뢰도와 타당도

학습목표

1. 정의의 개념을 이해한다.
2. 측정오류의 유형을 이해하고 오류를 줄일 수 있는 방안을 모색해 본다.
3. 신뢰도와 타당도의 개념을 이해하고 유형을 구분해 본다.

05 Chapter 개념화와 측정

어떤 연구문제와 연구가설을 진술한 후에 연구자는 다른 사람들이 연구의 방법들, 발견들 및 해석들을 더 잘 이해할 수 있도록 하기 위해 여러 용어들을 정의하게 된다. 어떤 조사보고서를 읽는 사람들이 그 보고서 속에서 사용된 관련 용어들의 정의들을 확인하고 이해할 수 있어야 한다.

1. 정의

하나의 정의는 정의되고 있는 용어와 동의적이며, 몇 가지 가능한 지칭물들 중의 하나를 가질 수 있는 일조의 용어들을 제시한다. 정의된 용어는 이 세상에 관한 직접적 관찰을 의미한다. 예를 들어, 반응시간은 행동에 대한 어떤 자극의 제시(예로, 어떤 교사가 과제를 내 주는 것)와 행동 사이의 시간량으로 정의될 수 있다. 따라서 연구자는 이 세상에 대한 직접적 관찰에 의해서 반응시간을 측정할 수 있다.

어떤 용어가 정의될 수 있는 두 번째 방법은 이 세상에 관한 간접적 관찰이다. 학습은 간접적 관찰에 의해서 정의된 용어들 중의 한 예이다. 학습은 눈에 보이지 않으며, 학습에 대한 유일한 증거는 발생된 학습에 기초되었을 것으로 가정되는 수행(또는 수행의 변화)이다. 예를 들어, 이 순간에 당신이 하고 있는 학습은 직접 관찰될 수는 없지만 당신에게 당신이 읽어 온 것에 관한 질문들을 제시함으로써 추론될 수 있다. 만일 당신이 어떤 질문들에 답변할 수 있거나 어떤 과제들을 수행할 수 있다면 당신이 학습했다고 가정할 수 있는 것이다.

마지막으로 어떤 용어는 어떤 이론에 따라 정의될 수 있다. 어떤 이론은 체계적 의미를 가지고 있으며, 각 용어의 의미는 그 이론 내의 다른 용어들에 의해서 뒷받침되고 있다. 예를 들어, 하나의 학습이론은 강화를 만족을 주는 상태로서 그리고 처벌은 어떤 괴로움을 주는 상태로서 정의된다. 이 두 개의 용어들은 각각 상대측 용어의 의미를 반영해 주고 뒷받침해 준다.

따라서 정의는 연구에서 사용되는 대부분의 개념들을 가장 객관적이며 명확하게 규명할 수 있는 기준이 된다. 일반적으로 연구에서 사용되는 정의는 그림 5-1과 같이 크게 구성적 정의와 조작적 정의로 구분할 수 있다.

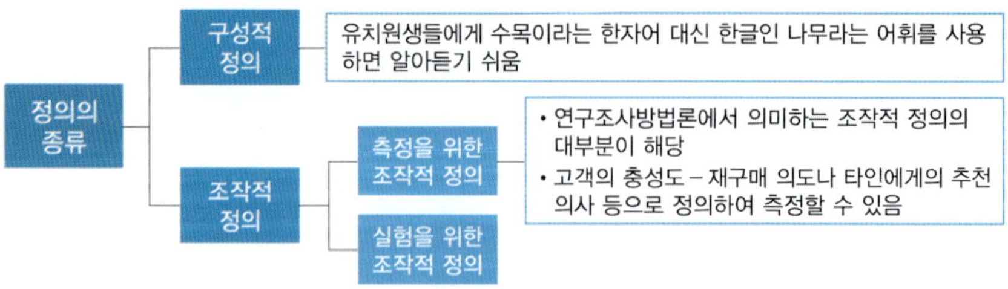

그림 5-1 정의의 종류

1) 구성적 정의

구성적 정의는 연구에 사용되는 특정한 구성개념을 다른 구성개념들을 이용해서 설명하는 정의를 말한다. 예를 들어, 유치원생들에게 '수목(樹木)'이라는 한자어의 뜻이 무엇이냐고 물어보면, 쉽게 대답할 수 있는 아이는 거의 없을 것이다. 그러나 '수목'이라는 한자어 대신 순수 국어인 '나무'라는 어휘를 사용하면 쉽게 알아들 수 있다. 이처럼 어렵게 정의된 구성개념을 보다 이해하기 쉬운 다른 구성개념들을 이용해서 설명하고 정의하는 것을 구성적 정의라고 한다.

또 다른 예를 들어보면, 사회과학에서 사용되는 '시장정보지향성'이라는 개념이 있다. 이 용어는 우리가 일상생활에서는 잘 사용하지 않지만 기업의 조직문화나 산업재산권 관리에 관한 연구에서는 주로 사용되고 있는 구성개념이다. 그러나 시장정보지향성[1)]이 무엇을 의미하는지에 대해 제대로 이해하는 사람은 많지 않다. 하나의 개념을 다른 개념들을 이용해서 바꾸어 설명하는 구성적 정의는 이론을 형성하는 과정에서 주로 사용되는 정의 방법이다. 구성적 정의는 반드시 직·간접적인 경험적 현상에 대한 관찰을 전제로 할 필요는 없다. 또한 정의하고자 하는 대부분의 구성개념들은 그 자체적으로도 어느 정도 추상성을 가지고 있기 때문에 이들은 다른 구성개념들을 이용해서 설명하는 구성적 정의 또한 어느 정도의 추상성을 가질 수밖에 없다.

1) 기업이 영위하는 시장에 존재하는 고객의 욕구를 인지하고, 경쟁자보다 효율적이고 높은 수준으로 충속시킬 수 있도록 노력하는 기업의 성향이며, 고객과 경쟁사를 향한 조직지향으로써 기업운영에 중요한 요소로 받아들이고 있다. 즉, 시장지향성은 기업이 미래 고객의 요구와 관련된 시장정보를 기업 내 조직자원을 활용하여 정보를 가공하여 기업운영에 반영하기 위한 행동 지향적 관점에서 현재와 미래의 고객 욕구에 대해 시장정보를 전사적으로 창출하고, 확산하여 고객 요구에 대한 적절한 반응으로 정의할 수 있고, 회사의 직접 또는 간접고객, 관련 시장에 대해 회사의 이익을 달성하기 위해 조직 간 조정과 협력을 기반으로 조직구성원에 의해 공유되는 고유특성으로 정의할 수 있다.

2) 조작적 정의

조작적 정의에 대해 살펴보기 전에 표 5-1의 사례에 대해 생각해 보자.

표 5-1 조작적 정의의 사례

당신은 사회복지조사론 수업을 듣고 있는 학생 40명(남학생 18명과 여학생 22명)을 대상으로 성별에 따라 공격성에서 차이가 있는지를 알아보고자 계획을 세웠다.

• 당신은 위의 문제를 어떤 방식을 통해 해결할 수 있을까요?

성별은 이미 정해져 있기 때문에 고민을 하지 않아도 되지만 먼저 고려해야 할 사항은 공격성에 대한 개념을 명확하게 정의하는 일이 우선되어야 한다. 구체적으로 공격성의 개념은 추상적인 개념으로, 사전적인 의미는 "어떤 상대에 대하여 적대적인 마음을 품거나 파괴적인 행동을 하는 성질"로 정의되고 있다. 이런 정의에 따라 남녀 간에 공격성에서 차이가 있는지를 알 수 있는 방법은 막막하다. 따라서 공격성을 측정가능하도록 정의를 내릴 필요성이 있는데, 이를 조작적 정의라고 한다. 즉, 조작적 정의는 변인을 측정가능하도록 만드는 것을 의미한다. 그렇다면 공격성을 어떻게 측정할 수 있을까? 이는 연구자들의 관점에 따라 달라질 수 있다. 어떤 연구자는 공격성을 신체적 공격으로 정의하고, 친구에게 신체적으로 때리는 횟수, 혹은 신체적으로 때리는 강도(피부반응) 등으로 측정하려고 할 것이고, 어떤 연구자는 공격성을 심리적 공격으로 정의하고, 친구에게 욕을 하는 횟수, 혹은 욕의 종류를 통해 측정하려고 할 것이고, 또 어떤 연구자는 이 두 가지(신체적 공격성과 심리적 공격성) 모두를 측정하여 공격성을 측정하려고 할 것이다. 이처럼 사회복지조사론 수업을 듣고 있는 남녀가 공격성에서 차이가 나타나는지를 알아보기 위해서는 추상적인 개념인 공격성을 측정가능하도록 해야 할 필요성이 있는데, 이를 조작적 정의를 내린다고 말한다.

브리지먼(Bridgeman)은 과학자들이 애매성을 줄이고 용어들의 수명을 연장시키기 위해서 용어들을 보다 엄밀하게 사용할 것을 제안하였는데, 특히 그는 용어가 그 용어를 확립시키는 일종의 조작들에 의해서 정의할 것을 제안하였다. 이와 같은 정의들은 조작적 정의(operational definition)라고 불리고 있다. 브리지먼의 원래의 정의는 두 가지 형태의 조작적 정의들, 즉 실험적인 조작적 정의와 측정적인 조작적 정의들을 포함하도록 확장되었다.

(1) 실험을 위한 조작적 정의

하나의 실험을 위한 조작적 정의(experimental operational definition)는 어떤 용어의 대상들이 어떻게 조작되고 있는지를 기술하는 것이다. 예를 들어, 배고픔은 음식이 없는 시간의 길이라고 정의할 수 있다. 따라서 24시간 동안 음식을 굶은 사람은 12시간 동안 음식을 굶은 사람보다 더 배고프다고 정의되고 있다. 이 경우에서, 배고픔은 배고픔이 어떻게 조작되고 있는가의 측면에서 정의되고 있는 것이다. 다른 예를 살펴보면, 당신이 어떤 사람을 위해서 초콜릿과자를 정의해 달라고 요청받았다면, 하나의 조작적 정의는 한 개의 초콜릿과자를 어떻게 만드는가, 즉 하나의 제조법을 설명할 것이다.

다시 말해, 실험을 위한 조작적 정의는 연구자가 연구하고자 하는 특정변수만을 조작하고 나머지의 변수는 그대로 둔 상태로 통제해서 특정변수 값의 변화를 결과변수에 미치는 인과관계를 연구하고자 하는 경우에 이를 실험을 위한 조작적 정의라고 한다. 이를 조작적 정의라고 부르는 이유는 실험과정에서 관심 있는 특성변수 값의 변화, 즉 실험을 인위적으로 실험상황을 조작한다고 해서 이를 조작적 정의라고 한다 또한 이때 조작적 정의의 대상에 없는 다른 변수들은 반복적인 측정과정에서 모두 일정하게 유지되어야 하기 때문에 이를 변수의 통제라고 한다.

(2) 측정을 위한 조작적 정의들

하나의 측정을 위한 조작적 정의(measured operational definition)는 어떤 용어가 지시하는 대상들이 어떻게 측정되는가를 기술함으로써 그 용어를 정의하는 것이다. 따라서 앞에서 제시한 실험을 위한 조작적 정의보다는 배고픔에 대한 하나의 측정적인 조작적 정의는 어떤 사람이 먹은 음식의 양(무게, 부피 또는 칼로리 내용으로 측정된)일 수 있다. 배고픔의 정도는 어떤 사람이 먹은 음식량에 의해 결정되게 된다. 또한 어떤 초콜릿과자에 대해 하나의 실험을 위한 조작적 정의 대신에 하나의 측정을 위한 조작적 정의를 사용하기로 결정할 수 있다. 다시 말해, 하나의 초콜릿과자에 대한 측정을 위한 조작적 정의는 어떤 대상이 하나의 초콜릿과자인지를 알아내는 방법을 기술할 것이다. 예를 들어, 그것은 하나의 초콜릿과자의 맛, 감촉, 모양 및 기타 성질들을 기술할 수 있다.

(3) 측정적인 및 실험적인 조작적 정의들의 사용

비록 측정을 위한 조작적 정의와 실험을 위한 조작적 정의가 흔히 사용되고 있을지라도 대부분의 연구에는 어떤 특정의 용어에 대해 측정적인 것과 아울러 실험적인 조작적 정의들을 모두 사용하지 않고, 단 한 개의 유형만을 사용한다. 즉, 연구자는 용어가 지시하는 대상들의 측정 또는 조작 속에서 수행되고 있는 세부조작들과 관련해서 하나의 용어를 정의한다. 만일 어떤 연구자가 수업이 길 때보다도 짧을 때에 학생들이 더 많이 학습한다고 말했다면, 많은 사람들은 이러한 진술에 대해 만족하지 않을 것이다. 긴 것은 무엇이고, 짧은 것은 무엇인가? 만일 수업의 길이가 길이의 생성이나 길이에 대한 어떤 측정에 관련되어지게 된다면, 짧다와 길다의 용어들은 더 분명해지게 된다. 예를 들어, 그 보고서가 길다에 대한 실험적인 조작적 정의들이 50분이나 그 이상이라고 규정하고 짧다를 50분 이내라고 규정한다면, 보다 더 많은 정보를 사용하게 된다. 또한 짧은 수업이 학생들이 움직이고 창문을 내다보기 시작하기 이전에 끝마친 것이고, 긴 수업이 절반의 학생들이 움직이고 창문을 내다보기 시작하는 시간에도 계속되는 것과 같이 측정적인 조작적 정의들을 사용할 수 있는 것이다.

(4) 조작적 정의의 장점

조작적 정의는 모형에서 구성된 구성개념들을 수치 값으로 측정할 수 있는 보다 구체적인 형태인 변수로 표현하는 것으로 실증검증에서 전제로 하고 있는 관찰가능성, 즉 측정가능성과 직결되는 정의이다. 다시 말해, 조작적 정의는 어느 정도 명확하게 개념화된 구성개념(잠재변수)을 측정할 수 있는 구체적인 측정변수로 정의하는 것을 말한다. 이러한 조작적 정의는 가시적인 현상이나 관찰가능한 물리적인 현상을 다루는 자연과학과는 달리 직접적인 관찰이 불가능한 추상적인 개념들을 주루 다루어야 하는 사회과학분야에서 특히 중요하다. 즉, 조작적 정의는 추상적인 개념들을 측정할 수 있도록 함으로써 비교적 추상적인 개념들을 많이 다루어야 하는 사회과학 분야에서 측정을 기반으로 하는 실증적 연구가 가능하도록 하고 있다.

두 가지 형태의 조작적 정의, 즉 실험적인 조작적 정의와 측정적인 조작들의 장점에 대해 살펴보면 표 5-2와 같다.

표 5-2 조작적 정의의 장점

- 조작적 정의들은 연구방법을 보다 더 명확하게 해 준다.
- 조작적 정의들은 기술적 진술들을 직접적으로나 간접적으로 관찰가능한 사물들에 한정시킨다.
- 조작적 정의들은 용어들이 사용되고 있는 양식을 규정함으로써 의사소통을 확실하게 만드는 것을 도와준다.

조작적 정의들은 어떤 특정의 맥락 속에서 하나의 개념을 지적하기 위해서 어떤 절차들이나 조작들을 선정한다. 측정적이든 실험적이든 간에 어떤 특정의 조작적 정의가 연구되고 있는 현상을 결코 완전하게 정의할 수는 없다. 그리고 연구자는 다른 연구자들에 의해서 사용된 것과 비슷하고 그 용어들의 역사적 의미에 관련 있는 조작적 정의들을 사용해야만 한다. 실험연구에서 사용된 다른 정의들이나 보편적으로 사용된 정의들과 일치되지 않는 용어정의들은 타인들에 의해서 많은 신용을 갖고 있다고 쉽게 인정받지 못하게 될 것이다.

어떤 연구보고서를 읽고 있는 사람은 그 보고서의 중요성과 의미를 충분하게 이해하기 위해서 연구자에 의해 정의된 용어들을 이해해야만 되고, 따라서 연구자가 그 보고서에서 사용한 정의들을 알아내는 데 유의해야 한다. 이것은 연구자가 모든 관련된 용어들을 명료하고 주의 깊고 정확하게 정의했을 경우에 가능할 수 있다.

2. 측정오류

측정오류(error of measurement)는 기본적으로 신뢰도와 타당도에 관련된 문제이며, 조사연구 과정에서 여러 형태의 오류가 발생할 수 있다. 즉, 연구자가 측정하고자 하는 측정대상의 값과 실제 측정도구를 사용하여 얻어진 측정값과의 차이를 의미한다. 추상적인 개념들을 경험화하는 측정과정에서는 많은 오류가 발생할 수 있는데, 그림 5-2와 같이, 조사연구과정의 각 단계에서 발생될 수 있다.

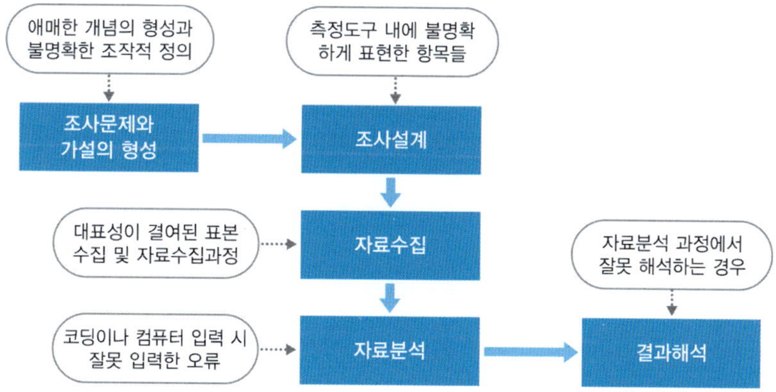

그림 5-2 조사연구과정에서 단계별 오류 발생원인

출처: 이창희 외(2021). 사회복지조사론. 창지사.

이러한 오류는 크게 체계적 오류와 무작위적 오류(또는 비체계적 오류)로 구분할 수 있다(이세형, 2019).

1) 체계적 오류

체계적 오류(systematic error)는 변수에 일정하게 또는 체계적으로 영향을 주는 요인을 의미한다. 체계적 오류란 측정대상에 대하여 어떤 영향이 체계적으로 미침으로써 그 오류가 항상 일정한 방향으로 일어나 측정결과가 모두 높아지거나 또는 모두 낮아지게 되는 편향된 성향을 보이는 것이다. 즉, 측정하려는 개념이 아닌 다른 내용이 측정되는 자료의 수집방법이나 수집과정을 통해 개입되는 유형의 오류이다. 체계적 오류는 일정한 방향으로 편향되어 나타나는데, 체계적 오류의 원인으로는 표 5-3과 같다.

표 5-3 **체계적 오류의 원인**

- 고정반응(response set): 틀에 박힌 듯 습관적이고 유형화된 반응으로 일어난다.
- 사회적 적절성(social desirability bias): 조사자의 의도에 맞추거나 그 사회의 가치 기준에 부합하는 것을 택하려는 경향이다.
- 문화적 차이(cultural gap bias): 측정과정에서 문화적 차이나 인구사회학적 차이가 개입하여 발생하는 오류를 말한다.

2) 비체계적 오류

비체계적 오류(random error)는 오류가 발생하는 과정에서 일정한 유형이 존재하지 않는 경우, 즉 체계적 오류와 같이 일정한 패턴이 없이 일관적이지 않은 무작위적 오류가 존재하는 경우를 말하며, 이 경우에는 오류를 통제하기가 더 어렵다. 표 5-4와 같은 통제하기 어려운 요인에 의해 무작위적 오류가 발생하기도 한다.

표 5-4 **비체계적 오류의 원인**

구분	내용
측정자로 인한 오류	측정자로 인한 오류는 측정자의 피로, 건강, 사명감, 기분, 동기, 관심, 긴장 등과 같은 신체적 · 정신적 · 정서적 요인으로 인해 발생한다. 이들 요인은 수시로 변화할 수 있다.
측정대상자로 인한 오류	측정대상자로 인한 오류도 측정자와 마찬가지로 긴장, 불안, 피로, 기분 등과 같은 측정대상자 개인의 신체적 · 정신적 · 정서적 요인이 수시로 변화하기 때문에 발생할 수 있다.
측정 상황적 요인으로 인한 오류	측정 상황적 요인으로 인한 오류로, 예를 들어 측정시간, 측정장소, 좌석배열, 소음, 조명, 통풍, 측정 장비, 부모 참석 등이 예측하지 못한 차이를 가져올 수 있다. 예를 들어, 아동을 면접할 때 부모의 참석하에 면접하는 경우와 아동만 독자적으로 면접하는 경우는 동일한 질문임에도 응답내용이 크게 달라질 수 있다.

구분	내용
측정도구와 관련해 발생하는 오류	측정도구와 관련해 발생하는 오류로, 예를 들어 관찰조사표나 관찰지침서와 같은 측정도구에 대한 충분한 교육이 선행되지 않은 상태에서 다수의 관찰자가 측정대상에 대해 관찰을 실시할 경우 측정도구에 대해 서로 다른 해석을 하고 서로 다른 측정결과를 나타내게 된다.

비체계적 오류의 해결방법으로는 측정도구의 내용을 명확히 하거나 또는 측정항목의 모호성을 줄이고 되도록 구체화해야 한다. 가능한 측정항목을 늘리고 항목의 선택범위를 넓혀야 한다. 연구자들의 측정방식이나 태도에도 일관성을 가져야 한다. 무엇보다 신뢰도와 타당도를 확보한 측정도구를 활용할 필요가 있다.

3. 신뢰도와 타당도

연구를 하려면 연구를 하기 위한 적절한 측정도구가 있어야 한다. 그리고 측정도구는 연구의 목적에 맞아야 하고 믿을 만한 결과를 나타내 주어야 한다. 또한 측정도구는 조사를 시행할 수 있는 현실적인 여건에 맞아야 한다. 이 중 어느 하나라도 부족하거나 적절하지 않으면 측정도구는 쓸모 없는 것이 되고 만다. 따라서 일반적으로 측정도구는 신뢰도와 타당도가 높아야 한다. 먼저 표 5-5의 실험의 예를 통해 신뢰도와 타당도에 대한 개념을 생각해 보자.

표 5-5 실험의 예를 통한 신뢰도와 타당도

연구 1		한 연구자가 사회복지조사론 교과목 수업을 듣는 학생(30명)들의 평균 신장(키)를 알고 싶었다. 이를 위해 연구자는 사회복지조사론 수업을 듣는 학생들을 일렬로 줄을 세운 다음, 국가에서 인증받은 체중계에 올라가도록 하였다. 이런 과정을 통해 30명의 몸무게를 측정하여 평균값을 구하였고, 그 결과 사회복지조사론 수업을 듣는 학생들의 평균 신장(키)는 55kg이라는 사실을 알게 되었다.
연구 2		한 연구자가 사회복지조사론 교과목 수업을 듣는 학생(30명)들의 평균 신장(키)를 알고 싶었다. 이를 위해 연구자는 사회복지조사론 수업을 듣는 학생들을 일렬로 줄을 세운 다음 국가에서 인증받은 키측정 도구가 아닌 고무줄자로 키를 측정하였다. 이런 과정을 통해 30명의 키를 측정하여 평균값을 구하였고, 그 결과 사회복지조사론 수업을 듣는 학생들의 평균 신장(키)는 155cm이라는 사실을 알게 되었다.

- 연구 1에서 연구자가 범한 문제점은 무엇이라고 생각하십니까?

- 연구 2에서 연구자가 범한 문제점은 무엇이라고 생각하십니까?

연구 1과 연구 2의 실험의 문제점을 살펴보면, 연구 1에서는 연구자가 사회복지조사론 교과목을 수강하는 학생들의 평균 신장(키)을 알고 싶었지만 측정은 몸무게를 측정하여 결론을 냈다는 것이며, 연구 2의 문제점은 연구자가 신장(키)를 알고 싶어 신장(키)를 측정하였지만 측정도구를 고무줄자를 사용하여 신장(키)를 측정하였다는 것이다. 그럼 이런 문제점을 지니고 있는 연구 1과 연구 2에 대한 다음의 질문에 답해 보도록 하자.

- 연구 1과 연구 2는 타당하고 신뢰로운 연구라고 할 수 있는가?

지금까지 살펴본 연구 1과 연구 2를 구체적으로 살펴보면, 연구 1의 경우 타당하지 않는 연구라고 할 수 있다. 왜냐하면 타당도는 '측정하고자 하는 것을 측정했는가?'에 대한 것으로 연구자가 신장(키)를 측정하고자 했지만 몸무게를 측정하였기 때문에 타당하지 않는 연구라고 할 수 있다. 이에 비해 연구 2는 연구자가 신장(키)를 측정하고자 하였고, 신장(키)를 측정하였기 때문에 타당한 연구라고 할 수 있다. 하지만 연구 2는 국가에서 인증받은 도구를 사용하지 않고, 상황에 따라 오차가 크게 발생할 수 있는 고무줄자를 사용하였기 때문에 그 결과를 믿을 수 없다는 문제점을 가진다. 이것은 신뢰도의 문제이다. 즉, 신뢰도는 측정도구의 안정성을 의미하기 때문에 연구 1은 비록 타당도는 없지만 국가에서 공인된 체중계를 사용하였기 때문에 여러 번 측정하더라도 측정값의 오차가 비비할 것으로 예상되지만 연구 2에서 사용한 고무줄자는 측정할 때마다 오차가 큰 범위로 발생할 가능성이 매우 높기 때문에 신뢰도가 떨어질 수 밖에 없다.

1) 신뢰도

한 사람이 지능검사를 받았는데, 한번은 120, 한번은 90, 한번은 140으로 점수를 받았다면, 그 검사를 받은 사람은 심리검사가 엉터리라고 할 것이다. 이 결과를 전문적 용어로 심리검사의 신뢰도가 낮다고 표현한다. 심리검사에서 신뢰도란 검사점수가 시간의 변화에 따라 얼마나 일관성 있게 나타나는지의 정도를 의미한다. 다시 말해, 측정도구의 신뢰도란 측정도구가 제대로 만들어졌는지를 판단하는 데 가장 기본이 되는 분석이다. 그러므로 측정도구의 신뢰도가 낮다면 측정도구의 타당도를 분석할 필요 없이 그 측정도구를 사용하지 않는 것이 바람직하다.

신뢰도는 검사–재검사 신뢰도, 동형검사 신뢰도, 반분 신뢰도 및 내적합치성 신뢰도로 구분할 수 있다.

(1) 검사–재검사 신뢰도

검사–재검사 신뢰도(test–retest reliability)는 사람들이 하나의 측정도구에 대해 서로 다른 시점에서 얼마나 일관성 있게 반응하는지를 알아보는 것이다.

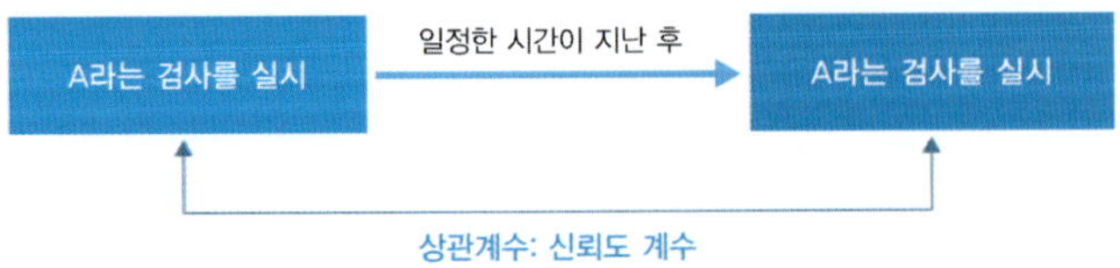

그림 5-3 검사–재검사 신뢰도

그림 5-3과 같이 동일한 측정도구를 일정한 시간적 간격을 두고 동일한 대상자에게 두 번 실시하여 결과가 유사한지를 상관분석으로 확인하는 것이다. 즉, 두 측정점수 간의 상관을 구하면 이 계수가 바로 신뢰도 계수가 된다. 이 상황에서 측정점수의 변화에 영향을 미친 것은 개인의 일시적인 기분상태, 실시상의 오류, 추측, 실수, 채점 등의 오류가 영향을 미치게 된다. 검사-재검사 신뢰도를 사용할 경우 주의할 점은 표 5-6과 같다.

표 5-6 검사-재검사 신뢰도의 주의할 점

- 두 측정 사이의 시간 간격을 고려해야 한다. 즉, 두 측정 사이의 시간 간격이 너무 길 경우, 측정대상의 속성이나 특성이 변화될 가능성이 높다는 점이다. 예로, 초등학교 저학년을 대상으로 독해력을 측정하기 위해 개발된 측정도구를 6개월 간격으로 실시하였을 때, 6개월 동안 아이들의 독해실력은 개인의 노력, 부모들의 노력으로 인해 개인에 따라 상당하게 차이가 날 가능성이 있다. 이런 경우 신뢰도가 낮게 나옴으로 검사의 신뢰도가 낮다고 결론짓는다.
- 반응민감성(reactivity)이다. 예로 측정을 한 후 일부 학생들은 확실하지 않은 답을 책에서 찾아볼 수 있다. 이로 인해 그것에 대한 지식이 늘게 되고, 그것이 두 번째 시험점수에 영향을 미치게 된다. 정답이 없는 측정에서도 나타난다. 예로 불안검사를 받은 사람이 내가 불안수준이 높지나 않을까 또는 높으면 어떻게 하나와 같은 불필요한 생각 때문에 오히려 불안수준이 증가하여 두 번째 측정에서 불안점수가 더 높아질 가능성이 있다.
- 측정의 시간 간격이 짧다면 첫 번째 측정 때 자신이 답했던 것을 기억해서 그대로 답을 쓰는 경우가 있을 수 있다. 이러한 방법으로 처음의 측정이 재검사에 미치는 영향을 이월효과(carryover effect)라고 한다.
- 시간과 경비가 많이 든다. 동일한 측정을 실시하고 일정한 시간의 경과 후 재측정을 실시해야 하기 때문에 시간과 경비가 다른 측정에 비해 많이 들고, 또한 측정을 한 대상자가 재측정을 실시하지 않을 경우 그 자료는 무의미한 자료가 되기 때문에 유의해야 한다.

측정점수가 오랜 시간이 흐른 뒤에 어떤 결과가 나타나는지를 알아보려는 경우에는 검사-재검사법이 바람직하다. 예로 새로운 선발검사를 개발할 때, 검사 개발자는 이 검사를 통해 조직에 들어온 사람이 일정한 시간이 흐른 뒤에 일을 제대로 수행할지에 가장 큰 관심을 가진다. 이런 경우에 검사-재검사법이 바람직하다.

연습효과와 성숙요인이 간섭한다는 한계점에도 불구하고, 검사-재검사 신뢰도만이 갖는 특별한 장점이 있다면, 이것이 동일한 측정을 동일한 대상자에게 실시하는 유일한 신뢰도 측정기법이라는 것이다. 경우에 따라서는 이것을 "안정성이 높다"고 표현하는 사람들도 있다. 신뢰도가 낮게 나왔을 때 신뢰도 과소측정의 혼입요인으로 다른 측정도구들은 "사람이 달라서", "문항이 달라서" 등의 대안적 설명이 나올 수 있지만, 적어도 검사-재검사 신뢰도는 그런 설명은 나오지 않는다. 오직 "시간이 달라서"라는 논리만이 가능할 뿐이다. 그래서 사람이나 문항이 다를 경우 큰 문제가 되지만 시간이 다른 것이 큰 문제가 되지 않는다고 여겨지는 측정에서는 검사-재검사 신뢰도가 유용하다.

(2) 동형검사 신뢰도

동형검사 신뢰도(parallel form reliability)는 복수양식법(multiple-forms technique)이라고도 한다. 한 측정도구의 문항들을 비교 가능한 두 가지의 버전으로 만들어서, 두 측정결과 점수가 유사한지를 상관분석으로 확인하는 방법으로, 측정결과가 유사하다면, 동형검사 신뢰도가 높다고 할 수 있다. 다시 말해, 2차 측정실시 때 동형의 측정을 실시한다는 점만 제외하고는 검사-재검사 신뢰도와 유사하다. 동형검사 신뢰도는 검사-재검사 신뢰도와 마찬가지의 제한점을 가진다.

검사-재검사법이나 동형검사는 측정의 신뢰도 추정치를 구하기 위해 모두 동일 또는 동형의 측정도구를 재실시해야 한다는 단점을 가지고 있다. 측정을 한 번만 해서 신뢰도를 구할 수 있다면 시간과 비용 면에서 상당한 절약을 할 수 있을 것이다. 이처럼 단 한 번의 측정으로 신뢰도를 구할 수 있는 것은 지금부터 살펴볼 반분 신뢰도와 내적합치성 신뢰도이다.

(3) 반분 신뢰도

반분 신뢰도(split-half reliability)는 한 측정도구의 문항들을 반분(半分), 즉 둘로 나누어서 두 개의 버전으로 만들고, 두 측정결과 점수가 유사한지 확인하는 방법이다. 측정결과 두 측정점수가 유사하다면, 반분 신뢰도가 높다고 할 수 있다.

반분 신뢰도는 일반적으로 짝수 문항과 홀수 문항으로 구분한 두 세트의 측정을 비교하게 되며, 각 세트 간에 얻어진 상관계수를 이용한다. 이때 상관계수에 1을 더한 값과 2를 곱한 값을 각각 계산하여 비교하게 되는데, 상관계수가 1에 가까워질 만큼 크다면 비교 결과도 1에 가까운 큰 숫자를 산출하게 되는 반면, 상관계수가 0에 가까워질 만큼 작아진다면 비교 결과도 0에 가깝도록 작은 숫자가 산출된다. 이 논리를 따르는 것이 바로 스피어만 브라운 공식(Spearman-Brown fomula)[2]이다.

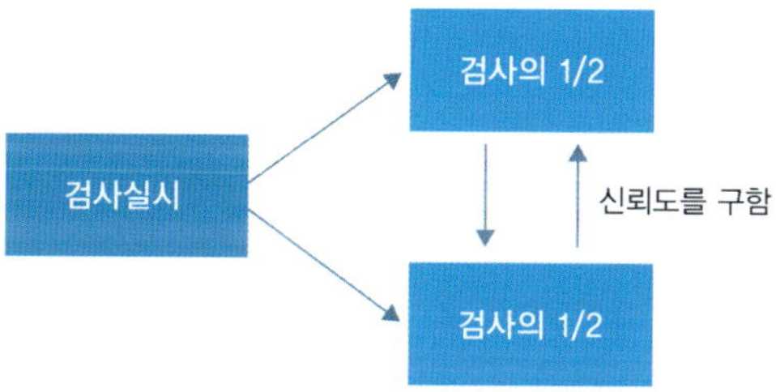

그림 5-4 반분 신뢰도

2) 스피어만 브라운 공식(Spearman-Brown formula) 혹은 브라운 스피어만 공식은 심리측정 및 교육측정 분야에서 스피어만 브라운 예측 공식, 스피어만 브라운 예언 공식 등으로도 지칭된다. 스피어만 브라운 공식은 검사의 길이를 변경시켰을 때 검사의 신뢰도를 예측하는 공식으로 사용된다. 혹은 검사의 임의의 반분 간 상관관계에서 항목 간 신뢰도를 구하기 위한 반분 신뢰도 공식으로도 사용된다. 예측공식은 다음과 같다.

$$\rho^*_{xx'} = \frac{n\rho_{xx'}}{1+(n-1)\rho_{xx'}}$$

이 공식은 현재 검사의 n배, 즉 현재 검사와 평행(parallel)인 n개의 검사를 만들었을 때 새 검사의 신뢰도를 예측한다. 예를 들어, n=2는 현재 검사와 동일한 속성을 가진 항목을 추가하여 검사의 길이를 두 배로 늘리다는 것을 의미한다. 1보다 작은 n을 쓸 경우, 검사를 줄일 때의 효과를 예측할 수 있다.

반분 신뢰도의 경우 전체 문항의 반만을 사용해서 측정도구의 신뢰도를 추정하기 때문에 측정도구의 신뢰도를 과소 추정하게 된다. 왜냐하면 측정문항이 많을수록 신뢰도는 높아지기 때문이다. 반분 신뢰도의 장점으로는 측정을 한 번 실시함으로 시간과 비용을 절약하고, 측정속성의 변화, 이월효과, 반응민감성의 문제를 극복할 수 있다는 점이며, 단점으로는 문항을 반으로 나누는 방법에 따라 신뢰도가 달라진다는 것이다. 예를 들어, 짝수와 홀수, 전반부와 후반부(피로효과, 집중력 저하), 무선으로 나눔(복잡하고 불필요한 절차)으로 인해 다른 결과를 보일 수 있다는 것이다.

(4) 내적합치성 신뢰도

내적합치성 신뢰도(internal consistency reliability)는 반분신뢰도의 단점을 보완하기 위한 것이다. 문항 하나하나를 측정도구로 생각하면 동형법과 같은 개념으로 이해할 수 있다. 즉, 한 측정도구에 있는 문항 하나하나를 각각 독립된 별개의 측정도구로 간주하여 그들 사이의 합치성, 동질성, 일치성을 종합하여 신뢰도를 추정하는 방법이다. 각 문항에서 사람들의 점수가 일관성 있게 나타날수록 그 측정도구의 신뢰도는 높은 것이 된다. 예로 만약 공격성에 대한 응답자의 반응이 다음과 같다면, 이것은 신뢰도가 높다는 것을 의미한다. 내적합치성 신뢰도의 분석에서는 Cornbach alpha 계수[3])를 사용한다.

3) 크론바흐(Cronbach)는 논문형 문항과 같이 1개의 문항이 여러 단계의 점수로 채점되는 경우에도 사용할 수 있는 일반화 계수로서 알파 계수 방법을 제안하고 있으며, 흔히는 급내 상관(intraclass correlation)이라고도 한다. 이러한 크론바흐의 알파 계수는 검사의 신뢰도 계수의 기초인 상관계수가 갖는 단점 및 호이트(Hoyt)가 제안한 변량분석의 한계를 극복하고 모든 제약으로부터 해방시키는 방법으로 제안된 가장 측정학적 결함이 적은 방법이다.

표 5-7 내적합치성 신뢰도

	문항 1	문항 2	문항 3	문항 4	합
응답자1	4	5	5	4	18
응답자2	1	1	2	1	5
응답자3	3	4	3	3	13
응답자4	3	2	2	2	9

(5) 신뢰도에 미치는 영향과 향상 방안

신뢰도는 측정의 결과가 얼마나 일정하게 나오느냐에 관한 것이다. 타당도가 무엇을 측정하고 있느냐의 문제라면 신뢰도는 어떻게 측정하고 있느냐의 문제라고 할 수 있다. 측정도구가 어떤 특성을 측정할 때마다 점수가 다르게 나온다면 이 측정도구는 신뢰할 만한 도구라고 할 수 없다. 그러므로 신뢰도란 측정하려는 것을 안정성 있고 일관성 있게 그리고 오차 없이 측정하고 있는가의 문제라고 할 수 있다. 신뢰도에는 크게 두 가지가 있는데 하나는 채점자 신뢰도이고 다른 하나는 측정 자체의 신뢰도이다. 신뢰도에 미치는 영향은 표 5-8, 신뢰도를 높일 수 있는 방안은 표 5-9와 같다.

표 5-8 신뢰도에 미치는 영향

구분	내용
개인차	개인차가 존재하지 않는다면, 모든 사람들은 동일한 측정점수를 받게 되고, 측정점수의 변량이 0이 되기 때문에 신뢰도 계수는 0.0이 된다. 반면 측정대상이 되는 집단의 개인차가 클수록 측정점수의 변량이 커지고 신뢰도 계수가 커지게 된다.
문항수	문항수가 많을수록 신뢰도계수가 높아지지만 예로, 20개의 문항이 .60일 때, 40문항은 .75, 3배로 하면 .81, 5배로 하면 .88이 된다. 그러나 시간과 비용의 효율성을 고려해야 한다.
측정유형	실시시간을 기준으로 속도(speed)와 역량(power)측정으로 나눌 수 있다. 속도측정은 문항의 난이도는 쉬우나 문항수가 많고, 역량측정은 시간이 부족하기보다는 몰라서 풀지 못하는 것이다. 속도측정의 경우 반분신뢰를 이용해서(전반부와 후반부로 나눔) 하면 문제가 발생한다. 이런 경우 홀수/짝수로 나누는 것이 좋다.
신뢰도 추정방법	어떤 신뢰도 추정 공식을 사용하느냐에 따라서 신뢰도에 영향을 미칠 수 있다.

표 5-9 **신뢰도를 높이는 방법**

구분	내용
문항수가 많을수록 신뢰도는 증가한다.	문항수가 많으면 많을수록 우연적 오차(추측)에 의한 영향을 적게 받으므로 신뢰도가 높아진다. 그러나 문항 수를 많이 할 경우 문항의 대표성이 떨어지게 되므로 신뢰도가 증가하는 만큼 타당도가 높아지지는 않는다.
문항난이도가 중간 정도인 문항이 많을수록 신뢰도는 증가한다.	한 측정도구 속에 어렵고 쉬운 문항이 많은 것보다는 중간 정도의 문항 난이도를 갖고 있는 문항이 많을수록 측정의 분산도를 크게 하기 때문에 측정도구의 신뢰도가 높아진다.
문항변별도가 높을수록 신뢰도는 증가한다.	변별도가 높은 문항을 많이 포함하고 있는 측정도구가 문항의 변별도가 낮은 문항을 많이 포함하고 있는 측정도구보다 신뢰도가 높다. 문항의 변별도가 높은 문항이 많다는 것은 그만큼 측정점수의 분산을 크게 해 준다는 뜻이다.
문항의 범위가 좁을 때 신뢰도는 증가한다.	측정문항의 측정내용이 보다 좁은 내용일 때 신뢰도가 높아진다.
문항표본이 적절할 때 신뢰도는 증가한다.	한 측정도구에 포함되어 있는 문항표본이 문항 모집단을 잘 대표하도록 표집될수록 신뢰도가 높아진다.
문항이 동질적일 때 신뢰도는 증가한다.	한 측정도구 속에 포함된 문항들이 동질적일수록 측정내용의 의미가 분명해지며 동시에 신뢰도도 높아진다. 반면 한 측정도구에 이질적인 성질을 가진 문항이 섞여 있는 정도가 높을수록 신뢰도는 낮아지게 된다.
검사의 목적에 적합한 집단에 실시할 때 신뢰도는 증가한다.	한 측정도구의 신뢰도는 어떤 대상의 피측정집단에게 실시해서 얻은 것이냐에 따라 차이가 발생한다. 즉, 그 측정도구의 목적에 적합한 대상자집단이 아닌 경우에는 측정점수의 변동이 커진다.
전체 학생을 대상으로 할 때 신뢰도는 증가한다.	측정을 피측정집단의 어느 부분의 학생에게만 실시하는 경우 예를 들어, 상부집단 혹은 하부집단 학생에게만 실시해서 나온 신뢰도는 낮아진다. 그러므로 신뢰도를 높이기 위해서는 집단의 개인차의 범위가 커지도록 전체 학생을 대상으로 하는 것이 좋다.
시간제한이 없는 역량측정도구일 때 신뢰도는 증가한다.	측정의 속도를 강조하는 속도측정도구보다 누구나 능력껏 풀어 볼 수 있도록 되어 있는 역량측정도구가 신뢰도를 높일 수 있다.
측정환경이 일정할 때 신뢰도는 증가한다.	측정장소의 온도, 밝기, 소음, 시간 등이 일정할수록 신뢰도가 높아지게 된다.

2) 타당도

타당도(validity)는 어떤 측정으로 얻어진 자료가 가리키는 대상이 연구자가 알고자 하던 것과 일치하는 정도이다. 다시 말해, 측정결과가 그것이 목표로 하는 특성을 반영하는 정도를 의미한다. 좋은 측정은 측정대상의 개념과 정확히 관련되고, 측정대상이 아닌 것과 철저히 무관하며, 외적 준거에 의해서도 잘 지지된다. 앞에서 제시된 연구에서 신장(키)을 측정하려고 의도하였다면 신장(키)을 측정하는 것을 타당도라고 할 수 있다. 다시 말해, 타당도란 "자료가 측정하고자 하는 것을 제대로 측정하고 있는지", "측정에서 연구자가 필요로 하는 정보를 얻을 수 있는지"에 관한 문제이다. 예들 들어, 학교에서 실시한 지능(IQ) 검사가 알고 보니 학생들의 학업성취도를 평가였다면, 이런 측정은 타당하지 않다고 말할 수 있다.

이와 같은 타당도는 안면 타당도, 내용 타당도, 준거 관련 타당도 및 구성 타당도로 구분할 수 있다.

(1) 안면 타당도

안면 타당도(face validity)는 표면(表面) 타당도라고도 하며, 특정 측정도구에 대한 사람들의 반응을 기초로 측정목적 혹은 주제가 측정도구에 잘 반영되어 있는지 확인하는 것이다. 즉, 측정도구에 대해 사람들이 쉽게 알아챈다면, 안면 타당도가 높다고 할 수 있다.

측정도구가 그 주제를 잘 내포하고 있는지 확인한다는 점에서는 내용 타당도와 공통점이 있지만, 전문가가 아닌 일반인의 시각에서 확인할 때 안면 타당도라고 부른다. 안면 타당도가 높을 경우 응답자는 이것이 자신에게 어떤 의미를 갖는지를 이해하고 더욱 성심성의껏 응답할 수 있다. 그러나 여기에는 치명적인 부작용이 있는데, 특히 응답자가 허위반응(faking response)과 같은 반응 패턴을 보임으로써 자기 자신을 숨기려고 할 수도 있다는 점이다. 그리고 연구자가 의도하거나 원하는 게 무엇인지 알아채고, 공연히 그것에 부합하려 하거나 혹은 거부하려고 하는 패턴을 보일 수도 있다. 이 때문에 안면 타당도가 높은 것이 문제가 되는 일부 측정도구에서는 질문의 순서를 섞거나, 중요하지 않은 문항들을 중간중간에 끼워 넣는 식으로 연막을 친다.

다시 말해, 전문가가 아닌 일반인 대상자들에게 측정도구를 살펴보고 그 측정도구가 무엇을 측정하려고 하는지를 물어보는 것이다. 이 안면 타당도는 과학적인 절차를 거치는 것이 아니기 때문에 안면 타당도가 높게 나왔다고 해서 진정한 의미의 타당도가 높다고 말할 수는 없다.

(2) 내용 타당도

내용 타당도(content validity)는 측정도구가 그 구성개념의 모든 측면을 두루 잘 포괄하고 대표하는지 확인하는 방법이다. 즉, 개념적 대표성이 충분하다고 인정받을 때 내용 타당도가 높아진다. 안면 타당도 분석과는 달리 내용 타당도 분석은 전문가가 측정도구의 내용을 평가하고 좀 더 체계적인 과정을 거치게 된다. 예를 들어, 외국어 능력을 측정한다고 하면서 말하기, 듣기, 읽기, 쓰기의 4가지 영역을 골고루 측정하지 않고 그중 일부만 측정한다면 내용 타당도가 충분하지 않다고 할 수 있다. 또한 영어회화 능력을 측정한다고 하면서 물질명사가 가산이냐 불가산이냐 하는 것만 내내 묻고 있으면 그것 역시 타당한 측정이라고 보기 어렵다. 물론 문법도 어학에서 중요한 측면이긴 하지만 결코 전부는 아니다. 교사와 영어로 대화를 하면서 자신의 근황을 잘 설명할 수 있는지, 자신의 취미생활을 소개할 수 있는지 같은 측면들을 평가하는 것이 훨씬 타당할 수 있다.

내용 타당도는 일반적으로 각 전문가들로 구성된 응답자 풀에서 토의, 워크숍, 간담회, 좌담회를 거침으로써 얻어지게 된다. 이를 위한 별도의 초점집단(focus group)을 구성하는 것도 가능하다. 하지만 내용 타당도는 전반적으로 질적인 타당도 기준이기 때문에 통계적 처리를 할 방법이 없으며, 주관성이 개입될 수 있다는 한계를 갖는다.

(3) 준거 관련 타당도

준거 관련 타당도(criterion-related validity)란 측정도구와 준거와의 관련성을 분석하는 것이다. 준거란 측정도구를 평가하기 위한 기준을 의미한다. 즉, 평가도구 외적 준거에 비추어 보아 결과가 유사한지 확인하는 방법으로 측정도구의 결과가 예측한 내용이 외적 준거에 의해 지지된다면, 준거 관련 타당도가 높다고 할 수 있다. 준거 관련 타당도는 측정도구 외적 준거를 통해 얻어진 자료와 측정을 통해 얻어진 자료를 상관분석함으로써 산출한다. 이 타당도는 입사면접이나 미래예측과 관련된 의사결정 등에서 유용하게 사용된다. 준거 관련 타당도에는 예언 타당도와 동시 타당도가 있다.

① 예언 타당도

예언 타당도(predictive validity)는 우선 측정도구 자료를 확보한 이후에 시간이 지남에 따라 그 예측한 바가 얼마나 현실 속의 준거에 부합하는지 확인하는 방법이다. 즉, 시간이 지나서 예측이 맞다면, 예측 타당도가 높다고 할 수 있다. 예를 들어, 그림 5-5와 같이 기존의 선발방식으로 신입사원을 모집할 시 신입사원의 적성검사(새로운 검사)를 실시한 후 6개월에서 1년이 지난 후 직무수행검사 점수를 예측하는 것이다. 그 결과 상관계수가 높게 나오면 새로운 적성검사의 예언 타당도가 높음을 의미한다.

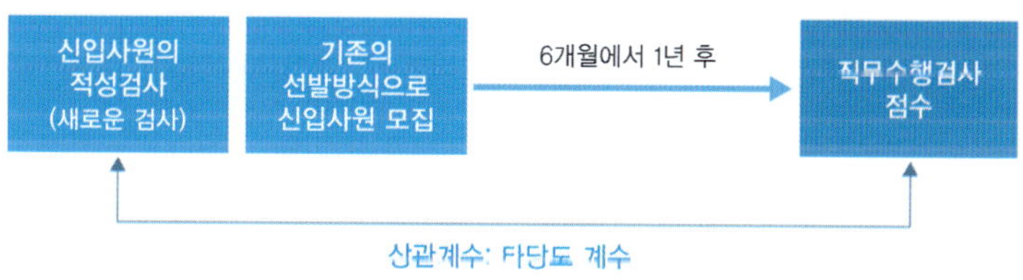

그림 5-5 예언 타당도의 예

다시 말해, 예언 타당도는 앞으로의 미래에 벌어질 일을 이야기하는 타당도라고도 할 수 있다. 다만 이를 확인하기 위해서는 "기다려야 한다"는 현실적 제약과 부담이 따른다. 예언 타당도를 측정할 때 고려해야 할 사항은 표 5-10과 같다.

표 5-10 예언 타당도 측정 시 고려할 점

- 새로운 측정도구를 통해 사람을 선발하는 것이 아니라 이 측정도구는 그냥 점수만 알아 두고 기존의 측정도구를 가지고 선발해야 한다.
- 회사에 입사한 후 바로 직무수행점수를 얻어서는 안된다. 능력을 발휘하는 데는 어느 정도의 시간이 필요하기 때문이다.
- 타당도를 구하는 데 사용된 표집이 모집단을 얼마나 잘 대표하느냐의 문제이다.

② 동시 타당도

예언 타당도의 문제점은 오랜 시간을 기다려야 하는 것이다. 이 문제를 해결할 수 있는 것이 동시 타당도이다. 동시 타당도(concurrent validity)는 공인 타당도라고도 한다. 기존에 존재하는 외적 준거를 통한 자료와 새로 제작한 측정도구의 측정결과를 동시에 확보하여 결과가 유사한지 확인하는 방법이다. 이렇게 측정된 값이 유사하다면, 동시 타당도가 높다고 할 수 있다.

측정자료와 준거자료가 서로 같은 시점일 때 동시 타당도가 된다. 이것은 예언 타당도에 비해 더 객관적이고 양적인 타당도에 속하며, 외적 준거와 측정의 수행이 동시에 비교된다. 기존의 측정도구를 개정하거나 대체할 새 측정도구를 만들었을 때에도 동시 타당도를 통해서 그 타당도를 보장받을 수 있다. 물론 이 경우에는 기존의 유사한 측정이 존재하지 않을 경우에는 쓸 수 없다는 한계점을 가지고 있다.

그림 5-6 동시 타당도의 예

동시 타당도의 장점은 오랜 시간을 기다리지 않아도 된다는 것이며, 단점으로는 응시자가 아닌 이미 선발된 사람들을 대상으로 자료를 모은다는 것이다. 즉, 모집단을 잘 대표하는 표본이 아니라는 것이다.

(4) 구성 타당도

구성 타당도(construct validity)는 구성개념 타당도 또는 구인(構因) 타당도라고도 한다. 이것은 어떤 측정도구가 그 기저에 존재하는 이론의 구성개념(construct) 혹은 개념(concept)을 정확히 측정하는지 보는 타당도로, 측정된 결과물이 실제로 측정하고자 했던 구성개념과 얼마나 유사한지를 살펴보는 것이다.

구성 타당도의 핵심은 조작화(operationalization) 또는 조작적 정의(operational definition)라고 할 수 있다. 구성개념(construct)은 보통 추상적인 성질의 것으로 직접 관찰할 수가 없기 때문에, 이를 관찰가능하고 측정가능한 지표들로 환산해서 측정하게 되는데, 이러한 환산 과정이 조작화 또는 조작적 정의이다 예를 들어, 우울(depression)이라는 추상적인 구성개념을 측정하기 위해 기존의 연구와 이론을 토대로 우울과 관련되거나 또는 우울을 구성한다고 할 수 있는 일련의 증상들과 지표들(예: 자신감 저하, 기력의 저하 등)을 측정한다. 또는 추상적인 자존감(또는 자긍심, self-esteem)을 측정하기 위해 이와 관련된 특성이라고 밝혀진 사교성이나 낙관적 태도 등을 측정한다. 그리고 창의력을 측정하기 위해 창의력이 민감성, 이해성, 도전성, 개방성, 자발성, 자신감 등의 개념들로 구성되어 있다는 조작적 정의에 근거하여 측정도구를 제작, 실시할 수 있다. 구성 타당도가 높음을 입증해 보일 수 있는 실험설계상의 방법 중 하나가 바로 조작 점검(manipulation checks)이다. 구성 타당도는 수렴 타당도와 변별 타당도로 구분할 수 있다.

① 수렴 타당도

수렴 타당도(convergent validity)는 동일한 개념을 측정하기 위한 상이한 측정방법을 동원하여 양쪽의 결과가 유사한지 확인하는 방법이다. 다시 말해, 같은 것을 측정하는 도구끼리는 같은 결과를 나타내야 한다. 유사하다면, 수렴 타당도가 높다고 할 수 있다. 예를 들어, 술취함(drunkenness)을 측정할 때 호흡측정과 혈액검사의 결과가 유사하게 나오거나, 우울(depression)을 측정할 때 설문조사와 참여관찰의 결과가 유사하게 나오거나, 지능을 측정하는 두 개의 서로 다른 지능검사의 결과 사이에 상관관계가 있다면 이 측정도구들의 수렴 타당도가 높다고 말할 수 있다.

수렴 타당도의 논리적 단점으로는, 정확히 어느 정도 이상의 상관계수가 나와야 비로소 타당하다고 말할 수 있을 것인지에 대한 명확한 합의가 없다는 것이다. 또한 타당도를 확인하는 과정에서 서로 간의 관찰 수준(level of observation)을 합치시키는 것에 대한 논리가 부족하다.

② 변별 타당도

변별 타당도(discriminant validity)는 확산 타당도(divergent validity)라고도 한다. 동일한 측정방법을 동원하였으나 상이한 개념에 대해 측정하여 양쪽의 결과가 유의하게 달라지는지 확인하는 방법이다. 다시 말해, 같은 측정도구라고 하더라도 서로 다른 것을 측정할 때에는 다른 결과를 나타내야 한다. 만약 유의한 차이가 나타난다면, 변별 타당도가 높다고 할 수 있다. 예를 들어, 어떤 기업에서 신입 사원 모집의 목적으로 직무

적합성 검사를 실시한 결과가 지원자들의 IQ 검사 결과와 상관관계가 높게 나온다면, 이 직무 적합성 검사가 정말로 그것이 의도한 대로 직무 적합도를 측정한 것인지 아니면 IQ를 측정한 것인지 불분명해지므로 변별 타당도가 떨어진다고 할 수 있다. 마찬가지로 자아도취(narcissism)라는 구성개념을 측정하는 검사의 결과와 이 구성개념과 유사해 보이지만 이론적으로 분명히 구분되는 자존감(self-esteem) 검사 결과 사이에 상관관계가 높게 나타난다면 자아도취 검사의 변별 타당도가 떨어진다고 할 수 있다. 또 다른 예로 극단주의를 측정하는 도구가 있다고 할 때, 해당 문항에서 권위주의 같은 엉뚱한 것을 측정하게 된다면 이 역시 변별 타당도가 떨어진다고 볼 수 있다. 이런 문항이 포착된다면 그것을 삭제하거나 아니면 일종의 더미 데이터로 취급하거나, 아예 중도주의처럼 연구대상과 정반대의 구성개념을 측정하는 문항의 결과를 가지고 역채점을 할 수도 있다.

(5) 실험설계에서의 타당도

실험조사에서도 타당도 개념이 활용된다. 지금까지 살펴본 타당도가 특정한 측정에 대한 것이라면, 여기서는 설계(design)의 관점에서 타당도가 논의된다. 실험의 결과 자료로 나타나는 인과관계가 어디까지 타당하다고 볼 수 있는지에 대한 논의로, 내적 타당도와 외적 타당도 두 가지가 있다. 표 5-11의 두 가지 타당도는 상충관계(trade-off)에 있어서, 어느 하나가 높아지면 필연적으로 다른 하나가 낮아질 수밖에 없다.

표 5-11 실험조사에서의 타당도

구분	내용
내적 타당도	어떤 실험조사를 따랐을 때 나타나는 처치의 효과(treatment effect)가 정말로 처치(treatment) 때문이라고 얼마나 장담할 수 있는가에 대한 개념이다. 다시 말해, 그 결과가 정말로 그 원인 때문임을 입증할 수 있는 정도를 말한다. 내적 타당도(internal validity)를 높이려면 외생변수(exogenous variable)의 혼입(confound)을 방지해야 한다. 가장 대표적인 내적 타당도 제고 방안이 바로 무선할당(random assignment)이며, 그 외에도 짝짓기법(matching), 블록화(blocking), 반복측정(repeated measures) 등이 있다. 공분산분석(analysis of covariance)을 활용하는 통계적 통제도 물론 가능하다.
외적 타당도	어떤 실험조사를 따랐을 때 처치(원인)로 인하여 나타나는 처치의 효과(결과)가 다른 조건, 다른 환경, 다른 표본, 다른 맥락, 다른 문화 속에서도 여전히 나타날 것이라고 얼마나 장담할 수 있는가에 대한 개념이다. 다시 말해, 그 결과가 정말로 그 원인 때문이라는 주장을 일반화(generalize)할 수 있는 정도를 말한다. 외적 타당도(external validity)를 높이려면 가능한 한 많은 변인들을 개입시킬 필요가 있으며, 실험이 현실에 부합하도록 현장감을 최대한 부여해야 한다. 내적 타당도가 변인들을 최대한 통제해야 한다면, 외적 타당도는 변인들을 최대한 풀어놓아야 하므로, 이 둘을 동시에 만족시키는 단일 실험 사례는 사실상 존재하지 않는다.

(6) 타당도를 높이일 수 있는 방법

지금까지 측정도구의 타당도와 실험조사에서의 타당도에 대해 살펴보았다. 측정도구의 타당도는 높을수록 좋다. 그러므로 측정도구의 타당도를 높이기 위해서는 타당도를 저해하는 요인이 무엇인지를 알고 이에 대처하는 것이 현명하다. 그러기 위해서는 표 5-12와 같은 방안들을 고려해야 한다.

표 5-12 측정도구의 타당도를 위한 고려사항

- 측정하고자 하는 영역을 제대로 측정할 수 있는 적절한 측정도구를 채택해야 한다. 말하기 능력을 지필 측정도구로만 측정할 수는 없을 것이다.
- 대상자가 어떤 이유에서건 측정에 대해 잘못 알고 있거나 불성실한 태도로 임하거나 측정의 지시문을 바르게 이해하지 못한 경우, 측정의 결과는 원래 측정도구가 의도한 목적과 목표를 달성할 수 없을 것이다.
- 준거 집단이 측정목적에 맞는 집단인지를 고려해야 한다. 대상자 집단에 따라 어떤 특정 대상자 집단에 대해 높은 변별도를 나타내거나 또는 반대로 아주 낮게 나타날 수 있기 때문이다.
- 측정기준 선정의 적절성으로 측정의 내용이나 방법 등이 적절하다 하더라도 측정기준 자체가 부적절하다면 그로 인해 그 측정 전체는 타당성을 잃을 수가 있다.
- 측정내용의 과대 간소화인데, 언어 능력의 구성 요소는 매우 복잡하고 다양하다. 이런 언어 능력을 한 번의 측정으로 충실하게 측정하기는 현실적으로 어렵다. 그렇다고 해서 그 복잡한 언어 능력을 측정의 편의를 위해 인위적으로 지나치게 간소화하여 측정의 대상으로 삼는다면 그것은 인간의 복잡한 언어 능력의 구성 요소 중 상당 부분을 측정의 대상에서 제외하는 결과를 초래하게 될 것이다.
- 구인 요소 선정의 적절성이다. 측정도구에서 측정의 대상으로 삼는 구성 요인이 처음부터 잘못 정의되었거나 부적절하게 규정되었다면 그 측정도구는 처음부터 타당도가 높은 측정이 될 수 없을 것이다.

3) 신뢰도와 타당도의 관계

사회복지조사연구에서 측정은 신뢰도와 타당도의 확보가 전부라고 해도 과언이 아니다. 신뢰도와 타당도의 관계를 구체적으로 살펴보면 표 5-13과 같다(박선희, 천정웅, 2018; 손병덕 외, 2010; 이세형, 2019; 이창희 외, 2021).

표 5-13 타당도와 신뢰도의 관계

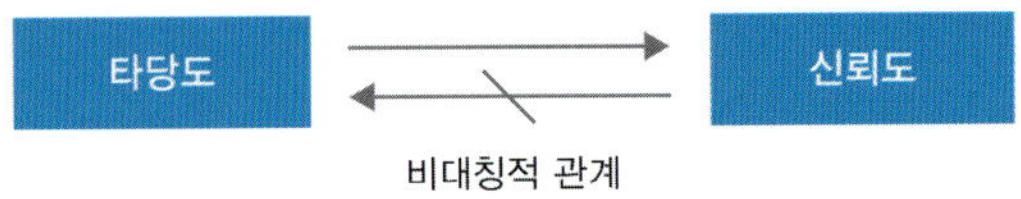

- 타당도가 높은 측정은 항상 신뢰도가 높다.
- 타당도가 낮은 측정은 신뢰도가 높을 수도 있고, 낮을 수도 있다.
- 타당도가 낮다고 해서 반드시 신뢰도가 낮은 것은 아니다.
- 신뢰도가 높은 측정은 타당도가 높을 수도 있고 낮을 수도 있다.
- 신뢰도가 높다고 해서 타당도가 높은 것은 아니다.
- 신뢰도가 낮은 측정은 항상 타당도가 낮다. 신뢰도는 높고 타당도가 낮은 측정은 없다.

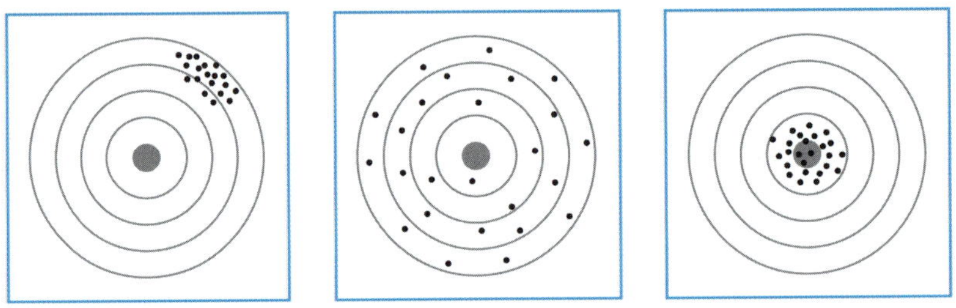

신뢰도는 높으나 타당도가 낮은 경우 | 신뢰도와 타당도가 모두 낮은 경우 | 신뢰도와 타당도가 모두 높은 경우

Chapter **06**

측정과 척도

배울 내용

1. 측정의 개념과 측정도구
2. 측정수준
3. 척도의 구성
4. 척도형태 결정 시 고려사항

학습목표

1. 측정의 개념과 측정도구의 개념을 이해한다.
2. 측정수준을 구분할 수 있다.
3. 척도의 구성을 비교분석할 수 있다.
4. 척도형태 결정 시 고려사항을 숙지한다.

06 Chapter

측정과 척도

1. 측정의 개념과 측정도구

1) 측정의 개념

측정이란 측정하고자 하는 대상의 속성에 존재하는 일정한 규칙에 따라서 숫자나 기호를 부여하는 과정으로, 측정을 통해 추상적인 개념들이 경험적으로 관찰 가능하게 된다. 즉, 조사대상자의 속성 또는 변수에 대하여 일정한 규칙에 따라 숫자나 기호를 배정하는 것으로 측정의 질은 규칙의 질에 좌우되며 측정절차가 실재와 경험적으로 합치될 때 그 측정의 의미가 있게 된다(김진숙, 2015).

측정은 일정한 규칙에 따라서 연구대상의 속성을 수량화하는 것이라고 하였는데, 이때 일정한 규칙이 바로 척도(scale)로 측정을 수행하는 잣대 또는 측정도구라고도 한다. 즉, 척도란 자료가 수집될 때 관찰된 현상에 일련의 기호나 숫자의 체계를 부여하기 위해 사용되는 도구이다(곽종형 외, 2013).

측정도구를 개발하는 단계는 사회조사의 주요 단계인데, 도구개발이 반드시 조사를 위한 새로운 척도 개발을 의미하는 것만은 아니다. 이는 측정하고자 하는 개념을 적합하게 측정할 수 있는 기존의 측정도구를 찾아내 그대로 사용하거나 기존의 것을 부분적으로 수정하는 일까지를 포함한다. 특히 외국에서 개발된 도구를 사용하는 경우 유의할 점이 있다. 우리의 사회문화적 배경이나 맥락과 어울릴 수 있는지, 외국에서 개발된 척도가 국내에서 번역되어 사용된 적이 있으면 그 신뢰도와 타당도가 한국적 맥락에서 평가된 바 있는지 검토해야 한다. 또한 외국에서 개발된 척도를 사용하는 경우 번역이 이루어져야 하는데, 번역이 원래의 의미를 제대로 해석하거나 전달하고 있는지, 본 조사에 사용하기 전에 사전 검토를 통해 수정하며 타당도와 신뢰도를 다시 평가해야 한다.

양적 연구에서 추상적인 사회현상은 개념적 정의와 조작적 정의를 거쳐 수량적으로 표시할 수 있어야 하며 이때 추상적인 사회현상은 조작화를 통하여 양적으로 표현되며, 경험 가능한 지수로 대체된다. 양적 연구를 수행하는 연구자는 자신의 연구질문을 측정 가능한 지수로 대체하는 작업을 수행한 이후 측정을 할 수 있게 되는 것이다. 측정하고자 하는 개념이 조작적 정의를 거쳐 측정 가능한 상태가 된 것을 변수(variable)라 하고 변수를 구체적으로 측정하는 수단이 측정도구이므로, 측정도구는 변수의 수준에 맞게 구성되어야 할 것이다. 측정의 의미를 살펴보면 그림 6-1과 같다.

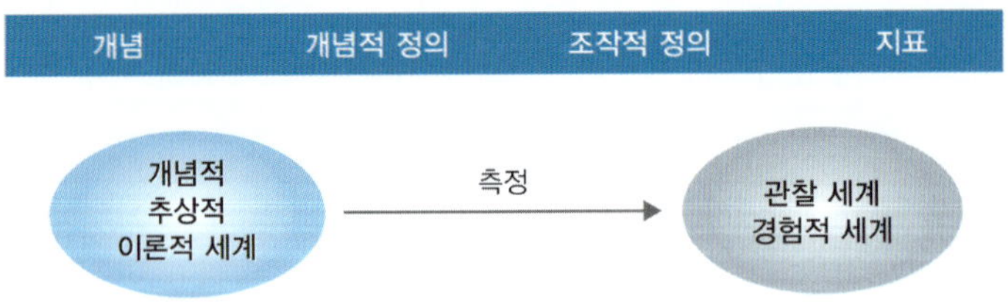

그림 6-1 측정의 의미

출처: 박선희, 천정웅(1018). 사회복지조사론. 양성원.

2) 측정의 종류

측정은 이론적 · 관념적 세계와 구체적 · 경험적 세계 간의 교량 역할을 한다. 즉, 추상적 개념들을 구체적인 측정도구를 통해 조작적으로 측정하여 경험적으로 인식하게 한다. 또한 측정은 주관적인 개념들을 객관화하여 표준화하는 역할을 수행한다. 이를 통해 후속연구나 관련 연구를 가능하게 한다. 또한 측정은 자료를 수집하고 조직화하는 가장 기본적인 단계로서 후속연구나 관련 연구를 가능하게 하는 필수적인 작업이다. 이러한 측정의 종류에는 본질측정, 임의측정, 추론측정 등이 있다(곽종형 외, 2013; 박선희, 천정웅, 2018).

표 6-1 측성의 종류

구분	내용
본질측정	본질측정(fundamental measurement)은 키를 재는 것과 무게를 측정하는 행위와 같이, 어떤 사물의 속성을 표현하는 본질적인 법칙에 따라 숫자를 부여하는 것이다. 다른 사물이나 속성을 개입시키지 않고 해당 속성만을 고려하는 가장 기본적인 측정이다.
임의측정	임의측정(measure by fiat)은 지적 능력을 IQ 테스트라는 조작적 정의에 의한 척도로 측정하는 것과 같이, 일시적으로 어떤 사물의 속성과 측정값 간에 관계가 있다고 가정하고 측정하는 것이다. 사실(fact)에 근거하기보다는 논리적 근거와 가정에 의존하고 있으며, 사회과학의 대부분은 임의측정이다.
추론측정	추론측정(derived measure)은 부피와 질량 간의 관계를 결정지어 주는 밀도와 같이, 어떤 사물이나 사건의 속성이 다른 사물이나 속성과 일정한 관계가 성립되었을 때 그 관계를 측정하는 것이다.

3) 지표와 지수 및 척도

관찰된 현상에 대해 일정한 규칙에 따라 기호를 부여하는 것을 측정이라고 하고 측정을 위한 도구를 척도라고 한다. 척도는 측정하고자 하는 대상에 부여하는 숫자나 기호들의 체계이다. 측정대상의 속성을 발견해서 측정대상의 속성에 따라 일대일로 상응하도록 숫자나 기호를 배치하는 것으로 일정한 규칙에 따라 관찰된 현상에 대해서 수치나 기호를 부여하기 위해 사용되는 도구가 척도이다. 척도는 측정대상의 질적 속성을 계량적인 변수로 변환시키는 수단이 된다. 어떤 현상을 측정하기 위한 도구는 세 가지가 있는데, 지표, 지수, 척도가 그것이다. 구체적인 내용은 표 6-2와 같다.

표 6-2 현상의 측정을 위한 세 가지 도구

구분	내용
지표	지표(indicator)란 변수의 속성을 나타내는 요소로써 사회복지의 속성은 삶의 기본요소, 사회경제적 요소, 사회정치적 요소, 사회문화적 요소 등으로 표현된다. 이들 요소 하나하나가 사회복지라는 변수의 지표에 해당한다. 예를 들어, 사람들의 사회경제적 지위는 그 사람의 소득, 학력, 직업, 종교 등의 지표를 통해 파악하게 되는 것이다.
지수	단순지표로는 변수의 속성을 정확하게 파악하기 어렵다. 따라서 정확한 측정을 위해서는 다의적이고 복합적인 측정치를 사용해야 한다. 이러한 복합측정치를 지수(index)라 한다. 다의적이고 복합적인 특성을 갖고 있는 개념을 양적으로 측정하기 위해서 고안된 다수의 지표들을 하나로 묶어 단일 수치로 표현한 것이다. 지수는 측정대상의 개별적인 속성에 부여한 개별지표점수의 단순한 합이다. 또는 개별지표점수에 가중치를 곱해 합산하여 구성된다. 예를 들어, 사회지표, 소비자물가지수, 생산성지수 및 행복지수 등이 해당된다.
척도	척도(scale)는 측정대상의 개별적인 속성들을 종합적으로 측정함으로써 변수와 관련된 여러 차원을 측정하고 각각의 차원에(각각의 지표에) 점수를 할당하여 항목 간(지표 간)에 서열을 가릴 수 있도록 해 준다. 지수는 지표의 점수를 단순히 합하지만 척도는 측정대상의 속성에 따라 점수를 부여함으로써 강도 구조를 포함하고 있다는 장점이 있다.

4) 측정도구의 요건

측정은 일치 또는 조화의 기능을 수행하고, 경험적인 현실 세계와 추상적인 개념의 세계를 조화시키고 일치시키는 데 사용되는 규칙과 절차를 제시해 준다. 그리고 측정은 관찰 자체를 주관적 판단보다 훨씬 더 객관적인 것이 되도록 함으로써 관찰에서 추리를 할 수 있도록 도와주고, 사건이나 현상을 세분화시키고 통계적 분석에 활용할 수 있는 정보를 제공해 준다. 또한 측정은 반복과 의사소통의 기능을 가지고 있으며, 연구결과를 다른 사람들과 반복하고, 그 결과를 확인하고, 반증할 수 있도록 해 준다. 이러한 개념을 측정하는 수단이나 도구인 측정도구는 표 6-3과 같이 다섯 가지 요건을 갖추는 것이 좋다(최성재, 2005).

표 6-3 측정도구의 요건

<table>
<tr><th>구분</th><th>내용</th></tr>
<tr><td>상호배타성과 포괄성</td><td>상호배타성이란 명목변수를 포함한 모든 변수 각각의 분류 카테고리는 한 카테고리에 속하면 다른 카테고리에 속할 수 없어야 한다는 것이고, 포괄성은 변수의 모든 값이 어느 카테고리 중 하나에 속할 수 있을 정도로 카테고리의 수가 충분해야 한다는 것이다.

표 6-4 상호배타성과 포괄성의 예
<table>
<tr><th></th><th>나쁜 예</th><th>좋은 예</th></tr>
<tr><td>상호배타성</td><td>① 20세 이하 ② 20세~30세
③ 30세~40세 ④ 40세~50세
⑤ 50세 이상</td><td>① 20세 이하 ② 21세~30세
③ 31세~40세 ④ 41세~50세
⑤ 51세 이상</td></tr>
<tr><td>포괄성</td><td>① 불교 ② 천주교
③ 기독교 ④ 종교 없음</td><td>① 불교 ② 천주교 ③ 기독교
④ 종교 없음 ⑤ 기타( )</td></tr>
</table></td></tr>
<tr><td>단일차원성</td><td>한 개념을 측정하는 모든 지표가 다 같이 높은 상관관계를 보여야 한다. 지표들이 상관관계가 있는 것끼리 두 가지 이상의 묶음으로 나누어지는 경우, 그 지표 집단들이 다른 개념을 의미하는 것인지 아니면 개념의 다른 측면 또는 다른 하위 개념을 의미하는지를 신중히 판단해야 할 것이다. 지표들이 서로 상관관계를 어떤 형태로 가지고 있는가를 판단하는 데 유용한 통계적 방법으로는 요인분석이 있다.</td></tr>
<tr><td>다양한 지표의 구성</td><td>척도는 그 개념이나 변수의 가능한 한 모든 다양한 형태나 정도를 측정할 수 있는 지표들을 고르게 포함하여야 한다. 그리고 실제로 해당하지 않을 극단적인 지표는 포함하지 않는 것이 바람직하다. 예를 들어, 노화에 대한 태도 측정 시 '아주 부정적인 태도'에서부터 '아주 긍정적인 태도' 사이의 여러 태도를 모두 포함해야 하며 신체적 · 심리적 · 사회적 측면도 고려하여 구성해야 한다.</td></tr>
</table>

구분	내용
타당도와 신뢰도	측정의 신뢰도와 타당도는 척도의 가장 핵심적 요건이다. 척도는 그 개념이나 변수가 측정하고자 하는 것을 측정해야 하고(타당도 확보), 또한 일관성이 있게 측정할 수 있어야 한다(신뢰도 확보).
복수의 지표 구성	추상적 개념은 하나의 지표로 그 의미하는 바를 다 측정해 낼 수 없기 때문에 5~20여 개 정도의 범위 내에서 다양한 복수 지표로 척도를 구성하는 것이 바람직하다. 특히 추상적 개념은 이를 구성하는 측면이나 하위 개념이 있을 수 있는가를 잘 고려하여 그 각각에 해당하는 지표를 다양하고 고르게 반영할 수 있도록 하는 것이 바람직하다.

2. 측정수준

척도(Scale)란 '사물이나 사람의 특성을 숫자로 표현하기 위해 어떤 기준으로 숫자를 부여한 것'이다. 여기서 '특성'이란, 예를 들어 성별이라면 남자-여자로 그 특성을 구분할 수 있다. 또 다른 예로, 거주지라고 하면 서울-경기도-충청도-전라도-경상도 등으로 구분할 수 있다. 이렇게 '성별', '거주지'와 같이 파악하려는 대상이 가진 성질 중 하나를 특성이라고 할 수 있다.

그렇다면 성별이라는 특성을 남자-여자로 하고, 거주지를 서울-경기도-충청도-전라도-경상도라고 구분하는 것에 그치지 않고 왜 굳이 숫자로 표현하는가? 이는 '용이한 자료의 입력과 분석'을 위해서이다. 우리가 사용하는 단어와 의미를 통계분석 프로그램은 인식하지 못한다. 따라서 성별이라면 남성은 '1', 여성은 '2'와 같이 숫자를 부여하고, 거주지라고 하면 서울은 '1', 경기도는 '2', 충청도 '3', 전라도 '4', 경상도 '5'라고 부여한 자료여야 자료입력의 기준이 통일되고 용이한 통계분석이 가능하다. 이렇게 조사대상에게 숫자를 부여하는 과정을 코딩(coding) 또는 부호화라고 한다.

숫자의 본질을 구분하는 척도는 명목척도, 서열척도, 등간척도, 비율척도 네 가지 척도로 구분할 수 있다. 이 네 가지 척도의 의미와 예를 이해하는 것은 통계분석에서 매우 중요하다. 왜냐하면 분석하려는 변수가 네 가지 척도 중 무엇이냐에 따라서 적용할 분석방법이 결정되기 때문이다. 먼저 네 가지 척도의 핵심적인 내용을 살펴보면 표 6-5와 같다.

표 6-5 네 가지 척도의 종류와 대표적 예

종류	정의	예	구분	분석방법
명목척도	측정대상(응답자)을 단지 분류할 목적으로 숫자를 부여한 척도	성별	범주형 자료	빈도분석
서열척도	측정대상(응답자) 간에 순서/서열적 의미(높고 낮음)가 있는 척도	학력		
등간척도	측정대상(응답자) 간에 순서뿐만 아니라 숫자의 간격이 동일하여 양적인 정도를 알 수 있는 척도	온도	연속형 자료	기술통계 분석
비율척도	등간척도와 유사하지만 0의 의미가 '실제로 없다'고 말할 수 있는 척도	소득		

일단 명목→서열→등간→비율 순으로 그 특성이 하나씩 추가된다고 생각하면 된다. 척도의 종별 주요 개념을 살펴보면 다음과 같다.

(1) 명목척도

명목척도(nominal measurement)는 숫자나 순서의 개념과는 상관없이 이름만 붙여지는 척도이다. 자료의 분류만을 위한 척도이다. 자료에 부여되는 숫자에는 의미가 없고, 상징적인 의미만을 가진다. 이와 같이 학력, 종교 등과 같이 수(數)와는 관계없는 내용을 실질해 측정할 때 사용하는 척도를 명목척도라고 한다.

예를 들어, '귀하의 성별은 무엇입니까?'라는 질문에 ① 남성 ② 여성 등과 같이 응답자가 남자인지 여자인지를 파악하기 위한 척도를 말한다. 여기서 ①번, ②번이라는 숫자는 아무런 의미가 없다. 단지 분류의 목적이다. 명목척도의 예시는 표 6-6과 같다.

표 6-6 명목척도의 예시

Q. 귀하의 성별은 무엇입니까? ① 남성 ② 여성
①번(남)과 ②번(여성)의 숫자는 아무 의미가 없음. 단지 집단을 구분하기 위해 부여된 명목상의 숫자임.

명목수준의 측정은 서열이나 거리를 나타낼 수 없기 때문에 사칙연산을 할 수 없고 빈도나 백분율은 제시할 수 있지만 평균이나 표준편차 등의 의미를 가질 수 없게 된다.

이러한 명목척도를 구성할 때의 원칙으로 상호배타성과 포괄성이 있다. 먼저 각 속성들은 상호배타적이어야 하는데, 이때 상호배타적이라는 것은 범주들의 속성이 서로 달라야 한다는 의미로 만약 변수들의 속성이 중복되면 응답자는 중복응답을 하거나 본의 아니게 하나의 응답을 선택해야 할 것이다. 한편 변수들의 속성이 포괄적이라는 것은 응답 속성들이 가능한 상황을 다 포함하고 있어야 한다는 뜻이다. 만약 명목척도의 속성이 포괄성을 담보하지 못하게 되면 대부분 무응답으로 처리될 것이다. 응답범주들이 상호배타성과 포괄성이 있으며 논리적 연관성을 가지고 있어야 한다는 것은 기본적인 척도구성의 원칙이다.

(2) 서열척도

서열척도(ordinal scale)는 분류와 더불어 속성의 대소 또는 다소에 따라 개념의 카테고리를 순서적으로 나열하여 수학적으로 조작할 수 있다. 서열척도는 사회과학에서 실제로 가장 많이 쓰이는 측정의 수준으로 서열에서 척도에 사용되는 등급 간의 거리는 고정되어 있는 것이 아니다. 다시 말해, 서열측정에서 2와 3등급 사이의 거리는 1과 2의 거리와 같지 않다는 것이다. 숫자는 단순히 등급을 의미한다.

즉, 서열척도는 순서척도라고 한다. 서열척도는 숫자 혹은 수치와는 관련없고 단순하게 순서(서열)를 구분하기 위해 만들어진 척도이다. 측정된 값들 사이에 상대적인 서열관계만 알 수 있도록 숫자나 기호를 부여하는 과정이다.

구체적으로 '귀하의 학력은 무엇입니까?'라는 질문에 ① 초졸 ② 중졸 ③ 고졸 ④ 대졸 이상 등과 같이 보기를 구성한 경우, ①번, ②번, ③번, ④번이라는 보기문항의 번호는 응답한 사람의 학력이 어디에 해당되는지를 구분하는 경우를 말한다. 예를 들어, ②번이라면 '중졸'에 해당되는 사람이다. 기본적으로 명목척도처럼 응답한 사람이 어떤 집단(학력)에 속하는지를 분류한다. 이에 더해 서열척도는 ③번(고졸)은 ②번(중졸)에 비해서 학력이 높다 혹은 낮다와 같은 특징이 포함된다. 이는 명목척도에는 없는 특성으로서 바로 부여된 숫자로 학력이 높고 낮음을 파악할 수 있는 것이다. 즉, 서열 혹은 순서의 의미가 있다는 것이다. 서열척도의 예시는 표 6-7과 같다.

표 6-7 서열척도의 예시

Q. 귀하의 학력은 무엇입니까? ① 초졸 ② 중졸 ③ 고졸 ④ 대졸 이상
명목척도와 동일하게 숫자는 큰 의미가 없음. 다만 학력의 높고 낮음(①<②<③<④)의 의미는 있음. 즉, 순서(서열)의 의미를 지님.

(3) 등간척도

등간척도(interval scale)는 어떤 대상의 속성에 서열을 매길 수 있을 뿐만 아니라 각 범주 사이의 거리를 계산할 수 있으며, 상이한 범주 간의 거리가 같은 것이다. 속성에 대한 순위를 부여하되 순위 사이의 간격은 동일한 척도이다. 등간척도에서 0은 임의로 설정된 것이므로 임의적 영(零)이 있을 뿐, 실제적 영(零)은 존재하지 않는다. 등간척도를 통해 가능한 통계적 분석은 기본적으로 명목척도나 서열척도에서 활용할 수 있는 분석이 모두 가능하다. 등간척도로 도덕지수(MQ), 지능지수(IQ), 섭씨온도, 화씨온도, 학력, 물가지수, 생산성 지수, 사회지표 등을 들 수 있다.

등간척도의 대표적인 예로는 '온도'를 들 수 있다. 만약 '어제의 온도는?'이라는 질문에 10°C, '오늘의 온도는?'이라는 질문에 20°C라고 응답했다면, 오늘의 온도(20°C)가 어제의 온도(10°C)보다 높다는 사실을 쉽게 알 수 있다. 이는 서열척도처럼 온도의 높고 낮음을 알 수 있다는 것이다. 이에 더해 '오늘의 온도가 어제의 온도보다 10°C 높다'고 온도의 단위까지 숫자로 정확하게 말할 수 있다. 앞에서 서열척도의 예로 든 학력의 경우, '고졸이 중졸보다 학력이 높다'고 말할 수 있지만, '학력이 얼마나 높다'고 숫자로 말할 수는 없다. 왜냐하면 그 차이를 숫자로 표현할 수 없기 때문이다. 등간척도는 이처럼 숫자로 높고 낮음의 정도까지 말할 수 있는 척도이다. 등간척도의 예시를 살펴보면 표 6-8과 같다.

표 6-8 등간척도의 예시

Q. 어제와 오늘의 온도는? (　　　)도 어제 온도: 10°C, 오늘 온도: 20°C
개방형의 응답에서 높음과 낮음. 그리고 어느 정도가 차이가 나는지를 숫자로 말할 수 있음. 자료의 간격이 동일한(등간) 수치의 의미를 가짐.

(4) 비율척도

비율척도(ratio scale)는 명목척도, 서열척도, 등간척도가 가지는 속성을 모두 가지고 있으면서 절대 영점도 가지는 것이다. 따라서 등간척도가 갖는 특성에 추가로 측정값 사이의 비율계산이 가능한 척도이다. 속성이 전혀 존재하지 않는 상태의 절대영점이 존재하므로 0이 실제적 의미를 가지고 있다. 즉, 비율척도의 숫자는 속성의 실제 양을 나타낸다. 따라서 모든 산술적 조작이 가능(+, −, ×, ÷ 등)하다. 비율척도로 TV시청률, 투표율, 신문구독률, 가격, 저축금액, 생산원가, 연령, 무게, 출생률, 사망률 등이 있다.

비율척도는 기본적으로 등간척도와 동일하다. '월소득이 얼마나 되십니까?'라는 질문에 A라는 사람은 300만 원, B라는 사람은 250만 원 번다고 응답을 했다면, A는 B보다 소득을 높게 벌고(서열), 또한 50만 원 더 번다(등간)고 말할 수 있다. 다만 등간척도는 0의 의미가 사람들이 임의로 정한 숫자인 반면, 비율척도는 0의 의미가 정말 없다는 의미이다. 등간척도인 온도의 경우 0°C라면 '온도가 없다'가 아니라 '물이 얼음이 되는 온도를 0°C라고 하자'는 사람들의 약속에 의해 정해진 0이다. 이러한 0을 '임의영점'이라고 한다. 반면에 '소득이 0이다'라는 의미는 '정말로 소득이 없다'를 뜻한다. 이를 '절대영점'이라고 한다. 비율척도의 예시를 살펴보면 표 6-9와 같다.

표 6-9 비율척도의 예시

Q. 월소득이 얼마나 되십니까? (　　　　)원 A: 300만 원, B: 250만 원
등간척도와 유사하지만 '0'의 의미가 정말로 없다는 의미(절대영점)를 지닌다는 점이 다름.

조사연구과정에서 수집한 자료를 분석할 경우에 척도에 따라 통계분석방법이 달라진다는 사실에 유의해야 한다. 명목척도나 서열척도에 해당되는 자료에서는 평균과 표준편차를 구하는 것은 아무런 의미가 없다. 평균이나 표준편차를 구하려면 자료의 척도 수준이 등간척도이거나 비율척도이어야 한다. 일반적으로 등간척도와 비율척도에 해당되는 자료는 모수통계(parametric statistics)를 이용하여 분석한다. 이에 비해 명목척도나 서열척도에 해당되는 자료는 비모수통계(nonparametric statistics)를 이용하여 분석한다.

3. 척도의 구성

사회복지 분야의 경험적 조사연구에서, 예를 들어 역할갈등이나 주부우울, 소외감, 직무만족 등은 단일문항(지표)으로 구성된 간단한 측정도구로는 신뢰도나 오류 등의 문제를 야기하기 때문에 단일문항으로는 측정하기 어려워 척도를 사용한다. 여러 문항으로 구성된 척도를 사용하는 이유는 표 6-10과 같다(강종수, 2013).

표 6-10 척도를 사용하는 이유

- 척도를 이용함으로써 하나의 문장이나 지표로는 제대로 측정하기 어려운 복합적인 개념을 측정할 수 있다.
- 여러 개의 지표(문항)를 하나의 점수로 나타냄으로써 자료의 복합성을 덜 수 있다.
- 척도의 단일차원성(척도를 구성하는 문항은 공통적인 특성을 나타내야 함)을 검증해 볼 수 있다.
- 복수의 지표로 구성된 척도를 사용하면 단일문항(지표)을 사용하는 경우보다 측정의 오류를 줄일 수 있고, 측정의 타당성과 신뢰성을 높일 수 있다.

1) 명목척도화

명목척도화(nominal scaling)는 단순히 속성을 분류하고자 할 때 그리고 변수의 특성을 식별하기 위해 적용되는 도구이며, 상호배타적으로 분류된 범주에 명칭을 붙여 척도의 값을 나타내게 된다. 명목적 수준에서의 척도화는 상호배타적인 특성, 즉 모든 대상은 하나의 범주에만 속하고 두 가지 범주에 동시에 속할 수 없다는 특징이 있으며 동일한 집단에 속해 있는 대상은 동일한 척도 값을 가져야 한다. 명목척도화의 예는 표 6-11과 같다.

표 6-11 명목척도화의 예

1. 귀하의 성별은 무엇입니까?
   ① 남 ② 여

2. 귀하의 연령은 어디에 해당합니까?
   ① 20세 이하 ② 21세~30세 ③ 31세~40세 ④ 41세~50세 ⑤ 51세 이상

3. 귀하의 학력은 어디에 해당합니까?
   ① 무학 ② 초졸 ③ 중졸 ④ 고졸 ⑤ 대졸 이상

4. 귀하의 종교는 무엇입니까?
   ① 기독교 ② 카톨릭 ③ 불교 ④ 종교 없음 ⑤ 기타

표 6-11과 같이, 자료에 부여되는 숫자에는 의미가 없고, 상징적인 의미만을 가진다. 즉, 성별, 연령, 학력 및 종교와 같이 수(數)와는 관계없는 내용을 설정해 측정할 때 사용하는 척도를 명목척도화라고 한다.

2) 서열척도화

서열척도화(ordinal scaling)는 측정된 값 사이에 상대적 순서관계를 밝힐 수 있도록 숫자나 기호를 부여하는 과정을 통해 만들어진 척도를 말한다. 사회조사에서 서열척도화는 측정, 개념의 조작적 정의, 응답자 편의(偏倚, bias) 방지라는 세 가지의 주요한 기능을 수행한다. 서열수준을 측정하는 데 사용되는 척도로 평정척도(rating scale), 리커트 척도(Likert scale), 누적척도(cumulative scale)인 거트만 척도(Guttman scale)나 사회적 거리 척도(social distance scale) 등이 있다.

(1) 평정척도

평정척도(rating scale 또는 평급척도)는 사회현상을 측정하는 척도로 가장 널리 활용되고 있는 척도이다. 이 척도는 어떤 인물, 집단, 사물 등에 대해 주어진 기준에 의해 평가하도록 하는 것으로 척도를 구성하기가 쉽고, 사용이 간편하고 비용과 시간적인 측면에서 경제적이고 적용범위가 넓다는 장점이 있는 반면에 평가자의 주관적 판단에 의존하는 경향이 있어 평가자의 성격이나 태도, 심리적인 편향에 따라 용어의 해석이 달라질 수 있다는 단점이 있다. 평정척도에서 발생할 수 있는 오류는 표 6-12와 같다.

표 6-12 평정척도의 오류

구분	내용
관용의 오류	지나치게 관대한 평점을 주어 거의 모두 높게 평점을 주는 경우를 의미한다. 즉, 평정자가 평정 대상자의 평가에 있어서 실제의 능력이나 실적에 비해 관대하게 평정하여 원만하게 처리하려고 함으로써 발생하는 현상이다.
중앙집중의 오류 · 중앙집중효과	양극단 점수를 피하고, 대체로 중간에 평점을 많이 주는 것을 의미한다. 즉, 평정 결과가 과도하게 평균적인 영역으로 모이는 것으로 대상의 평가에 있어서 가장 무난하고 원만한 평정으로 집중하려는 경향성이다.

구분	내용
후광효과의 오류	주변의 어떤 요소가 평점에 작용하는 경우를 의미한다. 즉, 평정대상에 대해 가지고 있는 특정 인상을 토대로 또 다른 특성을 좋게 또는 나쁘게 평정하는 경향을 말한다.

① 도표법

선과 언어를 합하여 구성한 것으로, 가장 흔히 쓰이는 방법이다. 직선을 긋고 그 위에 일정한 간격과 수치를 붙여서 평가자로 하여금 대상의 위치 또는 태도를 기호로 표시하도록 하는 방법이다. 도표법의 예시는 표 6-13과 같다.

표 6-13 도표법의 예시

노인복지시설에서 운영하고 있는 프로그램에 대한 귀하의 의견은?

잘못 운영되고 있다	문제가 조금 있다	보통이다	그런대로 괜찮다	매우 잘 운영되고 있다
1	2	3	4	5

② 기술법

기술법은 질문에 맞는 응답 카테고리를 기술해서 제시하고 그 가운데 응답자들의 의견과 일치되는 것을 선택하도록 하는 방법이다. 기술법의 예시는 표 6-14와 같다.

표 6-14 기술법의 예시

당신은 사회복지사의 역할이 전문성을 가진 직업이라는 것에 동의하십니까?

① 매우 동의한다 ② 대체로 동의한다 ③ 그저 그렇다
④ 대체로 동의하지 않는다 ⑤ 매우 동의하지 않는다.

③ 순위법

순위법은 어느 한 집단을 기준으로 집단에 속한 특정 대상의 능력이나 행동특성을 평정하여 순위를 매기거나 상대적 위치를 표시하는 방법이다. 순위법의 예시는 표 6-15와 같다.

표 6-15 순위법의 예시

아동 성명: __________ 평가일자: __________

선생님의 반에서 각 영역의 참여도를 평정하시되 학급 전체를 기준으로 하여 아래 각 영역별 수준을 표시하세요.

구분	상	중	하
흥미영역			
미술영역			
언어영역			
과학영역			
쌓기영역			
음악영역			

④ 총화평정척도

총화는 전체를 합한다는 의미이고, 평정은 평가한다는 의미로 평가한 개개 항목의 점수를 합한다는 의미이다. 따라서 총화평정척도(Summated rating scale)는 복합 문항 각각이 동일한 정도로 하나의 개념을 측정하는 것으로, 2개 이상 항목의 응답 점수의 총점으로 개념을 측정하는 척도를 말한다. 이 척도의 단점으로는 모든 문항이 같은 개념을 측정하는 것이라는 보장이 없으며, 만점과 0점을 제외하고는 응답자가 점수를 받을 수 있는 방법이 여러 가지 있을 수 있다는 것이다. 총화평정척도의 예시는 표 6-16과 같다.

표 6-16 총화평정척도의 예시

다음 사항에 동의한다고 생각하면 '동의함'에 그렇지 않으면 '동의 안함'란에 체크를 하시면 됩니다.

번호	문항내용	동의함	동의 안함
1	결혼한 여자는 친정과 시댁을 동등하게 생각해야 한다.		
2	재산은 딸, 아들 구분 없이 똑같이 물려주어야 한다.		
3	결혼한 아들이 부엌일을 하는 것을 찬성한다.		
4	내가 살고 있는 옆집에 특수학교가 들어온다면?		
5	아내를 때리는 남편은 법으로 처벌해야 한다.		

총화평정척도는 응답자가 응답하는 여러 질문의 문항 값을 총합하여 계산한다. 총화평정척도에서는 전체의 점수가 높으면 그 개념의 속성이 더 많거나 크거나 또는 강한 것을 의미한다.

(2) 리커트 척도

리커트 척도(Likert scale)는 각 문항이 같은 개념을 측정한다는 확신을 할 수 없는 문제점을 개선하고 변수의 값을 더 다양하게 만들어 개념을 보다 정밀하게 측정하려는 의도에서 만들어진 척도이다. 즉, 한 문항만으로는 어떤 변수를 측정하는 것이 불충분하다고 보고 적절하게 선택된 다수의 문항으로 척도를 구성함으로써 사회현상에 대한 사람들의 태도나 믿음, 감정, 상호작용 등을 수치로 측정하고자 한다. 각 문항의 응답카테고리는 3점 또는 5점 척도가 되도록 하는 것이 좋은데, 5점이 보편적이다. 이때 가장 긍정적인 응답카테고리에 가장 높은 점수를 부여하고 가장 부정적인 응답 카테고리에 가장 낮은 점수를 부여한다. 리커트 척도는 각 문항의 응답유형이 반드시 통일될 필요는 없고, 척도의 간격만 일관적이면 된다. 리커트 척도의 장단점은 표 6-17, 리커트 척도의 예시는 표 6-18과 같다.

표 6-17 리커트 척도의 장단점

구분	내용
장점	• 구성이 간단하여 사용이 용이하다. • 일관성이 있어 신뢰도가 높다. • 평가자를 사용하지 않기 때문에 평가자의 주관적 개입을 배제할 수 있어 객관적 측정이 가능하다. • 다수의 문항을 사용해 척도를 구성하기 때문에 보다 정밀한 응답을 구할 수 있어 타당도가 높다.
단점	• 서열적 측정치이므로 등간측정이 되기 어렵다. • 개인마다 응답의 준거틀이 다를 수 있기 때문에 일치성이 부족하다. 즉, 똑같은 정도의 생각을 어떤 사람은 보통으로, 어떤 사람은 극단적으로 표현하는 등의 차이가 있을 수 있다. • 각 문항별로 구분적이지 못하다. • 가중치가 없다. • 개별 문항의 단순 합산점을 근거로 개인별 차이를 나타낼 때, 각기 다른 개별 문항을 통해 동일한 합산점을 받은 사람이 동일한 성격의 사람인지를 말하기가 쉽지 않다.

표 6-18 리커트 척도의 예시: 지각된 사회지지 척도

다음 질문은 어르신의 가족, 친구 그리고 어르신이 관련을 맺고 있는 사람들과의 관계에 대한 것입니다. 각 질문들이 어르신께 얼마나 해당되는지 생각해 보시고 "전혀 그렇지 않다"부터 "항상 그렇다"까지의 번호 중에서 하나를 골라 O표 해 주십시오.

번호	문항내용	전혀 그렇지 않다	그렇지 않다	보통 이다	그렇다	항상 그렇다
1	내 주위에는 내가 어려울 때 나를 도와줄 특별한 사람이 있다.					
2	나에게는 나의 슬픔과 기쁨을 함께 나눌 특별한 사람이 있다.					
3	나의 가족들은 나에게 도움을 주고자 진정으로 노력한다.					
4	나는 내가 필요로 하는 정서적 도움과 지지를 가족들로부터 얻는다.					
5	나에게는 나를 진정으로 위해 줄 특별한 사람이 있다.					
6	나의 친구들은 나에게 도움을 주고자 진정으로 노력한다.					
7	어떤 일들이 잘못되었을 때 나는 나의 친구에게 의지할 수 있다.					
8	나는 나의 문제들에 대해 가족들과 이야기 나눌 수 있다.					
9	나는 나의 슬픔과 기쁨을 함께 나눌 친구들이 있다.					
10	내 인생에는 나의 감정을 보살펴 주는 특별한 사람이 있다.					
11	나의 가족들은 내가 어떤 일을 결정할 때 기꺼이 도움을 주려고 한다.					
12	나는 나의 문제에 대하여 친구들과 이야기 나눌 수 있다.					

(3) 거트만 척도

거트만 척도(Guttman scale)는 척도구성에서 문항들의 단일차원성이 경험적으로 입증되도록 설계된 척도로서, 문항과 개인의 총평점 간의 누적 관계가 성립되어 누적척도(cumulative scale)라고도 한다. 기본 원리는 한 묶음의 문항들이 일정한 기준에 의해 논리적으로 완벽하리만큼 서열로 배열되어 있을 때 그 문항들은 내적 일관성을 갖춘 좋은 척도가 될 수 있다는 것이다. 이처럼 한 묶음의 문항들이 서열을 이루고 있다면, 응답자들도 그 문항들에 대답한 유형에 따라 순위로 배열할 수 있다는 특징이 있다. 즉, 일정한 기준에 의해서 일련의 문항들이 서열로 배열되어 있을 때 강한 태도를 나타내는 문항에 우호적인 응답을 한 사람은 약한 태도를 나타내는 문항에 대해서도 우호적인 응답을 한다는 것이다(채구묵, 2003). 거트만 척도의 장단점은 표 6-19와 같다.

표 6-19 거트만 척도의 장단점

구분		내용
장점	예측성	모든 질문 문항들이 측정 대상 속성의 정도에 따라 누적적으로 되어 있어서 응답 결과로부터 다른 모든 문항에 대한 응답을 예측할 수 있다.
	경험성	경험적 관측을 토대로 척도가 구성되기 때문에 이론적으로 우월하다.
	서열성	개별 문항 자체에 강도가 정해져 있기 때문에 복잡한 계량적 과정 없이 쉽게 서열적으로 척도화할 수 있다.
	단일차원성	거트만 척도의 중요한 전제조건으로 척도가 누적적으로 형성되면, 척도가 하나의 변수를 측정하게 되어 단일차원성을 지니게 되고, 산술적으로 측정할 수 있다는 것이다. 즉, 태도가 일관성이 없는 여러 개의 요소들이나 심지어 서로 상충되는 요소들로 구성되어 있다면, 이 척도는 실패할 수밖에 없다는 것이다
단점		• 현실적으로 척도 구성 항목을 내용의 강도에 따라 일정한 순서로 배열하는 것이 어렵다. 그렇기 때문에 많은 문항을 척도화하기 어렵다. • 단일차원을 측정하는 경우에는 큰 문제가 없지만 다양한 특성을 포함하는 다차원적인 조사를 수행하기 위한 척도의 구성이 불가능하기 때문에 쉽게 사용하기 어렵다.

척도에서 그 사람의 점수를 알면 어느 문항에서 동의하는 응답을 했는지 정확히 알 수 있다. 이러한 응답자의 반응패턴을 중심으로 태도를 추정하기 때문에 거트만 척도는 반응중심적 접근법이라고 한다(정영숙, 2006). 거트만 척도는 단일 차원 개념의 특성을 범위나 정도의 차이에 따라 구분하면서 순위를 정하려고 할 때 사용할 수 있다. 예를 들어, 사회적 거리, 지식이나 기술의 유용성, 능력의 정도 등을 측정하는 데 활용 가능하다. 거트만 척도에 대한 예시는 표 6-20과 같다.

표 6-20 커트만 척도의 예시

다음은 교정시설의 입지에 관한 질문입니다. 각 문항에 대해 찬성 혹은 반대 의견을 제시해 주시기 바랍니다.

번호	문항내용	찬성	반대
1	교정시설을 우리 도에 두는 것을 어떻게 생각하십니까?		
2	교정시설을 우리 시에 두는 것을 어떻게 생각하십니까?		
3	교정시설을 우리 구에 두는 것을 어떻게 생각하십니까?		
4	교정시설을 우리 동에 두는 것을 어떻게 생각하십니까?		
5	교정시설을 우리 옆집에 두는 것을 어떻게 생각하십니까?		

만약 위의 예에서 응답자가 4번에 찬성이라고 응답했다면 1, 2, 3번에도 찬성한다고 생각할 수 있다. 그러나 5번에도 찬성한다고 생각하기에는 무리가 있다. 이와 같이 문항 간 서열이 존재한다는 것이 커트만 척도의 특징이며, 리커트 척도와는 구분이 되는 점이다.

(4) 사회적 거리 척도

보가더스(Bogardus)의 사회적 거리 척도(social distance scale)는 소수민족, 사회계급, 직업형태, 사회적 가치 등에 대한 사회적 거리감을 측정하기 위해 하나의 연속성을 가진 문항들로 척도를 구성하고 이를 서열화한다. 이때 문항들은 아무렇게나 배열되어 있는 것이 아니라 사회적 거리라는 하나의 연속선의 순서에 의해 배열되어 있다.

다시 말해, 사회적 거리 척도는 인종 및 사회 계급의 편견의 강도를 측정하기 위해 제안된 것으로 집단 간의 사회적 거리를 측정하게 되며, 누적적인 척도로서 예비적 연구나 단기간 연구에 제한적으로 사용하게 된다. 사회적 거리 척도의 예시는 표 6-21과 같다.

표 6-21 사회적 거리 척도의 예시

국내 소수 집단에 대한 인식에 관한 자료조사를 실시하고 있습니다. 다음 문항 중 동의 가능한 진술에 모두 체크해 주시기 바랍니다.

번호	문항내용	북한이탈 주민	외국인 노동자	결혼이주 여성	성소수자	무슬림
1	가족구성원으로 받아들일 수 있다.					
2	친구로서 교류할 수 있다.					
3	이웃으로서 교류할 수 있다.					
4	직장 동료로서 받아들일 수 있다.					

3) 등간·비율척도화

(1) 서스톤 척도

서스톤 척도(Thurstone scale)는 다문항 척도의 가장 대표적인 척도 구성방법으로 각 문항이 척도상의 어디에 위치할 것인가를 평가자로 하여금 판단하게 한 다음 이를 바탕으로 연구자가 대표적인 문항들을 선정하여 척도를 구성하는 방법이다. 이 척도는 동일간격 척도라고 불리는데, 왜냐하면 항목들 간에 동일한 간격의 강도로 고안되기 때문이다. 이 척도유형은 평정자들이 서베이 대상이며, 평정자에 의해 진행된다. 설문을 통해 어떤 개념들에 대한 의견이 평정자들에게 요구되며 이들의 의견은 전문성을 갖춘 것으로 인정된다. 이 의견들은 어떤 현상을 측정하는 척도를 형성하기 위하여 활용되는 것이다. 서스톤 척도의 장단점은 표 6-22와 같다.

표 6-22 서스톤 척도의 장단점

구분	내용
장점	• 등간척도이다. • 리커트 척도보다 문항에 응답하기 쉽다. 리커트 척도는 각 문항에 어느 정도 찬성하는지 또는 다른 특성이 어느 정도인지를 생각해서 응답해야 하지만 서스톤 척도는 단지 찬성하는 문항만 표시하면 된다.
단점	• 문항 평가자의 태도가 평가에 영향을 미칠 수 있다. • 신뢰도를 높이기 위해서 리커트 척도보다 문항수가 더 많이 요구된다. • 척도를 개발하는 데 비용이 많이 들고, 구성하기가 어렵다.

서스톤 척도를 개발하기 위해서 연구자는 측정하고자 하는 태도와 관련된 진술문을 수백 개 수집한다. 그리고 다수로 구성된 평가집단을 만들어 각 진술문에 대한 호의성 혹은 비호의성을 동일한 간격의 11개 값 중에서 한 점에 체크하도록 한다. 이때 평가자 개개인이 체크한 점수의 합을 평가자 수로 나눈 값은 각 문항의 측정값이 된다. 평가자들 사이에 다수가 불일치를 보이는 문항은 제외하고 각 문항의 측정치를 고르게 분포하도록 나열하여 척도를 구성한다. 이렇게 구성된 서스톤 척도는 거의 등간변수 이상의 척도로 사용할 수 있다(유영준, 2014). 서스톤 척도에 대한 예시는 표 6-23과 같다.

표 6-23 서스톤 척도의 예시

당신이 느끼는 통증에 대해 체크해 주시면 됩니다.

번호	문항내용	척도치	체크
1	욱신거린다.	1.5	
2	뜨끔뜨끔하다.	2.5	
3	바늘로 찌르듯이 쿡쿡 아프다.	5.7	
4	망치로 치듯이 묵직하게 아프다.	7.5	
5	참을 수 없을 만큼 아프다.	8.9	

만약 3, 4에 표시가 되어 있다면 척도 값을 합하여 평균을 내면 되는데, 즉 (5.7+7.5)/2=6.6이 되는 것이다.

(2) 요인척도

요인척도는 요인분석을 이용하여 구성문항의 단일 차원성을 확인하고 각 문항의 상대적 영향력을 알 수 있게 함으로써 등간변수 척도의 속성을 가질 수 있게 하는 척도 구성 방법이다. 요인분석은 변수 간에 존재하는 상호관계의 유형을 밝히고 상호 간에 밀접하게 연관되어 있는 변수의 묶음을 발견하여 이를 보다 적은 수의 가설적 변수, 즉 요인들로 축소시키기 위한 통계적 기법이다. 따라서 요인분석에서 먼저 어떤 항목이 척도 내에 포함될 수 있는지 파악하기 위하여 변수 간의 상관관계를 계산한다(곽종형 외, 2013).

4) 의미분화척도

의미분화척도는 어떤 개념에 함축되어 있는 의미를 평가하기 위해 구성하는 척도로 쉽게 만들 수 있고, 비교적 적은 수의 문항으로 신뢰도를 확보할 수 있다. 응답자가 간단하게 응답할 수 있는 장점이 있다. 즉, 어떤 개념에 대한 생각이나 느낌을 다양한 차원에서 평가하기 위해 그에 대한 형용사를 결정하고 양극단에 서로 상반되는 형용사를 배치하여 그 속성에 대한 평가를 내리도록 하는 척도이다. 의미분화척도의 예시는 표 6-24와 같다.

표 6-24 의미분화척도의 예시

당신의 성격에 대해 체크해 주시면 됩니다.

어두운								밝은
거짓된								진실된
어리석은								똑똑한
차가운								따뜻한
둔감한								예민한
보수적인								진보적인

5) 복합척도

복합(합성)측정(composite measures)은 복잡한 변수를 측정하기 위해 사용하는 것으로, 두 개 이상의 지표로 구성된 측정도구를 의미한다. 이러한 복합척도의 의의는 한 가지 문항으로만 측정하면 해당 변수를 잘못 대표할 가능성이 있기 때문에 복합측정을 사용하면 변수를 더 많은 범주로 구분할 수 있다는 이점이 있다는 것이다. 복합측정의 형태에는 지수(index)와 척도(scale)가 있는데, 이들에 대한 구분은 지표가 객관적 성격을 지니는지 아니면 주관적 성격을 지니는지를 근거로 구분하는 경우가 흔하다. 복합척도에 대한 예시는 표 6-25와 같다.

표 6-25 복합척도의 예시: 외상후 스트레스 장애

문 항	전혀 아니다	주 1회 정도	주 2~4회	거의 언제나
1. 사건에 관한 원치 않는 괴로운 생각이나 이미지가 떠오름	0	1	2	3
2. 사건에 관한 악몽	0	1	2	3
3. 마치 사건이 다시 일어나는 것처럼 행동하거나 느낌	0	1	2	3
4. 사건이 떠오르면 정서적 고통을 느낌(예: 두려움, 화남, 슬픔, 죄책감 등)	0	1	2	3
5. 사건이 떠오르면 신체 반응을 경험(예: 땀이 나거나 심장이 두근거림)	0	1	2	3
6. 사건에 대한 생각, 대화, 느낌을 피하려고 함	0	1	2	3
7. 사건을 떠올리게 하는 활동, 사람, 장소를 피하려고 함	0	1	2	3
8. 사건의 중요한 부분을 기억하지 못함	0	1	2	3
9. 중요한 활동에 대한 관심이나 참여가 줄어듦	0	1	2	3
10. 주변 사람들과 소원하거나 단절된 느낌	0	1	2	3
11. 정서적으로 마비된 것을 느낌(예: 울 수 없거나 사랑하는 감정을 느끼기 어려움)	0	1	2	3
12. 미래에 대한 계획이나 기대가 실현될 수 없을 것 같은 느낌(예: 직업, 결혼, 자녀를 갖지 못할 것 같거나 오래 살지 못할 것 같이 생각함)	0	1	2	3
13. 잠들기 어렵거나 잠을 계속 자기 어려움	0	1	2	3
14. 지속적으로 과민해지거나 분노를 폭발하게 됨	0	1	2	3
15. 집중하는 데 어려움	0	1	2	3
16. 지나치게 경계하게 됨(예: 주변에 누가 있는지 점검하기, 등 뒤에 다른 사람이 있으면 불편함 등)	0	1	2	3
17. 크게 놀라거나, 쉽게 놀라게 됨(예: 누군가 다가오는 경우 크게 놀람)	0	1	2	3

4. 척도형태 결정 시 고려사항

척도의 형태를 결정할 때 고려해야 할 점을 살펴보면 표 6-26과 같다(강종수, 2013).

표 6-26 척도형태 결정 시 고려사항

- 가설검증에 사용할 분석기법을 고려하여 적절한 척도형태를 결정해야 한다.
- 척도점의 수를 잘 결정해야 한다. 척도점의 수가 많을수록 민감도는 높아지지만 측정상의 어려움이 따른다. 구분이 어려운 정의적 행동특성이나 나이가 어린 집단이라면 2점(예-아니오 혹은 찬성-반대) 내지 4점(매우 찬성-찬성-반대-매우 반대) 정도로 척도점이 작아야 하고, 전문가집단이나 특성의 구분이 세부적으로 가능한 경우에는 척도점이 많을수록 좋다.
- 척도점의 편중을 고려해야 한다. 객관적인 측정을 위해서는 긍정문과 부정문의 수가 같은 균형 척도가 권장되지만 응답자의 응답이 어느 한 쪽으로 치우친 분포를 가지고 있다는 사실이 알려져 있는 경우라면 이에 맞는 불균형 척도를 사용하는 것이 더 적절할 수 있다. 불균형 척도라면 분석과정에서 이에 대한 교정이 필요하다.
- 중립점(예를 들어, '그저 그렇다' 혹은 '보통이다')에 대한 고려가 필요하다. 중립점이 없으면 강제로 어느 한쪽을 선택해야 하는 문제점이 있고, 중립점이 있으면 별다른 생각 없이 중립점을 선택하는 경우가 많다.
- '무응답'이나 '모르겠다'는 문항을 두어야 한다. 잘 모르는 경우에 엉뚱한 문항에 대답하게 되어 신뢰도가 떨어지게 되므로 이런 가능성이 있을 경우에는 무응답을 두어 삭제하는 것이 바람직하다.

Chapter 07

인과관계추론과 연구설계

배울 내용

1. 인과적 추론
2. 내적 타당도와 외적 타당도
3. 실험설계
4. 단일사례연구설계

학습목표

1. 인과관계의 성립요건과 기초를 설명할 수 있다.
2. 내적 타당도와 외적 타당도를 이해하고 타당도를 높일 수 있는 방안을 숙지한다.
3. 실험설계의 유형을 파악하고 비교 분석해 본다.
4. 단일사례연구설계의 특징과 유형을 파악한다.

07

Chapter

인과관계추론과 연구설계

1. 인과적 추론

연구설계의 핵심 과업은 독립변수와 종속변수 사이에 인과관계가 있을 것이라고 가정하고 있는 연구자의 가설을 검증하는 것이다. 인과관계란 어떤 변수가 어떤 원인으로 인하여 다른 변수의 변화에 영향을 주거나 발생의 결과로써 관계가 있는 것을 의미한다. 그렇다면 두 변수 사이에 인과관계가 성립하려면 어떤 조건이 충족되어야 할까? 두 변수 사이에 인과관계가 성립하려면 그림 7-1과 같이 공변성, 시간적 우선성 및 통제성이라는 세 가지 요건을 만족시켜야 한다. 가설에서 설정한 변수 간 인과관계를 검증하는 조사설계의 질은 결국 연구설계에 이 세 가지 요건을 확인하는 장치가 얼마나 잘 고안되어 있느냐에 달려 있다.

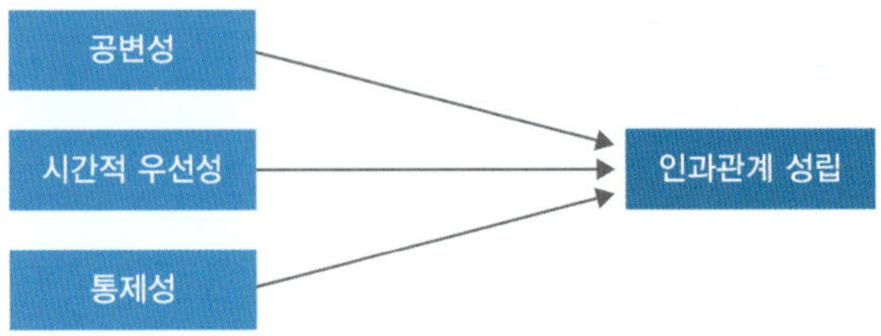

그림 7-1 인과관계 성립요건

1) 인과관계의 성립요건

(1) 공변성

공변성은 두 변수가 함께 변화하고 있다는 것을 보여 주는 것이다. 원인변수와 결과변수는 경험적으로 상관관계가 있어야 한다. 즉, 하나의 변수가 변할 때마다 다른 변수도 변화를 나타내야 한다. 다시 말해, 공변성이란 A가 증가하면 B도 증가하거나, A가 증가하면 B는 감소하거나, A가 개입되면 B가 변화하는 등과 같이 두 변수가 일정한 방식으로 같이 변하는 것을 의미한다.

(2) 시간적 우선성

시간적 우선성이란 시간상 독립변수가 먼저 변화하고 종속변수는 그 후에 변화해야 한다는 것을 의미한다. 독립변수가 종속변수를 야기한 원인이 되려면 시간적 우선성이 성립되어야 한다. 즉, 어떤 변수가 원인이고 결과인지를 증명하기 위해서는 변수 간에 시간적으로 무엇이 앞서고 무엇이 뒤에 따르는지를 보여 줄 수 있어야 한다.

(3) 통제성

독립변수와 종속변수 사이에 측정된 관계는 두 변수와 관련되어 있는 제3의 변수에 의한 영향으로 설명되어서는 안된다. 따라서 조사설계에서는 이러한 제3의 변수에 대한 통제방법을 고려해야 한다. 통제란 두 변수들 간에 나타나는 공변성과 시간적 우선성의 관계가 제3의 다른 변수들로 인해서 유발되는지의 여부를 확인하는 것이다.

2) 인과관계의 기초

인과관계의 기초를 필요조건, 충분조건 및 필요-충분조건으로 구분하여 구체적으로 살펴보면 표 7-1과 같다(이세형, 2019).

표 7-1 인과관계의 기초

구분	내용
필요조건	독립변수(X)가 종속변수(Y)의 필요조건인 경우는 X가 없이는 Y가 존재하지 않지만 X의 존재가 항상 Y를 존재하게 하는 것을 의미하지 않는 경우이다. 예를 들어, 알코올 경험이 없이는 알코올중독이란 있을 수 없지만, 알코올 경험이 있다고 해서 항상 알코올중독이 되는 건 아니다. 여기서 알코올 경험은 알코올중독의 필요조건이다.
충분조건	독립변수(X)의 존재는 종속변수(Y)의 발생에 영향을 미치지만 Y는 X가 없어도 발생할 수 있을 때 X는 Y의 충분조건이다. 예를 들어, 흡연은 폐암의 원인이 되므로 흡연은 폐암의 충분조건이다. 그러나 흡연자만이 폐암에 걸리는 것이 아니라 광산에서 근무하는 사람들도 폐암을 유발하는 다른 제2의 원인들이 존재한다. 따라서 흡연은 폐암의 충분조건이다.
필요-충분조건	독립변수(X)가 일어나지 않으면 종속변수(Y)는 절대 일어나지 않으며, X가 일어나면 Y가 언제나 일어날 때, X는 Y의 필요충분조건이다.

2. 내적 타당도와 외적 타당도

1) 연구설계의 타당도

조사설계의 타당도는 '연구를 잘했다'라는 것을 의미한다. 다시 말해, 조사를 잘못했다는 말은 '조사설계의 타당도가 떨어진다'라고 말하기도 한다. 즉, 타당도가 높은 측정은 측정된 결과가 초기에 측정하고자 했던 개념에 최대한 접근하여 그 개념을 정확히 반영한 것이다. 조사설계의 타당성을 판단하는 기준으로 내적 타당도와 외적 타당도로 구분된다.

2) 내적 타당도

(1) 내적 타당도의 개념

연구설계의 내적 타당도(internal validity)는 독립변수와 종속변수 사이의 인과관계가 얼마나 확실한가, 즉 종속변수의 변화가 독립변수로 인해 발생한 것이라고 얼마나 확신할 수 있는가를 의미한다. 따라서 내적 타당도를 높이려면 독립변수와 종속변수 간 인과관계를 확신하기 어렵게 만드는 요인을 적절히 통제할 수 있어야 한다. 다시 말해, 내적 타당도란 종속변수에서 나타나는 변화가 독립변수의 변이에 의한 것임을 확신할 수 있는 정도를 말한다. 특정한 조사설계에서 발생한 실험대상의 변화가 정말로 연구자에 의해 조작된 실험조치의 영향에 의한 것인가와 관련된 개념이다.

(2) 내적 타당도의 저해 요인

내적 타당도란 연구를 통해 얻고자 하는 결과를 얻을 수 있느냐의 문제를 말한다. 또한 독립변수의 조작을 통해 종속변수에 유의한 차이를 나타내게 하는지의 여부를 말한다. 실험설계를 할 때 내적 타당도에 위협을 줄 수 있는 요인은 다음과 같다.

① 시간경과 효과 및 제3변수의 개입

시간경과 효과 또는 제3변수 개입은 실험 중에 투입되는 독립변수 이외의 어떤 특정변수가 독립변수와 함께 종속변수에 작용하여 실험결과에 영향을 미쳐 마치 독립변수의 영향인 것으로 착각하게 되는 경우이다. 흔히 독립변수의 효과를 측정하기 위해 사전조사를 하고 일정한 시차를 두었다가 사후조사를 실시하게 되는데, 이 두 검사 사이에서 제3의 변수가 개입되는 것이다.

예를 들어, 노인복지관에서 노인들을 위한 자아존중감 향상 프로그램을 개발하여 그 효과성을 연구하고자 한다고 가정을 해 보자. 프로그램 효과성을 검증하기 위해 집단을 두 집단(실험집단과 통제집단)으로 구분하여 프로그램을 운영하기 전 두 집단을 대상으로 자아존중감에 대해 사전검사를 실시하였고, 그 후 2개월에 걸쳐 실험집단은 자아존중감 향상 프로그램에 참여하였다. 그리고 프로그램 종료 후 두 집단을 대상으로 자아존중감에 대해 사후검사를 실시하였다. 그런데 문제는 프로그램이 운영되는 2개월 간의 시간 동안 노인들의 자아존중감을 높일 수 있는 다른 사건이 발생할 수 있다는 것이다. 즉, 프로그램이 실시된 지 1개월 후 노인복지관에서 제주도로 단체 여행을 갔는데, 두 집단(실험집단과 통제집단)에 속한 절반의 클라이언트가 여행을 다녀왔다면 연구대상자에게는 제3의 변수가 개입되었으므로, 이들은 연구대상에서 제외시키는 것이 바람직할 것이다. 왜냐하면 여행으로 인해 자아존중감이 높아질 수 있는 가능성이 있기 때문이다. 혹은 자아존중감 프로그램을 운영하는 2개월의 기간 중 노인복지관에서 두 집단 모두에게 다른 유사한 자아존중감 프로그램에 노출이 되었을 수도 있을 것이다.

이처럼 연구자가 이런 외부적인 특수상황이 발생하는지 모르고 지나가면 연구결과가 기대한 대로 나타나지 않고 선행연구 결과와도 다르게 나타나게 될 것이며, 그 이유를 명확하게 파악하지 못하게 될 것이다. 이러한 문제는 사전검사와 사후검사의 시간 간격이 크면 클수록 더욱 심각해지기 때문에 측정시기 간의 시간조절이 중요하며, 따라서 연구자는 이러한 기간 동안 개개인의 대상자에게 어떤 일이 일어났는지를 파악하려는 노력이 필요하다.

② 성숙

성숙(maturation)은 연구기간이 경과함에 따라 실험대상자 내부에서 일어나는 생리적인 변화나 심리적인 변화로 인해 연구결과가 달라지는 것을 의미한다. 즉, 성장발달, 노화, 상처치유, 수술 회복, 지적 성장, 피로 등이 여기에 속한다. 이러한 현상은 특히 장기간의 실험연구를 시도할 때와 급속도의 변화가 가능한 시기에 연구를 시도하는 경우에 문제가 발생할 수 있다.

③ 대상자 탈락

대상자 탈락(mortality)은 자료수집 과정에서 2회 이상 측정할 때, 즉 사전검사와 사후검사 또는 시차를 두고 여러 번 측정할 때 대상자 중에서 많은 수가 탈락하는 경우를 말한다. 이러한 경우 50명이나 100명 중 10명이나 20명이 탈락한 경우는 표본 수의 감소가 큰 문제가 되는 것은 아니지만 탈락하는 사람이 남아 있는 사람에 비해 더 많다면 이러한 탈락이 중요한 점에서 두 집단이 서로 다를지 모른다는 데 문제의 초점이 있다.

④ 시험효과

시험효과(testing effect)는 한 대상자에게 같은 도구를 이용하여 사전조사와 사후조사를 실시하는 경우, 그 대상자가 조사내용에 대해 예민하게 반응하거나 사전조사 내용을 기억하여 사후조사에 영향을 미치게 되는 경우를 말한다.

⑤ 측정도구상의 문제

측정도구상의 문제(instrumentation)는 자료수집을 장기간에 걸쳐 실시할 때 그 자료수집 과정에서 발생하는 오차 때문에 생기는 경우이다. 특히 면접법이나 관찰법을 사용하여 대상자 개개인을 자료를 수집할 경우, 대상자가 무작위로 배정되었다 하더라도 자료수집 환경에 따라 대상자나 관찰자가 상당히 다른 입장에 놓일 수 있다. 즉, 산만한 주위 환경, 무더운 날씨, 피곤한 오후, 전날 밤에 잠을 설친 경우 등의 여건이 자료수집 결과에 영향을 미칠 수 있다.

⑥ 통계적 회귀

통계적 회귀(statistical regression)는 등간척도나 비율척도를 사용하여 개개인의 점수를 측정할 때 극단적인 점수를 가진 사람들에게 같은 척도로 재조사하면 아무런 다른 이유 없이 첫 번째 값보다는 평균 쪽으로 움직이는 점수를 얻게 되는 것을 말한다. 이는 평균값으로의 수렴과 같은 의미로 사용된다.

⑦ 대상자 선택편이

대상자 선택편의는 이상적으로 모집단에서 대상자들 무작위 추출해야 하고 이들을 각 집단으로 무작위 배정을 해야 한다. 그러나 현실적으로 이는 불가능하기 때문에 실험연구에서 흔히 편의표출로 대상자를 선정하고 그 후에 대조군과 실험군으로 부삭위 배정하게 된다. 그런데 철저히 무작위 배정원칙을 지키지 못할 때 대상자 선택 편의(selection bias)가 발생할 수 있다.

⑧ 후광효과

후광효과(halo effect)는 실험자 효과 또는 실험자 편의라고 한다. 이것은 측정자가 연구대상자의 어떤 한 가지 특징에 영향을 받아 다른 특징을 잘못 평가하는 것을 말한다. 과학자는 감정에 치우치지 말고 객관적으로 어떤 연구결과도 감수할 준비가 되어 있어야 한다. 연구자가 자신이 세운 가설에 애착을 가지고 지지되기를 바라는 마음이 있으며, 설사 연구결과를 조작하려는 의도는 없다고 하더라도 적어도 대상자가 충분히 협조적이고 제시된 자료에 대해 명확하게 그리고 충실히 대답해 주기를 바란다. 따라서 실험자 자신이 이미 알고 있는 사람으로 대상자를 선정하거나 연구자가 중재도 하고, 사후검사를 할 때 실험군의 자료를 호의적인 쪽으로 평가하기도 한다. 이런 경우 연구결과의 편의를 초래하므로 이중차단 장치를 사용해야 한다.

⑨ 실험의 확산

시도하려는 실험내용과 결과에 대해 실험군의 대상자와 대조군의 대상자가 서로 의사소통할 수 있어 서로 자유롭게 정보를 교환한다면 실험의 효과를 얻지 못하는 경우가 발생할 수 있다. 이러한 대상자 간의 물리적인 접촉뿐만 아니라 실험자의 부주의 때문에 실험효과가 대조군에 전달될 수도 있다.

⑩ 측정시기와 효과 발생시기

연구내용에 따라 실험처치의 효과가 발생하는 시기가 다르다. 연구자는 정확하게 그 발생시기를 알고 자료수집 시기를 결정해야 한다. 만일 효과가 나타나는 시기보다 미리 측정을 한다면 실제로는 효과가 있으나 연구결과에는 효과가 없는 것으로 나타날 수 있다. 이런 경우 측정시기가 치료효과에 영향을 미친 것이다. 효과측정 시기에 관한 내용은 선행연구를 검토한 후 결정해야 하며, 만일 선행연구가 없다면 연구자가 예비조사를 통해 측정시기를 결정해야 한다.

(3) 내적 타당도 향상 방안

내적 타당도의 향상 방안을 외생변수의 제거, 무작위 할당, 짝짓기 및 통계적 방법을 중심으로 살펴보면 다음과 같다.

① 외생변수의 제거

연구결과에 영향을 미칠 수 있는 독립변수 외의 요인들을 제거하는 방법이 있다. 예를 들어, 박탈 경험이 우울에 미치는 영향을 연구하려는 경우, 부모의 높은 우울 수준이 영향을 미친다면 부모의 우울 점수가 특정 점수 이상인 대상자는 제외하는 식으로 연구를 진행할 수 있다.

② 무작위 할당

연구대상자를 실험집단과 통제집단에 각각 무작위로 할당하는 방법도 내적 타당도를 높이는 방안이 될 수 있다. 연구대상자를 실험집단과 통제집단에 무작위로 할당하면 외생변수의 영향력도 실험집단과 통제집단에 유사하게 분배되므로, 두 집단 간 조건이 동등해지게 된다. 따라서 외생변수의 영향력이 상쇄될 수 있다.

③ 짝짓기

유사한 대상자들을 짝지어 한 사람은 실험집단에, 다른 한 사람은 통제집단에 할당하는 방법도 있다. 이렇게 하면 실험집단과 통제집단 간 동질성이 확보되어 내적 타당도가 향상될 수 있다.

④ 통계적 방법

연구과정에서 외생변수를 제거하거나 통제하지 못하는 경우, 사후에 통계적인 방법을 활용하여 외생변수의 영향력을 통제할 수 있다. 통제변수를 통제한 상황에서 통계분석을 실시하는 것이 이러한 방법에 해당된다.

3) 외적 타당도

(1) 외적 타당도의 개념

연구설계의 외적 타당도는 조사결과를 어느 정도 일반화할 수 있는가를 의미한다. 서울에서 효과적이라고 확인된 프로그램이 제주에서도 효과적인지를 확인하는 것은 특정 조건하에서 얻은 결과가 다른 조건에서도 일반화되는지를 확인하는 것이므로 외적 타당도에 해당한다. 따라서 조사대상 표본이 많을수록, 조사대상자들이 조사에 대해 보이는 반응성이 적을수록, 여러 상황과 대상에서 반복적인 조사를 수행하여 일관된 결과를 축적할수록 조사결과의 일반화 가능성, 즉 외적 타당도가 높아진다. 다시 말해, 외적 타당도는 연구결과를 연구의 조건을 넘어서 보다 많은 상황과 모집단에 적용시킬 수 있는 정도를 말한다.

(2) 외적 타당도의 저해 요인

외적 타당도란 연구결과를 일반화할 수 있는 정도를 말한다. 즉, 연구결과를 보다 일반적인 상황으로까지 일반화하여 적용할 수 있는지의 정도를 의미하는 것이다. 따라서 연구결과를 일반적인 상황에 적용할 수 있는 경우 외적 타당도가 충분히 확보되었다고 할 수 있고, 반대로 연구결과를 일반화하기에 한계가 있는 경우 외적 타당도가 충분히 확보되지 못했다고 할 수 있다. 외적 타당도의 저해 요인에 대해 살펴보면 다음과 같다.

① 표본의 대표성

표본이 모집단을 적절하게 대표하지 못하는 경우, 표본의 대표성이 문제가 되어 외적 타당도가 저해될 수 있다. 대개의 경우, 모집단 전체를 연구하기에는 현실적으로 한계가 있기 때문에 모집단에서 추출한 표본을 대상으로 연구를 진행하여, 그 결과를 모집단에 일반화하는 절차를 거치는 경우가 흔한데, 이때 표본이 모집단을 적절하게 대표하지 못한다면 표본에서 관찰된 결과를 모집단으로 일반화할 수 없게 된다.

② 반응효과

연구대상자의 반응(research reactivity)이 외적 타당도를 저해할 수도 있다. 연구대상자가 연구자에 의해 관찰되고 있다거나 처치받고 있다는 것을 인식함으로써 평소와는 다른 행동을 하게 되는 경우 이러한 연구대상자의 반응이 측정치에 영향을 미칠 수 있다. 대표적인 반응효과로는 호손효과(Hawthorne effect)가 있는데, 호손효과는 호손공장 실험에서 비롯된 것으로, 연구대상자가 연구자에 의해 관찰되고 있다는 것을 의식하여 평소보다 더 높은 생산성을 보임으로써 측정치에 영향을 미치게 된 것을 말한다.

③ 연구자 효과

연구자가 자신이 바라는 연구결과와 유사한 결과를 의식적 · 무의식적으로 이끌어 내는 말이나 행동을 함으로써 연구대상자의 행동에 영향을 미치는 것을 말한다. 이 문제를 예방하기 위해서는 이중맹검과정(double-blind procedures), 즉 누가 실험대상자인지 통제집단인지 연구원이 모르게 하는 방법을 사용할 수 있다.

④ 플라시보 효과

플라시보 효과(placebo effects)란 실제로는 처치가 이루어지지 않은 통제집단 사람들이 처치를 받은 것과 유사한 효과를 보이는 것을 의미한다. 예를 들어, A라는 약의 효과성을 검증하기 위해 실험집단에는 A약을 투여하고, 통제집단에는 밀가루로 만든 약 모양의 밀가루를 투여하였는데, 통제집단 사람들이 A약을 투여받은 것이라고 착각하여 실제 A약을 투여한 효과가 나타나는 것을 말한다.

(3) 외적 타당도 향상 방안

외적 타당도의 향상 방안으로 무작위 표집, 통제집단의 활용 및 연구자 교육을 중심으로 살펴보면 다음과 같다.

① 무작위 표집

외적 타당도를 높이기 위해서는 표본이 모집단을 충분하게 대표하고 있어야 하므로 이 문제를 해결하기 위해 무작위 표집을 하는 방법을 채택할 수 있다. 모집단에서 표본을 무작위로 표집한다면 표본의 대표성 문제를 해결할 수 있게 된다.

② 통제집단의 활용

반응효과를 해소하고 외적 타당도를 높이기 위해 통제집단을 활용할 수 있다. 즉, 연구대상자들이 연구자에 의해 관찰되고 있다는 인식으로 인해 반응효과가 나타난다면 외적 타당도가 낮아지므로 통제집단을 활용하여 반응효과에 의한 외적 타당도 저해 문제를 해결할 수 있다.

③ 연구자 교육

연구자 효과를 해소하기 위해서는 연구자를 충분하게 교육하는 방법을 생각해 볼 수 있다. 연구자가 자신이 원하는 결과를 이끌어 내려는 의식적 · 무의식적 행동으로 인해 외적 타당도가 저해될 수 있으므로 연구자를 충분히 교육하여 이러한 연구자 효과를 해결하는 것이다. 또한 연구자나 연구대상자 모두에게 연구에서 바라는 결과에 대해 알리지 않는 것도 중요하게 고려되어야 할 점이다.

3. 실험설계

사회과학에서 조사설계의 가장 중요한 요소는 변수 간의 인과관계를 설명해 주는 것으로 조사설계의 여러 가지 유형 중 인과관계를 가장 잘 검증할 수 있는 조사설계가 실험설계이다. 사회현상에서의 인과관계를 탐구하는 과학적 연구방법으로 실험설계를 사용하며 실험실 내 실험으로 이루어지는 경우도 있지만, 자연적 상황인 현지에서 이루어지는 현지실험연구가 주를 이룬다.

실험설계(experimental design or classical experimental design)는 실험의 원리를 적용하여, 독립변수와 종속변수에 영향을 미칠 가능성이 있는 다른 변수들의 영향을 통제하여, 독립변수와 종속변수의 인과관계를 확인하는 탐구방법이다(최성재, 2008). 이처럼 실험설계를 하는 이유는, 첫째, 특정 상황하에서 발생하는 현상이나 개인의 행동에 대한 과학적 설명, 즉 명확한 근거를 알고자 하는 것이며, 둘째, 다른 목적 또는 문제가 되는 특정현상이나 인간행동 개선에 필요한 변화요인을 실험을 통해 밝히기 위해서이다(곽종형 외, 2013).

1) 실험설계의 요소 및 과정

실험설계의 기본요소로는 표 7-2와 같이 비교, 조작, 통제 및 일반화가 있으며, 실험설계의 원리는 그림 7-2와 같다(박선희, 천정웅, 2018).

표 7-2 실험설계의 기본요소

구분	내용
비교	비교는 실험조치를 실시한 집단과 실시하지 않은 집단 간에 사전 · 사후 검사를 통해 종속변수에 차이가 있는지를 알아봄으로써 두 변수가 공변관계(상관관계)가 있는가를 확인할 수 있는 요소이다. 실험설계는 이런 비교가 가능한 구조를 갖추고 있을 때 실험적 조작 이전과 이후를 비교할 수 있다.
조작	한 변수(독립변수)가 다른 변수(종속변수)에 영향을 미치거나 변화를 일으켜야 하며, 그 변화에는 시간상의 차이가 있어야 한다. 즉, 시간의 우선성을 위해서는 실험설계에서는 실험실 상황이든 자연상황이든 독립변수의 변화, 적용 또는 처치가 종속변수의 변화에 앞서 이루어지도록 하는 구조가 마련되어야 한다. 그러기 위해서는 독립변수를 의도적으로 도입하거나 실행시켜 종속변수의 변화를 관찰하는 조작은 반드시 필요하다.
통제	독립변수와 종속변수와의 관계가 제3의 요인이 아닌 독립변수의 영향으로 이루어졌는지 확인되어야 하는 것으로 이러한 조건은 제3의 변수로 개입할 가능성이 있는 변수들을 통제함으로써 성립될 수 있다. 실험집단과 통제집단을 엄격하게 분리하여 통제함으로써 내적 타당도를 저해하는 요인을 제거할 수 있다.
일반화	조사결과를 다른 대상이나 상황에 적용하여 보편타당성이 있는 과학적 지식으로 만들어 가는 것을 일반화라고 한다. 일반화를 위한 연구표본의 대표성은 선정된 조사대상자가 얼마나 잘 전체 모집단을 대표하느냐의 정도를 의미하며 대표성을 높이는 방법은 조사대상을 확률적 표집 또는 무작위 방법으로 선정하는 것이 중요하다. 실험조사에 대한 반응성은 실험조사대상자들이 연구에 참여한다는 사실을 의식하는 것이 결과에 미치는 영향을 말하는 것으로, 이것이 외적 타당도의 저해요인이 될 수 있으므로 조사문제나 조사상황에 대해 조사대상자가 민감하지 않도록 하는 방법이 강구되어야 한다.

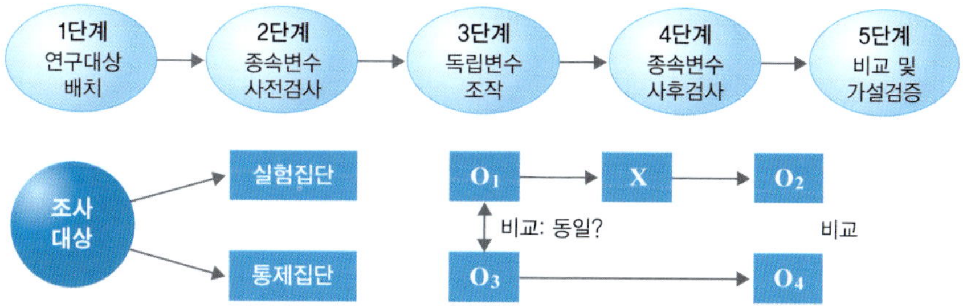

X: 실험대상에 대한 처치(treatment)나 개입(intervention)의 조작
O: 관찰 혹은 측정(O_1, O_3는 사전검사, O_2, O_4는 사후검사)

그림 7-2 실험설계의 원리

출처: 강종수(2013). 사회복지조사방법론. 양서원.

실험설계 과정의 1단계는 연구대상자를 선정하여 무작위 할당을 통해 실험집단과 통제집단에 배치한다. 2단계는 실험집단과 통제집단을 대상으로 종속변수에 대한 사전검사를 실시하고, 3단계는 실험집단에 대해서만 실험조치를 실시한다. 4단계는 다시 실험집단과 통제집단을 대상으로 종속변수에 대한 사후검사를 실시하고, 5단계는 사전검사와의 비교를 통해 두 집단에 의미 있는 차이가 있는지를 검토하여 차이가 발견되면 인과관계를 확인하게 된다(김진숙, 2015).

2) 실험설계의 유형

실험설계란 관심요인(변수)들 간의 관계를 명확하게 규명하기 위해 효과적인 연구의 분석을 구성하고 계획하는 것을 말한다. 구체적으로 실험설계는 연구자가 관심을 가지고 현상을 분석하기 위해 실험변수를 결정하고, 외생변수를 통제하며, 결과변수를 측정하여 분석한 결과를 일반화하고자 하는 일련의 과정을 의미한다. 이러한 실험설계에서는 실험결과가 일반화에 영향을 미치는 외생변수의 완벽한 통제와 모집단을 대표할 수 있는 표본을 선정하는 것이 무엇보다 중요하다. 그러나 대부분의 실제상황에서는 완벽하게 외생변수를 통제하거나 모집단을 정확하게 대표할 수 있는 표본을 선정하는 것은 거의 불가능하다. 따라서 연구의 효율성을 감안하여 주어진 상황에서 가장 효과적인 통제수준과 표본추출과정을 결정하여 실험을 설계하고 연구를 진행할 수밖에 없다.

실험을 얼마나 엄격하게 통제하며 진행할 수 있는가에 따라 실험설계는 전실험설계(원시실험설계), 유사실험설계, 순수실험설계 및 사후실험설계로 구분할 수 있다.

(1) 전실험설계

전실험설계(pre-experimental design)는 원시실험설계라고도 하며, 이 설계는 외생변수의 통제가 거의 이루어지지 않으므로 인과관계를 비롯하여 변수 간의 관계를 정확하게 연구하기에는 부적합한 실험설계에 속한다. 따라서 전실험설계는 가설을 검증하기보다는 문제를 도출하거나 문제를 명확하게 규명하기 위한 순수실험설계를 수행하기 전에 실행하는 일종의 탐색적 연구와 같은 성격을 가진다.

① 일회사례연구 실험설계

일회사례연구 실험설계(one-shot case study)는 실험대상을 실험변수에 노출시킨 후 실험결과를 사후적으로 한 번만 측정하는 방법이다. 이 실험은 관련된 변수들을 조작할 수 없고, 또한 실험대상은 실험자에 의하여 임의적으로 선정되기 때문에 그 결과를 일반화하는 데 무리가 있다. 즉, 사후적으로 결과를 측정하는 실험설계이다.

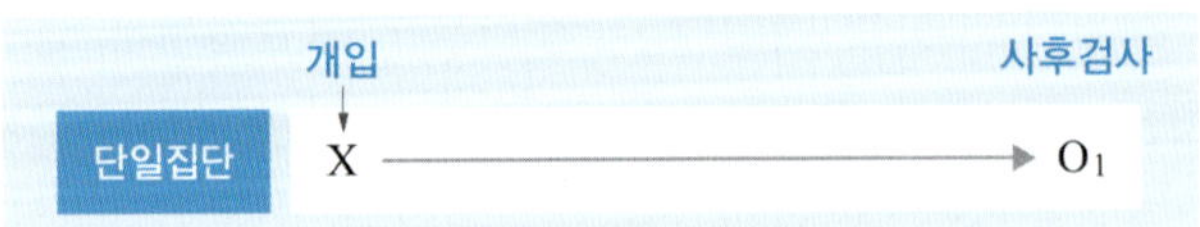

그림 7-3 일회사례연구 실험설계

예를 들어, 연구대상자들에게 광고를 보여 준 후 광고의 선호를 조사하는 경우나 사회복지서비스를 받으러 온 대상자에게 단 1회 상담을 실시한 후 태도 변화를 사후에만 측정하는 것이다. 단일집단에 실험적 개입을 가하고 그 효과에 대한 사후조사만 실시하는 방법으로 사용이 매우 용이하다는 장점을 지니지만 내적 · 외적 타당도가 모두 결여되어 있는 실험설계이다(곽종형 외, 2013).

② 단일집단 사전사후측정설계

단일집단 사전사후측정설계(one group pretest-posttest design)는 실험변수를 도입하기 전과 후의 결과변수를 측정하여, 그 차이로 실험변수의 효과를 측정하는 방법이다. 그러나 이러한 실험 역시 외생변수에 대한 통제가 이루어지지 않기 때문에 그 차이를 정확한 실험변수의 효과만이라고 단정할 수는 없다.

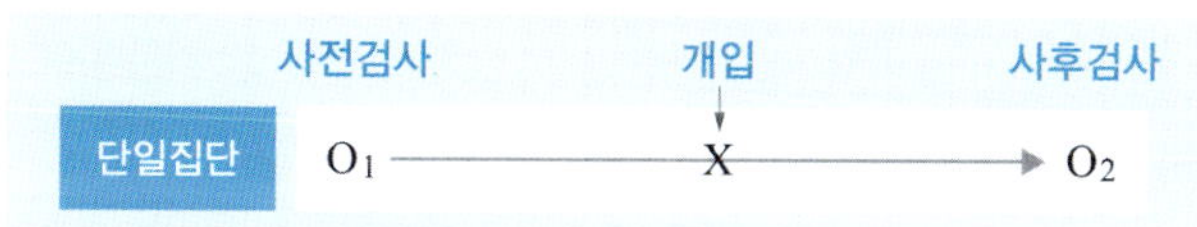

그림 7-4 단일집단 사전사후측정설계

예를 들어, 노인들을 대상으로 자아존중감을 측정하고 프로그램을 실시한 후에 다시 자아존중감을 측정한 후 그 결과를 비교하는 방법이다. 이 경우 무수히 많은 내적 타당도 저해요인들인 역사요인, 성장요인, 검사요인 등을 통제할 수 없으며 다만 시간적인 우선성과 비교의 기준이 있으므로 개입으로 인한 효과를 추정하는 데 필요한 최소한의 조건을 충족시킬 수 있다. 즉, 프로그램 실시 전에 비해서 실시 후에 얼마나 변화가 있었는지(O_2-O_1)를 통해 개입의 효과를 나름대로 추정할 수 있는 실험설계이다(강종수, 2013).

이 방법은 일회사례연구 실험설계에 비해 독립변수의 효과를 측정하는 데는 보다 좋은 방법이지만 여전히 우연적 사건, 성숙효과, 실험대상의 소멸, 시험효과, 측정수단의 변화 등 외생변수들의 영향을 통제할 수 없기 때문에 내적 타당도의 문제를 가지게 된다.

③ 정태적 집단비교설계

정태적 집단비교설계(static-group comparison design)는 실험변수에 노출되는 집단과 노출되지 않는 집단 간의 결과변수 값의 차이로 실험변수의 효과를 측정하는 방법이다. 그러나 이러한 정태적 집단비교설계 또한 대상집단의 무작위화를 전제로 하지 않기 때문에 대상집단 자체의 이질성으로부터 발생하는 차이와 실험대상의 소멸과 같은 외생변수를 통제할 수 없다는 문제를 지닌다.

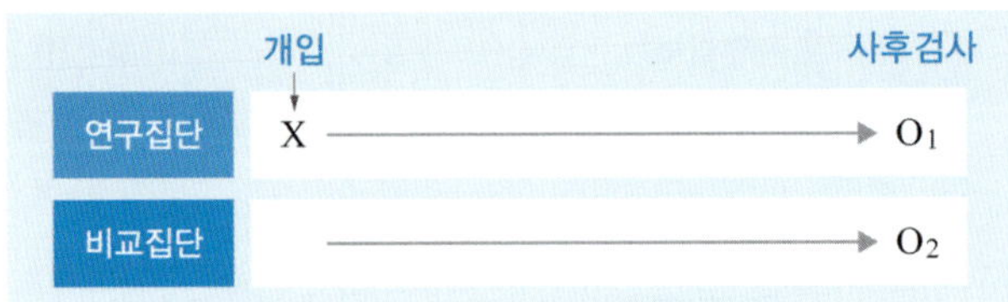

그림 7-5 정태적 집단비교설계

예를 들어, 토론식 수업의 효과를 측정하기 위해 임의로 2개의 집단을 선정하여 한 집단에 토론식 수업을 실시한 결과 강의식 수업을 실시한 집단보다 성적이 월등하게 우수했다면 이러한 결과는 토론식 수업의 효과인지 원래 우수한 학생집단이었기 때문인지 확인할 수 없다는 것이다. 이것은 선정상의 요인, 즉 두 집단이 집단으로 분류될 때 무작위 할당을 하지 않아 두 집단 간의 동질성이 확보되지 않았기 때문이다(장정순, 2016).

이 실험설계는 실험대상을 두 집단으로 나누어 측정하였기 때문에 외생변수의 일부를 제거할 수는 있다. 그리고 이 방법은 실험의 간편성과 시간 및 비용의 절감효과가 있기 때문에 실제로 사회과학 조사에서 많이 활용되고 있는 실험설계이다.

(2) 유사실험설계

유사실험설계(quasi-experimental design)는 실험실 상황이 아닌 실제 상황에서 독립변수를 조작하여 연구하는 설계를 의미하는 것으로 현장실험설계라고도 한다. 순수실험설계는 여러 가지 실험조건이 까다롭기 때문에 실제상황에서 손쉽게 계획하고 실행하기가 어렵다. 또한 실무에서는 실험실에서처럼 통제된 상황이 있을 수 없기 때문에 실험실에서 얻은 결과를 실무에 적용하기가 쉽지 않다. 반면 무작위화를 무시한 원시실험설계는 비교적 현실적이나 외생변수의 통제가 거의 이루어지지 않는 단점이 있다.

따라서 이렇게 서로 상반되는 문제점들을 가지고 있는 실험설계방법들을 서로 절충하여 극단적인 문제를 극복하기 위한 실험설계방법으로 널리 사용되는 방법이 유사실험설계이다. 즉, 실제상황에서는 순수실험설계에서 요구되는 조건을 완벽하게 갖추기 어렵기 때문에 실험자가 인위적으로 실험상황을 조작하여 실험을 설계하는 것을 말한다. 순수실험설계에서는 실험자가 실험변수의 노출시점과 대상 그리고 측정시점을 통제하고, 실험집단과 통제집단을 모두 무작위로 선정할 수 있는 반면에 유사실험설계에서는 측정시점과 대상에 대한 통제만이 가능하다. 유사실험설계의 장단점은 표 7-3과 같다.

표 7-3 유사실험설계의 장단점

구분	내용
장점	• 실제 상황에서 이루어지므로 다른 상황에 대한 일반화 가능성(외적 타당성)이 높다. • 일상생활과 동일한 상황에서 수행되므로 이론 검증 및 현실적인 문제해결에 유용하며, 복잡한 사회적·심리적 영향과 과정변화 연구에 적절하다.

구분	내용
단점	• 현장 상황에서는 대상의 무작위화와 독립변수의 조작화가 어려운 경우가 많다. • 실제 상황에서의 실험이므로 독립변수의 효과와 외생변수의 효과를 분리해서 파악하기가 어렵다. • 측정과 외생변수의 통제가 어려움으로 연구결과의 정밀도가 떨어진다.

따라서 유사실험설계는 순수실험설계보다 현실성 · 일반화 능력은 좋지만 통제력이 훨씬 약하기 때문에 인과관계의 명확한 규정은 다소 떨어진다고 할 수 있다. 유사실험설계는 비동일 통제집단설계과 시계열실험설계로 구분할 수 있다.

① 비동일 통제집단설계

비동일 통제집단설계(non-equivalent control group design)는 연구대상을 실험집단(EG)과 통제집단(CG)으로 분류할 수는 있으나 실험대상자를 각 집단에 무작위로 배정할 수 없을 경우에 해당하는 실험설계이다. 즉, 순수실험설계에 속하는 통제집단 사전사후실험설계와 같지만 대상을 무작위로 통제집단과 실험집단에 할당하는 대상의 무작위화만 실행되지 않는 실험설계이다.

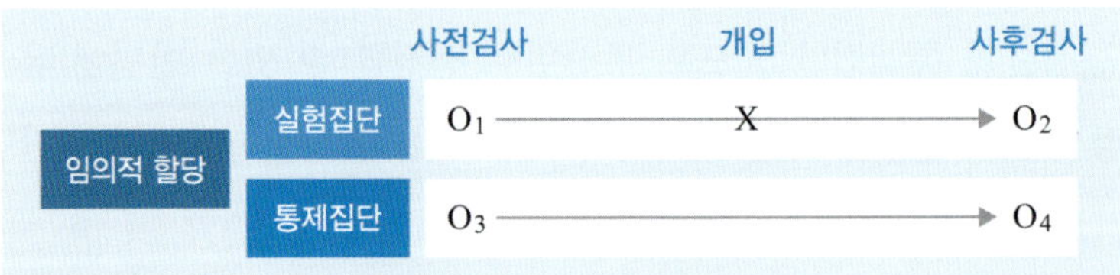

그림 7-6 비동일 통제집단설계

이 실험설계를 이용하면 우발적 사건과 주시험효과 등과 같은 외생변수들을 통제할 수 있지만 집단이 무작위로 선정되지 않았기 때문에 발생할 수 있는 표본의 편중이나 통계적 회귀와 같은 외생변수들의 영향을 제거하기는 어렵다. 비록 이 실험설계 방법이 순수실험설계에 속하는 통제집단 사후실험설계보다는 실험결과에 대한 타당성이 떨어질 수 있다는 단점이 있으나 실제상황에서는 실험대상을 무작위로 추출하거나 피실험자를 통제하는 것이 매우 어려운 경우가 많기 때문에 실무에서는 이 방법이 널리 사용되고 있다.

② 시계열실험설계

시계열실험설계(time-series design)는 실험조건상, 연구대상을 실험집단과 통제집단으로 분류할 수 없을 경우에 사용하는 방법으로 동일한 실험대상에 대하여 실험변수를 도입하기 전과 후의 반응을 나타내는 결과변수를 일정한 간격을 두고 반복적으로 측정하여 이들 간의 차이로 실험효과를 측정하는 방법이다.

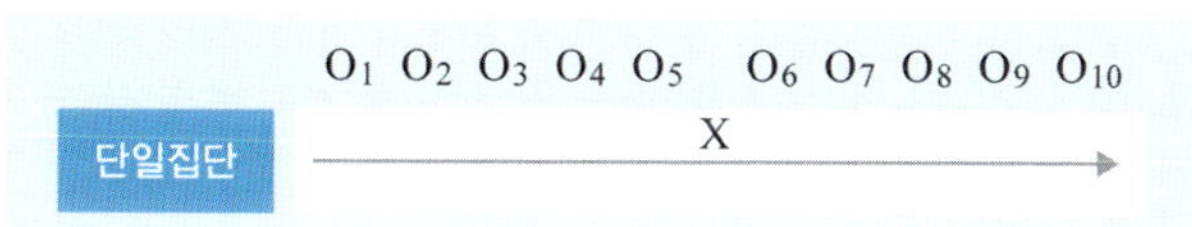

그림 7-7 시계열실험설계

예를 들어, 동일한 실험대상이 되는 집단을 패널로 유지하면서, 새로운 서비스 촉진을 실시하기 전과 후의 고객 반응을 여러 번 측정함으로써 서비스 촉진이라는 실험변수와 효과를 측정하는 방법이다.

복수시계열실험설계(multiple time-series design)는 비동일 통제집단설계를 확대한 형태로 역사적 사건을 통제할 수 없는 시계열조사의 단점을 보완하기 위해 비슷한 특성을 지닌 두 집단, 즉 실험집단과 통제집단을 구성한 다음(비동일 통제집단설계), 실험집단에 대해서는 시계열조사와 같이 개입 전후에 세 번 이상씩 관찰하고(시계열조사), 통제집단에 대해서는 개입 없이 계속 관찰하여 종속변수의 변화상태를 비교하는 조사설계이다. 통제집단을 사용함으로써 전실험설계에 비하여 내적 타당도의 저해요인이 크게 감소하는 장점이 있지만 무작위할당이 이루어지지 않기 때문에 실험집단과 통제집단의 동질성을 보장할 수 없다는 단점을 지닌다.

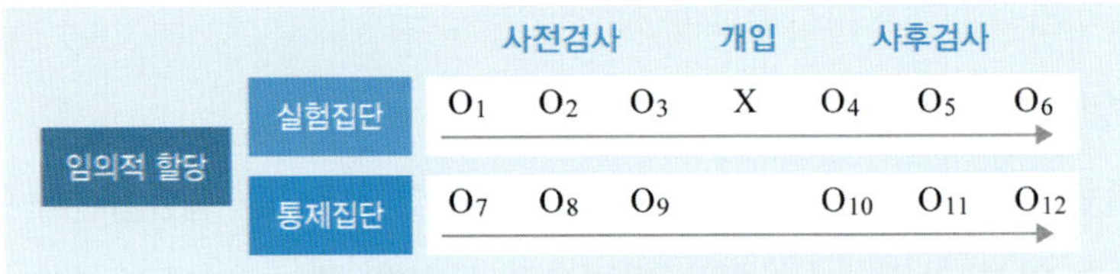

그림 7-8 복수시계열실험설계

(3) 순수실험설계

순수실험설계의 가장 큰 특징은 실험대상을 선정할 때 무작위화 과정을 통해 선발한다는 것이다. 또한 독립변수의 조작, 측정의 시기 및 측정대상에 대한 통제 등이 연구자의 의도에 따라 가능한 실험설계로서 외생변수의 영향을 효율적으로 제거할 수 있는 설계방법이다. 이러한 순수실험설계는 외생변수를 철저하게 통제하여 명확한 인과관계를 검증할 수 있다는 장점이 있는 반면, 엄격히 통제된 실험상황의 인위성으로 인해 실험결과를 일반화하는 데 있어서는 한계점을 지닌다. 따라서 실험대상의 무작위추출과 외생변수에 대한 철저한 통제를 전제로 하는 순수실험설계는 실제 외생변수의 통제가 어려운 상업적 연구보다는 학문적 연구에서 주로 사용된다.

① 통제집단 사전사후실험설계

통제집단 사전사후실험설계(pretest-posttest control group design)는 모집단을 대표하는 표본으로 선발된 실험대상을 실험집단과 통제집단에 무작위로 할당하여 연구를 진행한다. 실험대상을 무작위적으로 두 집단으로 할당하여, 실험집단에는 독립변수의 노출 전·후에 각각 종속변수를 측정하고, 통제집단에는 독립변수를 가하지 않은 채 종속변수를 두 번 측정하는 방법이다.

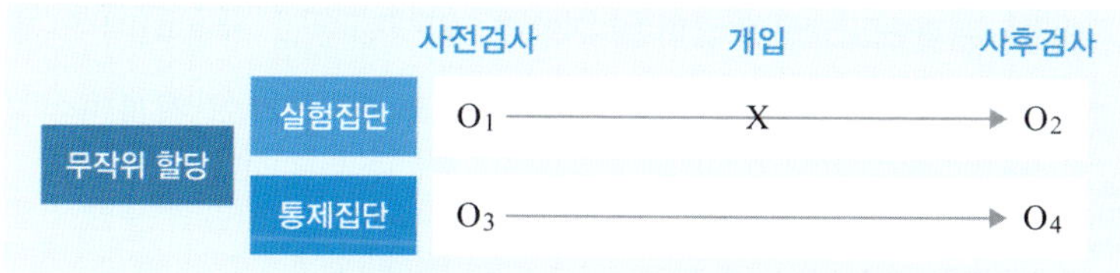

그림 7-9 통제집단 사전사후실험설계

독립변수의 효과는 실험집단과 통제집단의 사전측정치와 사후측정치 사이의 차이를 계산하고 실험집단의 차이에서 통제집단의 차이를 계산하면 순수한 독립변수에 의한 실험효과를 계산할 수 있다. 이 경우는 두 집단의 무작위화를 통하여 외생변수의 영향이 두 집단에 동일하게 작용할 것이라는 가정하에 이루어지기 때문에 대부분의 외생변수는 통제가 가능하다. 그러나 실험집단에만 사전측정을 함으로써 실험자가 받아들이는 독립변수의 강도에 영향을 미치는 상호작용시험효과가 발생할 가능성이 존재한다.

통제집단 사전사후실험설계의 경우 대부분의 외생변수를 통제하는 것이 가능하지만 결과변수의 측정이 실험변수의 효과에 미치는 상호작용시험효과를 제거하기는 어렵다. 왜냐하면 상호작용시험효과는 사전측정이 실험자에게 노출되는 실험변수의 효과에 영향을 미침으로써 발생하는 것으로, 이는 실험변수를 가하지 않는 통제집단에는 작용하지 않고 실험집단에만 작용하기 때문이다.

② 통제집단 사후실험설계

통제집단 사후실험설계(pretest-only control group design)는 앞의 통제집단 사전사후실험설계에서 하였던 사전측정을 하지 않으므로 상호작용시험효과가 작용하지 않으며, 두 집단의 대상을 무작위로 선정함으로써 두 집단 모두가 외생변수의 영향을 동일하게 받는다고 가정할 수 있다. 이 경우 실험집단의 결과변수는 실험효과와 외생변수의 효과가 함께 작용한 결과이고, 통제집단은 단순히 외생변수만 작용하여 얻게 되는 효과로 판단할 수 있다. 따라서 이 경우 실험의 효과는 두 집단 간의 결과변수 값의 차이로 계산하여 측정할 수 있다.

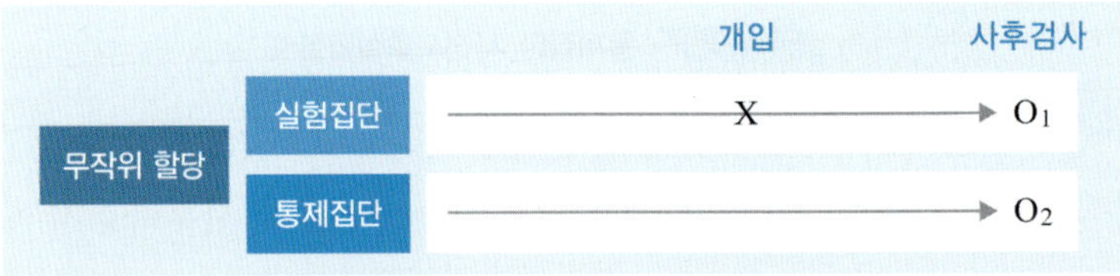

그림 7-10 통제집단 사후실험설계

이러한 통제집단 사후실험설계는 결과변수에 대한 사전측정이 없기 때문에 실험변수의 효과를 정확하게 파악하기는 어렵다는 단점을 지닌다. 그러나 실제 사회현상에서는 사전측정이 불가능한 경우가 많으며, 또한 상대적으로 적은 수의 실험대상으로도 실험이 가능하고 집단 간의 격리도 쉽게 할 수 있다는 장점이 있어, 통제집단 사후실험설계는 비교적 널리 활용되고 있는 실험설계이다.

③ 솔로몬 4집단설계

솔로몬 4집단설계는 앞에서 기술한 통제집단 사전사후실험설계와 통제집단 사후실험집단의 결합형태로서 모든 외생변수의 통제가 가능한 실험설계이다. 즉, 솔로몬 4집단설계는 4개의 실험집단 집단 1, 집단 2, 집단 3, 집단 4를 모두 무작위로 선정하는 것으로부터 시작한다. 선정된 4개의 집단 중 집단 1과 집단 2는 실험변수를 가하기 전에 사전측정을 하며, 집단 3와 집단 4에 대해서는 사전측정을 하지 않는다. 또한 집단 1과 집단 3에는 실험변수를 가하고, 집단 2와 집단 4는 통제집단으로서 실험변수를 가하지 않는다.

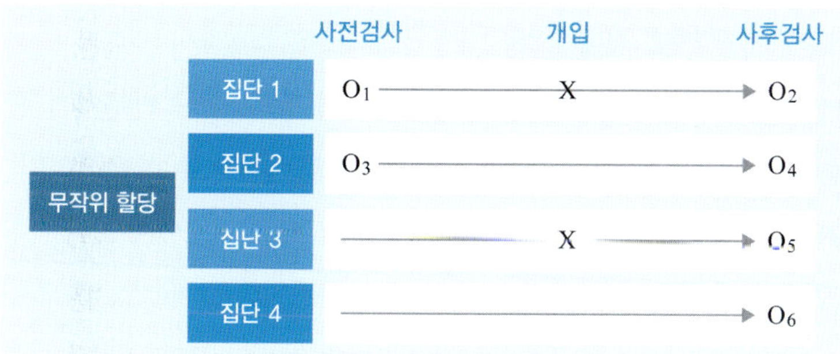

그림 7-11 솔로몬 4집단설계

이 실험설계의 가장 큰 장점은 다른 실험설계방법에서는 불가능한 각종 외생변수의 영향을 완벽하게 분리하여 측정을 할 수 있다는 것이다. 특히 통제집단과 사전사후측정실험설계에서 문제가 되는 상호작용시험효과와 주시험효과를 포함한 기타 외생변수의 효과들을 분리해 낼 수 있다.

이 실험설계에서는 각각의 집단에 무작위로 실험대상들을 배정하였기 때문에 4개의 집단이 시작하는 시점에서는 모두 집단이 동일하다고 가정할 수 있으며, 이러한 무작위화가 표본 편중에 따른 외생변수 문제를 제거해 준다고 할 수 있다. 또한 같은 논리로 상호작용시험효과와 주시험효과를 제외한 다른 외생변수들의 영향이 4집단 모두 동일하게 작용한다고 할 수 있다.

(4) 사후실험설계

사후실험설계(ex-post facto research design)는 결과가 이미 발생했거나 독립변수의 조작이 불가능한 경우에 변수들 간의 관계를 검증할 때 이용되는 설계이다. 이 설계에서는 독립변수에 대한 조작이 불가능하고 외생변수의 개입 가능성도 매우 크기 때문에 직접 인과관계를 밝힐 수는 없으며 단순히 변수들 간의 상관관계 검증만이 가능하다. 따라서 중요한 변수의 발견이나 변수들 간의 관계를 밝히기 위한 가설검증이나 탐색적 연구의 목적으로 주로 사용된다.

사후실험설계가 필요한 경우는, 첫째, 성별, 나이 등과 같이 연구자가 통제할 수 없는 경우, 둘째, 독립변수에 대한 통제가 윤리적 · 도덕적으로 바람직하지 않은 경우, 셋째, 독립변수를 통제하는 데 많은 비용과 시간이 소요되는 경우이다. 사후실험설계에 속하는 연구로는 표 7-4와 같은 방법들이 있다(강종수, 2013).

표 7-4 사후실험설계의 방법

구분	내용
현장연구	연구자가 관심을 가지고 있는 변수들 간의 관계를 인위적이 아닌 현실상황에서 관찰하는 방법이다. 현장연구는 독립변수를 조작하는 현장실험과는 다르다. 연구자는 오로지 있는 그대로 연구대상을 관찰해야 하며 상황을 통제할 수 없다.
회고연구	결과변수의 현재 상태와 과거에 작용했을 독립변수와의 관계를 분석하는 연구이다. 지금의 어떤 현상이 과거 어떤 요소의 영향으로 인하여 발생했는가를 찾아낸다. 후향적 연구라고도 한다.
전망연구	원인이 될 수 있는 변수에 초점을 두고 미래에 나타날 종속변수의 변화에 대한 연구이다. 어떤 결과의 원인이라고 생각되는 변수를 파악하고 일정 시간이 경과한 후에 예상하였던 결과가 발생하였는지를 조사한다. 전향적 연구라고도 한다.

4. 단일사례연구설계

단일사례연구설계는 사회복지실천 개입이 클라이언트에게 어떤 영향을 미치는가와 클라이언트의 문제해결에 얼마나 도움이 되었는가를 보여 주는 것을 목적으로 한다. 이 점에서 사회복지사는 단일사례연구설계를 통하여 실천가와 연구자의 역할을 동시에 수행하며 사회복지이론과 실천을 접목할 수 있는 기회를 만들 수 있게 된다. 단일사례연구설계는 사회복지실천과 연구조사를 접목하는 효과를 가지며, 진행과정은 연구참여자와 함께 실천가의 개입목표와 전략을 수립하고 실천가의 개입이 시작되기 전 기초선 단계(baseline stage)에서 개입목표를 반복측정하는 것으로 시작한다. 만약 기초선 단계에서 측정한 값이 어느 정도 일관된 형태로 나타나게 되면 본격적인 개입을 시작하게 되는 것이다. 독립변수의 개입 이전에 종속변수를 여러 번 반복하여 측정함으로써 일정한 경향성을 발견하고, 독립변수 투입 이후에 이 경향에 변화가 있다면 이를 독립변수의 효과로 추론한다.

따라서 단일사례연구설계는 기초선 단계와 실천가의 개입을 전후로 반복적으로 측정한 종속변수 값의 변화를 시각적으로 보여 주고, 개입효과를 입증하는 연구방법인 것이다(박선희, 천정웅, 2018).

1) 단일사례연구설계의 특징

단일사례연구설계는 전형적으로 한 개인이나 소수 개인들의 행동변화를 조사하는 것에 초점을 맞춘다. 그러나 개인들의 단일 '집단'의 행동 또한 초점의 대상이 될 수 있다. 이 설계에서 연구자는 행동이 지속적으로 관찰되고 있는 한 개인의 치료 또는 개입조건들을 비교한다. 즉, 독립변인(보통은 어떤 치료나 개입)이 한 개인에게 체계적으로 조작된다. 이 설계는 집단방법론에서 나온 결과를 개인 클라이언트나 내담자에게 성공적으로 적용할 수 있는지를 검증하기에 매우 적절하다. 이와 같은 집단실험의 결과는 행동을 수정하기 위해 어떤 개입이나 치료가 '일반적으로' 효과적인지에 대한 추천을 이끌어 낼 수 있다. 하지만 그것이 집단평균에 기초해서 특정 개인에게 어떤 효과가 있을지를 말해 주는 것은 가능하지 않다.

집단실험과 대비되는 단일사례실험의 또 다른 이점은 임상연구에서 발생할 수 있는 치료나 개입에서 제외되는 것의 윤리적 문제와 관련된다. 다수 집단설계에서는 내적 타당도를 충족시키는 통제집단을 제공하기 위해 잠재적으로 이로운 치료를 제외시킬 수도 있지만, 단일사례연구설계에서는 같은 개인이나 소집단 내에서 개입(치료) 전 조건과 개입(치료) 후 조건을 비교하기 때문에 개입(치료) 제외라는 문제를 피할 수 있다. 또한 연구대상자들을 충분히 모집하기 어려운 상황에서 소수의 참여자만이 있을 때, 단일사례연구설계는 인과적인 결론을 조사하는 문제에 대한 실제적인 해결책을 제공해 줄 수 있다. 단일사례연구설계는 시계열설계를 단일 대상에 적용한 것으로 볼 수 있는데, 사례조사의 과정과 실천과정을 통합할 수 있다. 사회복지와 관련하여 그 특성을 보면, 표 7-5와 같이 정리할 수 있다(박선희, 천정웅, 2018; 유영준, 2014; 최성재, 2012).

표 7-5 단일사례연구설계의 특성

- 한 단위의 사례에 적용한다. 표본의 크기가 '1'이다. 여기서 1이라는 것은 표본단위 또는 클라이언트의 체계가 개인, 가족, 집단, 지역사회 등으로 구분할 때 추출되는 표본 수가 하나라는 의미이다. 이는 집단설계가 개인의 집합인 집단을 대상으로 하고, 집단의 평균적 특성을 개인의 특성으로 다루는 것과는 다르다.
- 시계열적 반복측정을 한다. 단일사례연구설계는 경향과 변화를 알 수 있도록 반복적인 관찰을 한다. 즉, 반복되는 측정을 통해 종속변수 값의 변화를 관찰하여 개입이라는 독립변수의 효과를 파악하는 것이다.
- 개입 전과 개입 후의 효과성 검증과 인과적 논리구조의 유추적용의 특성이 있다. 개입 전 문제행

동의 상태를 측정하고 개입 후 개선상태의 지속 여부를 측정하여 비교할 수 있는데, 이를 통해 실험조사설계의 통제집단 후 비교설계에서와 비슷한 인과적 논리를 적용할 수 있다.

- 개입효과를 관찰, 분석하여 평가에 활용한다. 단일사례연구설계의 일차적 목적은 집단대상의 설계에서처럼 가설의 검증에 있는 것이 아니라 표적행동에 대한 개입효과를 관찰하고 평가하기 위해 적용하는 기법이다. 즉, 변수 간의 관계의 규명을 위한 것이라기보다는 개입방법의 효과를 평가하려는 것이다. 여기서 표적행동은 개인이나 가족의 기능을 저해하는 문제행동을 말하며, 이를 해결하기 위해 개입하는 것이다.
- 개입방법을 변경하고 수정할 수 있다. 단일사례연구설계에서는 개입 도중에 자료를 검토하여 개입의 효과를 어느 정도 판단할 수 있으므로 효과가 없는 개입은 수정하여 효과적인 방안을 마련할 수 있다. 적용 중인 개입방법의 효과를 알 수 있는 과학적 판단의 근거가 될 수 있는 것이다.

2) 단일사례연구설계의 수행과정

사회복지사는 실천가이며 연구자라는 태도를 가지고 모든 개입에 단일사례연구 설계를 병행한다면 자동적으로 개입의 효과를 평가하게 되고, 개입방법을 수정 또는 변경할 경우에도 신속하고 효과적으로 할 수 있게 될 것이다. 단일사례연구설계의 일반적인 수행절차와 과정은 몇 가지로 구분할 수 있다. 단일사례연구설계의 일차적 목적이 가설의 검증에 있지 않다는 점에서 가설의 설정과 검증 등과 같은 과정은 포함되지 않는다. 단일사례연구설계의 구체적인 수행과정은 표 7-6과 같다(박선희, 천정웅, 2018).

표 7-6 단일사례연구설계의 수행과정

구분	내용
문제의 확인과 규정	단일사례연구설계의 첫 단계는 클라이언트가 지닌 문제를 먼저 확인해야 하며 그 후에는 문제를 구체적이고 명확히 규정하는 것이다. 문제를 명확하게 정의하지 못하면 개입의 목표를 명확히 설정할 수 없고 문제해결의 과정이 성공적인 것으로 볼 수 없다. 여기서 문제는 이를 호소하는 당사자나 문제해결을 의뢰하는 사람으로부터 문제에 대한 구체적 정보를 수집하여 구체적으로 관찰가능하도록 조작적으로 정의하여야 한다.

구분	내용
개입목표의 설정	문제가 선정되면 문제해결을 위해서 어떤 개입을 할 것이며, 개입을 통해서 알고자 하는 것이 무엇인가를 결정해야 한다. 목표는 문제를 제거하거나 문제의 영향을 감소시키거나 또는 문제에 관련된 요인들을 조정하도록 하는 것이다. 목표는 장기적 궁극목표와 단기적 중간목표로 구분할 수 있는데, 문제해결의 성격상 궁극적인 목표를 직접적으로 달성할 수 없을 경우 중간목표를 설정하고 중간목표의 달성을 통하여 궁극적 목표에 도달할 수 있다.
조사설계	개입의 목표가 설정되고 나면 실제로 문제를 해결하기 위한 개입의 구체적 계획을 수립하여야 한다. 조사설계에 포함할 내용은 구체적인 설계형태(AB, ABA, ABAB, ABCD 형태 등), 관찰(측정)대상 행동, 기초선 관찰의 시기와 회수, 자료의 출처(클라이언트 자신, 개입하는 사회복지사, 클라이언트 주변의 제3자 등), 자료수집방법(행동의 직접관찰, 면접, 질문지법 등), 자료기록방법(시간간격, 빈도, 지속시간, 정도, 간헐적 점검, 영구적 생산물 등)에 관한 전략 등이 있다.
조사실시 (자료수집)	설계형태에 따라서 개입하기 전과 개입 도중에 자료를 수집한다. 수집된 자료는 그래프로 표시하고 그래프에 나타난 추세를 정리한다. 조사과정에서 측정대상에 대해 측정할 때 가능한 다원측정을 사용하는 것이 바람직하다. 검토결과 변화가 없는 것으로 판명이 되면 개입의 계획 또는 방법을 수정 또는 변경할 수 있다.
개입평가 (자료분석)	자료수집이 완료되고 그에 따른 도표나 그래프가 완성되면 변화의 파동, 경향, 수준 등을 검토하여 통계기법을 활용한 개입의 효과성 평가를 할 수 있다. 단일사례연구설계에서는 개입 전, 개입 중간 기간, 개입과정에서 나타난 표적행동의 변화는 그래프로 나타내는 것이 일반적이다.

3) 단일사례연구설계의 구조

단일사례연구설계의 기본 구조는 기초선 단계와 개입단계로 구성된다. 기초선 단계(baseline stage)란 연구자가 실천개입을 하기 전에 클라이언트의 문제상황을 여러 번 반복하여 측정함으로써 그 경향을 알아내는 단계로서 통제집단과 유사한 역할을 수행한다. 개입단계(intervention stage)는 개입을 실시한 이후의 단계를 의미한다(박선희, 천정웅, 2018).

표 7-7 단일사례연구설계의 구조

구분	내용
기초선 단계	단일사례연구설계의 첫 번째 단계는 보통 관찰단계 또는 기초선 단계라고 한다. 이 단계 동안 연구자는 개입 이전의 해당 사례의 행동을 기록한다. 설계의 구조를 설명하는데 기초선을 일반적으로 'A'로 표시한다. 임상연구가들의 경우는 보통 하루나 1시간과 같은 시간 단위 내에서 목표행동의 빈도를 측정한다. 사회복지실천의 경우 기초선 측정은 클라이언트의 문제와 그 심각성을 평가하여 개입 필요성과 개입전략을 수립하는 기초가 된다. 충분히 관찰이 이루어질 때 단일사례연구의 내적 타당도가 향상된다. 최소한 3번 이상의 측정이 요구된다. 기초선이 안정적 형태를 가지고 있으면 독립변수 개입 이후 이 추세의 변화를 쉽게 파악할 수 있다.
개입단계	개입단계에서는 표적행동에 대한 개입활동이 이루어지며 표적행동의 상태변화에 대한 관찰이 병행되어야 한다. 측정회수, 기간은 기초선 단계와 같은 정도로 하는 것이 좋으며, 개입단계는 일반적으로 'B'로 표시하며, 필요한 경우 'C', 'D' 등으로 표시한다. 기초선 측정 후 개입을 시작하고 기초선 단계 동안에 사용된 것과 같은 측정을 반복하여 개인의 행동을 기록하는 것이다. 사전의 개입전략을 순서에 따라 실시한다. 개입 직후에 관찰된 행동을 기초선 수행과 비교함으로써 개입의 효과를 측정하는 것이다. 개입에 대한 평가는 다음과 같은 세 가지 측면에서 이루어질 수 있다. • 치료적 효과성: 클라이언트의 문제해결이라는 목표가 충분히 달성되었는가? • 실험적 효과성: 개입단계에서 클라이언트의 긍정적 변화를 시각적으로 판단할 수 있는가? • 통계적 효과성: 기초선 단계와 개입단계의 차이가 통계적으로 유의미할 만큼 충분히 큰 것인가?

4) 단일사례연구설계의 유형

단일사례연구설계(single-subject experimental design)는 일반적으로 한 피험자를 대상으로 연구가 이루어지기 때문에 통제집단이 없으며, 더욱이 연구되는 행동은 개인의 독특한 측면과 관련되기 때문에 일반화시키기가 어렵다는 문제점을 가지고 있다. 이런 단점에도 불구하고 단일사례연구설계는 어떤 목적을 달성하기 위한 효과적인 연구방법이 될 수 있다.

단일사례연구설계의 방법은 9살 소년 샘(Sam)의 자해(self-injurious)행동 감소를 위한 타테와 바로프(Tate & Baroff, 1966)에 의해 개발되었다. 샘은 자신의 머리를 바닥과 벽에 박고, 주먹과 손바닥으로 얼굴을 때리고, 턱으로 어깨를 때리고, 자신을 걷어차는 것과 같은 자해행동을 하는 아이였다. 그의 자해적인 행동에도 불구하고 샘은 완전히 반사회적이지 않았다. 그는 다른 사람과 접촉하여 놀았고, 그들에게 붙어 있었고, 그의 팔로 그들을 감싸고, 그들의 무릎에 앉아 있었다. 이런 애정 있는 행동이 실험처치를 위한 아이디어를 연구자에게 제공하게 되었다.

연구는 20일 동안 진행되었다. 처음 5일 동안 샘의 자해행동의 빈도가 관찰되고 기록되었다. 그런 다음 5일은 두 명의 연구자가 샘과 이야기하고 그의 손을 계속적으로 잡아 주면서 학교 주위를 걸었다. 샘이 자해적인 행동을 할 때 손을 즉시 놓거나 자해행동을 멈추고 난 후 3초까지 샘의 손을 잡지 않았다. 그런 다음 자해행동 빈도를 작성하였다. 이와 같은 과정은 실험으로써 체계적으로 반복되었다. 다음 5일 동안은 산책을 하지 않은 상태에서 샘의 자해행동의 빈도를 관찰하였다. 그리고 마지막 5일 동안 연구자는 그들의 실험절차를 다시 반복하여 시행하였다. 이것을 A-B-A-B설계라고 부른다.

단일사례연구설계는 단일사례를 사용하여 연구가 진행되는 것으로 단일사례를 사용할지 집단설계[1]를 사용할지는 현재까지도 논쟁이 되고 있다. 그럼에도 불구하고 단

1) 단일사례를 사용할지 아니면 집단설계를 사용할지는 현재까지도 논쟁이 되고 있는 문제이다. 몇 명의 연구자들(Kazdin, 1973; Shine, 1975)은 두 가지 접근들이 연구를 수행하는 데 효과적으로 종합될 수 있는 방법을 주장해 왔다. 관심을 두고 있는 변인들이 먼저 단일사례설계들을 사용함으로써 연구된다. 이러한 설계들은 적은 연구시간과 경비를 사용하면서도 연구자에게 변인들 간의 관계들을 평가하게끔 해 준다. 만일 어떤 변인이 한 개인의 행동에 기능적으로 관련되어 있다는 것이 발견된다면, 두 번째 단계는 다른 사람들에 대해서 그 발견들을 반복연구하는 것이다. 그 결과 독립변인과 종속변인 간의 관계가 반복연구에서도 계속 발견된다면, 세 번째의 단계는 변인들 간의 관계들을 더욱 탐구하기 위해서 집단설계를 하게 된다. 집단설계는 외부타당도를 높이지만 특정 개인들에 관한 정보는 덜 제공한다. 어떤 집단 내의 개인들 간의 변산의 원인들을 연구하기 위해서, 최종단계는 또다시 단일사례설계를 사용하게 된다. 이상적으로 연구자가 더 이상의 연구가 아무런 가치가 없다고 생각할 때까지 두 가지 유형의 설계들을 단일사례설계, 집단설계, 단일사례설계, 집단설계 등의 식으로 연구하게 되는 것이다(홍대식, 1993).

일사례연구설계는 많이 이용되고 있으며, 그 형태는 가장 간단한 원리로 진행되는 A-B설계에서부터 A-B-A설계, A-B-A-B설계, A-B-A-B-A-B설계 및 A-B-C-D설계로 다양하다. 다양한 단일사례연구설계의 절차와 원리를 살펴보면 다음과 같다(김이영 외, 2018).

(1) A-B설계

개체들의 행동을 체계적으로 관찰하기 위한 가장 간단한 방법인 A-B설계는 사례연구로부터 시작되었다. A-B설계는 종속변수 또는 표적행동이 먼저 조작적으로 정의되고, 이 표적행동을 전체 연구를 통해서 측정하게 된다. A단계 동안에는 행동의 기준선을 밝혀내기 위해 그 빈도를 측정하게 된다. 그런 다음 B단계 동안에 처치변인을 실시하게 되면 그런 변화는 독립변인에 의한 것으로 간주하게 된다. 이 설계의 A단계와 B단계 동안에 몇 개의 관찰들이 있을 수 있다. 비록 단 한 명의 참가자가 관찰될지라도 한 개 이상의 관찰이 이 연구의 각 단계 동안에 실시될 수 있다.

A-B설계의 한 예를 살펴보면 다음과 같다. 사회복지사가 유아의 반사회적 행동을 감소시키는 데 관심을 가지고 있다고 가정해 보자. 먼저 사회복지사는 유아의 반사회적 행동에 대한 명확한 정의를 내려야 한다. 예로 친구들에게 욕을 하는 것을 반사회적 행동으로 정의할지 혹은 친구들에게 물리적 폭력을 행사하는 것을 아니면 욕과 물리적 폭력 모두를 반사회적 행동으로 정의할지에 대해 결정해야 한다. 사회복지사가 친구들에게 욕을 하는 것(언어적 폭력)을 반사회적 행동으로 조작적 정의를 내렸다고 가정 한다면 다음으로 처치의 유형에 대해 결정해야 한다. 즉, 유아의 공격적인 행동에 대한 처치요인으로 물질적 강화를 사용할지, 사회적 강화를 사용할지 아니면 비격리 타임아웃 방법을 사용할지를 결정해야 하는 것이다.

이처럼 문제행동과 처치에 대한 명확한 정의를 내리고 난 이후에 사회복지사는 유아의 한 시간 동안 친구들에게 욕을 하는 횟수를 측정함으로써 어떤 기준선을 확립해야 한다(A단계). 그런 다음 한 시간은 교사가 친구들에게 욕을 하지 않을 때 불실석 상화를 제공하고 나서, 한 시간 동안 친구들에게 욕을 하는 횟수를 측정(B단계)하게 된다(A단계와 처치단계 및 B단계의 관찰은 목표행동의 특성에 따라 기간을 달리할 수 있음. 예로 5일 동안 반사회적 행동을 관찰하고 5일 동안 반사회적 행동을 하지 않을 때 물질적 강화를 제공하고 난 뒤, 5일 동안 행동의 변화를 측정해도 됨. 이후 제시되는 단일사례연구설계에서도 마찬가지임).

만약 물질적 강화의 제공이 효과적이라고 가정했을 때 예상되는 변화의 결과는 그림 7-12와 같다(물질적 강화의 처치가 효과적이지 않다면 B단계에서 반사회적 행동이 감소되지 않을 수도 있음).

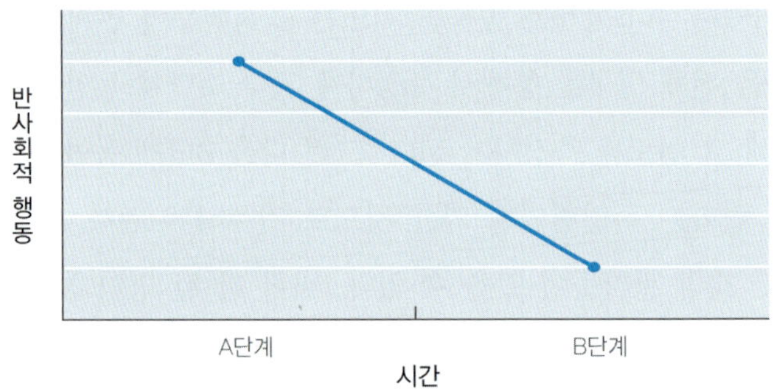

그림 7-12 반사회적 행동의 A-B설계의 결과

이러한 A-B설계는 개체들의 행동을 체계적으로 관찰할 수 있는 가장 간단한 방법이지만 연구결과가 독립변수의 변화 때문에 발생했는지에 대한 확신을 의미하는 내적 타당도(internal validity)가 낮다는 단점을 가지고 있다. 즉, 어떤 외생변수(extraneous variable)가 B단계 동안에 관찰된 변화들의 원인이 되었을 수 있다는 것이다. 앞의 예에서 유아의 반사회적 행동이 물질적 강화에 의한 것이라고 단정 짓기에 무리가 있다는 것이다. 따라서 이 설계는 다른 설계들이 사용될 수 없는 경우에만 사용되는 것이 바람직하다.

(2) A–B–A설계

A-B설계의 단점을 다소 보완하기 위해 수정된 설계가 A-B-A설계이다. 이 설계에서 첫 번째의 A단계 동안에 기준선이 확립되고 B단계 동안에 어떤 처치가 도입되며, 이 처치가 완료된 후에 두 번째의 기준선이 기록된다. 즉, 두 번째의 A단계가 있다. 만일 어떤 행동이 처치변인이 실시되고 있는 동안에 감소(또는 증가)하고 그 다음에 두 번째의 A단계 동안에 그 기준선으로 되돌아간다면 독립변인(처치)과 종속변인(행동)이 관련되어 있다고 결론지을 수 있을 것이다.

만일 앞의 예에서 유아의 반사회적 행동이 물질적 강화에 의해 감소되고 그 이후 강화가 제공되지 않는 두 번째의 A단계를 포함시켰다면 우리는 A-B-A설계를 사용하게 된 것이다. 만약 처치가 효과적이었다면 연구결과는 그림 7-13과 같을 것이다.

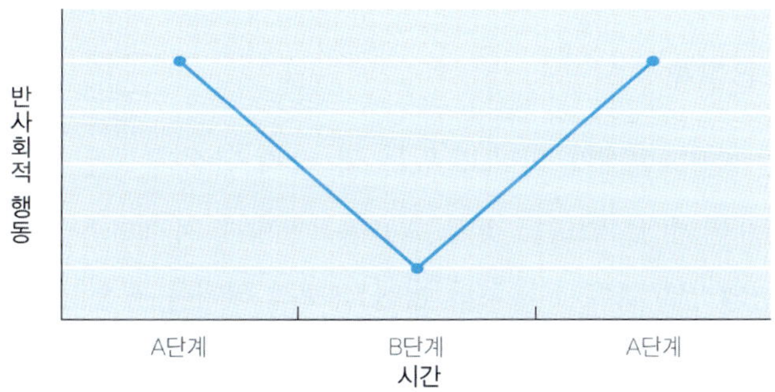

그림 7-13 반사회적 행동의 A–B–A설계의 결과

A-B-A설계의 장점은 이 설계가 B단계 동안에 관찰되었던 변화들의 원인을 명확하게 알 수 있다는 것이다. 즉, 첫 번째 기초선 단계 A에서 문제가 되는 행동의 빈도가 일관되게 높게 관찰되고, 개입단계 B에서 개입 이후 표적행동의 빈도가 현저하게 낮게 관찰되었다가 개입을 종료한 후 다시 관찰을 하는 A에서 표적행동의 빈도가 처음

과 같이 높게 나타났다면 개입단계에서 표적행동의 빈도가 낮아진 것은 개입의 효과라고 주장할 수 있다. 여기서 두 번째 기준선 기간(A)을 "반전기간" 또는 "제2기준선"이라고 한다.

그러나 A-B-A설계가 가지고 있는 단점으로는, 첫째, 이 연구(또 한 번의 처치 없이)는 A단계에서 끝나기 때문에 참가자가 처치의 잠재적 혜택을 받지 못할 수도 있다는 것이다. 즉, 개입의 효과를 평가하기 위한 목적으로 개입을 중단하는 것은 윤리적인 문제를 제기할 수 있다는 것이다. 이 설계의 두 번째 단점으로는 두 번째의 A단계가 첫 번째의 A단계와 성질이 다를 수 있다는 것이다. B단계가 발생되었다는 사실이 두 번째 A단계가 행동에 미치는 영향에 있어서 어떤 변화를 일으킬 수 있다는 것이다(어떤 순서효과가 있을 수 있다). 즉, 제2기준선 동안에 문제가 악화되지 않으면 개입 이외의 다른 외생변인들이 영향을 미친 결과인지, 개입의 효과가 지속되고 있는지 알 수가 없다는 것이다.

(3) A–B–A–B설계

A-B-A-B설계는 A-B-A설계가 지니고 있는 몇 가지 단점을 보완하기 위해 사용되는 설계이다. 이 설계의 장점으로는, 첫째, A-B-A-B설계가 처치(B)조건에서 끝맺는데, 이것은 개인이 실험의 끝무렵에서 처치의 어떤 잠재적 혜택을 계속 경험할 수 있기 때문에 바람직한 연구설계이다. 둘째, 이 설계는 처치변인의 영향을 관찰하기 위해 세 개의 이동들(A–B, B–A 및 A–B)을 제공해 주기 때문에 변인들 간의 관계들이 비교적 명확해질 수 있다는 것이다.

앞에서 기술한 어떤 유아의 반사회적 행동을 감소시키기 위한 A-B-A-B설계는 단지 A-B-A설계에다가 B단계를 추가시키는 것을 요구하며, 이 단계에서 그 유아의 반사회적 행동을 보이지 않을 때 다시 처치(강화)를 받게 된다. 그림 7–14는 A-B-A-B설계를 적용한 결과를 보여 주고 있다. 이 처치의 영향들을 관찰하기 위해 세 번의 기회(A–B 이동과 B–A 이동, A–B 이동)가 있는 것이 특징이다.

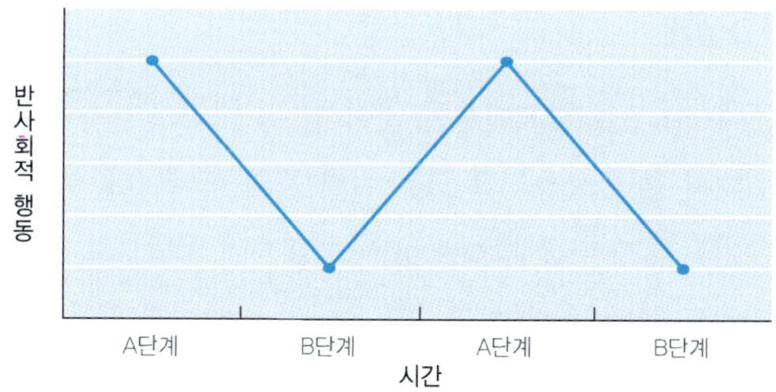

그림 7-14 반사회적 행동의 A-B-A-B설계의 결과

(4) A-B-A-B-A-B설계

기본적인 A-B설계의 또 다른 확장이 A-B-A-B-A-B설계이다. 이 설계의 주요 장점은 처치변인의 영향을 거듭해서 증명해 줄 수 있다는 것이 가장 큰 특징이다. 이러한 반복은 처치단계 동안의 행동의 변화가 우연한 기회들에 의한 것이 아니라는 것을 확신시켜 줌으로써 내적타당도를 증가시킬 있다는 장점을 지니게 된다.

앞의 유아의 반사회적 행동을 감소시키기 위한 물질적 강화의 사용에서 처치의 효과가 있다면 그 결과는 그림 7-15와 같을 것이다.

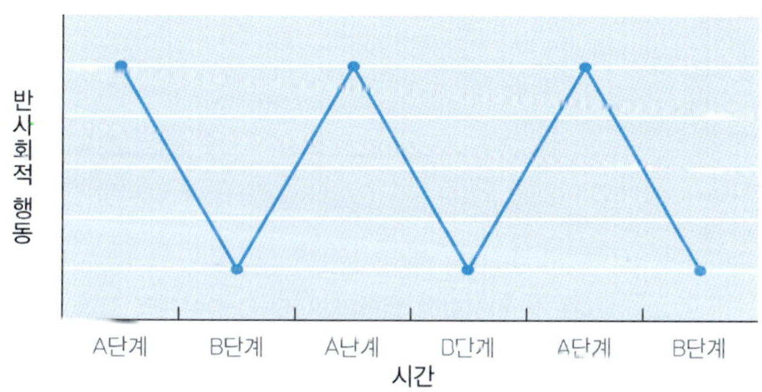

그림 7-15 반사회적 행동의 A-B-A-B-A-B설계의 결과

(5) A–B–C–D설계

A-B-C-D설계는 A-B-A-B설계를 변형한 것이며, 두 개의 상이한 독립변인들의 영향들을 연구하기 위해서 흔히 사용되고 있는 설계 중의 하나이다. 이 설계는 기초선 자료에 대해 여러 개의 각기 다른 방법(BCD)을 개입하는 방법으로 다중요소설계(Multiple Component Design)라고도 한다. 앞에서 제시한 유아의 반사회적 행동을 감소시키기 위해 처치 절차로, 예를 들어 A단계 동안에는 유아의 반사회적 행동의 빈도(기준선)를 측정하게 된다. B단계 동안에는 유아가 반사회적 행동을 보이지 않을 때 물질적 강화를 제공하게 된다. 그런 후 유아의 반사회적 행동을 관찰한 결과 행동의 변화가 없었다. 따라서 C단계 동안에 유아에게 사회적 강화를 제공한 후 행동을 관찰한 결과 역시나 행동의 변화가 나타나지 않았다. 다시 새로운 개입으로 D단계에 비격리 타임아웃을 실시하였더니 반사회적 행동의 빈도가 낮아지게 되었다면 그 결과는 그림 7–16과 같을 것이다. 이 결과를 바탕으로 유아의 반사회적 행동을 감소시키기 위한 개입으로는 물질적 강화와 사회적 강화보다는 타임아웃이 더 효과적이라고 말할 수 있을 것이다.

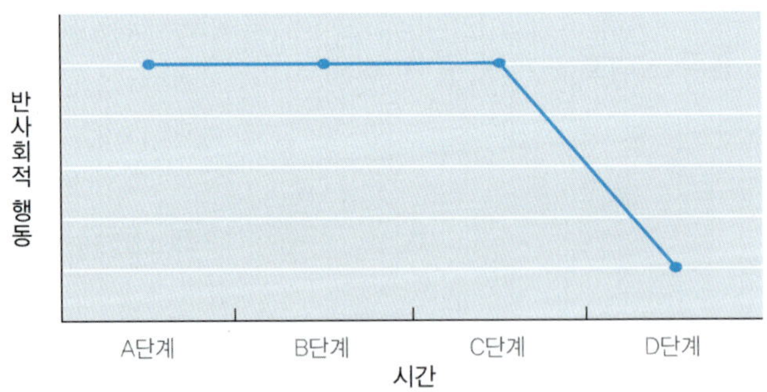

그림 7–16 반사회적 행동의 A–B–C–D설계의 결과

이 설계의 장점으로는 아이들에게 도움이 되지 않는 개입을 수정하거나 실제로 표적문제에 변화를 가져오는지 설명하고자 할 때 매우 유용하다는 것이다. 그러나 이 설계의 단점(이창희 외, 2007)도 지적되고 있는데, 첫째, 이월효과(carry over effect)가 나타날 수 있다. 앞의 예에서 비격리 타임아웃이 유아의 반사회적 행동을 감소시키는 것으로 나타났으므로 이전에 도입한 물질적 강화와 사회적 강화가 필요하지 않다고 결론 내리는 것은 위험하다는 것이다. 왜냐하면 물질적 강화와 사회적 강화가 비격리 타임아웃 개입으로 이월되어 나타난 것일 수도 있기 때문이다. 둘째, 순서효과(order effect)가 나타날 수 있다. 만일 D단계의 비격리 타임아웃을 B, C단계와 순서를 바꾸었다면 비격리 타임아웃의 개입효과가 없는 것으로 나타날지도 모르기 때문이다. 즉, 순서가 ABCD로 되었기 때문에 D단계에서 효과가 나타났을 가능성을 배제할 수 없다. 마지막으로 우연한 사건(history)에 의해 발생할 수 있다는 것이다. 즉, D단계의 비격리 타임아웃의 효과가 나타난 것은 비격리 타임아웃을 하기 직전 또는 과정에서 부모참관수업 등과 같이 외부환경의 변화와 같은 외생변수가 개입되어 비격리 타임아웃의 효과가 나타났을 가능성도 있다.

5) 단일사례조사설계의 자료기록방법

단일사례조사연구는 체계적인 자료의 수집과 분석으로 완료된다. 여기서 자료는 개입 전, 도중, 후에 있어서 행동의 변화를 비교할 수 있도록 계량화되어 기록된 정보를 말한다(이세형, 2019).

(1) 자료기록규정

단일사례조사설계에 있어서의 자료기록방법은 조사실시 전에 미리 설정되어야 하고 표준화된 양식에 의하여 관찰되고 기록되어야 한다. 표적행동에 대한 관찰 및 기록은 같은 상황하에서 같은 행동을 하는 같은 시기에 이루어지는 것이 바람직하다. 표적행동에 대한 구체적인 판단기준과 자료기록규정을 조사시작 전에 준비하여야 하는데 이를 행동관찰규정이라 한다. 여기에는 표적행동에 대한 조작적 정의, 기록원칙, 기록의 예 등이 제시되는 것이 일반적이다.

(2) 관찰기록자의 선정

영구적 생산물 기록방법을 제외한 모든 기록방법은 표적행동의 직접적인 관찰에 의하여 기록되어야 한다. 관찰기록자는 다양할 수 있지만 단일사례조사설계의 경우 실천현장에서 활동하는 사람들이나 연구자가 관찰하고 기록하는 것이 바람직하다. 교사, 부모, 배우자, 동료 등과 같이 조사상황의 자연적 환경에 속하는 사람들을 활용하여 관찰기록을 하는 것도 손쉽고 경제적일 수 있다. 때로는 경험한 사람만이 알 수 있는 개인적 생각이나 느낌은 피험자가 스스로 기록하도록 하는 것이 효과적일 때도 있다.

(3) 자료관찰 및 기록방법

단일사례조사연구에서의 자료관찰 및 기록방법은 시간간격기록, 빈도기록, 지속시간기록, 정도기록, 간헐점검기록 및 영구적 생산물 기록으로 구분할 수 있는데, 구체적인 내용은 표 7-8과 같다.

표 7-8 자료관찰 및 기록방법

구분	내용
시간간격 기록	시간간격기록(interval recording)은 일정한 관찰기간을 같은 간격의 짧은 시간으로 나누어 조사대상자의 표적행동을 직접 관찰 및 기록하는 것인데 시간간격이 짧으면 짧을수록 더 정확히 관찰할 수 있다. 시간간격은 10초로 하는 것이 일반적이다. 기록하는 방법은 정해진

구분	내용
	시간간격(예를 들면, 10초) 내에 처음 일어나는 행동만 기록하고 그 후에 몇 번이 일어나도 그것은 기록하지 않는다. 시간간격기록은 정해진 시간간격 내에 표적행동이 일어났느냐 일어나지 않았느냐를 기록하는 것이다. 이러한 시간간격기록은 빈도가 아주 높은 행동의 관찰에 적합하다.
빈도기록	빈도기록(frequency recording)은 정해진 관찰기간 동안에 일어난 표적행동의 횟수를 기록하는 것이다. 이는 빈도가 높은 행동이나 낮은 행동의 관찰에 적절하며 관찰기간을 길게 할 수 있는 것이 특징이다. 빈도기록의 신뢰도는 두 명의 기록자가 한 관찰결과의 일치도로 계산된다.
지속시간 기록	지속시간기록(during recording)은 정해진 관찰기간 동안에 일어난 모든 단위행동의 지속시간을 직접 관찰하여 기록하는 방법이다. 이는 문제행동의 지속되는 시간이 관심의 대상이 될 때 사용되며 일반적으로 빈도와 같이 관찰된다. 신뢰도는 2인의 관찰자 간의 관찰지속시간기록의 일치도로 계산된다.
정도기록	정도기록(magnitude recording)은 정해진 관찰기간 내에 발생한 표적행동의 양, 수준 또는 정도 등을 관찰하여 미리 설정한 정도측정 척도에 의하여 판단하여 정도를 나타내는 수치를 기록하는 것이다. 예를 들어, 아동이 화를 내는 것의 정도를 척도를 만들어 판단하여 기록하는 것이다. 정도기록은 표출의 형태나 정도가 다양하고 그것이 문제가 되는 행동에 적절한 기록방법이며 신뢰도는 두 명의 관찰자 간의 문제행동의 빈도 및 정도의 일치도로 판단된다.
간헐점검 기록	간헐점검기록(intermittent check recording)은 간헐적으로 특정의 관찰시간을 정하여 관찰하는 순간에 표적행동을 하고 있는지 혹은 하지 않는지를 기록하는 것이다. 간헐점검기록은 가장 쉬운 기록방법이고 점검시간을 정하는 것은 연속되는 시간 가운데 몇몇 시점을 택할 수도 있고 점심시간, 커피시간, 일이 끝나는 시간 등으로 택할 수도 있다. 간헐점검방법은 사회적 상호작용, 놀이, 일 등 오래 지속되는 행동이나 빈도가 높은 행동을 관찰하는 데 적절하다.
영구적 생산물기록	영구적 생산물기록(permanent product recording)은 반드시 직접관찰을 필요로 하지 않으며 표적행동에 의하여 만들어진 것을 관찰하여 표적행동이 일어났음을 확인함으로써 이루어진다. 영구적 생산물기록의 예는 사회복지서비스 이용의 기록 또는 교사의 기록 등을 검토하는 것, 비워진 쓰레기통, 청소된 방 등을 점검하는 것이다. 영구적 생산물기록방법은 환경을 변화시키는 행동(청소, 일 등) 또는 기록이 남는 행위 등의 관찰에 적합하다. 학교출석기록, 성적기록, 경찰의 범죄행위기록 등은 직접 행위를 관찰하지 않고 그 기록을 보고 행위를 판단할 수 있는 좋은 예이다.

6) 단일사례연구설계의 유의성 평가와 장단점

(1) 단일사례연구설계 개입의 유의성 평가

단일사례조사설계에서 개입결과를 분석하면서 제기되는 개입의 유의성 문제는 다음과 같다.

첫째, 시각적 유의성(visual significance)이다. 그림 7-17과 같이 개입이 도입되거나 중단된 후에만 표적문제의 수준과 경향이 변화하는 일련의 사건들을 보여 주는 시각적 유형이 그래프상에 나타나 있는가 하는 것이 이를 통해 평가된다(이세형, 2019).

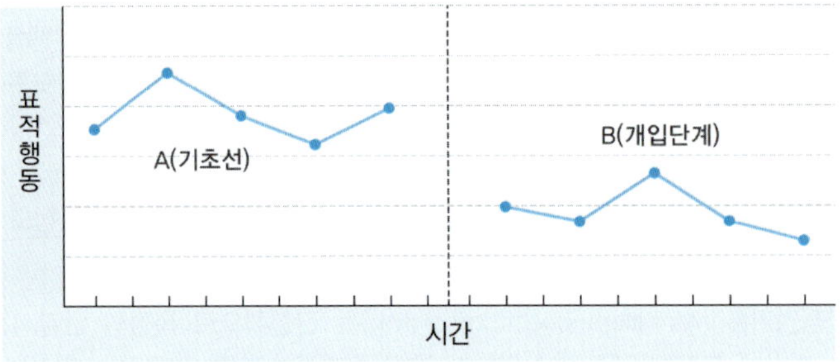

그림 7-17 수준의 변화가 뚜렷한 그래프

둘째, 통계적 유의성(statistical significance)이다. 개입단계에서 관찰된 자료가 기초선을 연장하고 개입을 도입하지 않아도 우리가 일어난 것이라 기대할 수 있었던 파동이 될 통계적 확률은 얼마나 되는가 하는 것이 이를 통해 평가된다. 그림 7-18과 같이 기초선이 비교적 안정적일 경우 기초선과 개입단계에 나타난 표적문제의 평균값을 비교하여 변화를 파악하는 방법이다.

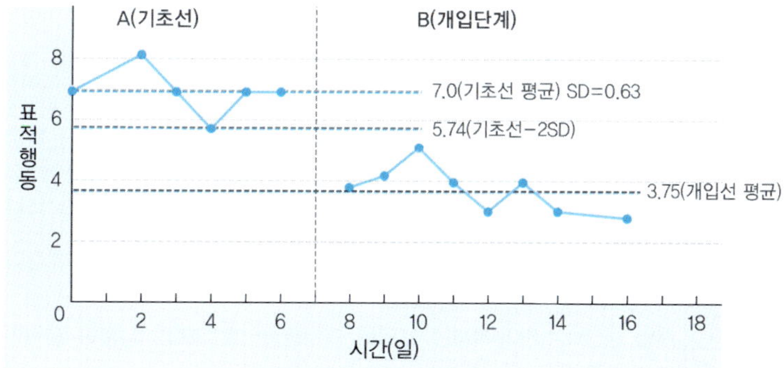

그림 7-18 **평균 비교**

셋째, 실질적 유의성(substantive significance)이다. 만일 표적문제의 변화가 시험적으로 시도된 개입과 관련되었다면, 개입으로 인한 표적문제의 변화 양이 실질적이거나 임상적 관점에서 볼 때 중요한가를 평가한다.

(2) 단일사례연구설계의 장단점

단일사례조사설계의 장점은 사회복지실천 현장 및 임상적 환경에 쉽게 적용되며 치료과정에 방해가 되지 않는다는 것이다. 왜냐하면 통제집단이 필요치 않고 개입을 위해 많은 수의 클라이언트가 필요치 않으며 손쉽게 할 수 있고, 시각적으로 결과를 보여 수는 데에 유리하기 때문이다. 또한 치료과정에서 사회복지사와 클라이언트 간의 지속적인 피드백을 주고받을 수 있다는 것이다. 이에 반해 단점은 일반화가 어렵다는 것이다. 그리고 현장에서 완벽한 설계 상황을 만들기 어려운 경우가 많고, 개입을 했다가 의도적으로 개입을 철회하는(ABA설계 등) 경우 윤리적 도전을 받을 수도 있다는 것이다. 단일사례연구설계의 장단점을 살펴보면 표 7-9와 같다.

표 7-9 단일사례연구설계의 장단점

구분	내용
장점	• 실천현장 및 임상적 환경에 쉽게 적용되며, 치료과정에 전혀 방해가 되지 않는다. • 시각화가 유리하다. 즉, 개입의 결과를 기초선과 비교하고 검토하기가 용이하다. • 치료과정에서 사회복지사와 클라이언트 간의 지속적인 피드백을 주고받을 수 있다.
단점	• 일반화하기 어렵다. 즉, 한 사람의 클라이언트에게는 효과가 있지만 다른 클라이언트들에게도 동일한 효과가 있을지는 확신할 수 없다. • 사회복지사 개입 중 특정 단계에서는 고의로 그 개입을 철회하는 상황이 발생할 수 있으므로 때로는 윤리적인 도전을 받을 수 있다.

Chapter 08

프로그램 평가와 욕구조사

배울 내용

1. 프로그램 평가
2. 욕구조사

학습목표

1. 프로그램 평가의 필요성, 기능, 절차, 분류, 평가방법을 설명할 수 있다.
2. 욕구의 유형, 욕구조사의 목적, 필요성, 자료수집 방법을 숙지하고, 설문지를 작성해 본다.

08 Chapter

프로그램 평가와 욕구조사

1. 프로그램의 평가

프로그램은 각기 실행 주체, 목적, 상황에 따라 다른 의미를 가지고 있다. 그러므로 프로그램이란 용어를 사용하는 당사자 간에 명확한 의미의 동의와 합의가 이루어지지 않을 때 혼란을 가져오기도 한다. 프로그램은 크게는 '특정조직에서 제공하는 모든 형태의 서비스 활동'에서부터 작게는 '특정 문제를 해결하기 위한 각각의 개별 서비스'를 의미한다고 할 수 있다(성낙돈, 김창연, 2010). 사회복지현장에서 프로그램을 새롭게 만들거나 보완하기 위한 프로그램 개발을 위해 프로그램 평가가 이루어져야 한다(원아연, 2018).

1) 프로그램 평가의 필요성

사회복지현장에서 제공하는 프로그램은 산출되고 실행되는 데 있어 일정한 단계를 거치며, 그 자체가 일련의 진화과정을 거치는 생명주기를 갖는다. 즉, 프로그램은 프로그램의 설정에서부터 프로그램 결정, 프로그램 집행, 프로그램 평가, 프로그램 수정에 이르기까지 일련의 복잡하고 동태적인 연속 순환 과정을 거친다(권기헌, 2009). 따라서 프로그램의 평가는 사회복지현장에서 프로그램의 실행이 이루어지고 난 프로그램에 대하여 본래의 프로그램의 목표를 달성하는 프로그램 효과가 나타났는지에 대한 평가와 피드백을 말한다. 프로그램이 의도한 효과를 보이고 클라이언트의 지지를 받는 경우에는 그 생명이 계속되겠지만, 그렇지 못한 경우 프로그램의 내용이 수정되거나 심지어 프로그램의 생명을 다하는 프로그램 종결을 맞게 된다.

따라서 프로그램 평가란 프로그램이 추구하는 이념을 달성하기 위한 수단으로서의 프로그램의 당위성, 프로그램 집행의 영향과 효과, 설정하였던 목표의 성취정도, 프로그램의 효율성을 검토하는 일련의 활동이라고 할 수 있다.

프로그램의 평가는 그 프로그램을 중단할 것인지 아니면 수정할 것인지 또는 축소할 것인지, 확대할 것인지 등을 판단하기 위하여 필요하다. 이러한 평가의 필요성을 살펴보면 표 8-1과 같다(권기헌, 2009; 원아연, 2018; 이기원 외, 2022).

표 8-1 프로그램 평가의 필요성

- 프로그램의 비효과성에 대한 원인을 규명하기 위해서이다. 많은 프로그램들은 프로그램 결정자들이 의도했던 대로 집행되지 않으며, 프로그램 운영 과정에 불응이 생기거나 정책변화가 발생하거나 집행되지 않아 실패로 끝나는 사례가 적지 않다. 따라서 그 각각에 대한 원인 규명을 위해서는 프로그램 평가의 필요성이 대두되는데 평가결과를 통해서 문제점을 찾아 다음 프로그램 결정에 중요한 자료로 활용할 수 있다.
- 프로그램의 효과에 대한 체계적 분석을 해야 한다. 프로그램은 전 단계에 걸쳐 수많은 개인과 집

단들이 참여함에 따라 현대 프로그램 과정의 양상은 매우 복잡해졌다. 따라서 복잡한 프로그램 과정에 대한 이해를 증진시키고 정책의 효과를 체계적, 과학적으로 분석해 내기 위해서 프로그램 평가의 필요성이 증대되었다.

- 프로그램 활동의 효율성을 제고해야 한다. 여러 가지 제약 속에서 최대의 서비스를 제공해야만 하는 사회복지기관은 계획과 집행의 미숙성 때문에 엄청난 재정적, 시간적 노력과 자원의 낭비, 손실을 가져올 수 있다. 따라서 이를 효과적으로 관리하고 효율성을 높이기 위해 프로그램의 평가가 요구된다.
- 사회복지기관의 책임성을 확보해야 한다. 오늘날에는 프로그램을 결정하고 집행하는 책임은 단순한 회계책임을 넘어서, 프로그램 자체에 대한 책임, 관리책임 나아가서는 도덕적, 윤리적 책임으로까지 확대되고 있다. 따라서 프로그램 활동에 대한 책임성을 확보하여 사회복지의 사명을 높이기 위해 프로그램의 평가가 필요하다.

2) 프로그램 평가의 기능과 절차

프로그램 평가에서 일반적으로 활용되고 있는 평가의 주된 기능(역할)은 진단적 기능, 형성적 기능, 총괄적 기능, 의사결정 보조 기능, 사회적 · 심리적 기능, 행정적 기능 등으로 나누어 볼 수 있다. 평가목적과 그 기능(역할) 다음으로 살펴보아야 할 것이 평가대상, 즉 평가의 내용이다. 이는 무엇을 평가할 것인가의 문제로서 평가의 준거는 바로 이 평가대상 혹은 내용의 분석에 따라 이루어진다. 직 · 간접적인 평가내용을 바탕으로 한 평가대상들을 추후 어떤 관점에서, 어떤 준거에 비추어, 어떤 강조점을 가지고 평가할 것인가라는 절차를 거쳐 평가준거를 설정함으로써 실질적인 평가내용이 된다.

프로그램 평가의 개념과 목적, 그리고 그 안에서 강조되어야 할 사항으로 평가대상과 내용, 준거와 기준들을 고려해 볼 때, 프로그램의 평가의 핵심 영역은 그림 8-1과 같이 크게 네 가지로 요약할 수 있다(서소희, 2014).

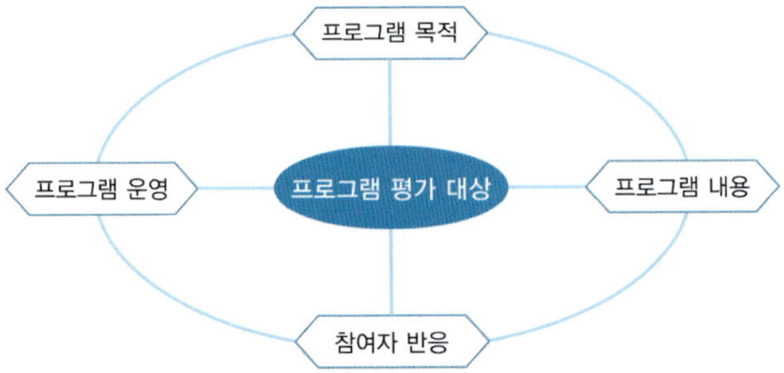

그림 8-1 **프로그램 평가의 핵심 대상과 영역**

프로그램의 평가 영역이란 평가하고자 하는 범위와 대상을 말한다. 커크패트릭(Kirkpatrick, 1987)은 평가의 영역으로 다음의 4가지를 제시하였다(김진화, 2003). 첫째, 클라이언트들의 반응을 통해 그들이 프로그램에 대해 느끼는 호감의 정도를 평가하는 것으로 클라이언트 만족도 평가 혹은 매력성 평가라고 한다. 둘째, 프로그램을 통해 클라이언트가 어떤 지식 · 태도 · 기능을 습득했는가를 평가하는 것으로 목표도달에 대한 평가 혹은 효과성 평가라고 한다. 셋째, 프로그램을 이수한 후 어떤 긍정적인 평가가 있었는지를 평가하는 것으로 실생활 적용도 평가 혹은 실제 행동 평가라고 한다. 넷째, 프로그램 운영에 투자한 시간과 노력, 비용 등에 대한 성과를 평가하는 것으로 프로그램의 효율성 평가라고 한다.

이상의 내용을 종합해 볼 때 프로그램 평가의 핵심 영역은 그림 8-1과 같이 프로그램의 목적, 프로그램의 내용, 프로그램 참여자의 반응, 프로그램의 운영 등 4가지로 요약할 수 있다. 그리고 프로그램 평가는 일반적으로 그림 8-2와 같이 크게 7단계로 이루어지게 된다.

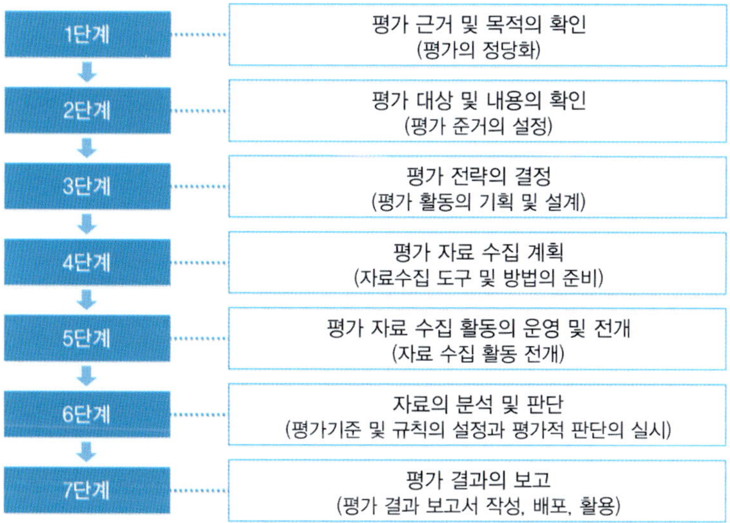

그림 8-2 프로그램 평가 활동의 단계별 절차

그림 8-2와 같이 1단계에서는 평가의 근거 및 목적을 확인하고 평가를 정당화하는 작업을 하며, 2단계에서는 평가대상 및 내용을 확인함으로써 평가준거를 설정하게 된다. 3단계는 평가활동의 기획 및 설계 등 평가전략을 결정하는 단계이고, 4단계에서는 평가자료를 수집하는 것에 대한 계획을 통해 평가도구와 방법을 준비하게 된다. 5단계는 평가계획과 준비에 따라 자료를 실제로 수집하는 활동 전개 단계이며, 6단계에서는 평가기준 및 규칙을 설정하고 이를 바탕으로 평가적 판단을 실시하는 자료의 분석 및 판단 단계이며, 마지막 7단계는 평가결과 보고서를 작성하고 배포하며, 활용하는 정리의 단계이다.

3) 프로그램 평가의 분류

프로그램의 평가는 여러 가지 관점에 따라 분류할 수 있다. 일반적인 프로그램 평가 분류를 살펴보면 그림 8-3과 같다.

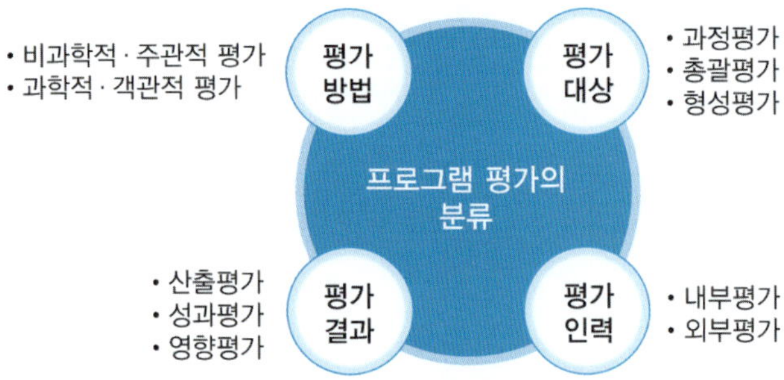

그림 8-3 프로그램 평가의 분류

첫째, 평가대상에 따른 분류이다. 프로그램 평가를 대상에 따라서 분류하면 과정평가와 총괄평가, 형성평가로 나눌 수 있다. 구체적으로 과정평가는 과정분석 또는 질적 분석으로도 이해되고 있는 것으로 관찰된 정책 또는 프로그램의 효과에 대한 인과적 연쇄관계를 구체적으로 규명하려는 것이고, 총괄평가는 프로그램 결과를 대상으로 한 것이며, 형성평가는 프로그램 운영 과정에 이루어지는 것으로, 주로 과정평가와 유사한 개념으로 사용된다(권기헌, 2009).

둘째, 평가인력에 따른 분류이다. 평가를 누가 할 것인가에 따라서 프로그램 평가를 내부평가와 외부평가로 나눌 수 있다. 내부평가(inside evaluation)는 사회복지기관 내부에서 운영 혹은 프로그램을 담당하고 있는 사람들이나 이들이 소속한 조직의 다른 구성원이 행하는 평가를 말한다. 평가에 전문성과 경험을 활용할 수 있고, 평가결과 활용과 적용이 용이하지만 평가공정성의 유지가 어렵다는 단점이 있다. 그리고 외부평가

(outside evaluation)는 정책의 결정, 집행 담당기관이 아닌 제3자가 수행하는 평가를 말한다. 비교적 평가의 공정성이 유지되지만, 평가결과의 활용이 잘 이루어지지 않는다는 단점이 있다. 따라서 기관 내에서 평가를 수행할 수 있는 구성원을 평가자로 의뢰할 것인가 아니면 외부로부터 초청해 올 것인가 하는 것은 평가의 책임성과 활용성에 따라 결정될 사안이다.

셋째, 평가결과에 따른 분류이다. 사업의 효과를 세분화하면, 산출(output), 결과(outcome), 영향(impact)으로 나눌 수 있다. 이에 따라 산출평가, 성과평가, 영향평가로 구분할 수 있다.

넷째, 평가방법에 따른 분류이다. 보통 비과학적 · 주관적 평가와 과학적 · 객관적 평가로 분류한다. 비과학적 · 주관적 평가는 일반대중이나 프로그램 평가자들의 상식적, 개인적 느낌에 의한 프로그램 평가이다. 클라이언트의 만족도 평가나 객관적 평가의 보완을 위해 전문가의 판단을 이용할 때 유용하다. 프로그램 평가자의 개인적 이해관계에 따라 사실과 다른 평가결과가 나올 수 있고, 평가자의 선입관, 신념 또는 막연한 느낌이나 불충분한 자료 때문에 엉뚱한 결론을 내릴 가능성이 있다. 그리고 과학적 · 객관적 평가는 과학적 방법이나 논리를 적용하여 수행하는 프로그램 평가이다. 과학적 조사방법을 동원하여 사실에 부합한 평가를 하려는 것을 의미한다. 객관적 정책평가의 방법에는 실험적 방법과 비실험적 방법이 있는데, 양자는 모두 통계적 처리에 의해 보완된다.

4) 평가의 모형

평가모형(evaluation model)이란 '평가목적을 효과적으로 달성하기 위하여 특정 탐구방식을 적용하여 평가방법 및 절차를 체계화해 놓은 것'이라고 정의할 수 있으며, 복잡한 평가현상을 구체적으로 파악하는 데 매우 유용한 정보를 제공해 주는 역할을 한다(서민원, 2004). 프로그램 평가 접근법을 기초로, 기관의 평가를 어떠한 목적, 방식, 기준, 결과선정 등의 관점으로 분류한 접근 모형을 살펴보면 다음과 같다(강훈, 2016; 이기원 외, 2022).

(1) 목표달성 모형

이 모형은 조직의 목표달성 능력에 초점을 두고 평가기준을 조직이 설정한 목표에 의하여 결정하려는 방식으로 두 가지 기본가정을 두는데, 먼저 복잡한 조직은 그들이 추구하는 궁극적인 목적을 갖는다는 점과 추구하는 궁극적 목적은 실증적으로 입증이 가능하다는 점을 전제로 하는 평가모형이다. 그러므로 사회복지기관 평가에서는 프로그램별 목표와 클라이언트의 프로그램 성과를 비교하여 목표달성도 파악을 통해 사회복지기관을 평가하는 데 중점을 두게 된다.

(2) 의사결정 모형

의사결정 모형은 의사결정자가 의사결정을 촉진할 수 있도록 다양한 정보를 제공해 주는 것으로 조직이 수행하는 프로그램의 요구분석, 계획, 시행, 결과 등 모든 부분을 평가하여 의사결정자에게 유용한 요약정보를 제공하는 데 평가의 목적이 있다. 여기에는 스터플빔(Stufflebeam)의 CIPP 모형이 대표적이다.

스터플빔의 CIPP 모형〈표 8-2〉의 경우, 계획단계에서 추구할 목표를 설정하고 구성하는 결정과 관련된 상황평가(Context evaluation), 설정된 목표와 요구를 성취하는 데 필요한 수단을 구체화하기 위한 구조적 결정과 관련된 투입평가(Input evaluation), 설계한 대로 실천하기 위한 결정과 관련된 과정평가(Process evaluation), 프로그램을 존속시킬지의 결정여부와 관련된 산출평가(Product evaluation)로 구분된다(강훈, 2016).

표 8-2 CIPP 평가모형 4단계 4가지 유형

의사결정 단계	계획적 의사결정	구조적 의사결정	수행적 의사결정	순환적 의사결정
평가모형	상황평가	투입평가	과정평가	산출평가
목표	기관의 상황, 규정, 대상 집단 확인 및 요구사정, 요구충족의 기회탐색, 문제 진단 및 목표의 적절성 판단	체제의 능력, 대안 프로그램 전략, 전략수행 설계절차, 예산, 스케줄 확인	진행 중인 설계절차나 실행과정상의 결정 확인, 예견, 사전에 계획된 순차적인 결정들을 위한 정보 제공, 시행상의 사건과 활동의 보고 및 판단	성과에 대한 기술, 판단의 수집, 목표·상황·투입·과정 정보와의 연결, 가치와 장점의 해석
방법	체세 분석, 조사 연구, 문헌건토, 공청히, 면담, 진단검사 및 델파이기법 사용	가용, 인적·물적자원, 해결 전략, 설계 절차, 가능성 및 경제성 분석, 문헌연구, 시범프로그램 답사, 옹호집단 파일럿 시도	절차상 장애 확인 및 우연적 장애의식, 예정된 의사결정을 위한 상세정보 획득, 실제과정 기술, 프로그램 운영 직원과의 계속적 상호작용 및 행동관찰	성과 기준의 조작적 정의 및 측정, 성과에 대한 이해 당사자들의 판단 수집, 정성적·정량적 분석
용도	시작될 상황, 충족시킬 목적, 문제해결 목표에 대한 의사결정	지원 자원, 해결 전략, 설계절차 선택용(변화활동 구성용), 실행과정 판단 기초 제공용	프로그램 계획 및 절차시행 및 개선용, 성과 해석을 위한 실제 상황 기초 제공용	프로그램 활동의 지속, 종결, 수정, 재조정, 의사결정용, 결과에 대한 명확한 기록 제시용

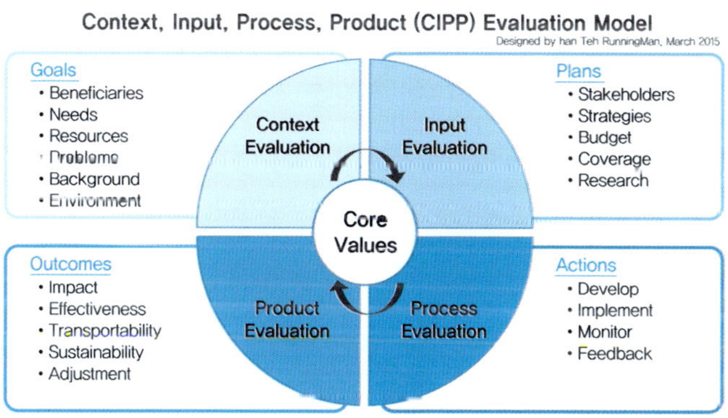

출처: 조양숙, 이윤식(2015). CIPP 평가모형에 의한 학교컨설팅 평가 준거 개발. 교육행정학연구, 33(4), 277-301.

첫째, 기관의 계획단계에서는 추구할 목표 선정과 검증이 필요하며 이를 위해서 계획적 의사결정(planning decision)을 하게 된다. 계획적 의사결정 단계에서는 상황평가(context evaluation)를 실행한다. 상황평가는 기관의 목표를 결정하기 위한 정당한 근거를 제공하기 위해 실시되며, 주어진 환경 내에서 요구, 문제점, 기회를 평가한다. 그러므로 어떤 준거나 기준을 근거로 판단하는 행위가 아니라 단지 현재 있는 그대로를 기술하고 이해하는 수준으로 실제적인 평가과정이라고 하기보다는 준비활동으로서 의미가 크다고 할 수 있으며, 따라서 환경에 대한 이해, 역사적 분석, 문헌연구, 면담, 진단검사, 델파이기법[1] 등이 활용될 수 있다.

둘째, 설정된 목표와 사정된 요구를 성취하기 위하여 필요한 수단을 구체화하기 위한 결정을 위해서는 구조적 의사결정(structuring decision)을 하게 된다. 구조적 의사결정을 위해서 투입평가(input evaluation)를 실행하게 된다. 투입평가는 기관의 목적 달성을 위해서 어떻게 자원을 활용할 것인가를 결정하는 데 필요한 정보를 제공하기 위해 담당기관의 적절한 잠재력, 기관의 목표 달성 전략, 선정된 전략의 실천 방안 등을 확인하고 사정한다. 따라서 기관의 사업 진행 중에 취해야 할 행동의 적절성, 실천가능성, 경제성 등을 파악하기 위하여 가용한 인적 및 물적 자원, 해결전략, 절차 방안을 기술하고 분석하는 데 중점을 두며 참고문헌 탐색, 현지 방문, 변론팀 기법, 사전 탐색적 시행 등의 기법이 활용될 수 있다.

셋째, 기관의 계획 단계에서는 추구할 목표를 설정하고 조성하는 결정을 하는 수행적 의사결정(implementation decision)을 하게 된다. 수행적 의사결정을 위해서 과정평가(process evaluation)를 실행한다. 과정평가는 기관의 실천단계에서 실천과정 및 절차 방안

1) 1964년 미국의 랜드사가 최초로 도입한 예측 방법이다. 랜드사는 공산품의 신제품 수요를 예측하고 미래 과학기술의 방향을 전망하기 위해 이 기법을 사용하였다. '델파이'라는 말은 그리스에서 예언가들이 미래를 점치던 아폴론 신전이 있던 델포이에서 유래되었다. 이 기법은 정리된 자료나 통계 모형을 통한 분석이 어려울 때 전문가들의 의견을 조사하여 전반적인 방향을 잡아 가는 사회과학 분야의 대표적인 조사 방법으로, 먼저 전문가를 선정하고 개략적인 질문을 정한 뒤 1차 설문을 한다. 설문 결과에 따라 질문을 수정하고 2차 설문을 하는 식의 과정을 수차례 반복하여 그 결과를 분석한 뒤 최종 결론을 도출하게 되는 기법이다.

상의 결점을 파악하고, 이미 결정된 기관 운영 상황을 검토하여 절차적 사안과 활동을 기록하고 판단하는 데 목적을 두고 기관 운영의 설계와 절차를 개선하고 실천하는 데 중점을 두고 실시된다. 따라서 기관의 방문 및 관찰, 관련 문서 검토, 관련자 미팅과 인터뷰 등의 기법이 활용될 수 있다.

넷째, 기관의 특정 프로그램이나 사업을 종료시킬 것인지 지속시킬 것인지, 예산을 증액시킬 것인지 또는 감축시킬 것인지 등을 결정하는 순환적 의사결정(recycling decision)을 해야 한다. 순환적 의사결정을 위해서 산출평가(product evaluation)가 요청된다. 산출평가는 장·단기적 결과와 의도하거나 의도하지 않은 결과를 확인하고 평가함으로써 평가자는 피평가자가 클라이언트 또는 다른 수혜자들의 주요 욕구를 충족시켰는지에 대해 성공의 수준을 평가하고 기록하며, 의도한 결과와 의도하지 않은 부차적 결과를 확인하고, 그러한 노력을 유지, 중지, 개선할 것인지 결정하는 의사결정에 중요한 정보를 제공한다.

그러므로 이 모형은 사회복지기관에서는 평가를 어떻게 활용하느냐에 따라 유용한 구조를 제공해 줄 수 있으며, 필요할 때 언제든지 평가할 수 있다는 장점을 가지지만 의사결정권자의 권한으로 자료가 사장되거나 제대로 해석되고 활용되지 않을 수 있다는 단점을 가지고 있다(강훈, 2016).

(3) 결과중심 평가모형

결과중심 평가모형은 커크패트릭의 4가지 모형이 가장 대표적이다. 커크패트릭의 모형은 4가지 수준(반응평가, 학습평가, 행동평가, 결과평가)에서 프로그램의 결과를 중심으로 평가를 실시할 것을 주장하고 있는 평가모형이다〈표 8-3〉.

표 8-3 결과중심 평가모형

구분	내용
반응평가	반응평가(reaction evaluation)는 클라이언트나 사회복지사를 대상으로 프로그램에 대한 만족도를 평가하는 것이다. 프로그램 종료 직후 프로그램에 참여한 클라이언트들이 그 프로그램에 대하여 얼마나 만족하는지를 설문지 형식으로 평가한다. 이를 통해 프로그램의 지속 여부를 결정한다. 반응평가는 프로그램 내용에 대한 클라이언트들의 만족도 평가만이 아니라 사회복지사나 프로그램 운영 담당자를 대상으로 클라이언트들의 태도나 분위기, 교육시설과 기자재 만족도, 프로그램 운영자의 자질, 기관의 서비스 만족도 등 프로그램 운영 전반을 평가하는 것이 필요하다.
학습평가	학습평가(learning evaluation)는 프로그램 참여자가 프로그램을 통하여 무엇을 배웠는지 학습내용에 대한 정도를 평가하는 것이다. 프로그램에 참여한 결과 얻어진 클라이언트들의 지식 증진, 태도 변화, 기술 향상의 정도를 평가하는 것이다. 클라이언트들의 태도 변화나 기술 향상의 정도를 평가하기 위해서는 지필평가 방법만이 아니라 실기, 시범, 역할연기, 토론 등을 통한 수행평가를 실시하는 것이 필요하다.
행동평가	행동평가(behavior evaluation)는 프로그램에 참여한 결과 얻어지는 클라이언트들의 행동변화를 평가하는 것이다. 프로그램을 통해서 학습한 지식과 기술이 현직에 돌아와서 그들의 실제 직무에 얼마나 기여했는지를 평가하는 것이다. 교육실시 후 대체로 3개월 정도 시간이 경과한 후에 평가하는 것이 일반적이다. 평가방법은 클라이언트 자신의 자기보고서와 주변인들을 대상으로 실시하는 다면평가 설문지를 주로 활용하고 있다.
결과평가	결과평가(result evaluation)는 프로그램 운영결과로 발생하는 효과에 대하여 평가하는 단계다. 개인의 지속적인 태도 변화, 조직이나 지역사회의 발전 기여도, 비용절감 효과 등에 초점을 두고 있다. 따라서 비용절감, 노동산출 향상, 지각률 감소 등의 조사 자료를 프로그램 실시하기 전과 후를 비교 분석하여 평가한다.

반응평가 (Reaction Evaluation) → 학습평가 (Learning Evaluation) → 행동평가 (Behavior Evaluation) → 결과평가 (Result Evaluation)

결과중심 평가모형은 평가절차와 정보분석상의 편의성으로 널리 활용되고 있다. 그러나 프로그램의 개발 및 실시과정에 대한 평가를 실시하기 어렵다는 문제점을 지니고 있으며, 결과중심 평가모형 준거(반응-학습-행동-결과) 간의 영향관계가 명확하지 않다는 비판을 받고 있다.

(4) 균형성과 모형

기관 및 조직의 재무 성과를 강조했던 전통적 방법들은 기관이나 조직의 비전을 구체적인 행동전략과 성과로 연결하기에는 어려움이 있고, 객관적 평가의 합리성을 이유로 과거 실적에 기반한 재무지표를 주로 측정 자료로 활용하였다. 때문에 기관 및 조직의 미래를 생각하는 경영전략과 비재무적 측면의 진단에 어려움이 있었다. 이러한 기존 성과평가의 약점과 모호함을 개선하고자 1990년대에 들어와 하버드대학의 회계학 교수인 카플란(Kaplan)과 경영컨설턴트인 노턴(Norton)은 10여 곳의 우량 기업들을 대상으로 실제 성과평가를 시행하였다. 이를 토대로 재무지표뿐만 아니라 조직의 사람, 정보, 문화와 같은 다양한 비재무지표와의 균형이 고려된 새로운 성과측정 방법으로 균형성과표(BSC)를 제안하게 되었다. 즉, 균형성과표(Balanced scorecard: BSC)는 재무 결과만을 중요시하던 과거지향적인 전통적 성과평가 방식을 탈피하여 과거와 현재 및 미래 가치를 균형적 시각에서 평가하고, 핵심성과지표를 통하여 정량적 · 과학적으로 평가하며, 단기 업적 중심의 평가 방식에서 조직의 장기 비전과 목표를 향해 나아가는 과정까지 측정하려는 특징을 가지고 있다(김경희, 2014).

균형성과표(BSC)의 구성 체계는 최상위 개념인 미션(Mission), 비전(Vision)과 전략(strategy), 그리고 이로부터 기관의 성과를 조망할 수 있는 균형적인 관점(Perspectives)에 따라 핵심성과요인(Critical Success Factors: CSF)과 핵심성과지표(Key Performance Indicators: KPI) 등이 도출되는 위계구조이다. BSC의 구성체계는 그림 8-4와 같다.

그림 8-4와 같은 체계를 통하여 기관 및 조직이 존재하는 이유와 가치가 어디에서부터 창출되는지를 정의하고, 이를 위한 기관 및 조직의 경쟁우위를 밝히는 과정이 된다. 균형성과표(BSC)를 이용하여 기관의 비전과 경영전략을 수립하고 이를 기관 구성원들에게 전달한다. 기관 구성원들은 조직의 장기 전략에 대해 함께 공유하고 다양한 전략적 목표 사이의 관계를 이해함으로써 성과를 창출할 수 있게 되는 것이다. 균형성과표(BSC)를 적용한 성과평가체제를 구축하는 절차는 기관의 미션, 비전 그리고 기관

이 지니고 있는 핵심가치(corevalue)의 원천은 무엇인가에 대한 성찰로부터 출발한다.

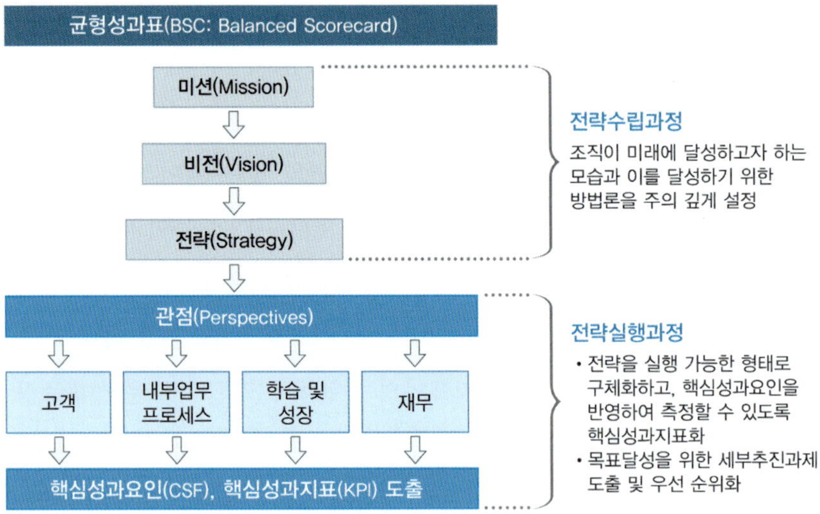

그림 8-4 BSC의 구성체계

출처: 김경희(2014). 대학평생교육원의 BSC 성과평가모형 개발. 동의대학교 대학원 박사학위논문.

기관이 균형성과표(BSC) 체계를 구축하는 첫 번째 단계는 기관의 미래 역할과 목표들, 즉 바람직한 미래 모습을 제시하는 것에서 시작한다. 이를 위한 방법론으로 미션, 비전 및 전략이 제시된다. 기관의 미션, 비전과 전략은 조직 구성원의 에너지를 발산하게 하는 원동력이며, 경영진에게는 의사결정의 기준이 된다. 모든 조직은 미션과 비전을 이루고자 하는 장·단기적 목표를 가지고 있으며, 이러한 목표들은 비전과 전략에 의해 보다 합리적이고 효과적으로 달성될 수 있다. 미션은 기관 및 조직이 존재하는 이유이며, 미션 선언문에는 궁극적이고 근본적인 목적을 포함한다. 즉, '우리 기관 및 조직이 왜 존재하는가?'에 대한 답으로 기관 및 조직이 가고자 하는 방향을 찾는 것이다. 비전은 실현 가능한 기관의 장기적 목표와 바람직한 미래의 이미지이다. 즉, 비전은 현재의 위치를 넘어선 기관의 미래 역할 및 목표에 대한 도전적이고 창의적인 청사진이라 할 수 있다. 비전은 기관 구성원들에게 기관의 미래에 대한 윤곽을 제시하고, 기관과 주요 이해 관계자들 사이의 관계를 설정하는 프레임워크를 제시하며, 전반적인 기관의 목적이 포함되어야 한다. 그리고 장기적 안목에서 미래의 목표와 현실을 연결하는 다리 역할을 하는 전략은 비전보다는 구체적으로 서술되어야 한다.

기관의 미션과 비전 등이 수립되면, 균형성과표(BSC) 체계를 구축하는 두 번째 단계로 관점을 설정해야 한다. 성과를 조망하는 관점은 균형성과표(BSC)의 가장 중요한 핵심적 뼈대라 할 수 있으며, 평가할 영역을 의미한다. 균형성과표(BSC)에서 설정한 관점을 통해 기관이 추구하는 가치 창출 근원을 어느 측면에서 볼 것인지 파악할 수 있다.

균형성과표(BSC)의 개발자인 카플란과 노턴(1992)은 '고객, 내부업무 프로세스, 학습 및 성장, 재무'라는 네 가지를 기본 관점으로 제시하였다. 각 관점은 별개의 측면이 아니라 서로 연계되어 있다. 다시 말해, 균형성과표(BSC)는 과거의 성과에 대한 재무적인 측정지표에 추가하여 미래성과를 창출하는 동안에 대한 측정지표인 고객, 공급자, 종업원, 프로세스 및 혁신에 대한 지표를 통하여 미래가치를 창출하도록 관리하는 시스템이다(김경희, 2014).

표 8-4 균형성과표(BSC)의 관점

구분	정의	개념
고객관점	고객들의 주요 관심사항을 반영한 측정지표를 사용하여야 한다. 고객 관심사항은 시간, 품질, 성능·서비스, 비용 등의 범주로 구분된다.	• 조직에서 대상으로 하는 고객이 누구이며, 그들에게 전달해야 할 가치는 무엇인가 • 조직과 관련된 이해관계자, 외부 환경에 초점을 둠
내부 프로세스 관점	고객 측면과 핵심역량의 측면에서 접근할 수 있다. 고객 측면에서는, 고객들의 기대에 부응하기 위하여 내부적으로 무엇을 어떻게 해야 하는가를 결정하는 것을 말한다. 즉, 균형성과표의 내부 프로세스 측정지표는 고객 만족에 가장 큰 영향을 미치는 업무 프로세스에서 나와야 한다. 핵심역량 측	• 조직의 성과를 극대화하기 위해 조직의 핵심 프로세스와 관련된 역량을 규명하는 과정 • 조직의 목적 달성에 가장 중요한 내부 프로세스

구분	정의	개념
	면에서는 경쟁사보다 뛰어나야 하는 주요 기술과 업무 프로세스를 확인하고 그것에 대한 측정을 구체화한다.	
학습, 혁신, 성장 관점	기업의 비전을 달성하기 위해 조직이 어떠한 학습을 하고 무엇을 개선해야 하는지 측정한다.	• 조직이 지속적으로 가치를 개선하고 창출하기 위해서 필요한 조직원의 능력을 어떻게 유지하고 키워 갈 것인가 • 조직 성장에 영향을 줄 핵심역량에 초점을 둠
재무 관점	재무성과 측정지표는 기업 경영이 기업의 손익개선에 기여하고 있는지를 나타내 준다.	• 조직의 합리적 내부 프로세스의 운영과 자원의 효율적 활용을 통한 결과로 인한 성과에 초점 • 전략 실행과 수행이 조직의 성과에 기여한 정도를 파악함

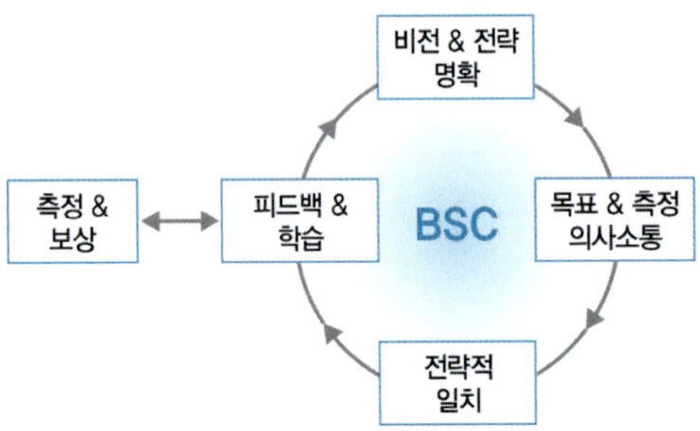

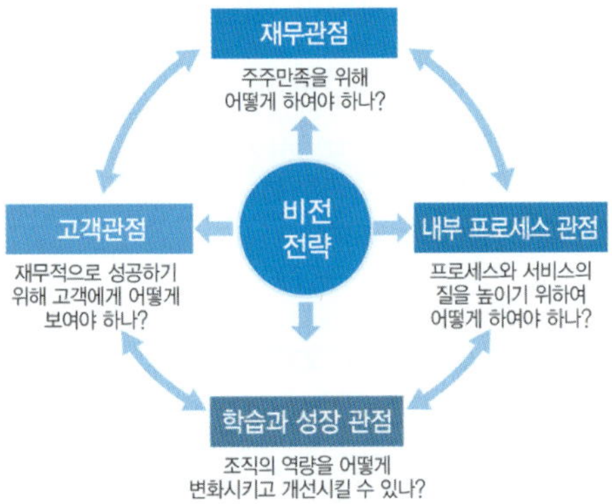

균형성과표(BSC)를 구축할 때는 표 8-9에서 언급된 네 가지 관점이 모든 기관이나 조직에서 동일하게 적용되는 것은 아니다. 기관의 특성과 서비스 제공방법이나 형태 등에 따라 대체 혹은 추가될 수 있다.

균형성과표(BSC) 체계를 구축하는 세 번째 단계는 각 관점별로 핵심성과요인, 핵심성과 지표를 도출해 내는 것이다. 이 단계에서는 다소 추상적으로 표현된 미션과 비전, 관점을 실제적이고 구체적으로 해석함으로써, 기관 및 조직의 구성원이 이것을 이해하고 실무의 활용을 용이하게 해 준다. 우선 핵심성과요인은 기관 및 조직의 비전을 달성하고, 진출하는 시장에서 좋은 성과를 이룰 수 있게 하는 핵심과제, 요구 조건을 의미한다. 관점으로부터 기관 및 조직이 지속적으로 생존하고 성장하기 위해 필요한 가장 중요한 요소인 핵심성과요인이 도출된다. 즉, 비전 달성을 위해 '무엇을 할 것인가?'에 대한 답을 찾는 것이라고 할 수 있다. 다음으로 핵심성과요인을 바탕으로 기관이 설정한 목표를 달성하고 있는지, 수립된 전략을 달성하기 위한 방향으로 기관이 나아가고 있는지를 확인하기 위해 핵심성과지표가 도출되어야 한다. 핵심성과지표는 현재 기관의 경영에 대한 재무 성과뿐만 아니라 미래 가치를 증대시키기 위해 무엇을 관리해야 하는지를 정확하게 알려 주며, 균형성과표(BSC)의 구체적인 산출물이 된다. 핵심성과지표는 각 관점별로 도출한 핵심 성과요인들을 구체화하고 정량적으로 측정할 수 있도록 세분화하여 구체적인 변수들로 제시해야 한다. 따라서 핵심성과지표를 정할 때는 기관 및 조직의 경영전략 특성에 따라 업무의 결과를 반영하는 결과지표와 이후 다른 성과를 이끌어 내는 원인지표를 신중하게 고려해야 한다.

5) 프로그램 평가방법

평가자료를 수집하고 분석하기 위해서는 먼저 평가방법을 결정해야 한다. 평가자료를 수집하기 위한 평가방법은 여러 가지 방법이 활용될 수 있다. 평가방법은 프로그램의 목표, 프로그램의 내용과 수준(인지적 지식, 정의적 지식, 운동기능적 지식), 집단의 규모나 시설여건, 클라이언트들의 특성(언어능력이나 연령 등), 평가비용 등을 고려하여 선정되어야 한다. 그리고 한 가지 방법만이 아니라 여러 가지 방법을 병행하여 활용할 수 있다. 프로그램 평가에서 자주 사용되는 5가지 방법을 소개하면 다음과 같다(이기원 외, 2022;

이복희, 유인숙, 2020; 차갑부, 2014).

첫째, 질문지법이다. 질문지는 가장 일반적으로 활용되는 기법으로 정보를 신속하게 수집하는 객관성 있는 방법이다. 그러나 이 방법은 한계성을 지니고 있으므로 지나치게 의존해서는 안된다. 질문지는 프로그램에 대한 평점을 매기거나 개방적으로 의견을 묻는 질문도 있다. 클라이언트가 대규모일 경우 질문지는 프로그램에 대한 태도에 관한 정보를 신속하게 수집하는 객관성 있는 방법이다. 질문지는 면접처럼 응답자가 자유롭게 논평할 수 없기 때문에 예기치 않은 반응을 평가하기 어려운 단점이 있다. 아울러 잘못 제작된 질문지는 프로그램에 대한 편향된 반응을 유도할 우려도 있다.

둘째, 면접법이다. 면접은 얼굴을 대면하고 서로 개인적인 질문과 대답을 주고받는 것이다. 면접은 사전에 미리 계획되어서 매우 조직적으로 실시될 수도 있고, 완전히 개방적이고 융통성 있게 진행될 수도 있다. 면접법은 평가결과를 쉽게 수량화할 수 없고, 예기치 못한 생각과 반응을 찾아내는 데 가장 적합하다. 면담자와 심리적인 친밀감(Rapport)을 형성하는 것이 중요하다. 일반적으로 면접법은 소수의 주제에 관한 세부적이고 심층적인 정보를 제공해 준다는 장점이 있다. 또한 면접법은 비교적 시간이 적게 소비되고 소규모 집단에 사용하는 것이 적합하다. 그러나 면접에 응한 응답자의 의견이 프로그램에 대한 의견을 대표한다고 보기 어려운 경우도 있고, 면담결과를 분석하기 곤란한 경우도 있다는 점을 유의해야 한다.

셋째, 관찰법이다. 관찰법은 프로그램의 진행과정을 꼼꼼하게 살펴보는 데 유용한 방법이다. 클라이언트들의 행동을 체계적으로 관찰하고 기록하며, 수행되는 과정에 강조점을 두고 있다. 관찰자는 훈련이 잘 되어 있어야 하고, 관찰을 기록하기 위하여 체계적인 절차가 활용되어야 한다. 관찰법은 프로그램 진행자의 행동이나 기술수준을 확인하는 데도 매우 유용한 방법이다. 관찰자의 편견이나 선입관이 개입할 위험이 있으며, 관찰하고 있다는 의식을 주지 않도록 유의해야 한다. 관찰법을 실시하기 위해서는 비교적 시간이 많이 소요되지만, 주의 깊고 체계적으로 실시된다면 매우 유용한 자료를 얻을 수 있다. 전체를 대표할 수 있는 행동장면을 표집해야 하며, 관찰자는 어떤 행동을 탐색해야 하고 행동을 객관적이고 일관성 있게 기록하는 방법을 알고 있어야 한다.

넷째, 논평(Comment)이다. 논평은 공식적이거나 비공식적인 기록이다. 프로그램에 참여한 클라이언트들에게 프로그램 전반에 대하여 자신들의 소감을 기록하도록 하는 것이다. 논평은 사람들의 예기치 않은 반응을 알아보는 데 매우 유용한 방법이다. 그러나 논평은 분석하기 어렵고 대표성이 없는 평가자료를 만들어 낼 가능성도 있다. 논평자료를 수집하는 것은 비교적 쉽지만 결과를 해석하기는 어렵다. 논평자료가 수집되면 모든 자료를 면밀하게 검토하고, 유사한 반응끼리 분류하고 묶어서 결과를 분석하는 것이 필요하다.

다섯째, 녹음과 녹화이다. 녹음기나 비디오를 활용하여 녹음이나 녹화하는 것은 프로그램 진행과정이나 클라이언트들의 태도를 영구적으로 기록할 수 있는 방법으로 프로그램 운영자의 질적 수준을 평가하는 방법으로 활용될 수 있다. 또한 녹음과 녹화 결과는 프로그램 운영자가 자기 자신의 프로그램 진행 활동을 관찰해서 스스로 수정, 보완할 수도 있다.

6) 프로그램 평가의 타당성과 신뢰성

프로그램 평가는 타당성 확보가 매우 중요하다. 프로그램 평가의 타당성이란 프로그램 평가에 의하여 프로그램의 효과를 올바르게 판단하는 정도를 의미한다. 프로그램 평가의 타당성은 내적 타당성과 외적 타당성 및 구성 타당도로 나누어진다(권기헌, 2009). 이러한 프로그램 평가의 타당성을 정리하면 그림 8-5와 같다(원아연, 2018; 이기원 외, 2022).

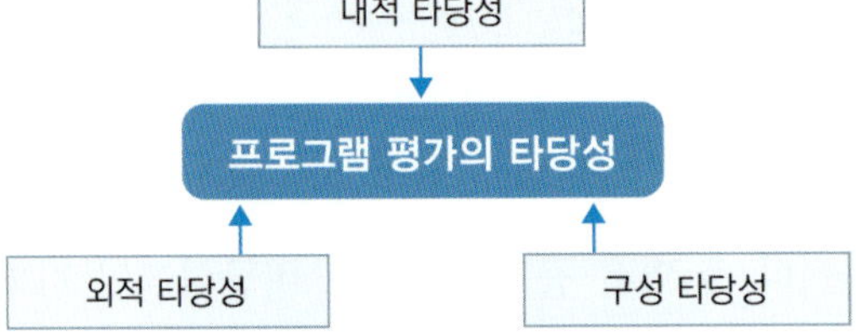

그림 8-5 프로그램 평가의 타당성

첫째, 내적 타당성(Internal Validity)은 프로그램이 집행된 이후에 일어나는 변화가 프로그램 때문인지 아니면 다른 요인 때문인지를 명백히 밝히는 것을 의미한다. 다시 말해, 실제로 프로그램 효과가 있었을 때 명백하게 있다고 판단하고, 없었을 때 없다고 분명히 밝히면 그 평가는 내적 타당성이 있는 것이다. 프로그램 평가의 초점은 프로그램이 운영된 후에 프로그램 효과가 있었는지의 여부를 판단하는 데 있다. 이러한 목적은 내적 타당성이 있는 평가에 의해서만 달성될 수 있다. 그러므로 프로그램 평가를 위해 고찰된 모든 통계적 · 실험적 방법들은 내적 타당성을 제고하는 데 주요 목적을 두고 있다(정정길 외, 2005).

둘째, 외적 타당성(External Validity)은 어떤 상황에서 내적 타당성을 가진 프로그램 평가가 다른 상황에서도 적용될 수 있는 정도를 의미한다. 특정 상황하에서 타당한 평가가 다른 상황하에서는 과연 얼마만큼 타당할 것인가, 즉 일반화의 정도를 나타내는 것이 외적 타당성이다.

셋째, 구성 타당성(Constructure Validity)이 있다. 독립변수와 종속변수에 대한 추상적 개념은 관찰가능한 지표로서 조작적 정의(operalization)를 내리게 되는데, 이때 개념의 구성이 얼마나 정확하게 실체를 표현했는가의 정도를 의미한다. 개념에 대한 구성 타당성이 있어야 내적 타당성이 가능하다는 측면에서 구성 타당성은 내적 타당성의 전제 조건이다.

한편 프로그램 평가는 신뢰도가 담보되어야 한다. 프로그램 평가의 신뢰도는 평가 결과가 어느 정도 믿을 만한가를 의미하며, 이것은 그 프로그램을 측정하거나 평가한 도구가 그와 유사한 다른 현상을 되풀이해서 측정했을 때, 그 결과가 얼마나 일관성 있게 나타나는가의 정도를 통해서 측정된다. 그러므로 신뢰도란 동일한 측정도구를 반복해서 사용했을 때 동일한 결과를 얻을 확률을 나타내는 것이다.

프로그램 평가는 신뢰도가 높아야 한다. 아무리 정확한 자료와 연구설계를 이용하여 측정하고 평가하였다고 하더라도 신뢰도가 낮다고 판단되면, 누구의 관심도 받을 수 없는 무용지물이 되고 말 것이다. 따라서 신뢰도를 높이는 방법을 강구하고 그것을 떨어뜨리는 요인을 제거해 나가야 한다. 프로그램의 신뢰도를 떨어뜨리는 요인으로 프로그램 평가 대상자의 과민한 반응, 실험관찰자의 영향, 상황적 요소, 측정도구의 문제, 측정 및 평가과정의 문제점 등을 들 수 있다.

2. 욕구조사

1) 욕구의 유형

욕구조사는 사회복지현상을 포함해 다양한 분야에서 수혜자, 소비자 등의 욕구를 분석 파악하기 위해 진행되는 조사이다. 이런 집단의 주요 욕구를 계량적으로 측정하기 위한 작업이며, 이를 바탕으로 필요한 것에 준비하게 된다. 따라서 사회복지분야에서는 사회복지 프로그램을 제공하기 전에 반드시 진행하게 되는 필수적인 과정이라고 할 수 있다.

욕구조사를 이해하기 위해서는 인간이 가지고 있는 욕구에 대해 살펴볼 필요성이 있는데, 인간의 욕구에 대한 이론으로 대표적인 것은 매슬로우(Maslow)의 욕구계층이론, 브래드쇼(Bradshaw)의 사회적 욕구이론 및 머레이(Murray)의 욕구이론이 대표적이다.

(1) 매슬로우 욕구계층이론

매슬로우는 그림 8-6과 같이 다섯 가지의 기본적인 인간의 행동을 유발하는 동기들을 가정하였다. 즉, 가장 강한 것에서부터 가장 약한 것에 이르기까지 수준이 있는데, 이는 기본 생리적 욕구, 안전 욕구, 소속감과 사랑의 욕구, 자존감 욕구, 자기실현 욕구이다. 욕구 단계가 낮을수록 생존을 위해 필요한 가장 기본적인 욕구이다. 낮은 욕구는 인간의 행동에 큰 영향을 미친다. 욕구 단계가 높을수록 덜 기본적이며 잠재적인 영향력도 더 약하다. 또한 욕구 단계가 높을수록 같은 욕구를 가진 사람은 점점 소수로 줄어든다. 모든 동물과 마찬가지로 인간은 생리적, 안전의 욕구를 공유하고 있고, 무리를 이루고 사는 고등생물과 마찬가지로 인간도 소속감과 사랑 욕구를 공유하고 있지만 오로지 인간만이 자존감과 자기실현의 욕구 단계가 있는 것으로 보고 있다.

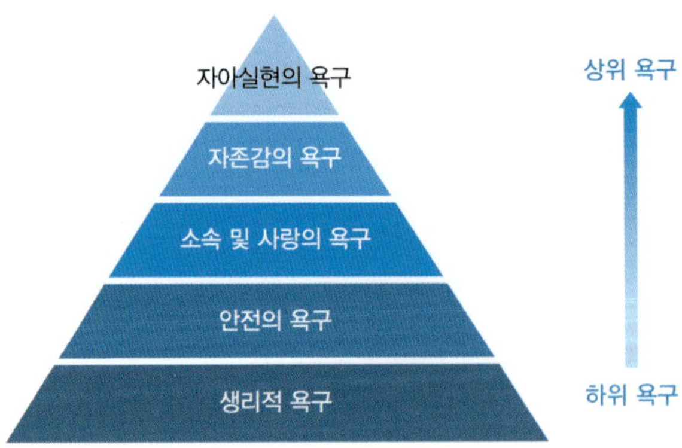

그림 8-6 매슬로우의 5단계 욕구이론

매슬로우는 욕구이론을 발표하면서 인간의 욕구를 결핍 욕구(deficiency needs)와 성장 욕구(growth needs)로 구분하고, 잘 적응된 인간을 관찰하여 이론체계를 구성하였다. 즉, 잘 적응된 인간은 무의식적인 욕구에 따라 행동하고 성장하고 행동하는 것이 아니라, 그들 스스로 성장하고 즐기며 새로운 것을 학습하고 능력을 키워 나가면서 발전한다고 보았다. 또한 인간은 수동적 존재가 아니라 자신이 스스로 행동을 선택하고, 자신이 스스로 형성할 수 있는 능동적인 존재라고 보았다. 매슬로우 욕구이론에 인본주의 학자라는 이름이 붙은 이유도 이처럼 인간의 자율적이고 자발적인 의지를 강조하기 때문이다. 매슬로우는 인간은 개인적인 성장을 위해 굉장한 잠재력을 가지고 있으며, 기본적으로 선한 마음으로 자아실현(self-actualization)의 욕구를 충족하고자 노력하는 존재라고 생각했다. 그는 사람들이 행동하는 요인과 개인의 자아(ego)를 완전하게 실현하는 삶으로 이끌어 가는 동기에 관심을 가졌다. 그래서 완전하게 자신의 기능을 다하는 사람만이 자아를 완전하게 실현하는 것으로 보았다. 특히 자아실현의 동기가 그 사람의 삶에 큰 영향을 미치기까지 몇 개의 욕구 단계를 거친다고 가정하였다. 그리고 자아를 실현하는 욕구가 가장 큰 동기를 불러일으키는 것으로 보았다.

그러나 앞서 설명한 인간 욕구 5단계(생리적, 안전, 소속감 및 사랑의 욕구와 자존감, 자아실현의 욕구)는 인간의 모든 욕구를 설명하기엔 부족하다고 여겼다. 왜냐하면 시대는 점점 빠르게 변하고 있고 사람들이 가지고 있는 욕구도 시대에 맞춰 가고 있었기 때문이다. 따라서 매슬로우는 그림 8-7과 같이 현대 시대에 맞는 발전된 욕구이론 8단계를 소개하였다.

5단계 중 1단계부터 4단계까지를 결핍 욕구라고 한다면 성장 욕구라고 불리던 자아실현의 욕구를 더 세분화하여 자세히 구분 지었다. 인지적, 심미적, 자아실현, 자기초월의 욕구[2])를 성장 욕구로 제시하면서 높은 단계의 상위 욕구의 세분화를 다시 한번

2) • 인지적 욕구: 교육, 문화, 시식적으로 알고자 하는 인지적 욕구(intellectual needs)는 정보와 학문에 접근하고 방법을 알며 지식적으로 모든 것의 의미를 알고자 하는 욕구이다.

• 심미적 욕구: 문화예술을 추구하며 자연, 환경을 통한 심미적 욕구(aesthetic needs)는 눈에 보이는 외적인 아

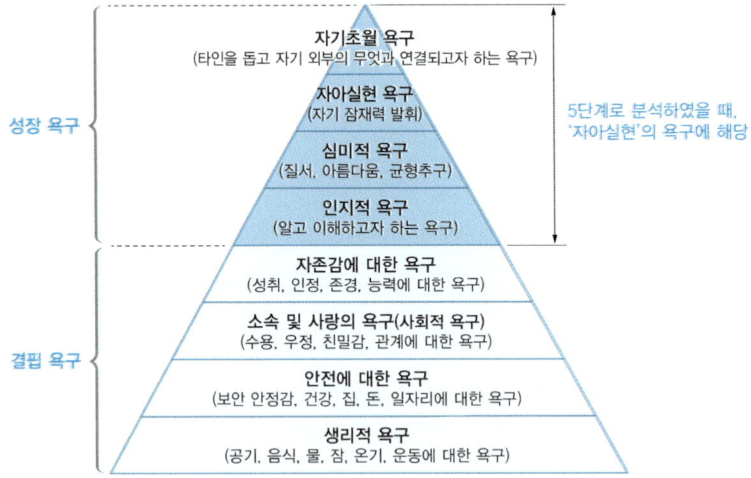

그림 8-7 매슬로우의 8단계 욕구이론

정리하였다. 즉, 기존에 있었던 결핍 욕구가 네 가지였고 성장 욕구가 한 가지였다면, 현대 시대의 발전된 욕구 이론은 결핍 욕구 네 가지, 성장 욕구 4가지로 총 8단계의 욕구 이론을 정립하였다.

(2) 브래드쇼의 사회적 욕구이론

브래드쇼는 그림 8-8과 같이, 인간의 욕구를 규범적 욕구, 인지적 욕구, 표출적 욕구 및 상대적 욕구로 구분하는 사회적 욕구이론을 주장하였다.

름다움보다 정서적이고 감성적인 내적인 아름다움을 추구하는 욕구이다.

- 자아실현 욕구: 5단계의 자아실현 욕구보다 더 발전된 자아실현 욕구(self-actualizationneeds)는 그 개인의 전체적인 욕구로서 최상의 욕구라고 할 수 있다. 이 욕구는 최대한 자신의 잠재력을 실현하는 것이다.
- 자기초월의 욕구: 자기초월의 욕구란 자기 자신의 완벽한 완성을 넘어서 타인과 사회에 기여하고자 하는 욕구를 뜻한다. 자기초월의 욕구는 그 밑에 있는 낮은 욕구의 계층들이 상위 계층으로 전환되기 위해 최하위계층에서 시작하여 각 상위 계층을 뛰어 넘으려고 노력하는 '작은 자기초월'을 이룬다. 그리고 발현하는 '큰 자기초월'이 최종적으로 나타나는 욕구라고 볼 수 있다. 결핍 욕구 이후에 나타나는 자아실현과 자기초월의 욕구를 인간의 일반적이며 통상적인 욕구를 넘어섰다고 하는 뜻에서 '메타욕구(Meta-needs)'라고 명명하였다.

그림 8-8 브래드쇼의 사회적 욕구이론

(3) 머레이의 욕구이론

머레이에 의하면, 성격의 가장 기본이 되는 일차적 변인은 동기특성이며, 이 동기특성 중에서도 가장 원천적인 것이 인간의 욕구라고 규정하고 있다. 머레이는 욕구를 장기발생적(일차적) 욕구와 심리발생적(이차적) 욕구로 구분하였다. 그리고 그는 심리발생적 욕구를 중요시하고 그것을 여러 가지 요인으로 분류하였는데, 그림 8-9와 같이 성취욕구(Achievement), 친애욕구(Affilintion), 지배욕구(Dominance), 과시욕구(Exhibition), 성욕구(Sex), 공격욕구(Aggression), 자율욕구(Autonomy) 등이다.

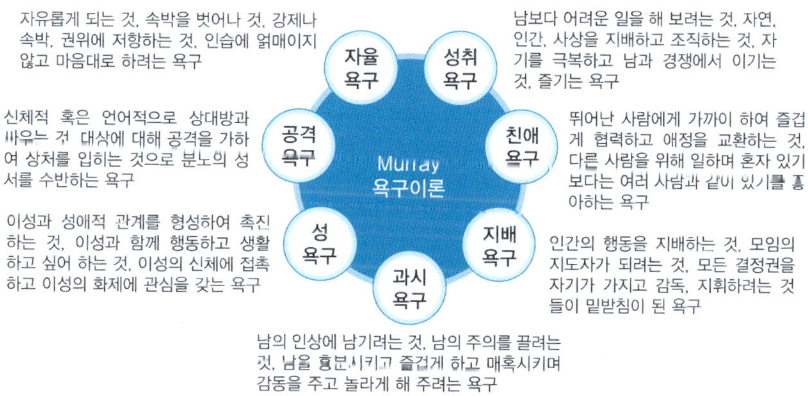

그림 8-9 머레이의 욕구이론

머레이는 이 외에도 인간에게는 굴욕회피욕구(Infavoidance), 양호욕구(Nurrurance), 질서욕구(Order), 유희욕구(Play), 구호욕구(Succorance) 등이 있다고 주장하였다.

2) 욕구조사의 목적 및 필요성

욕구조사는 지역사회 또는 개인 · 집단의 사회문제를 해소하기 위해 욕구를 충족시켜 줄 서비스의 개발이나 기존 서비스의 보완을 위해 대상집단의 욕구를 명확하게 파악하기 위해 실시하는 연구방법이다. 사회복지현장에서는 서비스를 제공하는 프로그램이나 정책대안의 연계성을 통해 관련 기관과의 협력체제 구축 및 유익한 정보 공유에 대한 필요성이 중요하며, 수혜자 중심적, 친화적인 프로그램이나 정책운영이 무엇보다도 필요한데, 욕구조사를 통해 기관의 정체성 확립 및 존립근거를 마련하게 된다.

사회복지현장에서 욕구조사를 진행하는 목적은 대상집단의 욕구를 충족하기 위해 진행되며, 사회문제를 해결하고 예방하기 위한 정책대안이나 프로그램의 개발 및 수정하기 위한 목적에 있으며 복지서비스를 제공하는 사회복지기관 단체의 운영에 도움이 되는 기초자료로 활용하기 위해서다. 이러한 욕구조사의 목적을 달성하기 위한 욕구조사의 필요성과 질문내용은 표 8-5와 같다.

표 8-5 욕구조사의 필요성과 질문내용

구분	내용
필요성	• 주민들이 필요로 하는 각종 서비스 또는 프로그램을 식별해 우선순위를 정함 • 프로그램 운영에 필요한 예산 할당 기준을 마련함 • 프로그램을 수행하는 지역사회 내에 기관들 간의 상호의존 및 협동상황을 파악함 • 욕구조사를 통해 기관의 정체성을 확인함(기관의 미션과 비전) • 욕구조사를 통해 기관의 활동과 프로그램을 대상집단이나 지역사회에 홍보함

구분	내용
질문내용	• 인구통계학적 사항 • 평가자료 및 새로운 서비스 개발에 대한 자료 • 지역사회 활용 가능한 자원

하지만 이런 욕구조사를 하기 위해 반드시 고려되어야 할 부분이 있다. 즉, 어떠한 정책이나 대안이 프로그램에 필요한지를 파악해야 하며, 인적·물적 자원의 할당 기준이 제대로 수립되어 있는지에 대한 고민, 욕구조사를 통해 시작된 프로그램 평가의 기초자료가 확실한지, 기관의 정체성이 담긴 기관의 활동과 프로그램 홍보가 제대로 될지에 대한 고민 등이 필요하다.

3) 욕구조사의 자료수집 방법

욕구조사를 위한 자료수집 방법에는 일반적으로 그림 8-10과 같이 설문조사, 문헌통계조사 방법 및 인적자원조사 방법으로 구분할 수 있으며, 구체적인 자료수집 방법은 표 8-6과 같다.

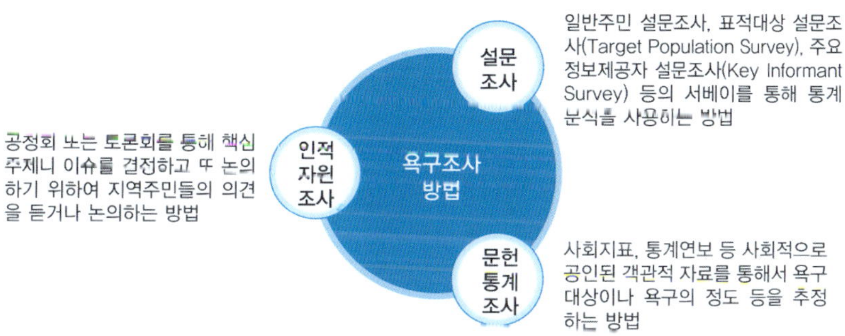

그림 8-10 욕구조사의 자료수집 방법

표 8-6 구체적인 욕구조사의 자료수집 방법

구분		내용
직접조사 (인지적 요구)	일반인구 조사방법	지역주민들 가운데 추출된 표본을 대상으로 면접이나 설문조사를 통해 욕구를 측정하는 방법이다. 이 방법의 장점은 사용된 조사방법과 도구는 다른 지역에서도 융통성 있게 사용이 가능하다는 것이고, 단점으로는 욕구조사를 위해 높은 비용과 오랜 시간이 걸리며, 많은 인력을 필요로 한다는 것이다.
	표본인구 조사방법	프로그램 제공을 통해 문제해결의 대상으로 삼는 표적집단에 설문조사를 실시함으로써 욕구와 서비스 이용실태를 파악하는 기법이다. 이 방법의 장점으로는 표본을 통해 전체 인구의 욕구의 파악이 가능하다는 것이고, 단점으로는 질문지의 회수율이 낮고, 사회적으로 바람직한 응답만을 얻을 수 있다는 것이다.
	델타이기법	전문가들에게 우편이나 메일로 의견이나 정보를 수집하여 분석한 결과를 다시 응답자들에게 보내 의견을 묻는 방식으로 만족스러운 결과를 얻을 때까지 계속하는 방법이다. 이 방법의 장점으로는 전문가를 한자리에 모으는 수고를 덜고, 응답자의 시간을 효율적으로 사용가능하고, 전문가가 자유로운 시간에 의견을 말할 수 있으며, 익명으로 진행되어 참가자의 영향을 줄일 수 있다는 것이다. 이에 비해 단점으로는 반복되는 동안 응답자의 수가 줄어들 수 있다는 문제를 지닌다.
	지역사회 공개토론회 · 공청회	조사자가 주민들을 한자리에 참여시켜 공개적인 모임을 통해 욕구나 문제를 관찰하고 파악하는 방법이다. 이 방법의 장점은 비용이나 시간적인 측면에서 효율적이고, 광범위한 계층의 의견을 수렴할 수 있다는 것이며, 단점으로는 관심 있는 소수의 사람이 참여할 수 있어 표본의 편의(bias) 현상이 나타날 수 있다는 것이다.
사례조사		주요 정보 제공자를 대상으로 조사를 실시하거나 지역에 오래 거주해서 지역에 대해 잘 아는 사람을 대상으로 욕구조사를 실시하는 것이다. 이 방법의 장점으로는 비용과 인력이 적게 들어 경제적이며, 단점으로는 대표자나 지도자, 즉 조사대상자를 선정하는 기준이 모호하고, 대표자나 지도자가 주민의 의견을 대변할 수 있는가에 대한 의문을 가질 수 있다는 것이다.
간접증거 자료조사		사회지표분석, 정부기관이나 연구기관의 관련 전문가의 정기적 또는 비정기적으로 발표한 자료를 활용하여 지역사회의 욕구를 파악하는 것이다. 이 방법의 장점은 직접 자료조사를 하지 않기 때문에 비용적인 측면에서 매우 경제적이라는 것이며, 단점으로는 해당 지역에 알맞은 지표를 찾아내는 일이 쉽지 않다는 것이다.

4) 욕구조사의 예: 설문지

표 8-7에 제시되어 있는 욕구조사의 설문지는 방화11종합사회복지관(2020)의 연구를 참고하여 가상으로 행복종합복지관의 운영목적에 부합한 사회복지실천을 위한 지역주민의 욕구조사를 위해 제작된 것으로, 조사대상은 OO지역의 OO동에 거주하거나 생활권역인 주민들을 대상으로, 직원들이 일대일로 주민을 만나 조사하거나 상황에 따라 온라인 조사를 진행할 예정이며, 표본추출 방법은 비확률 표집방법으로 500명의 주민의 자료를 수집할 예정이다.

표 8-7 욕구조사의 예: 설문지

복지관 운영목적에 부합한 사회복지실천을 위한 지역주민 욕구조사

안녕하십니까? 저희는 OO시 OO구 OO동에 있는 행복종합사회복지관입니다. 행복종합사회복지관은 1990년에 개관하여 지역주민이 주체가 되어 더불어 사는 행복한 지역사회를 만들기 위해 노력하고 있습니다.

이번 조사는 지역주민의 인식 및 욕구를 파악하여 복지관 운영목적에 부합한 사회복지실천의 방향을 모색하기 위해 진행되는 조사입니다. 본 조사는 정답이 있는 것이 아니므로 생각하시는 그대로 응답해 주시면 됩니다. 설문지를 통해 밝히신 의견 및 개인적인 응답 내용은 지역주민의 욕구에 맞는 복지사업을 추진하는 데만 사용될 것이며, 통계법 제33조에 따라 비밀이 보장됨을 알려 드립니다.

바쁘신 와중에도 설문에 응해 주셔서 깊은 감사의 말씀을 드립니다. 여러분의 적극적인 참여와 도움을 부탁드립니다.

설문 조사에 대하여 문의 사항이 있으시면 행복종합사회복지관으로 연락해 주시기 바랍니다.
(연락처: 000-000-0000)

2023년 7월

행복종합사회복지관 관장 OOO

조사자		지역	
설문작성 날짜		코딩번호	

Ⅰ. 복지관 운영목적에 부합하는 복지관 역할과 운영에 대한 인식

행복종합사회복지관(이하 행복복지관)은 다음과 같은 목적으로 운영되고 있습니다. 아래의 내용을 잘 읽어 보신 후 설문에 응답해 주세요.

- 운영목적
  지역주민이 주체가 되어 더불어 사는 행복한 지역사회를 만드는 것입니다.

- 지역주민의 주체성이란?
  내 생각을 반영하여 스스로 선택하고 행동하는 것으로, 예들 들어 복지관 운영 및 활동 전반에 대해 의견을 제시하는 것, 복지관이 일방적으로 결정하기보다는 주민과 의논해서 결정하는 것, 어떤 사안에 대해 주민이 할 수 있는 만큼 역할을 하는 것, 복지관에서 진행되는 다양한 활동에 내 의지로 참여하는 것, 직접 계획 또는 진행 또는 평가를 하는 것, 내 삶과 연관된 모든 것을 선택하여 결정하는 것, 내 삶이라고 말하는 것, 내 삶의 주인으로 사는 것을 의미합니다.

- 더불어 사는 행복한 지역사회란?
  이웃이 있고 인정이 있어 누구나 살 만한 지역사회로, 예를 들어 이웃을 알아 가고, 이웃과 친하게 지내고, 이웃과 함께하고, 안부 나누고, 관심 가지고 인사하고, 음식 나눠 먹고, 일상 안에서 이웃과 함께하는 것을 의미합니다.

1. 행복복지관에 대해서 알고 계십니까?
   ① 복지관이 주로 활동하는 내용과 프로그램을 자세히 안다
   ② 복지관이 어떤 것을 주로 하는지 조금 안다
   ③ 복지관이 어디에 있는지 안다
   ④ 복지관 이름만 들어봤다
   ⑤ 잘 모른다(☞ 4번으로 가 주세요)

2. 행복복지관이 '지역주민이 주체가 되어 더불어 사는 행복한 지역사회를 만든다'는 목적으로 운영되고 있다는 것을 알고 계십니까?
   ① 매우 잘 알고 있다 ② 어느 정도 알고 있다 ③ 거의 모른다 ④ 전혀 모른다

3. 귀하는 '지역주민이 주체가 되어 더불어 사는 행복한 지역사회를 만든다'는 목적에 맞게 행복복지관이 운영되고 있다고 생각하십니까?
   ① 매우 그렇다(☞ 3–1번, 3–2번 응답)
   ② 그렇다(☞ 3–1번, 3–2번 응답)
   ③ 그렇지 않다(☞ 3–3번, 3–4번 응답)
   ④ 매우 그렇지 않다(☞ 3–3번, 3–4번 응답)
   ⑤ 모르겠다(☞ 4번으로 가 주세요)

〈3번에 ①, ② 응답자만〉

3–1. '지역주민의 주체성' 측면에서 본다면 어떤 점이 가장 그렇다고 생각하십니까?
   ① 주민이 판단, 선택할 수 있게 복지관이 다양한 정보를 알려 준다
   ② 주민이 복지관에 의견을 제시한다
   ③ 주민이 판단, 선택, 대답할 수 있게 복지관이 물어본다
   ④ 복지관이 일방적으로 결정하기보다는 주민과 의논해서 결정한다
   ⑤ 복지관에서 주민이 할 수 있는 역할을 제안한다
   ⑥ 복지관 활동에 직접 계획 또는 실행 또는 평가할 수 있다
   ⑦ 잘 모르겠다
   ⑧ 기타(   )

〈3번에 ①, ② 응답자만〉

3–2. '더불어 사는 행복한 지역사회' 측면에서 어떤 점이 가장 그렇다고 생각하십니까?
   ① 복지관이 이웃을 알 수 있게 소개해 준다
   ② 복지관에서 이웃과 인사와 안부를 전할 기회를 자주 마련해 준다
   ③ 복지관에서 이웃과 다양한 것(음식, 물건, 감정, 정보 등)을 나눌 기회를 만들어 준다
   ④ 주민이 갖은 어려움을 이웃과 함께 해결할 수 있도록 한다
   ⑤ 복지관에서 이웃과 서로 자주 모일 수 있게 한다
   ⑥ 잘 모르겠다
   ⑦ 기타(   )

〈3번에 ③, ④ 응답자만〉

3–3. '지역주민의 주체성' 측면에서 본다면 어떤 점이 가장 그렇지 않다고 생각하십니까?
   ① 주민이 판단, 선택할 수 있게 복지관이 다양한 정보를 알려 주지 않는다
   ② 주민이 복지관에 의견을 제시할 수 없다
   ③ 주민이 판단, 선택, 대답할 수 있게 복지관이 물어보지 않는다
   ④ 복지관이 주민과 의논하지 않고 일방적으로 결정한다
   ⑤ 복지관에서 주민이 할 수 있는 역할을 제안하지 않는다

⑥ 복지관 활동에 직접 계획 또는 실행 또는 평가할 수 없다
⑦ 잘 모르겠다
⑧ 기타(   )

〈3번에 ③, ④ 응답자만〉
3-4. '더불어 사는 행복한 지역사회' 측면에서 어떤 점이 가장 그렇지 않다고 생각하십니까?
① 복지관이 이웃을 알 수 있게 소개해 주지 않는다
② 복지관에서 이웃과 인사와 안부를 전할 기회를 자주 마련해 주지 않는다
③ 복지관에서 이웃과 다양한 것(음식, 물건, 감정, 정보 등)을 나눌 기회를 만들어 주지 않는다
④ 복지관에서 어려운 이웃을 일방적으로 돕는다
⑤ 복지관에서 이웃과 서로 자주 모이게 하지 않는다
⑥ 잘 모르겠다
⑦ 기타(   )

4. 행복복지관이 '지역주민이 주체가 되어 더불어 사는 행복한 지역사회를 만든다'는 목적대로 운영되면 어떤 점에서 좋다고 생각하십니까? 각 항목에 (V)해 주세요.

내용	구분			
	매우 그렇다	그렇다	아니다	전혀 아니다
성취감(만족감, 자부심, 자신감)을 느낄 수 있다.				
나의 어려움을 스스로 해결할 힘이 생긴다.				
도움만 받았던 사람도 누군가에게 도움을 줄 수 있다는 생각으로 변화한다.				
이웃끼리 어울리는 일이 많아진다.				
어려운 상황을 같이 의논할 이웃이 생긴다.				
마을에 발생하는 어려움을 주민이 힘을 모아 해결하게 된다.				
이웃과 인정이 있어 누구나 살 만한 마을이 된다.				

5. '지역주민의 주체성을 높이기 위해' 귀하에게 가장 적합한 행복복지관의 역할은 무엇이라고 생각하십니까?
① 내가 판단, 선택할 수 있게 복지관이 다양한 정보를 알려 준다
② 내가 판단, 선택, 대답할 수 있게 복지관이 자주 물어본다
③ 복지관이 일방적으로 결정하기보다는 나와 의논해서 결정한다

④ 혼자 해결하기 어려우면 복지관이 함께 고민해 준다
⑤ 복지관 활동을 할 때 내가 할 수 있는 역할을 제안한다
⑥ 더 많은 의견을 말할 수 있는 제도를 마련해 준다
⑦ 복지관에서 주체성 강화에 도움되는 교육을 진행한다
⑧ 잘 모르겠다
⑨ 기타(   )

6. '더불어 사는 행복한 지역사회를 만들기 위해' 귀하에게 가장 적합한 행복복지관의 역할은 무엇이라고 생각하십니까?
① 복지관에서 이웃을 알 수 있게 소개해 준다
② 복지관에서 이웃과 인사와 안부를 전할 기회를 마련해 준다
③ 복지관에서 이웃과 함께할 수 있는 활동을 제안해 준다
④ 복지관에서 이웃과 다양한 것(음식, 물건, 감정, 정보 등)을 나눌 기회를 만들어 준다
⑤ 복지관에서 이웃과 함께 어울릴 때 필요한 장소, 이웃, 관심, 기술, 금품, 제도 등(자원)을 소개해 준다
⑥ 복지관에서 더불어 사는 행복한 지역사회를 만드는 데 도움되는 교육을 진행한다
⑦ 잘 모르겠다
⑧ 기타(   )

7. 본인, 가족, 마을에 필요한 행복복지관의 동 중심 복지사업은 무엇이라고 생각하십니까? 아래의 표를 참고하셔서 우선순위대로 두 가지를 써 주세요.

① 아동 · 청소년이 마을 어른에게 배우는 활동
② 또래 아동이 중심되는 다양한 놀이, 여행 활동
③ 이웃과 함께 그림책 만드는 활동
④ 이웃 동아리(내가 관심 있는 주제로 이웃과 함께 어울리는 활동)
⑤ 이웃과 함께 음식을 만들고 나누어 먹는 활동
⑥ 더불어 살게 돕는 캠페인 활동(생활복지운동)
⑦ 이웃과 함께하는 우리 마을 영화제 활동
⑧ 이웃과 어울리는 마을 자치활동(텃밭 가꾸기, 수확물 나눔 등)
⑨ 사례관리(혼자 해결하기 어려운 일이 있을 때 주민과의 상담을 통해 여러 가지 자원을 활용하여 어려움을 해결하고 이웃과 더불어 살게 돕는 일)
⑩ 해당 사항 없음
⑪ 기타(   )

7-1. 본인	1순위( ) / 2순위( )
7-2. 가족	1순위( ) / 2순위( )
7-3. 마을	1순위( ) / 2순위( )

II. 일반적 사항에 대한 질문입니다. 해당하는 사항에 표시해 주시면 됩니다.

성별	① 남성 ② 여성
연령	만 _______세
주거현황	① 단독주택 ② 다세대 주택 ③ 아파트 ④ 연립(빌라)주택 ⑤ 임대(아파트, 주택) ⑥ 기타
거주기간	______년 ______개월
거주지 만족도	① 매우 만족 ② 만족 ③ 보통 ④ 불만족 ⑤ 매우 불만족
가족구성	① 1인 가구 ② 부부 ③ 부모+자녀 ④ 조부모+부모+자녀 ⑤ 한부모+자녀 ⑥ 한부모+손자녀 ⑦ 조부모+손자녀 ⑧ 기타
정부지원형태	① 국민기초생활수급자 ② 조건부 수급자 ③ 차상위 ④ 지원받지 않음
자기 삶의 만족도	① 매우 만족 ② 만족 ③ 보통 ④ 불만족 ⑤ 매우 불만족
이웃 관련 만족도	① 매우 만족 ② 만족 ③ 보통 ④ 불만족 ⑤ 매우 불만족
행복복지관에 바라는 점 (복지관 운영, 프로그램 등 주제에 상관없이 적어 주시면 됩니다)	

☺ 긴 시간 설문에 응답해 주셔서 고맙습니다 ☺

주민분들이 해 주신 귀한 설문 내용을 바탕으로 앞으로도 지역주민이 주체가 되어 더불어 사는 행복한 지역사회를 만들기 위한 행복종합사회복지관이 되도록 노력하겠습니다.

Chapter 09

표본추출

배울 내용

1. 표본추출의 이해
2. 표집방법에 대한 접근

학습목표

1. 표본추출의 기본 용어, 대표성과 표본편향, 표본의 크기와 결정요인을 설명할 수 있다.
2. 확률적 표집방법과 비확률적 표집방법의 유형을 알고 비교 분석할 수 있다.

09 Chapter 표본추출

1. 표본추출의 이해

조사연구에서 자신이 관심을 두는 모집단을 결정했다면, 그 다음의 단계는 누구를 대상으로 연구를 실시할 것인가를 결정하는 것이다. 이것은 모집단을 대표하기 위한 표본의 응답자들을 선정한다는 것을 내포하고 있다. 표본추출의 강력성과 효율성에 대해 조사연구자인 캠벨(Campbell, 1981)은 표 9-1과 같이 주장하고 있다.

표 9-1 표본추출의 강력성과 효율성

> 매우 다양한 어떤 커다란 모집단을 묘사하기 위해서 선택할 수 있는 방법은 분명히 표본조사에 의한 방법이다. 이전에 통계학자들과 사회과학자들이 전체 집단의 모든 인원들이 동일한 확률로 선택되게 되는 식으로 어떤 커다란 모집단으로부터 하나의 표본을 추출하는 방법을 알아내 왔으며, 몇천 명(따라서 상대적으로 소수의)의 주의 깊게 선정된 사람들로부터 정보를 얻음으로써, 예를 들어 전체 미국인들과 같은 2억 명에 가까운 전국적 모집단을 정확하게 기술할 수가 있어 왔다.

이처럼 전국 모집단을 기술하거나 어떤 회사의 직원들과 같이 훨씬 더 적은 어떤 모집단을 기술하든 간에 그 절차들은 동일하다. 표본조사와 전수조사의 관계를 살펴보면 그림 9-1과 같다.

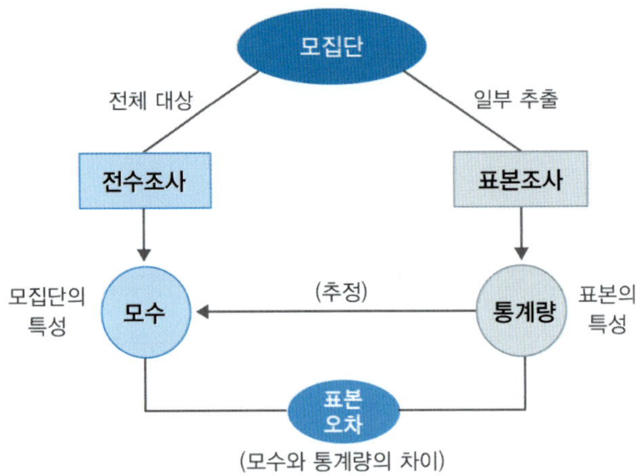

그림 9-1 표본조사와 전수조사의 관계

1) 표본추출의 기본 용어

표본추출에 대해 논의하기 전에 표본추출에 사용되는 기본적인 용어에 대한 정의들을 명확하게 이해하는 것이 필요하다. 먼저 모집단, 표본 및 표집의 관련성을 나타내면 그림 9-2와 같다.

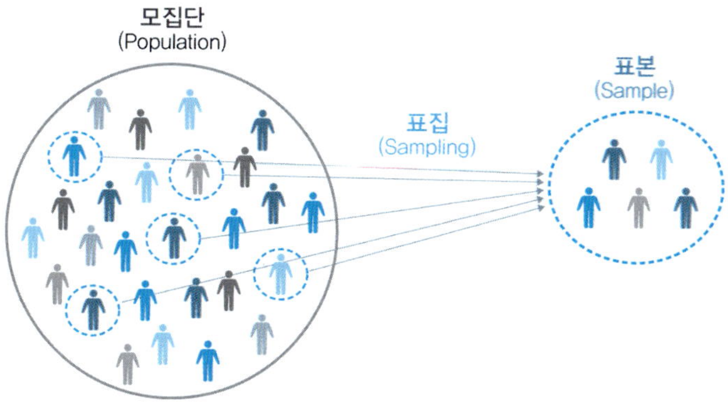

그림 9-2 모집단, 표본 및 표집

(1) 모집단

모집단(母集團, population)이란 정보를 얻고자 하는 관심 대상의 전체 집합을 말한다. 즉, 통계를 통해 알아보고자 하는 관심의 대상이 되는 전체 집단을 의미한다. 예를 들어, 우리나라 전체 성인 남성의 평균 신장을 알고 싶다면, 모집단은 우리나라의 모든 성인 남성이 되고, 서울 지역의 성인 남성의 평균 신장을 알고 싶다면, 모집단은 서울 지역의 모든 성인이 모집단이 된다. 따라서 모집단은 우리가 무엇을 알려고 하느냐에 따라 다르게 정의되기 때문에 모집단을 명확하게 정의하는 것은 매우 중요하다.

(2) 표집요소

표집요소(sampling element)는 정보수집 대상의 단위, 개인이거나 가족, 사회모임, 기업, 집단 등이 요소가 될 수 있다. 모집단을 구성하고 있는 개별대상으로 요소에 해당하는 것으로는 특정한 속성을 가진 개별인간, 가족, 집단, 기관, 지역사회, 국가 등이 있다. 자료가 수집되는 대상의 단위로서 자료 분석의 기초가 된다.

(3) 표본

표본(標本, sample)은 모집단(population)의 부분집합이다. 표본집단(Sample)은 모집단에서 특정 방법(Sampling method)을 통해 선발된 표본의 집단을 의미한다. 즉, 표본은 여러 통계 자료를 포함하는 집단 속에서 그 일부를 뽑아내어 조사한 결과로써 모집단의 성질을 추측할 수 있는 통계자료를 의미한다. 전형적으로 모집단은 매우 크며, 모집단의 모든 값에 대해 전수조사(census)나 전부조사(complete enumeration)를 하는 것은 실용적이지 않거나 불가능하다. 예를 들어, 우리나라 전체 성인 남성의 평균 신장을 알고 싶다면, 모집단은 우리나라의 모든 성인 남성이 된다. 따라서 우리나라 전체 성인 남성을 대상으로 신장을 측정한다면 진리에 가까운 값을 얻을 수 있지만 전체 남성을 대상으로 신장을 측정하는 것은 거의 불가능하고 효율적이지 않기 때문에 전체 남성 중에서 연령대별로 전체 2,000명을 대상으로 신장을 측정하여 그 결과를 우리나라 전체 성인 남성의 신장에 대해 추론을 하게 되는 것이 더욱 효과적일 수 있다. 따라서 전체 성인 남성 중 2,000명에 해당하는 것이 표본 혹은 표본집단이다.

따라서 표본은 다룰 수 있을 만한 크기의 부분집합을 의미한다. 표본이 얻어지면 모집단으로부터 얻은 표본에 대해 추론(inference) 또는 외삽법(extrapolation)을 하기 위하여 통계적 계산이 수행된다. 표본으로부터 이러한 정보를 얻기 위한 과정(process)을 표집(sampling)이라고 한다.

(4) 표집단위

표집단위(sampling unit)는 표집과정의 각 단계에서 표집대상이 된 요소들의 단위를 말한다. 예를 들어, 전국 단위 조사에서 시 · 도를 1차 표집하고 표집된 시 · 도에서 시 · 군 · 구를 표집하고, 시 · 군 · 구에서 읍 · 면 · 동을 표집하고 읍 · 면 · 동에서 개인을 표집할 경우, 표집 단위는 시 · 도, 시 · 군 · 구, 읍 · 면 · 동, 개인이 되는 것이다. 표집과정에서 선발이 고려되는 요소로서 모집단에서 표집을 추출하는 과정이 한 번의 절차로 이루어질 경우에는 모집단의 요소가 바로 표집단위가 된다.

(5) 관찰단위

관찰단위(observation unit)는 직접적인 조사대상으로 자료가 수집되는 요소 또는 요소들의 집합체이자 자료수집 단위이다. 관찰단위는 분석단위와 대체로 일치하지만 반드시 일치하지는 않는다. 관찰단위는 모집단 혹은 표본에서 자료의 수집이 이루어지는 요소이다. 자료수집의 단위가 관찰단위이고 자료수집 내용에서 실제 분석하는 단위가 분석단위이다.

(6) 표집틀

표집틀(sampling frame)은 연구대상 모집단에서 개별요소 하나가 선택될 비율을 의미한다. 표본으로 추출될 요소들의 전체 명단을 의미한다. 달리 말하면 표본이 실제로 추출될 표집단위의 총합이라고 할 수 있고 모집단의 명부이다.

(7) 표집

표집(標集, sampling)은 모집단에서 표본을 추출하는 과정을 의미한다. 즉, 관심 대상의 모집단에 관한 정보를 얻기 위한 의도로 개별적 관측을 선택하는 통계적 수행의 일부이며 또한 사실검증의 일부를 의미한다. 일반적으로 사회조사에서 전체 대상지의 전수조사가 어렵기 때문에 확률적으로 모집단을 대신할 수 있는 일부의 대상을 선발하여 조사를 실시하게 된다. 잘못된 표본추출의 예는 표 9-2와 같다.

표 9-2 잘못된 표본추출의 예

루즈벨트 대통령

1936년 리터러리 다이제스트(Literary Digest)는 잘못된 표본추출의 교과서적인 예이다. 당시 리터러리 다이제스트는 영향력이 있는 언론매체였다. 그들은 1,000만 명에게 설문조사를 우편으로 발송해 약 240만 명이 응답하였는데, 대선에서 알프래드 랜던이 프랭클린 루즈벨트[1)]를 압도적으로 이길 것이라고 예측하였다. 유권자들의 표본은 전화번호부, 잡지구독신청 명단들, 그리고 자동차등록명부들에서 선정되었다. 이와 동일한 기법을 사용해서 여론조사가들은 이전의 4개의 선거들의 결과를 정확하게 예언한 경험이 있었다. 그러나 미국의 경제대공황의 충격으로 점증하는 숫자의 빈민층들이 1936년도에 투표했으며, 이들의 그러한 목록들 속에 적절하게 수록되지 않았다. 갤럽 조사기관의 창업자인 갤럽(Callup)은 동일한 선거에서 2,000명을 대상으로 상이한 기법을 이용하여 루즈벨트의 1936년도의 승리를 예언하였다. 즉, 갤럽의 2,000명을 대상으로 실시된 여론조사가 다이제스트의 240만 명을 대상으로 실시한 조사보다 더 정확하게 예언을 한 것이다. 하지만 1948년에도에 갤럽은 듀이 후보가 트루만 후보를 이길 것이라고 자신 있게 그러나 잘못된 예언을 하였다.

루즈벨트 대통령의 선거를 예측한 다이제스트와 갤럽의 경우 표본을 추출하는 방법에서 차이가 있었다. 즉, 다이제스트는 자회사의 잡지의 독자들, 자동차 소유자 및 전화가입자를 조사대상자로 비랜덤(nonrandom) 표본추출을 하였다. 당시에 전화와 자동차는 사치품이었고, 그것을 소유한 사람들은 대부분 랜던을 지지하는 성향으로 인해 편향(bais)이 발생한 것으로 해석할 수 있다(전화와 자동차를 가진 사람들도 루스벨트를 똑같이 지지했다는 반론이 존재함). 다시 말해, 1936년 당시 기준으로 표본이 된 인구들은 전체 인구에 비해 압도적으로 부유한 계층에 속해 있었고, 이들은 보수 성향의 공화당 지지자일

1) 미국 최초의 4선 대통령으로서, 오늘날 미국 행정부의 기능과 역할은 그의 통치방식에 힘입은 바 크다. 국내적으로는 1930년대의 대공황 타개를 위하여 뉴딜정책을 추진했고, 대외적으로는 제2차 세계대전 동안 연합국을 지도함으로써 이후 미국이 세계평화에 기여하는 토대를 마련했다. 하버드 대학교 시절부터, 뛰어난 진보적 대통령이었던 친척 시어도어 루스벨트의 영향을 받아 정치에 매료되었다. 1921년부터 척수성 소아마비 증세가 나타났다. 1930년 뉴욕주지사 선거에서 대승을 거둔 루스벨트는 1932년이 되자 가장 유력한 민주당 대통령후보로 떠올랐다. 루스벨트는 미국 전역을 순회하며 '뉴딜'로 이름 붙여진 경제부흥 및 개혁안의 윤곽을 자신 있게 설명하여 당선되었다.

확률이 높았기 때문에 당연히 랜던 지지율이 높았다. 이는 표본의 편향으로 이어졌고, 리터러리 다이제스트가 대선 결과 예상 오류를 범하는 원인이 되었다.

그리고 통계 수집과정에서 사용하는 도구 자체에 내재된 편향으로도 연구는 손쉽게 편향될 수 있다. 예를 들어, 의료 목적으로 남자들의 평균 몸무게를 측정한다고 가정해 보면, 이때 체중계가 2kg 낮게 몸무게를 측정하고 있다면, 당연히 전 인구가 표본이라는 편향이 사라지지 않게 되는 것이다.

(8) 기타 표본추출 용어

지금까지 살펴본 표본추출 용어 외에 사용되고 있는 용어에 대해 살펴보면, 표 9-3과 같다.

표 9-3 기타 표본추출 용어

구분	내용
통계치	통계치(statistics)는 조사표본에서 특정 변수가 가지고 있는 특성을 요약한 것을 말한다. 표본에서 특정 변수의 특징을 말한다.
모수	모수(parameter)는 통계치를 근거로 확률적으로 추정하여 모집단의 특성을 요약하고 묘사한 것을 말한다. 통계치란 표본을 관찰하여 얻어진 자료를 의미하고 모수치란 모집단을 대상으로 한 자료를 말한다. 모집단에서 어떤 변수의 속성을 말한다.
표본조사	표본조사(sampling study)는 표본조사를 거쳐 모집단의 일부를 표본으로 선정하고 그 표본에 대해서만 실시하는 조사를 말한다.
전수조사	전수조사(population study)는 연구대상 전체인 모집단을 대상으로 실시하는 조사이다.
표집간격	표집간격(sampling interval)은 모집단으로부터 표본을 추출할 때 추출되는 개별 요소 간의 간격을 말한다.
표집오차	표집오차(sampling error)는 표본들의 분포에서 각 특성의 값 사이의 표준편차를 의미한다. 표준오차는 신뢰간격을 계산하는 데 사용한다. 표본의 통계치들이 모집단의 모수치와 정확히 일치하지 않고 그 주위에 분산되어 있는 정도이다.

구분	내용
신뢰구간	신뢰구간(confidence levels)은 통계치를 가지고 모수치를 추정할 때, 이 추정값의 오차범위를 의미한다. 즉, 신뢰수준 95%라고 하는 경우 실제 모수치와 추정된 모수치 사이의 오차 범위가 ±5%라는 의미이다. 신뢰구간은 모집단으로부터 표본을 체계적 또는 계통적 표집방법으로 추출할 때 사용하는 용어이다. 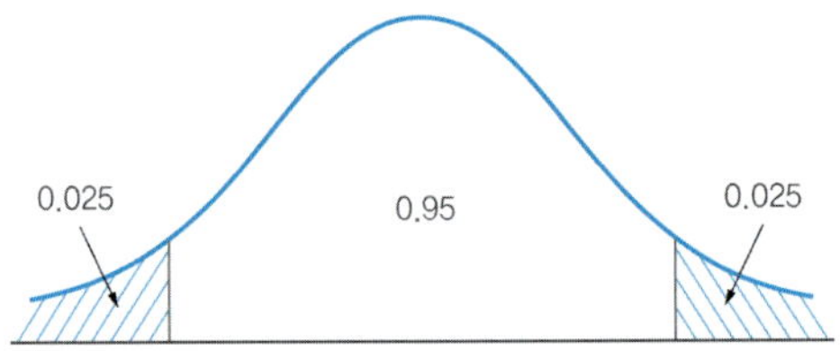

2) 대표성과 표본편향

어떤 표본에서 모집단으로 일반화시키는 능력은 그 표본의 대표성(representativeness)이 매우 중요하다. 모집단 속에 있는 개인들의 특징들은 여러 가지 양식으로 분포되어 있다. 즉, 모집단 속에서 그 특징들이 나타나는 상대적 빈도들의 차이가 존재한다. 즉, 모집단 속에서 그 특징들이 나타나는 상대적 빈도들이 차이를 보일 수 있다. 예를 들어, 한 개의 모집단에서 40%의 남성과 60%의 여자들이 있을 수 있는 반면에, 다른 모집단에서 그 분포는 25%의 남성과 75%의 여자들일 수 있다. 하나의 표본은 그 표본이 선정되었던 모집단과 동일한 특징들을 가진 분포를 나타내는 한 대표성을 지니고 있다고 할 수 있다.

앞에서 예로 들었던 우리나라 모든 성인의 신장을 알고 싶은 연구에서 만약 우리나라 남성의 비율이 45%, 여성의 비율이 55%였다면, 2,000명의 표본에서 남성 900명(45%), 여성 1,100명(55%)을 표집했다면 대표성을 지니고 있다고 할 수 있을 것이다.

대표성에 대한 주된 위협은 편향이다. 편향된 표본(biased sample)이란 특징들의 분포가 표적이 되고 있는 모집단의 특징들과 체계적으로 다른 표본을 의미한다. 편향된 표본 중 선정편향은 표본을 선정하기 위해서 사용된 절차들이 모집단의 어떤 부분을 과도하게 대표하거나, 이와는 반대로 어떤 중요한 부분을 제외시키거나 과소하게 대표하게 될 때 발생하게 된다.

3) 표본의 크기와 결정요인

표본의 크기는 모집단으로부터 추출한 표집단위의 총수이다. 모집단으로부터 추출한 표집단위의 수를 몇 개로 할 것인가라는 표본의 크기를 결정하는 문제는 비용이나 시간을 절약하면서도 표본의 통계치로 모집단의 모치수를 정확하게 추론할 수 있을 것인가, 즉 표본이 모집단을 적절히 대표할 수 있을 것인가의 문제이다. 표본의 크기를 실제적으로 결정하는 데 고려해야 할 요인들을 살펴보면 다음과 같다.

첫째, 모집단의 동질성 정도이다. 모집단의 동질성이란 모집단의 구성요소들이 연구자가 연구하고자 하는 어떤 속성들을 유사하게 가지고 있는 정도를 의미한다. 둘째, 표집방법 및 조사방법의 유형이다. 셋째, 분석범주 및 변수의 수이다. 넷째, 이론과 표본설계이다. 다섯째, 소요되는 비용, 시간, 인력 등이다. 신뢰도와 정확도를 향상시키는 데는 많은 인력과 시간과 비용이 소요되므로, 일정 수준의 신뢰도와 정확도가 보장된다면 오히려 연구설계나, 조사원에 대한 훈련, 자료의 처리 및 분석에 더 많은 비용을 사용하여 비표집 오차를 줄이도록 하는 것이 결과적으로 바람직할 수 있다(이세형, 2019).

2. 표집방법에 대한 접근

표본편향은 관심 있는 모집단을 대표하지 못하고 잘못된 결론을 얻게 만드는 원인으로 작용한다. 따라서 표본편향을 줄이기 위해서는 표집방법이 중요한데, 표집에는 확률표집과 비확률표집으로 구분할 수 있다.

다시 말해 표본방법에 대한 두 가지 기본적인 접근들, 즉 비확률표집과 확률표집이 있다. 비확률표집(nonprobility sampling)에서는 각 요소가 표본 속에 포함될 확률을 추정할 수 있는 방법이 없으며, 각 요소가 모두 포함될 어떤 기회를 갖게끔 만드는 아무런 보장이 없다. 만일 어떤 연구자가 연구실에서 걸어 나온 직후에 만나는 첫 번째 학생부터 10번째 학생들을 선정하여 연구를 진행한다면, 이 연구자는 비확률표본법을 사용하고 있는 것이다. 왜냐하면 분명히 그 대학교에 있는 모든 학생들이 그 특정의 시점에서 연구자의 연구실 밖에 있게 될 가능성이 동일하지는 않을 것이며, 어떤 학생들은 그 표본 속에 포함될 가능성이 근본적으로 없기 때문이다.

이와 반대로 만일 이 연구자가 학교에 등록된 학생들에 관한 정보를 바탕으로 10명의 학생들을 무작위적으로 선정하고자 한다면, 이 연구자는 확률표본방법(probility sampling)을 사용하고 있을 것이다. 즉, 모든 학생들이 이러한 표본 속에 포함되게 될 가능성이 동일할 것이다. 확률표본이 사용되었을 때만이 표본에서의 발견들이 전체 모집단을 연구하는 것에서 나왔을 수 있는 발견들과 차이가 있을 확률을 추정할 수 있다. 따라서 확률표본은 선정된 표본들이 대표적 표본들일 것이라는 점을 보장함에 있어서 비확률표본보다 훨씬 더 우수하다. 비확률표본의 주요 이점은 편의성과 경제성이다.

1) 확률적 표집방법

확률표집방법이란 모집단에 속하는 모든 사례들이 표본으로 뽑힐 확률을 객관적으로 파악할 수 있도록 설계된 표집방법이며, 이러한 확률표집방법으로는 그림 9-3과 같이 단순무선표집, 체계적 표집, 다단계표집 및 유층(군집)표집 등이 있다.

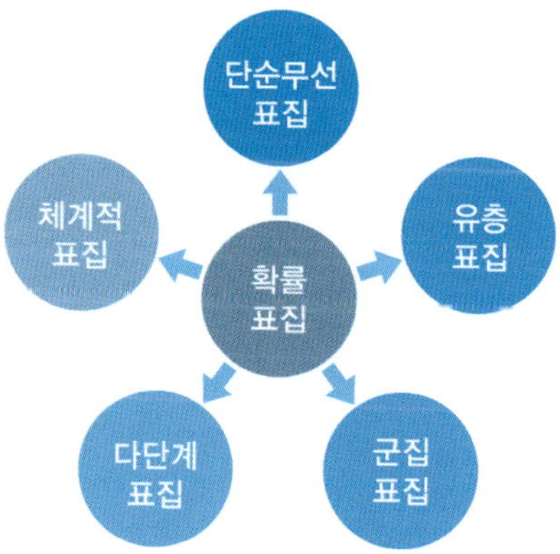

그림 9-3 확률표집의 종류

(1) 단순무선표집

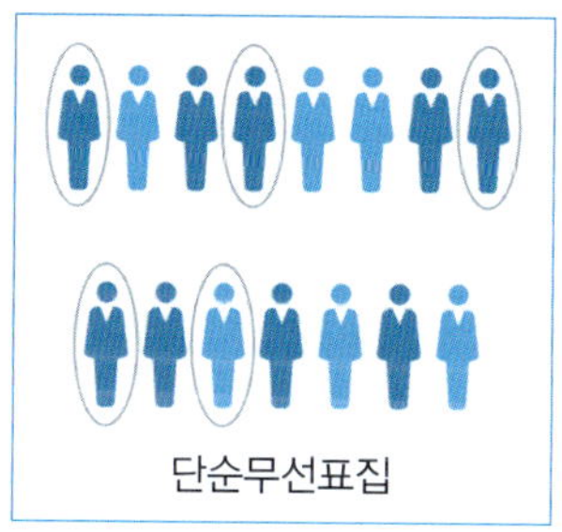

단순무선표집(ramdom sampling)이란 모집단을 구성하고 있는 모든 요소(element)가 한 표집에 포함될 가능성이 동일한 조건하에서 표집되는 경우를 말한다. 그러나 보다 엄격한 의미에서는 무선표집이란 일정한 표집의 크기의 N을 표집할 때, 이러한 크기의 모든 가능한 표집들이 동일하게 표집될 가능성을 가진 조건하에서의 표집을 말한다. 예를 들어, a, b, c, d라는 네 명의 아동으로 구성되어 있는 모집단에서 두 명을 뽑는데, 모든 가능한 경우는 (a · b), (a · c), (a · d), (b · c), (b · d), (c · d) 중의 어느 하나가 된다. 따라서 이러한 모든 가능한 표집상태로부터 어떤 두 명을 무선표집하는 경우는 1/6이 된다. 즉, 두 명씩 표집하는 경우는 동일하게 뽑힐 확률을 가지고 있다.

이와 같은 단순무선표집은 그 특성에 따른 장단점이 있는데, 먼저 장점은 일단 표본에 선정될 확률이 같으므로 선정된 표본이 모집단을 잘 대표할 수 있다는 것이다. 즉, 누구나 선정될 확률이 동일하므로, 무작위적인 선출이 가능하며, 무작위적인 선정은 그 어떤 방법보다도 모집단을 잘 대표할 수 있는 방법이라는 것이다. 단순무선표집의 이러한 장점에도 불구하고 많은 연구자들이 이 방법을 잘 사용하지 못하는 이유는 단순무선표집이 지닌 두 가지 단점 때문이다. 단점으로 첫째는 모집단의 규모가 너무 큰 경우, 이를테면 대한민국 전체 33세를 대상으로 하는 경우 일반적인 연구자의 능력으로는 표집 프레임을 확보하기가 쉽지 않다는 것이고, 둘째로 표본의 크기가 과도하게 작을 경우 일련번호가 있더라도 넘버링 숫자의 앞쪽에 있는 대상만 선정될 가능성이 높다는 단점을 가지고 있다.

만약 전체 50명 중에 5명을 무선표집을 하는 경우에 여러 가지 방법 중의 하나는 그림 9-4에 제시된 무작위숫자표(난수표)를 이용하는 것이다. 먼저 50명에게 개인별로 0에서 49번까지 번호를 부여한다. 그런 다음 무작위숫자표에서 하나의 출발점을 선택한다(출발점의 선택에 있어 하나의 방법은 눈을 감고서 손가락으로 숫자표의 한 지점을 지적할 수 있음). 우리의 표본추출틀은 단지 0에서 49까지이므로, 우리는 사전에 무작위숫자표에서 2개의 숫자들로 이루어진 각 숫자세트에서 선택된 지점부터 오른쪽으로 가기로 결정하였다(실제로 선택된 지점으로부터 왼쪽으로 갈 수 있으며, 혹은 아래쪽으로 갈 수도 있는데, 이것은 하나의 번호를 선택하기 전에 미리 결정해 놓아야 함).

28 89 65 87 08	13 50 63 04 23	25 47 57 91 13	52 62 24 19 94	91 67 48 57 10
30 29 43 65 42	78 66 28 55 80	47 46 41 90 08	55 98 78 10 70	49 92 05 12 07
95 74 62 60 53	51 57 32 22 27	12 72 72 27 77	44 67 32 23 13	67 95 07 76 30
01 85 54 96 72	66 86 65 64 60	56 59 75 36 75	46 44 33 63 71	54 50 06 44 75
10 91 46 96 86	19 83 52 47 53	65 00 51 93 51	30 80 05 19 29	56 23 27 19 03
05 33 18 08 51	51 78 57 26 17	34 87 96 23 95	89 99 93 39 79	11 28 94 15 52
04 43 13 37 00	79 68 96 26 60	70 39 83 66 56	62 03 55 86 57	77 55 33 62 02
05 85 40 25 24	73 52 93 70 50	48 21 47 74 63	17 27 27 51 26	35 96 29 00 45
84 90 90 66 77	63 99 25 69 02	09 04 03 35 78	19 79 95 07 21	02 84 48 51 97
28 55 53 09 48	86 28 30 02 35	71 30 32 06 47	93 74 21 86 33	49 90 21 69 74

그림 9-4 무작위숫자표(난수표)

이와 같은 절차에 따라 먼저 눈을 감고 출발점을 선택하였는데, 51번이 선택되었다. 선택된 지점으로부터 오른쪽으로 가기로 미리 결정해 놓았기 때문에 51번의 기점으로 오른쪽으로 이동하면서 5명을 선발하면 된다. 즉, 51번을 기점으로 오른쪽으로 이동하면서 0에서 49번까지 부여된 번호를 추출해 보면, 30번, 5번, 19번, 29번, 23번이 선택되는 것이다.

(2) 체계적 표집법

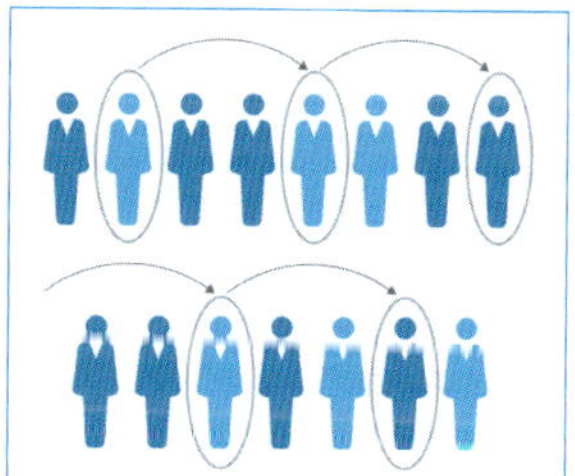

체계적 표집

단순무선표집의 단점을 보완하기 위해 체계적 표집법을 사용하기도 한다. 체계적 표집법(systematic sampling)이란, 첫 번째 대상만을 난수표를 이용해 선정하고 나머지는 일정 간격을 두고 선정하는 방법이다. 예를 들어, 첫 번째 대상을 선정하고 난 후 그 대상으로부터 세 번째 사람을 대상으로 표집을 선별해 나가는 것이다. 그림 9-4의 51번부터 시작해 30번, 19번, 23번, 01번, 18번을 선정하는 것이다. 체계적 표집법의 장점은 표집대상이 표집프레임(frame)에 걸쳐 골고루 선정되므로 모집단을 잘 대표할 수 있다는 것이다.

다시 말해, 체계적 표집법은 모집단 배열이 무작위로 되어 있을 때 체계적 수단을 이용해 표본을 추출하는 방법으로 전화번호부에 등재된 사람 가운데 매 100번째 사람들을 표본으로 추출하는 경우가 이에 해당된다.

(3) 다단계표집법

무작위 추출을 단계별로 반복하여 표본을 추출하는 방식이다. 예를 들어, 모집단 지역에서 우선 몇몇 시 · 도 · 읍 · 면을 무작위로 추출하고 다음에는 그 지역 내에서 동 · 통 등 소지역을 무작위로 추출하고 마지막으로 그 소지역 내에서 표본을 무작위 추출하는 식이다. 여기서 시 · 도 · 읍 · 면을 1차 추출단위, 동 · 통을 2차 추출단위, 소지역 내의 표본을 3차 추출단위라고 한다. 단계 수에 따라서 2단 무작위추출, 3단 무작위 추출 등으로 구분하게 된다. 연구에서 다단계 무작위 추출이 이용되는 것은 단순무작위 추출이 비록 조사의 정확도를 보장하지만 추출표본이 분산되어 시간과 비용이 많이 들기 때문이다. 그러나 단계 수가 높아질수록 표본오차가 커지는 약점이 있으므로 일반적으로 3단계까지를 한계로 보고 있다.

(4) 유층표집법

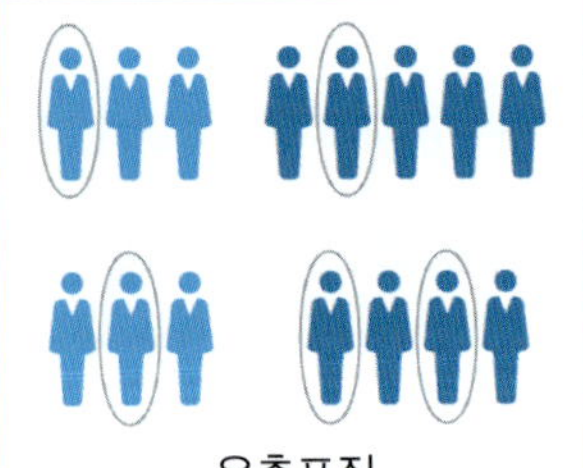
유층표집

유층표집(stratified sampling)은 대표성을 가진 하위 전집 혹은 계층(strata, 소득이나 인종 등)의 비율대로 표집을 선정하는 방법이다. 따라서 특정 하위 집단의 대표성이 요구될 때 이용하며, 각 층화 내의 요소들이 동질적이고 각 층화 간 평균이 이질적일 때 효과적이다. 모집단 내의 동질적인 하위집단, 즉 유사한 특성을 지닌 모집단으로부터 표본을 추출하는 방식으로 여기서 동질성은 표본오차를 감소시키는 데 도움을 준다. 하위집단을 대표하는 변인은 성별, 나이, 종교, 수입 정도 등 매우 다양하다. 관련 변인의 대표성을 보장하고 표집오차를 감소시키는 장점을 지니고 있지만 모집단에 대한 사전 지식이 필요하고 비용과 시간이 많이 든다는 문제점도 가지고 있다.

예를 들어, 사회복지과에 재학 중인 남녀의 학업성취도 차이를 조사하려고 하는데, 이 학과의 남녀의 비율이 2:8인 경우, 지금까지 살펴본 표집법으로는 남학생이 추출될 확률이 상당히 낮을 수밖에 없다. 따라서 이런 경우 사용 가능한 표집방법은 유층(층화)표집법이다. 유층표집법은 비율적 유층표집법(proportionai stratified sampling)[2)]과 비비율적 유층표집법(Disproportional stratified sampling)[3)]으로 구분할 수 있다. 구체적으로 비율적 유층표집법은 전집의 남녀 비율을 고려하여 남성과 여성을 각각 40명(20%)과 160(80%)명을 선정하는 것이고, 비비율적 유층표집법은 남녀 비율을 고려하지 않고 남성 100명 여성 100명을 선정하는 것을 말한다. 그러나 유층표집법은 모집단의 비율을 모르면 적용할 수 없다.

(5) 군집표집법

군집표집법(cluster sampling)은 확률적 표집방법의 하나로서 최종의 표집단위를 일차적으로 표집하는 것이 아니라, 이러한 단위를 포함하는 자연적 또는 인위적 구성의 상위집단을 먼저 표집하는 방법이다. 예를 들어, 서울 시내 초등학교 6학년의 평균 지능을 알기 위해서 표집하는 경우에 단순무선표집에 의해 학생을 표집하는 것이 아니라,

군집표집

2) 비율적 유층표집은 표본의 크기를 소집단의 크기에 따라 비율적으로 결정하고, 모집단에서 각 층이 정하는 크기에 비례하여 각 층에서 추출되는 표본의 크기를 할당하여 추출하는 방법이다. 단순무작위나 체계적 표본보다 대표성이 있지만 몇 개의 층을 설정할 때 분류오차가 생길 가능성이 있다.

3) 비비율적 유층표집은 소집단의 크기와 분산도를 함께 고려하여 표본을 추출한다. 표본추출을 능률적으로 하기 위해 각 층에 상이한 가중치를 주어서 추출하는 방법이다. 전체 모집단에서 차지하는 비율이 극히 작은 하위집단들은 비례적인 방법으로 포함되지 않을 가능성이 있다. 전체 모집단의 특성보다는 각 층이 내포하는 부분집단의 특성을 알아볼 때 사용한다. 각 층의 크기와 상관없이 각 층에서 같은 수의 표본을 추출하는 방법이다.

먼저 학구(學區)나 학교를 단위로 표집하는 경우를 의미한다. 이와 같은 군집표집의 경우에 학구나 학교를 단위로 표집한 모든 학생을 사용하는 경우도 있고, 또는 학구 내에서 학교를 무선적으로 표집하고 다시 학교 내에서 학급을 무선적으로 표집한 다음 학급 내에서도 학생을 일부 무선적으로 표집하여 사용할 수도 있다. 따라서 군집표집은 여러 단계를 걸쳐 사용할 수 있게 된다. 군집표집의 목적은 표집의 경제성에 있지만 단선무선표집보다 표집오차가 더 크다는 단점을 지니고 있다.

이처럼 모집단(전집)에 대한 정보를 모두 구할 수 없을 땐 군집표집법을 사용하게 된다. 이때는 모든 대상자들이 동일한 특성을 가지고 있다고 가정을 하고 연구를 시작하게 된다. 즉, 한국 중학교 3학년이 연구대상일 경우 한국 중학교 3학년의 모든 학생들의 특성이 같음을 가정하고, 두 반을 무선표집을 통해 선정하고 그 학생들을 대상으로 연구를 수행하는 것이다. 그러나 선정된 2개의 반 재학생들이 모집단을 대표하지 못할 경우 문제가 발생할 수 있다는 단점을 가지고 있다.

2) 비확률적 표집방법

지금까지 모집단에 속하는 모든 사례들이 표본으로 뽑힐 확률을 객관적으로 파악할 수 있도록 설계된 표집방법인 확률적 표집방법에 대해 살펴보았는데, 이에 비해 비확률적 표집은 확률을 고려하지 않고, 연구자의 주관적 판단에 의해 표본을 추출하는 방법으로 그림 9-5와 같이 우연적 표집, 의도적 표집, 할당 표집 및 눈덩이 표집으로 구분할 수 있다.

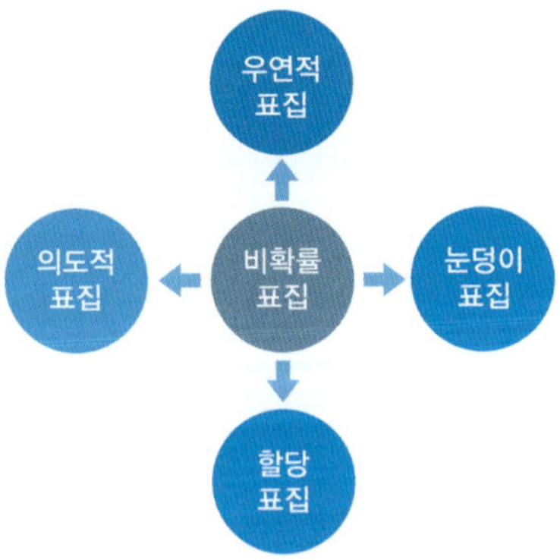

그림 9-5 비확률적 표집방법

(1) 우연적 표집

우연적 표집(accidental sampling)은 편의적 표집 및 우발적 표집으로 불리기도 한다. 우연적 표집은 연구자가 손쉽게 얻을 수 있는 구성원을 선택해 표본으로 삼는 비확률적 표본추출 방법을 의미한다. 이 방법은 표본추출 오차가 크고 과학적인 통계방법으로 설득력이 약하지만 모집단의 성격을 개략적으로 알아보기 위한 연구 등에 사용될 수 있다.

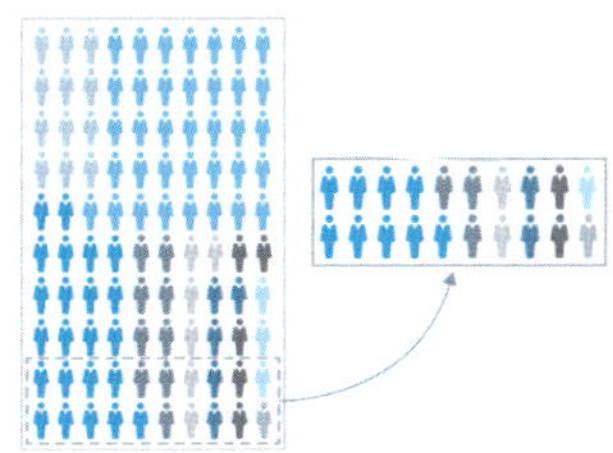
우연적 표집

예를 들어, 임의표집의 경우 연구자가 한국 중학교에 재학 중인 학생 중 쉽게 접근할 수 있는 학생을 대상으로 선정하는 방법이다. 즉, 친구의 딸과 그의 친구들을 대상으로 표집을 하는 것이다. 이러한 방법은 연구의 시간과 비용절감에 큰 도움이 될 수 있지만, 선정된 학생들이 모집단을 얼마나 잘 대표하는가에 있어 한계가 있을 수 있다.

(2) 의도적 표집

의도적 표집(purposive sampling)은 목적적 표집 혹은 주관적 판단표집(judgement sampling)으로 불리며, 이 방법은 전문가의 판단에 의해서 모집단을 가장 잘 대표한다고 생각하는 일부 대표적인 지역이나 대상만을 임의적으로 표집하는 방법을 말한다. 즉, 모집단의 성격에 대해 전문지식이 있는 사람이, 그가 판단하기에 가장 효율적이라고 생각하는 표본을 뽑는 비확률적 표본추출 방법을 의미한다. 따라서 모집단 성격이 이질적이거나 표본의 수가 적을 때 효과적

의도적 표집

으로 사용되며, 일반적으로 물가지수 등은 판단표출 방법에 의해 산출된다.

예를 들어, 연구자가 한국대학교 사회복지과에 재학 중인 남학생과 여학생의 성비가 2:8이라는 것을 알고 있지만 학생들의 명단을 확보하지 못했을 때, 사회복지과 남성 40명과 여성 160명을 선정할 수 없으므로, 사회복지과 건물 앞에서 비율에 맞추어 지나가는 사회복지과 학생들을 선정하는 방법이다. 따라서 의도적 표집방법도 모집단을 잘 대표하지 못할 가능성을 가지고 있다. 이 표집방법의 장점은 간편하게 표집할 수 있어 비용이 절약된다는 점이며, 단점으로는 연구자의 주관적 판단이 잘못되었을 경우 발생하는 오류를 막을 수 없다는 점이다.

(3) 할당표집

할당표집(quota sampling)은 모집단의 일부로부터 할당에 의해 선택되는 모집단의 표집을 의미한다. 할당표집의 방법은 무작위표집의 정상적인 요구사항들을 충족시킬 수 없다. 할당표집은 관련된 특징(성, 나이, 계급, 주거지 등)에 따라 모집단을 계층으로 나누고 선정된 사람들이 모집단의 구조를 반영하여 범주 속에 포함되도록 고려하는 방법을 취하고 있다. 이 단계에서 무작위성이 이루어질 수 있지만 일단 각 할당영역의 크기가 결정되면 무작위적으로 할 수는 없다. 그 대신 면접조사자들은 각 할당영역 내의 필요 사항들을 충족시킬 수 있도록 적절한 할당을 하도록 교육받게 된다.

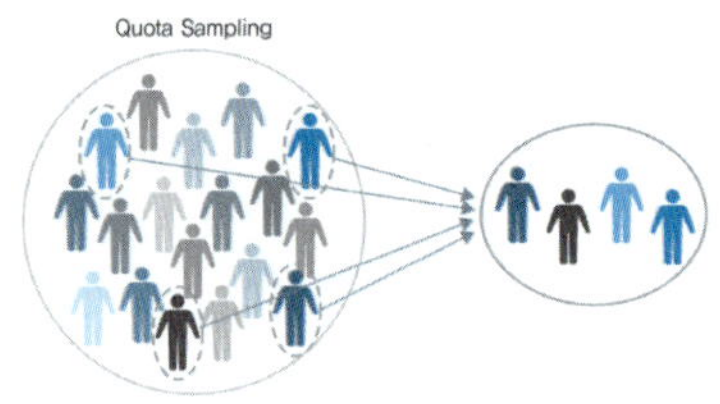

할당표집

예를 들어, 대상자를 지역별, 직업별, 연령별 특성에 따라 몇 사람을 표집할 것인지를 할당하며, 조사자가 이러한 범위 내에서 그 조건에 맞는 대상을 임의로 선정하여 조사하는 방법이다. 장점으로는 비용을 줄일 수 있으며, 어느 정도의 유층화를 기대할 수 있다는 점이며, 단점으로는 할당을 하는 데 연구자의 편견이 작용할 가능성이 높고, 비확률적 표집이어서 표본의 대표성이 문제가 된다는 점이다.

(4) 눈덩이 표집

눈덩이 표집(snowball sampling)은 처음에는 소규모의 응답자 집단으로 시작하여 다음에는 이 응답자들을 통해 비슷한 속성을 가진 다른 사람들을 소개하도록 하고, 이들을 대상으로 조사하는 표집방법이다. 따라서 이 표집은 무작위표집이 아니며, 이러한 연구를 통해서는 모집단의 특성을 추론할 수 없다. 이 표집은 주로 심층적이고 질적인 자료의 수집이나 민감한 주제를 다룰 때 사용되며, 분명한 표집틀이 없고, 최선의 표집선택의 방법이 개인적인 접촉을 통해 얻어지는 곳에서 이용된다. 이러한 방법은 성적인 습관이나 사별의 경험 등에 대한 조사에서 사용될 수 있다.

Chapter **10**

설문조사

배울 내용

1. 설문조사의 이해
2. 설문지 작성

학습목표

1. 설문조사의 유형과 설문지의 구성요소를 설명할 수 있다.
2. 설문지 작성과정을 바탕으로 설문지 작성요령을 습득한다.

10

Chapter

설문조사

1. 설문조사의 이해

설문조사(survey research)는 사회과학 연구에서 매우 광범위하게 사용하는 방법으로 조사자가 응답자에게 질문을 하여 그 응답을 모아서 자료로 활용하는 조사방법이다. 설문조사는 면접원이 응답자에게 직접 질문하여 질문지에 응답을 기록하는 면접설문조사와 자기기입식 설문조사로 크게 나눈다. 먼저 면접설문조사는 직접 면접원이 응답자에게 질문을 하기 때문에 설문의 응답률이 높고 개방형 질문에 유리하다. 또한 추가설명이 가능하고 응답의 결측치를 최소화할 수 있다. 자기기입식 설문조사보다는 질문이 구체적이어야 하며 조사원의 훈련과 감독이 중요하고 부드럽게 조사에 들어가는 기술 등의 면접기술이 필요하다(양성관 외, 2014).

또한 자기기입식 설문조사는 개인이 직접 자료수집 절차에 따라 질문지에 자기의 응답을 기입하는 것으로 응답내용을 면접원에게 얘기하지 않고 응답자 스스로가 질문지에 작성을 하기 때문에 개인의 민감한 문제를 다루는 데 유리하지만 문맹자에게는 할 수 없다는 단점이 있다. 설문지를 이용할 경우, 첫째, 모든 응답자에게 동일한 내용을 동일한 방식으로 질문을 하게 되므로 측정도구의 변화에 따른 측정의 오류를 최소화할 수 있기 때문에 조사결과의 비교 가능성을 높일 수 있다. 둘째, 빠른 시간 안에 핵심적인 정보만 선별하여 객관적이며 정확한 정보를 얻을 수 있다. 셋째, 불필요한 내용은 설문지에서 삭제할 수 있고 응답자가 무기명으로 응답을 기록하는 경우 솔직한 응답이 가능하며, 응답의 용이성과 정확성을 높일 수 있다(이창희 외, 2011).

1) 설문조사의 유형

(1) 면접조사

면접조사는 응답자에게 설문지를 읽고 자신의 대답을 기입하도록 하는 대신에 면접원이 질문을 말로 하고 응답자의 대답을 기록하게 하는 방법이다. 즉, 면접조사는 훈련을 받은 연구조사원이 직접 응답자와의 대면접촉을 통해 자료를 수집하는 방법으로 효과적인 대인면접조사를 위해서는 조사원이 사전에 질문에 대해 정확하게 이해하고 있어야 하고, 필요시 질문을 재구성할 수 있는 융통성이 필요하다. 또한 면접자는 복장과 태도에 신경을 써야 하고, 특히 조사대상자가 아동, 장애인이나 노인 등 취약계층인 경우에는 면접을 실시하기 전에 조사대상자와의 라포 형성에도 신경을 써야 한다.

면접조사의 과정은 준비단계, 실시단계, 기록단계 및 종결단계를 통해 이루어지게 된다. 구체적으로 준비단계는 조사원과 응답자 간의 친밀감과 유대감을 형성하는 것이다. 공포심이나 불안한 감정 등이 배제될 수 있도록 하고, 연구의 중요성을 인식시키고 소개하는 과정이 주요한 내용이 된다. 실시단계에서 면접자는 신중하고 성실하게 임해야 하며, 응답에 필요한 시간을 관리하는 것 또한 중요하다. 여기서 모른다는 응답에 대한 대처도 매우 중요하다. 기록단계에서는 주관을 배제하고 응답 내용 그 자체를 그대로 기록해야 한다. 그리고 응답을 듣는 즉시 작성하는 것이 좋고, 사소한 것 또한 빼놓지 않고 기록할 수 있도록 해야 한다. 종결단계에서는 응답자에 대한 감사인사와 응답에 대한 기여도를 설명해야 한다.

면접조사에서 발생할 수 있는 오류는 면접자의 외모나 특성과 태도와 표현 그리고 면접진행에 있어서 질문방식 등에 따라서 발생하게 된다. 또한 면접자의 언어 표현의 차이로 오류가 발생하기도 한다. 더불어 중립적인 면접자의 질문이 아닐 경우에 상호 다른 이해를 하게 되어 오류가 발생하기도 하고, 면접기록을 하는 데 있어서 오류가 발생하기도 하는데, 이는 기억을 왜곡하거나, 망각하거나 편견이 개입될 가능성이 있기 때문이다.

면접의 절차는 먼저 면접자를 선정하는 것으로 면접자의 자질, 예를 들어 청취 기술과 언어파악능력, 예리한 관찰력과 판단력을 갖춘 면접자가 적합하다. 둘째, 면접의 중요성, 면접자가 범하기 쉬운 오류 등의 선행조건과 면접자가 알고 있어야 하는 기본지식, 질문내용 등에 숙달하도록 면접자를 훈련한다. 셋째, 정확하고 신뢰성 있는 면접을 위해 개입될 수 있는 외부변인을 통제하기 위한 면접장소를 선택한다. 넷째, 면접을 실시한다. 이때 면접자는 자신을 피면접자에게 소개하고 면접의 목적과 내용을 간략하게 설명한 후 면접지침에 따라 면접한다. 면접과정에서는 알아듣기 쉬운 용어를 사용하되 "예", "아니요"로 답변하는 질문은 가능한 한 피한다. 다섯째, 면접내용을 정확하게 기록하며 특히 면접내용을 녹음기를 이용해 녹취할 때는 반드시 피면접자의 양해와 동의를 구한다(곽종형 외, 2013).

면접의 유형은 면접의 과정이 표준화되고 문항이 사전에 결정되는 정도에 따라 구조화 면접, 비구조화 면접, 반구조화 면접으로 분류할 수 있다. 구조화 면접은 표준화된 면접이라고도 하며 면접자가 모든 대상에게 면접조사표에 제시된 구체적인 면접계획, 즉 질문문항, 질문순서, 어조까지를 미리 정해 놓고 정확히 제시된 것을 가지고 면접하는 방식이며 모든 응답자에게 동일한 질문, 동일한 질문순서에 따라 수행한다. 비구조화 면접은 비표준화된 면접이라고도 하며 질문방식이나 내용에 제약이 없이 면접자가 단지 전반적인 면접 주제만 알고 상황판단에 따라 면접의 진행에 맞추어 유연하게 질문하는 면접방식이다. 조사표도 없고 질문형식이나 순서도 지정하지 않고 자유롭게 이루어진다. 반구조화 면접은 반표준화된 면접으로 구조화 면접과 비구조화면접의 장점을 살리고 단점을 보완하여 개발한 면접유형이다. 사전에 면접에 대한 치밀한 계획을 세우되 실제 면접상황에서는 융통성 있게 면접을 진행시키는 방법이다. 즉, 일정 정도의 주요한 질문은 구조화된 질문으로, 나머지는 비구조화된 면접으로 실시한다(강종수, 2011; 김갑용 외, 2010; 박선희, 천정웅, 2018; 양성관 외, 2014). 면접조사의 장단점은 **표 10-1**과 같다.

표 10-1 면접조사의 장단점

구분	내용
장점	• 응답자의 상황에 따라서 대화를 자연스럽게 흐르도록 하여 응답에 대한 거부반응을 없앨 수 있다. • 여러 보조도구를 활용하여 응답자가 오해하거나 오류를 발생하는 것을 막을 수 있다. • 면접자, 즉 조사원이 실제로 존재하기 때문에 응답자가 응답을 하는 데 있어서 더 적극적일 수 있다. • 다른 설문조사 방법, 특히 우편조사에 비해 응답률이 높다. • 응답자가 질문을 제대로 이해하지 못한 경우에 조사원이 그 앞에서 바로 보조 설명이 가능하다. • 질문내용뿐만 아니라 응답자의 언어적, 비언어적 행동까지 관찰할 수 있다. • 응답자의 교육수준과 상관없이 조사가 가능하다. • 면접조사는 보다 복잡한 질문을 사용할 수 있다. • 면접상황에 대한 통제가 가능하다.

구분	내용
단점	• 우편조사에 비해 비용이 많이 든다. • 비구조화 면접의 경우 면접자에 의한 오류가 발생할 가능성이 높다. • 면접조사는 응답의 익명성을 지켜 줄 수 없다. • 방문시간에 응답자가 면접을 하지 못하는 경우도 있기 때문에 방문시간이 중요하다. • 다른 자료수집방법에 비해서 소요시간이 많이 필요하다. • 면접원의 통제가 어렵다.

(2) 우편조사

자기기입법의 전형적인 방법인 우편조사법은 조사자가 우편으로 조사대상자에게 질문지를 송부하여 응답자로 하여금 기입하게 한 후 우편으로 질문지를 회수하는 방법이다. 즉, 우편조사는 자기기입식의 대표적인 형태(비대면 설문)이지만 회수율[1]이 낮고 무응답률이 높다는 문제점을 가지고 있다. 따라서 이러한 문제를 해결하기 위해, 첫째, 우편조사의 경우에는 조사의 목적, 중요성 등을 설명하고 협조를 당부하는 소개편지를 동봉해야 한다. 즉, 응답자가 관심을 갖고 있는 문제를 해결하는 데 응답자의 응답이 왜 중요한지 설명하는 것이 필요하다. 둘째, 반드시 우표가 붙은 반송봉투를 동봉해야 한다. 셋째, 응답거부감을 낮추기 위해 익명성 보장을 밝히고, 어떻게 조사대상자로 선정되었는지를 설명하며, 설문작성 소요시간을 표시하는 것이 좋다. 넷째, 경제적인 여유가 있다면 감사의 표시로 선물을 동봉하는 것도 효과적이다(김진숙, 2015; 채구묵, 2010). 우편조사의 장단점은 표 10-2와 같다.

1) 우편조사법의 회수율에 영향을 미치는 요인으로는 설문조사기관의 신뢰성, 연구 주관자 및 후원자, 설문협조문의 스타일과 내용, 설문분량과 적절성, 응답방법의 용이성, 설문응답에 대한 동기부여(조사의 중요성 강조, 심리적 보상, 물질적 보상), 우편 발송방법 및 발송시기, 응답자의 특징(집단에의 소속여부, 연령, 학력, 성별 등) 등이다.

표 10-2 우편조사의 장단점

구분	내용
장점	• 조사비용과 노력을 절약할 수 있다. • 응답자가 편리할 때 설문지를 완성할 수 있다(시간적 제약을 받지 않음). • 조사에 대한 익명성이 보장되기 때문에 다소 민감하고 공개하기 어려운 내용에 대한 조사도 가능하다. • 면접자의 편견을 배제할 수 있다 • 지리적으로 넓게 분포되어 있는 응답자들에게도 접근이 가능하다(공간적 제약을 받지 않음).
단점	• 응답자가 질문을 잘못 이해하고 있더라도 교정이 불가능하다. • 응답률과 회수율이 낮다. • 환경에 대한 통제가 불가능함, 즉 응답자가 아닌 다른 사람이 조사에 참여할 수 있다. • 응답날짜에 대한 통제가 불가능함, 즉 설문지가 완성되는 시간을 통제할 수 없다. • 복잡한 질문지 구성체계를 사용할 수 없다. • 불확실한 응답에 대한 추가 질문이 어렵다.

(3) 전화조사

전화조사는 응답자에게 조사의 목적, 취지, 중요성 등을 간단히 설명한 후, 응답자들에게 질문을 하고 응답을 얻어 내는 방법으로 조사시간이 짧게 걸린다는 것을 말하여 응답에 협조를 구하는 것이 좋다. 즉, 전화(전화번호부)를 이용하여 비교적 쉽고, 정확하게 모집단에서 표본을 추출할 수 있어 정치 · 경제 · 사회적인 문제에 대한 여론 수렴이 필요할 때 많이 사용되고 있으며, 최근에는 컴퓨터를 사용한 전화조사가 폭넓게 사용되고 있다.

전화조사는 우편조사보다 높은 응답률이 보장되지만 응답자를 통제할 방법이 한정되어 있어 양질의 많은 정보를 얻기에 어려움이 있으며, 질문내용이 복잡하고 면접시간이 길어지면 응답자들로부터 협조를 얻어 내기가 어려우므로 조사시간은 10~15분이 적당하다. 전화조사의 장단점은 표 10-3과 같다.

표 10-3 전화조사의 장단점

구분	내용
장점	• 면접조사보다 조사시간과 비용을 절감할 수 있다. • 조사가 간단하고 신속하다. • 표본접촉범위가 넓으며, 조사대상자에 대한 접근이 용이하다. • 익명성 보장(예: ARS)으로 사회적으로 용인되지 않은 응답을 얻을 수 있다.
단점	• 응급상황에 대한 통제가 어렵고 시간적인 제약이 있다. • 면접조사처럼 부가적인 정보습득이 어려워 조사내용에 한계가 있다. • 전화가 없거나 전화번호부 미기재자는 누락될 가능성이 있다.

(4) 인터넷 조사

기존의 면접조사, 우편소사나 전화조사 등에 비해 최근 인터넷을 이용한 조사방법이 널리 사용되고 있다. 즉, 가정이나 직장뿐만 아니라 공공장소에서도 컴퓨터를 쉽게 접할 수 있게 되면서 인터넷의 사용이 점차 확대되고 있고 설문지 작성이나 설문 응답의 경우에 시간과 비용 면에서 기존의 조사방법에 비해 훨씬 효율적이기 때문에 인터넷 조사를 많이 사용하고 있다.

인터넷 조사란 인터넷 사용자들을 대상으로 웹이나 전자메일 혹은 스마트폰을 이용하여 설문을 진행하고 응답하는 일련의 행위를 말한다. 즉, 인터넷이라는 매체를 이용하여 설문지를 작성하고 다양한 계층의 응답자를 선정하며 응답자의 응답내용을 자료로 만들고 그 자료를 이용하여 통계분석까지 하는 원-스톱(one-stop) 개념의 조사방식이라고 정의할 수 있다.

인터넷을 통하여 설문조사를 진행하는 방법으로는 세 가지로 구분할 수 있다. 첫째, 특정 공간에 설문조사를 위한 컴퓨터를 설치하여 설문조사를 진행하는 방법이 있다. 이 방법은 설문에 응답하기 위해서는 응답자가 해당 장소에 있어야 한다는 단점이 있기 때문에 많이 사용되어지지 않는다. 둘째, 전자메일을 이용하는 방법이 있다. 이 방법은 많은 사람들에 대한 설문조사가 손쉽게 이루어 질 수 있으나 설문지 내용이 다소 많고 복잡한 경우에 응답자가 실수를 하거나 무응답의 가능성이 많아질 수 있다. 셋째, 인터넷상에서 웹 브라우저를 이용하는 방법이 있다. 설문지를 웹상에 올려 설문조사를 하는 방법으로 많은 사람들에 의해 설문조사가 이루어진다. 하지만 이 방법은 주로 자발적인 참여로 이루어지기 때문에 응답층이 20~30대의 인터넷을 이용하는 특정계층으로 편중되는 단점이 발생한다. 인터넷 조사의 장단점은 표 10-4와 같다.

표 10-4 인터넷 조사의 장단점

구분	내용
장점	• 인터넷의 발달로 기존의 극히 제한적이었던 표본을 전 세계적으로 광범위하게 확대할 수 있고 인터넷을 통하여 엄청난 양의 전자메일을 매우 신속하고 편리하게 전달할 수 있다. • 기존의 조사방법들에 비해서 표본의 수가 증가할 때 상대적으로 적은 비용이 들며 조사기간 역시 많이 줄일 수 있다. • 설문의 보기 형식도 기존의 문자 형태 중심에서 벗어나 멀티미디어를 기반으로 한 음악, 동영상, 플래시 등의 다양한 형식을 취할 수 있다. • 응답자의 접근에 있어서도 시간과 공간에 제약을 받지 않으며 설문이 종료된 설문지를 재사용할 수도 있고 응답 데이터의 수집 역시 실시간으로 이루어질 수 있다. • 수집된 데이터는 언제든지 열람할 수 있고 막대그래프와 함께 간단한 빈도분석 정도는 실시간으로 열람할 수 있다. • 직접적으로 돌아다니면서 설문지를 배포하고 회수를 했던 기존의 방법에서 벗어나 웹상에서의 조사와 전자메일을 통한 조사를 함으로써 좀 더 편리하게 설문조사를 할 수 있을 뿐만 아니라 설문작성과 설문조사 및 분석에 있어서 획기적으로 시간과 비용을 줄일 수 있다. • 기존의 수작업으로 직접 분석을 했을 경우와는 달리 계산의 오차나 실수가 거의 발생하지 않는다.
단점	• 모집단의 대표성에 심각한 문제가 생길 수 있는데, 즉 컴퓨터 이용에 소외된 계층(예를 들어, 장애인, 노인 등)이나 상당수의 컴퓨터를 다루지 못하는 계층은 설문 대상에서 제외될 수 있다. • 표본집단이 조사에 적극적인 참여를 하지 않는 경우와 설문조사가 응답자들을 직접 만나지 않고 전자메일이나 웹상에서 조사가 이루어지는 경우에 설문지를 그냥 보고 넘기거나 응답을 소홀히 하는 경향이 있기 때문에 설문에 대한 응답률[2)]이 떨어질 수 있다. • 설문조사 시스템 설치비용이 드는 등 조사를 위한 부대비용이 다른 조사에 비해 많이 발생할 수 있다.

(5) 집단조사

집단조사는 조사대상자를 동일 장소에 모이게 하여 조사원의 지도하에 질문지를 배포하고 대상자가 직접 질문지에 응답하게 한 후 질문지를 회수하는 방법이다. 예를 들어, 사회복지조사론 강의를 듣는 학생들을 대상으로 한 설문조사는 강의시간에 이 방법으로 수행할 수 있을 것이다. 또한 고등학교 학생들의 특별활동 시간에 설문조사를 할 수도 있을 것이다. 이 방법은 조사대상자를 개인적으로 만날 수 없거나 개별 면담이 불가능하고, 각 개인의 연락처를 알 수 없어 우편조사나 전화조사가 불가능할 때 사용한다(황창순 외, 2010). 집단조사의 장단점은 표 10-5와 같다.

표 10-5 집단조사의 장단점

구분	내용
장점	• 설문을 작성하는 데 필요한 소요시간과 경비를 최소화할 수 있다. • 조사를 간편하게 진행할 수 있어 조사원 수를 줄일 수 있다. • 조사의 조건을 표준화함으로써 응답조건(외부효과의 차단)을 동등하게 할 수 있다. • 설문지에 대한 의문과 질문을 그 자리에서 해결할 수 있다. • 조사원이 설문조사 전 과정을 관리함으로써 질문의 대리작성을 최소화(설문과정을 볼 수 있기 때문)할 수 있다.
단점	• 집단을 대상으로 시행되기 때문에 조사자가 연구에 필요한 표본을 구하기에 어려움이 있다. • 응답자들이 모집단을 대표하지 못하는 경우가 발생할 수 있다. • 응답자의 개인차를 무시함으로써 조사의 타당도가 낮아질 수 있다. • 조사대상자를 일정한 장소와 시간에 모으는 것이 어려울 수 있다. • 조사과정에서 옆 사람이나 타인으로부터 영향을 받을 가능성이 있어 응답자를 통제하는 것이 어려울 수 있다.

2) 인터넷 조사의 응답률을 높이기 위해 전자메일을 반복해서 보낸다거나 배너들을 통한 홈페이지의 홍보를 통해서 응답률을 높일 수 있다.

(6) 설문조사

설문조사는 사회현상의 연구에서 가장 널리, 그리고 일반적으로 사용되는 자료수집 방법으로 표준화된 설문지를 사용하여 모든 응답자에게 동일한 내용을 동일한 방식으로 질문하게 되므로 수집된 자료들 간의 비교와 분석을 용이하게 하는 방법이다. 이 방법은 빠른 시간에 핵심적인 정보만을 선별하여 비교적 객관적이고, 무기명 응답을 통해 솔직하고 정확한 정보를 수집할 수 있으며 응답의 용이성을 높일 수 있도록 사전에 응답형태를 정할 수 있다. 그러나 특정 사회현상에 대한 깊이 있는 질문이 어렵다는 단점도 지닌다. 설문조사의 장단점은 표 10-6과 같다.

표 10-6 설문조사의 장단점

구분	내용
장점	• 비교적 큰 표본에도 용이하게 적용하는 것이 가능하다. 따라서 일반화 정도가 높다. • 수집한 자료의 표준화는 연구자의 주관적 개입을 최소화할 수 있다.
단점	• 질문요지에 대한 충분한 보충설명을 할 수 없다. • 질문 내용상 오류가 발생하였을 때 수정, 보완할 수 없다. • 특정한 문제에 대한 깊이 있는 조사의 어려움이 있을 가능성이 높다.

2) 설문지의 구성요소

지금까지 살펴본 설문조사의 유형(면접조사, 우편조사, 전화조사, 인터넷 조사, 집단조사, 설문조사)에 상관없이 설문조사에서 가장 중요한 것 중 하나는 조사대상자가 질문에 정확하게 답을 하고, 설문지의 회수율을 높이는 것이다. 이를 위해서는 설문지의 구성이 매우 중요하다. 일반적으로 응답의 오류를 방지하고 필요한 정보를 포괄적으로 얻어 내기 위해 갖추어야 할 설문지의 구성요소는 표 10-7과 같다(강종수, 2013; 박선희, 천정웅, 2018; 이창희 외, 2011; 이팔환 외, 2007).

표 10-7 설문지의 구성요소

구분	내용
설문표지	설문표지는 연구자나 연구기관의 소개, 조사의 취지 설명과 개인적인 응답항목에 대한 비밀보장을 확신[3]시켜 줌으로써 조사의 응답률을 높이고, 응답을 보다 쉽게 얻어내기 위한 부분을 말한다. 기술적으로 인사말이 너무 길어서도 안되고, 쉽게 이해할 수 있는 말로 써야 하며, 진지하면서도 되도록 중립적인 표현을 사용하여야 한다.
식별자료	식별자료란 각 설문지를 구분하기 위한 일련번호와 추후의 확인 조사를 위한 응답자의 이름이나 조사 또는 조사를 실시한 면접자의 이름과 면접일시를 기록하는 부분으로 대개의 경우 설문지의 첫 장에 나타나게 된다.
지시사항	우편조사인 경우에는 응답자 혼자서 전체 설문지를 완성할 수 있도록 각 항목마다의 응답방법이나 응답순서 등 응답자가 설문지의 모든 항목을 어려움 없이 완성하고 이를 조사기관이 회수하기까지의 모든 과정에 대한 상세한 지시사항이 수록되어야 한다. 설문의 맨 앞에 설문 전반에 걸쳐 준수해야 할 일반적인 사항을 설명한 일반적 지시문, 문항별로 응답요령을 제시한 구체적 지시문, 면접방식을 이용하는 경우 각 설문문항에 대한 구체적인 행동 지시사항을 설명하는 면접자 지시사항 등이 있다.
필요한 정보획득을 위한 문항	설문지 작성에서 가장 중요한 부분으로 연구목적에 필요한 대부분의 자료가 수집되는 부분이다. 필요한 내용만 선별하여 설문문항을 줄이고 사전에 응답자의 입장에서 정보의 소지나 기억가능 여부를 평가한다. 또한 응답에 필요한 시간과 노력, 개인적 사생활, 응답자의 표현능력을 고려하며 추상적인 개념을 측정하고자 하는 경우 복수의 문항을 이용하는 것이 바람직하다.
응답자의 분류를 위한 자료	응답자들의 특성을 파악하고 분류하기 위한 자료들로 주로 성별, 연령, 학력, 수입, 직업 등의 인구통계학적 변인이나 사회경제학적 변인들을 측정하기 위한 질문들이다. 응답자들의 개인 신상과 관계된 질문이므로 응답자의 인격이나 프라이버시가 침해되지 않도록 하고 꼭 필요한 항목만을 질문하여야 한다.

3) 설문조사에 대한 비밀보장을 위해 일반적으로 「통계법」 33조에 의해 비밀이 보장된다는 내용을 안내문에 기재하게 된다. 「통계법」 33조(비밀의 보호)의 내용은 다음과 같다.

① 통계의 작성과정에서 알려진 사항으로서 개인이나 법인 또는 단체 등의 비밀에 속하는 사항은 보호되어야 한다.

② 통계의 작성을 위하여 수집된 개인이나 법인 또는 단체 등의 비밀에 속하는 자료는 통계작성 외의 목적으로 사용되어서는 아니 된다.

2. 설문지 작성

설문지는 체계적이고 질서 정연하게 설계된 질문들의 목록으로 추상적이고 주관적인 것을 객관적으로 파악 가능하도록 만들어 놓은 것이다. 즉, 조작적 정의로 추상적 특성을 경험적 특성으로 전환한 것으로 사회조사 연구에서 측정도구의 신뢰성과 타당성 확보 후 설문지의 문항을 구성하게 된다. 이때 필요한 설문지의 요건(객관성, 명확성, 정확성 및 체계성)은 그림 10-1, 질문 작성 시 원칙은 표 10-8과 같다.

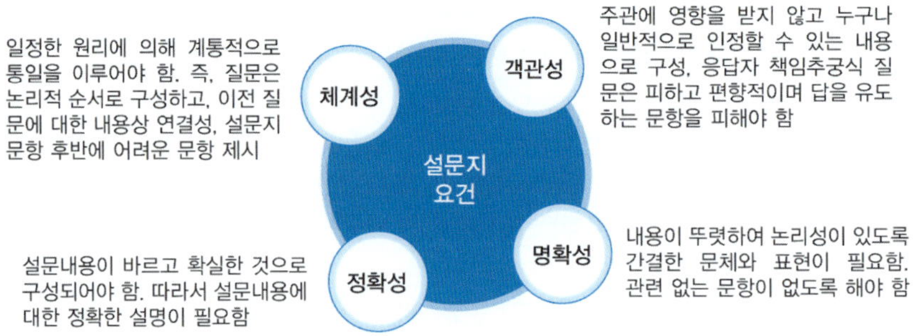

그림 10-1 설문지의 요건

표 10-8 질문 작성 시 원칙

- 조사목적에 기술된 가설이나 내용에 대한 정보를 얻을 수 있는 문항만으로 구성되어야 한다. 특히 응답자의 개인 신상을 묻는 문항은 답변을 꺼리는 경향이 있으므로 조사목적에 해당되지 않는 것은 질문하지 않는 것이 좋다.
- 질문을 간결하게 만든다. 질문이 길어지면 응답자가 읽지 않을 가능성이 크고 질문의 핵심이 흐려지게 되므로 질문은 간결하고 짧아야 한다. 그렇다고 반말을 사용하거나 함축된 단어를 사용해서는 안된다. 문장이 간결하면 좋지만 짧게 맺는 축약적 표현은 삼가는 것이 좋다. 예를 들어, "당신

의 생각은?"이라고 묻는 것보다는 "당신은 어떻게 생각하십니까?"라고 묻는 것이 낫다.

- 두 개 이상을 묻는 복합적인 질문은 피해야 한다. "당신은 학교 직원과 조교의 업무 능력에 대해 얼마나 만족하십니까?" 혹은 "당신은 화장실 시설의 청결 정도와 시설 수에 대해 만족하십니까?" 이런 질문들은 두 가지 사항을 묻는 것으로 각각에 대해 만족하는 정도가 다르면 응답에 혼란을 경험하기 때문이다.
- 설문지는 일종의 측정도구이므로 응답자에게 질문내용과 의미가 명확하게 전달될 수 있는 문장과 단어를 사용하여 질문 문항을 구성해야 한다. 또한 질문 문항에는 응답자가 자의적으로 해석할 수 있는 여지가 없어야 한다. 예를 들어, "당신의 가족은 몇 명인가요?"라고 물으면 나를 포함해서 응답할지, 제외하고 응답할지 의문을 갖게 될 것이다. "당신을 제외하고 현재 함께 사는 가족은 몇 명인가?"라고 묻는다면 보다 명확하게 이해될 것이다.
- 응답자의 수준에 맞는 어휘나 문장을 사용하고 전문적인 용어나 고어 사용은 피하여 응답자들 누구나 쉽게 이해할 수 있도록 설문 문항을 작성해야 한다. 일상에서 자주 사용하는 문장과 단어를 사용하는 것이 좋으며 유행어, 속어, 비어 사용은 피하는 것이 좋다. 전문가 집단에 대한 설문이 아니면 전문 용어나 기술적 용어는 피해야 하며 꼭 사용해야 한다면 부가적인 설명을 하는 것이 좋다.
- 설문 내용에 가능한 객관형 질문을 많이 이용하여야 한다. 단일형이나 복수형을 이용한 객관형 질문은 답하기도 쉽고 나중에 분석하기도 용이하다. 수치를 묻는 질문이라면 범위를 나누어 보기를 들어 주고 직책 같은 것도 직접 쓰게 하기보다는 철자 순으로나 직위 순으로 나열해 주는 것이 좋을 것이다.
- 설문지의 내용에 초점을 맞추고 설문지 구조를 조직화해야 한다. 비슷한 질문들은 한데 묶어 주고, 개인적인 질문은 맨 뒤로 옮긴다. 조직화되고 일관성 있는 설문은 자연스럽게 응답을 유도할 수 있다.

설문지 작성은, 첫째, 필요한 정보와 자료수집방법의 결정, 둘째, 질문내용 결정, 셋째, 질문형태의 결정, 넷째, 개별항목의 완성, 다섯째, 질문 문항의 배열, 여섯째, 설문지 외형 결정, 일곱째, 사전검사, 여덟째, 인쇄 등의 순으로 진행된다(강종수, 2013; 양성민 외, 2014; 장정순, 2016). 일반적인 절차를 살펴보면 그림 10-2와 같다.

1단계	• 가설 개발 • 서베이 방법 결정(우편, 이메일, 면접, 전화 등) • 서베이 질문 작성 • 응답 카테고리 결정 • 설문지 레이아웃 디자인
2단계	• 자료를 기록할 방법 계획 • 측정도구 예비조사
3단계	• 목표 모집단 결정 • 표본추출틀 설정 • 표본크기 결정 • 표본선발
4단계	• 응답자 접촉을 위한 위치 파악 • 면접 실행 • 자료기록
5단계	• 자료입력(컴퓨터에 코딩) • 전체 자료 재점검(무응답 및 불성실 자료 색출) • 통계분석 실행
6단계	• 보고서 작성방법 결정 • 비평과 평가를 위한 결과물 제시

〈설문조사의 진행과정〉

1	수집되어야 하는 정보 결정
2	적절한 자료수집방법 결정
3	수집자료의 분석절차 결정
4	질문유형 선택 및 질문구조 결정
5	개별질문을 위한 적정 단어/어휘 선택
6	질문을 논리적 순서로 조직화하기
7	설문지 사전조사/필요시 수정

〈설문지 작성과정〉

그림 10-2 설문조사의 진행과정과 설문지 작성과정

그림 10-2에서 보는 것과 같이 설문지 작성은 설문조사의 진행과정 중 1단계와 2단계에서 이루어지게 된다.

1) 수집되어야 하는 정보 결정

'설문지를 작성하여 궁극적으로 얻고자 하는 것이 무엇인가?' 하는 설문지 작성목적을 확정하여야 한다. 설문조사를 통하여 얻어야 할 정보의 종류를 정하고 그 정보를 얼마나 자세한 정도까지 측정해야 조사목적을 달성할 수 있는가를 파악하여 결정한다.

2) 적절한 자료수집방법 결정

자료수집방법을 설문지 작성 이전에 충분히 검토하여야 한다. 왜냐하면 어떤 자료수집방법을 선택하느냐에 따라 시간과 비용상의 제약으로 인하여 조사할 수 있는 정보의 양과 내용, 질문방식이 달라질 수 있기 때문이다.

3) 수집자료의 분석절차 결정

수집되어야 하는 정보 결정과 자료수집방법을 결정하고 나면, 설문조사를 실시하기 전에 미리 추후 수집자료를 어떤 방식으로 분석할 것인지에 대해 결정을 해야 한다. 왜냐하면 자료를 모수통계방법을 이용해여 분석할 것인지 아니면 비모수통계방법을 통해 분석할 것인지에 따라 설문내용과 형식이 달라질 수 있기 때문이다.

4) 질문유형 선택 및 질문구조 결정

질문할 개별항목이 결정되면 어떤 형태로 질문할 것인가를 결정해야 한다. 즉, 개방형 질문으로 할 것인지, 폐쇄형 질문으로 할 것인지, 혹은 직접질문으로 할 것인지, 간접질문으로 할 것인지, 부수질문이 필요한지 등을 결정해야 한다. 질문유형으로는 개방형 질문과 폐쇄형 질문이 있는데, 이를 구체적으로 살펴보면 표 10-9와 같다(박선희, 천정웅, 2018).

표 10-9 질문의 유형

구분	내용
개방형 질문	개방형 질문은 자유로운 응답을 허용하도록 설계되며 응답에 대한 특정 구조를 전혀 암시하지 않는다. 개방형 질문은 조사자가 질문에 포함할 만한 모든 쟁점에 대해서 알지 못하고 있을 때나, 또는 조사자가 어떤 상황에 있어서의 기본적 쟁점이 어떤 것인지를 탐색하려고 할 때 유용하며 응답자의 감정을 개인적으로 진술하는 데 있어 압력을 가하지 않으면서도 응답자로 하여금 상세하게 그리고 깊이 있게 대답할 수 있도록 한다는 장점이 있다. 반면 응답률이 낮다는 것과 외적 타당도가 떨어지며 글로써 표현할 능력을 요구하므로 응답자에게 심리적 부담감을 준다는 단점이 있다.
폐쇄형 질문	폐쇄형 질문에서는 응답이 여러 가지로 구성되는데, 예를 들어 '예', '아니오'를 단순히 표현하거나, 찬성의 정도를 선택하기도 하고, 응답범주 목록에서 하나 또는 그 이상을 선택하는 형식을 취한다. 개별적 응답자로부터 신뢰성 있는 응답을 확보할 수 있으며 구체적으로 밝히기 어려워하는 질문에 유용하다는 장점을 가진다. 반면 폐쇄형 질문은 정교한 통계분석에는 적합하지 못하다. 또한 응답자가 자신의 대답에 적절한 응답 카테고리가 없다고 생각할 수 있다는 단점이 있다. 폐쇄형 질문에는 가부형(사지선다형의 가장 기본적인 형태로서 상반되는 두 개의 답지 중에 하나를 선택하는 질문), 선다형(3개 이상의 응답범주 가운데 하나를 선택하도록 하는 질문으로 보통 3~5개의 선택항목으로 구성), 순위형(응답자로 하여금 자신이 생각하는 선호도나 중요도 등과 같이 정도에 따라 순서대로 답을 선택하도록 하는 방식), 평정척도형(질문에 대한 대답의 강도를 요구하는 질문으로 어떤 질문에 대해 강도가 다른 대답을 나열하여 응답자의 의견을 표시하게 하는 방법으로 가장 많이 쓰이는 질문 형식) 등이 있다.

그리고 질문은 연구문제가 정확하게 반영되도록 작성되어야 하고, 명료하게, 한 문장에 하나의 질문만을 사용해야 하며, 무엇보다 가능한한 문항 수가 최소가 될 수 있도록 해야 한다. 또한 부정어의 밑에는 밑줄을 긋거나 고딕체를 사용하여 질문내용을 명확하게 전달할 수 있어야 한다.

5) 개별질문을 위한 적절 단어와 어휘 선택

같은 내용의 정보를 얻기 위한 질문에 있어서도 사소한 의미의 변화에 의해서 응답이나 분석결과에 많은 차이를 가져올 수 있기 때문에 연구에 필요한 올바른 자료를 제대로 얻기 위해서도 적절한 질문을 완성할 필요가 있다. 따라서 응답자가 이해할 수 없는 복잡하고 전문 기술적인 용어를 피하고, 정확한 의미가 없는 용어(예를 들어, 대다수, 보통 등)는 사용하지 않는 것이 좋다. 그리고 설문내용이 자극적이거나 선동적인 문구는 피하는 것이 좋다.

6) 질문을 논리적 순서로 조직화하기

질문은 논리적 순서로 구성하는 것이 필요한데, 즉 이전 질문에 대한 내용상의 연결성을 지녀야 하며, 설문지 문항 후반에 어려운 문항을 제시하도록 한다. 즉, 응답하기 쉬운 질문을 먼저 하고 민감한 질문이나 개방형 질문은 뒷부분에 배치하는 것이 좋다. 또한 일정한 유형의 응답경향이 조성되지 않도록 문항을 배치하고 신뢰도를 검사하는 질문은 서로 떨어져 있어야 하며, 일반적인 것을 먼저 묻고 특수한 것을 뒤에 묻는 것이 효과적이다.

7) 설문지 사전조사 및 필요시 수정

지금까지 논의한 절차로 설문지를 구성하고 난 후 바로 설문조사를 시행하게 되면 생각하지도 못한 오류로 연구문제에 대한 답을 얻지 못하는 경우도 흔하다. 따라서 1차적으로 설문지를 구성하고 나면, 앞에서 제시한 설문지 요건(객관성, 명확성, 정확성, 체계성)에는 문제가 없는지 그리고 설문응답에 대한 시간 등을 점검하여 필요시 수정을 통해 설문지를 완성하게 된다. 따라서 설문지는 예비조사, 사전 · 시험조사를 통해 보조사를 실시하게 되는데, 구체적인 내용은 표 10-10과 같다.

표 10-10 설문지 구성의 과정

구분	내용
예비조사 (pilot test)	연구에 대한 아이디어 및 최초 설문문항을 개발하기 위하여 일반적으로 전문가들을 대상으로 조사를 실시한다.
사전 · 시험조사 (pretest)	설문지를 최종 인쇄하기 전에 설문지의 완성도를 높이기 위해 소수의 사람들(20~50명 정도가 적절)에게 미리 설문조사를 실시한다. 이때 응답내용의 내적 타당도, 응답의 편중, 응답자들이 제시한 가외적 의견, 무응답이 많거나 전혀 하지 않은 경우, 기타 항목에 대한 응답이 너무 많은지 여부를 조사한다.
본조사(main test)	최종 설문지를 인쇄하여 조사대상자에게 직접 실시한다.

예비조사 → 사전조사 → 본조사

그림 10-2에서 제시한 설문지 작성과정을 통해 만들어진 설문지의 내용에 대한 검토가 마무리되면 설문지를 수정하고 편집하여 인쇄를 하게 된다. 인쇄된 설문지가 응답자에게 호감을 주고 중요한 것이라는 인식을 가지도록, 표지, 용지, 활자, 크기, 공간 등 여러 가지 측면에서 신중히 고려해야 한다.

Chapter 11

질적 연구방법

배울 내용

1. 질적 연구의 이해
2. 질적 연구의 유형
3. 질적 연구의 자료수집
4. 질적 자료의 분석

학습목표

1. 질적 연구와 양적 연구를 비교 분석하고 질적 연구의 특성을 파악한다.
2. 질적 연구의 유형에 따른 가정 및 연구진행 절차를 숙지한다.
3. 질적 연구의 자료수집 방법을 설명할 수 있다.
4. 질적 자료의 분석 방법을 설명할 수 있다.

11 Chapter 질적 연구방법

1. 질적 연구의 이해

19세기 자연과학에 대한 연구가 활발해짐에 따라 사람들은 세상을 객관적으로 이해하려고 노력하기 시작하였다. 이와 같은 실증주의에 입각한 양적 연구는 다량의 객관적인 자료에 의존하여 증명 가능한 원리를 발견하고자 한다. 반면 양적 연구가 기계적 접근이라는 비판과 함께 후기 실증주의에 근거한 질적 연구가 등장하기 시작하였다(성태제, 시기자, 2006). 질적 연구의 접근은 기본적으로 진리가 다양한 차원에서 존재함을 인정한다. 따라서 이러한 진리가 실증주의에서 주장하는 바와 같이 불변의 진리는 아니더라도 공유된 맥락 안에서 성립될 수 있다고 보았다(한국조형교육학회, 2016). 양적 연구와 질적 연구의 특징을 보다 구체적으로 실재의 본질, 연구목적, 연구대상, 연구자와 연구대상과의 관계, 자료수집, 연구방법의 예, 일반화의 측면에서 비교해 보면 표 11-1과 같다(백유나, 2020).

표 11-1 양적 연구와 질적 연구의 특징

구분	양적 연구	질적 연구
실재의 본질	객관적 실재를 형성하는 인간의 특성과 본질이 존재함. 따라서 복잡한 패러다임에 관계된 변인들에 대한 연구가 가능	객관적 실재라고 일반화시킬 수 있는 인간의 속성과 본성은 없음. 따라서 단편적 연구가 아닌 총체적 연구가 필요
연구목적	일반적 원리와 법칙 발견	특정 현상에 대한 해석이나 의미의 차이 이해
연구대상	대표성을 갖는 많은 수의 표본	적은 수의 표본
연구자와 연구대상자의 관계	관계가 밀접하면 연구결과가 왜곡될 수 있으므로 거리를 유지해야 함(가치중립적)	연구자와 연구대상자가 서로 밀접한 관계를 유지해야 함(가치개입적)
자료수집	구조화된 양적 자료수집	비구조화된 질적 자료수집, 연구자가 중요한 도구가 됨
연구방법의 예	설문지를 활용한 조사연구, 실험설계에 의한 실험 연구, 점검표를 활용한 관찰 연구 등	관찰법, 면접법을 활용한 사례연구, 문화기술적 연구 등
자료분석	통계적 분석	질적 분석(내용 분석)
일반화	일반화 가능	연구가 고유하므로 일반화시킬 수 없음

출처: 성태제, 시기자(2006). 연구방법론. 학지사.

여전히 양적 연구와 질적 연구 방법론에 대한 학자들의 논쟁이 끊이지 않고 있다. 그러나 특정한 방법론에 편중되거나 다양한 접근을 간과하는 것은 정형화된 틀 속에 연구자를 가두게 되는 결과를 초래할 수 있기 때문에 질적 연구와 양적 연구를 상호보완적 관계로 보는 것이 바람직하다. 즉, 양적 연구에서 보지 못한 현상의 내면을 질적 연구가 보완하여 줄 수 있으며, 양적 연구는 주관적이기 쉬운 질적 연구의 연구결과에 객관적 지표를 제공해 주어 보완해 줄 수 있다. 따라서 연구목적, 연구대상, 연구상황 등에 따라 적절한 연구방법을 선택하는 것이 바람직하다(강은석, 2015).

2. 질적 연구의 유형

질적 연구에는 그림 11-1과 같이, 문화기술지, 내러티브, 현상학적 연구, 근거이론 및 사례연구가 대표적이다. 이를 구체적으로 살펴보면 다음과 같다.

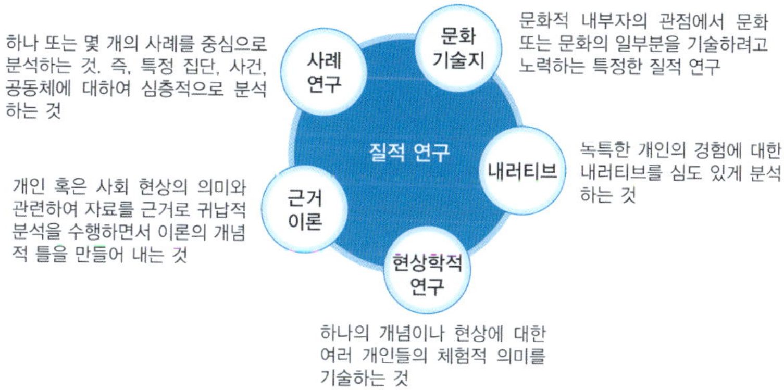

그림 11-1 질적 연구의 유형

1) 문화기술지

문화기술지(ethnography)는 질적 연구와 동의어는 아니다. 단지 문화적 내부자의 관점에서 문화 또는 문화의 일부분을 기술하려고 노력하는 특정한 질적 연구의 한 종류이다. 문화기술지는 문화적 집단 내에서 현장연구를 수행하는 데 장기간을 보낸 인류학자들에 의해서 발전된 질적 연구의 고전적 형태이다. 현상연구는 집단의 구성원이 자신의 일상생활 경험을 이해하기 위해 사용하는 문화적 지식을 이해하려는 노력으로 대개 참여관찰, 정보 제공자 면담, 인공물 수집을 필요로 한다. 현대의 문화기술자들은 종종 하위문화, 지역 공동체 또는 교실까지 연구한다. 이들은 목적은 고전적인 현장연구자들과 일치하는 것, 즉 '사람이 자신의 지역 공동체에서 상식적인 지시가 주어진다면 자신을 적절하게 행동하는 것을 안다는 것이 무엇인지를 기술함으로써 사람의 행동을 설명하는 것'이다.

따라서 문화기술지는 문화공유집단이 가지고 있는 가치, 행동, 신념, 언어의 공유되고 학습된 패턴을 기술하고 해석하는 질적 연구설계의 한 행태이다. 연구의 과정과 결과로서 문화기술지는 해당 연구에서 최종적으로 작성된 산물일 뿐만 아니라 문화공유집단을 연구하는 하나의 방식이다. 과정으로서 문화기술지는 집단에 대한 장기간의 관찰을 수반하게 되는데, 일반적으로 연구자가 그 사람들의 일상생활에 몰입된 참여관찰을 통해 집단을 장기간 관찰하거나 집단 참여자들을 관찰, 면접하게 된다. 문화기술지 연구자는 문화공유집단의 행동, 언어, 상호작용의 의미를 연구한다.

모든 질적 연구접근들과 마찬가지로 문화기술지에도 연구를 수행하는 단일한 방식은 없다. 그러나 일반적으로 문화기술지를 수행하고자 할 때, 사용되는 수행절차는 표 11-2와 같다(조흥식 외, 2015).

표 11-2 문화기술지 수행절차

- 문화기술지가 연구문제를 연구하기 위해 사용해야 할 가장 적합한 설계 형태인지를 결정한다. 문화기술지는 문화집단이 일하는 방법을 기술하고, 신념, 언어, 행동과 권력, 저항, 지배와 같은 이슈들을 탐색하려고 할 때 적합하다.
- 연구할 문화공유집단을 확인하고 위치를 알아낸다. 대체로 이 집단은 오랜 기간 함께 살아왔을 것이고 그럼으로써 그들이 공유하고 있는 언어, 행동 패턴, 태도들이 구별 가능한 패턴으로 나타나게 된다.
- 집단에 대해 연구할 문화적 주제나 이슈를 선택한다. 여기에는 문화공유집단에 대한 분석도 포함된다. 주제에는 문화 적응, 사회화, 학습, 인지, 지배구조, 불평등 또는 아동과 성인의 발달과 같은 것들이 포함될 수 있다.

- 문화적 개념을 연구하기 위해, 어떤 문화기술지 유형을 사용할지 결정한다. 집단이 일하는 방법을 기술할 필요가 있으며, 권력, 헤게모니와 같은 이슈들을 폭로하고 특정 집단을 옹호하고자 할 때는 비판적 문화기술지를 사용하게 된다.
- 집단이 일하고 생활하는 곳에서 정보를 수집한다. 이것을 현장조사라고 부른다. 문화기술지에서 보통 필요로 하는 유형의 정보를 수집하는 것에는 연구현장으로 나아가기, 현장에 있는 사람들의 일상생활을 존중하기, 광범위한 다양한 재료들을 수집하기 등이 포함된다.
- 이러한 분석의 최종 산물로서 규칙이나 패턴의 임시체계를 구성한다. 최종 산물은 연구자의 관점뿐만 아니라 연구참여자의 관점을 통합하는 것으로서 집단에 대한 총체적인 문화적 초상이라고 할 수 있다. 또한 그것은 집단의 욕구를 옹호하거나 집단의 욕구를 다루기 위해 사회에 변화를 제안할 수도 있다.

2) 내러티브 연구

내러티브 연구란 원어 그대로 풀이를 해 보면, 내러티브를 연구 데이터로 활용하는 것을 의미한다. 즉, 내러티브 연구는 질적 연구방법의 하나로서 인간 경험에 초점을 두고, 독특한 개인의 경험에 대한 내러티브, 즉 삶의 이야기를 분석자료로 사용하며, 내러티브 속에 담겨 있는 경험의 의미를 심도 있게 분석하는 것이다. 주로 시간적 흐름에 따라 정리하고 분석하여 개인에게 일어난 사건들의 경험을 재촉하고 새로운 의미를 발견하며 그 사건들이 개인에게 어떠한 영향을 미쳤는지를 분석한다.

일상적인 언어로서 이야기와 내러티브는 혼용하여 사용되는데, 이야기와 내러티브를 시간적 배열의 작은 구성과 집합이라는 개념으로 구분하여 이야기는 큰 이야기로, 내러티브는 작은 이야기의 형식을 지니는 것으로 보았다. 따라서 내러티브가 모여 이야기를 구성하는 것이다(김영천, 2013).

내러티브 연구에 있어서 강조되는 개념 사고는 대표적으로 세 가지로서 연구 현상의 시간적 특성, 개인적 · 사회적 의미, 물리적 환경이 그것이다. 3차원적인 내러티브 연구 공간은 언제 경험하게 될까? 이 특수 공간은 연구의 면담과정에서 연구참여자가 자신의 삶의 이야기를 내러티브하게 쏟아 낼 때 형성되게 되는데, 공간이 형성되면서 위 세 가지 대표적인 요소 개념(연구현상의 시간적 특성, 개인적 · 사회적 의미, 물리적 환경)들을 깊이 있게 들여다보고 탐구할 수 있게 된다. 내러티브 연구를 접하게 되는 독자들 역시 글을 읽으며 3차원적 내러티브 연구 공간에 들어오게 되며, 이 과정에서 특수 공간 경험과 함께 연구자의 의미는 어떠한 의도인지에 대한 해석까지 함께할 수 있게 되는 것이다. 이러한 내러티브 연구의 특성을 살펴보면 표 11-3과 같다.

표 11-3 내러티브 연구의 특성

- 시간의 흐름에 맞게 자연스럽게 일어난 사건이어야 한다. 이유는 내러티브 연구에서 연구참가자의 이야기는 단순한 한 맥락에서의 이야기가 아니라 과거부터의 스토리로 인해 이어진 일련의 시간적 사건의 흐름이라고 보기 때문인데, 내러티브적으로 풀어헤칠 때 참가자의 이야기는 본 이야기와 과거 이야기를 연결 짓게 되며 연구자로 하여금 사건의 새로운 의미를 부여할 수 있게 된다.
- 내러티브 연구는 다수의 삶의 변화보다는 소수, 즉 개인의 삶의 변화를 연구하는 데 적합한 방법이다. 다른 질적 연구 방법과는 다른 내러티브 연구만의 특징은 바로 한 사람의 삶의 경험을 토대로 관련 연구를 진행한다는 것에 매우 적합하다는 것에 있다. 한 사람의 자세한 삶의 이야기를 서술한다는 특징을 가진 내러티브는, 낱말 그대로 원어 풀이를 해 보면 그 이유를 잘 알 수 있다.
- 참가자의 경험 맥락 강조가 가능하다는 것인데, 내러티브 연구를 진행하게 되면서 연구자가 관심이 있는 참가자의 이야기 맥락을 강조할 수 있다. 이런 점들이 필요할 때 내러티브 연구가 매우 적합한가를 잘 알아보고 연구자는 질적 연구방법을 선택해야 한다.

내러티브 연구수행 방법은 고정된 접근을 따르고 있지는 않지만, 일반적인 절차 지침으로서 클랜디닌과 코넬리(Clandinin & Connelly, 2000)가 채택한 접근을 많이 사용하고 있다. 구체적인 내용은 표 11-4와 같다(조흥식 외, 2015).

표 11-4 내러티브의 연구절차

- 연구문제나 질문이 내러티브 연구에 가장 적합하지를 결정한다. 내러티브 연구는 한 인생의 상세한 이야기나 생활 경험 또는 소수 개인들의 생활을 포착하는 데 가장 적합하다.
- 할 만한 이야기나 인생 경험을 가지고 있고, 많은 시간을 할애하여 복합적인 정보원들을 통해 자신의 이야기를 제시해 줄 수 있는 한 명 이상의 사람들을 선택한다.
- 이러한 이야기들의 맥락에 대한 정보를 수집한다. 내러티브 연구자는 개인의 이야기를 참여자들의 개인적 경험(그들의 일, 그들의 가정)과 그들의 문화(인종 또는 민족) 그리고 그들의 역사적 맥락(시간과 장소)에 놓게 된다.
- 연구참여자들의 이야기를 분석하고 나서, 그것들을 이해할 수 있는 틀로 다시 이야기한다. 이야기 재구성(restorying)은 이야기를 몇 가지 광범위한 유형의 틀로 재조직하는 과정이다. 이 틀은 이야기를 수집하는 것과 이야기의 주요 요소들(예를 들어, 시간, 장소, 구조, 장면)로 분석하는 것 그리고 연대기적 순서로 그것들을 배치하기 위해 이야기를 다시 쓰는 것 등으로 구성할 수 있다.
- 연구에 적극적으로 관여하도록 함으로써 연구참여자들과 협력한다. 연구자들이 이야기를 수집함에 따라 그들은 관계를 협상하고, 변화를 부드럽게 하며, 연구참여자들에게 유용할 수 있는 방식들을 제공한다. 따라서 내러티브 연구에서 양자의 만남을 통해 배우고 변화하게 되는 연구자와 피연구자 간의 관계가 매우 중요하다.

3) 현상학적 연구

내러티브 연구가 단일한 개인의 삶을 보고하는 반면에, 현상학적 연구(phenomenological research)는 하나의 개념이나 현상에 대한 여러 개인들의 체험적 의미를 기술하는 것이다. 현상학자들은 모든 연구참여자들이 현상을 경험하면서 공통적으로 갖게 된 것을 기술하는 데 초점을 둔다. 현상학의 기본적인 목적은 현상에 대한 개인의 경험들을 보편적 본질에 대한 기술(사물의 자연적 특성을 포착하는 것)로 축소하는 것이다. 이러한 목적을 달성하기 위하여 질적 연구자들은 현상을 확인하려고 한다.

따라서 현상학적 연구방법은 대상자의 기술에 대한 분석을 통해 인간이 경험하는 현상의 의미를 밝히는 것으로 귀납적이고 기술적인 연구방법이다. 즉, 살아 있는 인간 경험을 기술하는 것이며, 대상자의 실재에 접촉하는 총체적인 접근을 요구한다. 현상학의 목적은 인간에 대한 이해의 증진을 명상적인 사고를 기초로 행동의 본질을 설명하는 것으로, 현상학에서는 현실의 의미에 대한 개인적인 기술을 통해 삶의 지식을 밝힐 수 있다고 본다(조원덕, 2013).

현상학의 지식과 앎의 방법은 실증주의적 자연과학의 방법과는 다르다고 주장한다. 현상학적 탐구과정은 우리의 순수한 자연적 삶의 맥락에서 우리의 일상생활의 현상을 분리하는 판단정지의 과정, 지식, 사실, 이론을 놓치지 않으면서 눈을 크게 뜨고 경험을 바라보는 것으로 경험에의 집중이 필요한 직관의 과정, 비교, 대조되고 반복되는 요소를 주시하면서 의미를 분석하는 과정, 연구결과의 상호의사소통을 위한 기술로 설명된다. 대상자의 진술이 갖는 진실성보다 그 진술을 확보한 뒤에 연구자가 무엇을 하느냐에 따라 연구는 달라진다. 본질을 찾으려고 노력하는 단계가 현상학적 연구가 다른 질적 연구방법과 가장 큰 차이점이다. 결국 현상학의 초점은 현상에 대한 살아 있는 경험이며, 이는 연구자의 철저한 기술이 현상을 복원하는 것이다.

현상학적 연구자는 각 사람이 처해 있는 바로 그곳에서 사람들을 만난다. 따라서 연구자는 모든 편견, 즉 불충분한 설명과 부정확한 근거에 입각한 모든 원칙과 개념, 독단적인 사고방식을 버리고 오로지 참여자의 경험에 대한 기술과 의미에 초점을 맞추어야 한다(신경림 외, 2004). 그러므로 연구자는 자신의 전 존재와 인격의 전체성을 걸고 청취할 때만 참여자의 말로 표현된 경험들과 접촉할 수 있다. 이처럼 현상학적 인터뷰는 연구자와 참여자가 순수하고 깊이 있게 경험되는 관심을 나누면서 서로에게 갖는 신뢰를 통해 최대한 상호작용을 하게 된다. 그러면서 공유하게 된 이해를 바탕으로 헌신적으로 연구에 동참하게 된다. 현상학의 주요 개념으로는 표 11-5와 같이 지향성, 판단중지와 환원, 생활세계, 자연적 태도 등이 있으며, 현상학적 연구의 절차는 표 11-6과 같다(조흥식 외, 2015).

표 11-5 현상학의 주요 개념

구분	내용
지향성	의식이 갖는 본질적 특성을 지향성이라고 한다. 의식은 항상 어떤 대상을 향해 있는데 그 안에는 지향된 대상(noema)과 지향작용(noesis)의 관계가 형성되어 있다. 노에시스가 노에마를 구성한다고 할 수 있으며 노에시스와 노에마는 서로 필연적인 상관관계를 갖는다. 즉, 연구가 강력한 지향성을 가지기 위해서는 연구자의 개인적 의식이 강하게 작용하고 있는 현상을 알아내고 그것의 본질에 대한 탐구를 해야 한다는 것이다.
판단중지와 환원	현상학에서는 본질을 직관할 수 있는 순수의식의 세계로 들어가는 것을 강조하는데, 본질을 직관하기 위해서는 현상학적 환원을 요구한다. 현상학적 환원을 위해서는 자연적 태도에 대한 판단중지(Epoche, bracketing)라는 절차를 거쳐야 한다. 이는 일상성으로 대표되는 자연적 태도를 극복하자는 것이다.
생활세계	생활세계는 우리의 일상적인 상식의 세계로, 자연과학적 사고방식에 의해 세계를 보는 것보다 앞서 있는 근원적인 세계이며 모든 학문의 기반이 되는 세계이다. 즉, 과학에 물들지 않은 원초적인 지각에 나타난 세계로서 설명되기 이전의 세계, 판단 이전의 세계를 말한다.
자연적 태도	자연적 태도란 우리가 일상적으로 취하고 있는 태도를 말한다. 즉, 세계를 인식하는 데 있어서도 일상적이고 상식적인 견해만으로 충분하다고 본다. 우리는 일상생활에서 사물을 지각할 때 우리의 관심을 경험적 대상세계에 집중시킨다. 인간의 정신적 현상조차도 물리적 인과법칙의 지배 속에 있는 것으로 간주해 버리는 태도를 말한다.

표 11-6 현상학적 연구의 절차

- 연구자는 연구문제에 현상학적 접근을 사용하는 것이 가장 적합한 것인지를 결정한다. 현상학에 가장 적합한 문제의 유형은 한 가지 현상에 대한 여러 개인들의 공통된 또는 공유된 경험을 이해하는 것이 중요한 경우이다. 실천이나 정책을 개발하기 위해 또는 현상의 특성에 대해 더 깊이 이해하기 위하여 이러한 공통된 경험들을 이해하는 것이 중요할 수 있다.
- 연구자는 현상학의 광범위한 철학적 가정들을 인식하고 상술한다. 연구참여자들이 현상을 어떻게 바라보고 있는지를 기술하기 위해 연구자는 그들 자신의 경험을 가능한 많이 기술하도록 해야 한다.
- 자료는 현상을 경험해 온 개인들로부터 수집된다. 종종 현상학적 연구의 자료수집은 연구참여자들과의 심층면접과 다중적인 면접으로 구성된다.
- 연구참여자들에게 다음과 같은 두 개의 광범위하고 일반적인 질문이 주어진다. 현상에 관하여 무엇을 경험하였는가? 현상에 대한 경험에 전형적으로 영향을 준 맥락이나 상황은 무엇인가? 다른

개방형 질문들이 제기될 수 있으나 이들 두 개의 질문은 특히 경험의 조직적 기술과 구조적 기술을 이끌게 될 자료를 수집하는 데 초점을 두며, 궁극적으로는 연구참여자들의 공통된 경험에 대한 이해를 제공한다.

- 그리고 나서 이러한 의미 있는 진술과 주제들은 연구참여자들이 경험한 것에 대한 기술을 작성하는 데 사용된다(텍스트에 근거한 기술). 또한 그것들은 연구참여자들이 현상을 경험하는 방법에 영향을 미친 맥락이나 상황에 대한 기술, 즉 상상적 변이 또는 구조적 기술을 작성하는 데 사용된다.
- 구조적 기술, 텍스트에 근거한 기술로부터 연구자는 본질적, 불변 구조(또는 본질)라고 부르는 현상의 본질을 제시하는 혼합적 기술을 작성하게 된다.

4) 근거이론

근거이론은 개인 혹은 사회현상의 의미와 관련하여 자료를 근거로 귀납적 분석을 수행하면서 이론의 개념적 틀을 만들어 내는 데 초점을 둔 질적 연구방법이다. 근거이론은 선입견적인 아이디어나 기존 이론이 아닌 새로운 범주화를 통한 이론 창출을 목적으로 한다. 근거이론은 일관성 있는 이론을 위해서는 구조를 찾아야 하며, 모든 구조는 잘 관찰된 근거, 즉 데이터로부터 시작된다고 본다. 범주는 연구자가 수집한 자료에 근거를 두기 때문에 연구주제에 초점을 둔 연속적이고 체계적인 자료수집 방법을 선호한다. 주제와 관련하여 이론을 정립하기 위해서는 묘사보다는 분석이 중심이 된다. 분석과정에서 추가적인 자료수집의 필요성이 판단되면 이론적 포화가 이루어질 때까지 자료수집이 지속된다. 따라서 근거이론은 전통적인 연구방법에서 뚜렷하게 존재했던 자료수집과 분석단계의 구분이 분명하지 않다.

근거이론은 일반적인 귀납적 질적 모델과는 대비되는 특징을 가지고 있지만, 일반적인 모델로 오용하는 경우가 흔하다. 하지만 다른 질적 연구방법과 근거이론의 가장 뚜렷하고 독특한 특성은 이론 개발을 목적으로 한다는 점이다. 그리고 김영천(2013)은 근거이론의 명확한 차이는 기술과 추상화의 차이라고 보고, 근거이론의 방법론상의 규칙, 절차보다는 유연한 지침을 강조하였다.

이러한 근거이론의 핵심적인 개념으로 면접, 코딩, 상황모형 개발 및 포화(정밀화)의 개념이 중요하다. 먼저 면접을 통해 문제를 탐구할 수 있다. 면접대상자를 선정할 경우 면접대상자 추출 방식이 중요하다. 이론적 표본추출, 유의표본추출방식 등이 있다. 면접대상자의 선정 방식의 구체적인 내용은 표 11-7과 같다.

표 11-7 면접대상자의 선정

구분	내용
기준 표본 추출	연구자가 자신의 판단에 의거하여 하위문화나 집단의 구성원을 선택하는 것이다.
유의표본 추출방식	연구질문과 관련하여 연구자에게 많은 정보를 줄 수 있을 것으로 기대되는 사례(information rich cases)를 선택하는 기법으로, 특히 연구대상이 되는 개인이나 집단에 대한 깊은 이해 및 이를 기반으로 새로운 개념 · 이론을 도출하는 것이 연구의 목적일 때 사용된다.
이론적 표본추출	최초 표본의 분석결과에 기반하여, 이론을 확장시켜 나가기 위해 다음 면접대상자를 선정하는 방식을 가리킨다. 장기간의 관찰 이후, 주제에 대해 많은 정보를 갖고 있을 것으로 기대되는 사람을 연구의 최초 면접 대상자로 선정한다. 이때 등장한 개념들이 정말 대표성을 가질 수 있는지 확인하기 위하여 해당 면접자의 주요 특성을 기준으로 향후 면접자들을 선정해 나간다.
세평적 사례 선택	특정 분야에 오래 종사한 사람의 추천을 받는 것으로, 예를 들어 10년 이상 경력을 갖춘 대학 교수의 추천대로 참여자를 선정한다.

사실 1~3년에 걸친 관계를 형성해서 잘 아는 사람이라면 확실하다. 이러면 신빙성, 신뢰성을 저해하는 원인인 반응성(reactivity)과 편견(bias)를 최소화할 수 있다.

둘째, 코딩과정은 정보나 자료를 분류하고 해석하는 과정으로 구체적인 내용은 표 11-8과 같다.

표 11-8 코딩의 과정

구분	내용
개방코딩	개념도출, 범주 분류, 텍스트 형태의 자료를 해체하여 문장 형태의 의미 단위로 개념화한다. 자료→개념→하위범주→범주(패러다임)식으로 묶이게 된다. 전사본을 반복적으로 읽으며 의미 있다고 여겨지는 내용에 개념을 부여한다. 면담내용 녹음을 한 문장씩 검토하여야 하므로 지겨운 노동이 수반된다. 이때 연구참여자의 응답 표현을 그대로 인용하거나 응답을 적절히 드러낼 수 있는 말을 사용한다. 발견된 개념의 의미 단위는 속성과 차원에 따라 범주화하여 묶는다.
축코딩	패러다임 모형, 범주 분석. 패러다임을 구축한다. 하나의 범주에 그 하위 범주들을 연관지어 새로운 방식으로 자료를 재조합한다. 축이라 불리는 이유는 코딩이 한 범주의 축을 중심으로 일어나며 속성 · 차원 수준에서 범주들을 연결시키기 때문이다. 패러다임이란 각각의 범주를 이론적으로 연결하는 일련의 과정이다. 근거이론에서 하위범주들은 범주를 발생시키는 인과적(=원인적) 조건(=상황), 맥락적 조건(전후관계), 중심현상, 중재적 조건(상황), 작용 · 상호작용 전략, 결과들을 나타내는 범주에 연결된다. 축 코딩의 결과물에 따라 과정분석(process analysis)를 하는데, 이는 한 가지 현상과 관련되어 시간의 흐름에 따라 발전하는 구조와 상호작용에 대한 분석이다. 현상에 대한 반응→대처→조정에 관계하는 작용 · 상호작용의 연속적인 연결을 의미한다.
선택코딩	핵심범주를 밝히고, 이 핵심범주를 중심으로 다른 모든 범주를 통합시키고 정교화하는 방식으로 현상을 정리하여 이론을 생성한다.

셋째, 상황모형 개발 및 포화(Saturation)는 선택코딩이 끝난 후 선택적으로 수행할 수 있는 분석도구로, 상황적 조건(인과적, 맥락적, 중재적)이 미시적, 거시적 조건에 따라 작용 · 상호작용과 얽혀서 어떻게 결과에 영향을 미치는가를 설명하는 분석 도구이다. 근거이론 연구를 위한 구체적인 절차는 표 11-9와 같다(조흥식 외, 2015).

표 11-9 근거이론 연구의 절차

- 연구자는 근거이론이 자신의 연구문제에 가장 적합한지 결정하는 것으로 시작할 필요가 있다. 근거이론은 하나의 과정을 설명하기 위해 활용할 수 있는 이론이 없을 때 적절한 설계 형태이다. 실천적인 측면에서 이론은 사람들이 어떻게 현상을 경험하는지 설명해 줄 필요성이 있으며, 연구자가 개발한 근거이론은 그러한 일반적 틀을 제공하게 된다.

- 연구자가 연구참여자에게 묻는 질문은 사람들이 과정을 경험하는 방법을 이해하고 그 과정의 단계를 확인하는 데 초점을 둔다(그 과정은 무엇인가? 그것은 어떻게 전개되었는가?). 처음에 이러한 이슈들을 탐색한 뒤, 연구자는 다시 연구참여자들에게 돌아가 축코딩 단계를 형성하기 위한 구체적인 질문을 하게 된다 그 과정에 중심적인 것은 무엇인가?(중심현상), 이 현상이 발생하도록 영향을 미치거나 원인이 된 것은 무엇인가?(인과적 조건), 그 과정 동안 채택된 전략들은 무엇인가?(전략), 어떤 효과가 발생하였는가?(결과).
- 관찰이나 문서, 시청각 자료와 같은 다른 형식의 자료를 수집할 수 있지만 이러한 질문들은 대개 면접에서 제기된다. 요점은 모델을 완전히 발전(또는 포화)시킬 만큼 충분한 정보를 수집해야 한다는 것이다. 이를 위해 20회에서 30회의 면접 또는 50회에서 60회의 면접이 필요할 수 있다.
- 자료분석은 단계별로 진행된다. 개방코딩에서 연구자는 정보를 구분함으로써 연구하는 현상에 대한 정보의 범주를 형성한다. 각 범주 내에서 연구자는 여러 가지 속성이나 하위범주들을 발견하고, 차원화를 위한 자료들을 찾거나 속성의 연속성 위에 있는 극단적인 가능성들을 보여 준다.
- 축코딩에서, 연구자는 개방코딩 이후 새로운 방식으로 자료를 결합한다. 이것은 코딩 패러다임이나 논리적 도식(즉, 시각적 모형)을 사용하여 제시하게 되는데, 여기에서 연구자는 중심 현상(즉, 현상에 대한 중심 범주)을 확인하고, 인과 조건(즉, 현상에 영향을 미치는 조건의 범주)을 탐색하며, 전략(즉, 중심현상의 결과로 나타나는 행동이나 상호작용)을 구체화하고, 맥락과 중재 조건(즉, 전략에 영향을 미치는 협소하거나 광범위한 조건)을 확인하며, 이 현상의 결과(즉, 전략의 결과)를 묘사한다.
- 선택적 코딩에서, 연구자는 범주를 연결하는 이야기 줄거리를 쓸 수 있다. 또는 예측되는 관계를 진술하는 명제나 가설들이 구체화될 수도 있다.
- 마지막으로 연구자는 중심 현상에 영향을 미치는 사회적, 역사적, 경제적 조건들을 밝히는 조건 매트릭스를 개발하고 도식화한다. 이것은 선택 가능한 단계이며 질적 연구자는 가장 좁은 관점에서 가장 넓은 관점에 이르는 모형에 대해 생각하게 된다.
- 이러한 자료수집과 분석 과정의 결과물이 이론, 즉 실체이론이며, 이것은 연구자가 구체적인 문제나 인구집단에 밀착하여 작성한 것이다. 이론은 메모하는 과정의 도움을 받아 나타나게 되는데, 이 과정에서 연구자는 개방코딩, 축코딩, 선택적 코딩 과정을 거쳐 전개하는 이론에 대한 아이디어를 적어 놓는다.

5) 사례연구

사례연구는 사회과학 관련 분야에서 이루어지는 연구방법의 하나로, 하나 또는 몇 개의 사례를 중심으로 분석하는 연구이다. 즉, 특정 집단, 사건, 공동체에 대하여 심층적으로 분석하는 것이다. 사례연구는 질적 연구방법의 하나로서 연구자는 시간 경과에 따라 하나의 경계를 가진 체계(사례) 또는 경계를 가진 여러 체계들(사례들)을 탐색하고, 다양한 정보원천(관찰, 면접, 시청각 자료, 문서와 보고서)들을 포함하여 상세하고 심층적인 자료를 수집하며, 사례 기술과 사례에 기반한 주제들을 보고하게 된다. 예를 들어, 연구를 위해 여러 가지 프로그램(다중현장 연구)이나 단일한 프로그램(현장 내 연구)을 선택할 수 있다.

질적 사례연구의 유형은 해당 사례가 한 개인이나 여러 사람들, 집단, 전체 프로그램, 활동 등을 포함하는가와 같이 경계를 가진 체계의 규모에 따라 구분된다. 또한 질적 사례연구는 사례분석의 목적에 따라 구분될 수도 있다. 질적 사례연구의 유형은 표 11-10, 사례연구의 수행 절차는 표 11-11과 같다(조흥식 외, 2015).

표 11-10 질적 사례연구의 유형

구분	내용
도구적 단일 사례연구	연구자는 하나의 이슈나 관심에 초점을 맞추고 나서 이 이슈를 예증하기 위한 하나의 경계를 가진 체계를 선택한다.
집합적 또는 다중 사례연구	여기에서도 하나의 이슈나 관심이 다시 선택되지만, 연구자는 그 이슈를 예증하기 위해 다중 사례연구를 선택한다. 연구자는 여러 개의 연구현장에서 여러 개의 프로그램들을 선택하거나 단일 현장 내에서 여러 개의 프로그램을 선택할 수도 있다. 종종 연구자는 이슈에 대한 서로 다른 관점들을 보여 주기 위해 여러 사례를 의도적으로 선택하기도 한다.
본질적 사례연구	이 설계에서는 초점이 사례 그 자체(프로그램을 평가하거나 어려움을 겪고 있는 학생을 연구하는 등)에 맞추어진다. 왜냐하면 그 사례가 비일상적이거나 독특한 상황을 보여 주기 때문이다. 이는 내러티브 연구의 초점을 닮았지만 사례에 대해 상세하게 기술하는 사례연구의 분석절차는 그 맥락이나 주위 환경 내에서 여전히 진실을 붙들고 있다.

표 11-11 사례연구의 수행 절차

- 연구자는 사례연구접근이 연구문제에 적합한지를 결정한다. 사례연구는 연구자가 분명하게 확인할 수 있는 경계를 가진 사례를 갖고 있고, 사례에 대한 깊은 이해나 여러 사례들에 대한 비교를 하고자 할 때 좋은 접근이다.
- 다음으로 연구자는 하나의 사례 또는 여러 사례들을 확인해야 한다. 이러한 사례에는 한 사람, 여러사람, 프로그램, 사건, 활동이 포함될 수 있다.
- 사례연구의 자료수집은 대체로 광범위하며, 관찰, 면접, 문서, 시청각 자료와 같은 다양한 정보원천들을 활용한다. 일반적으로 문서, 기록물, 면접, 직접관찰, 참여관찰, 물리적 인공물 등이 추천되고 있다.
- 이러한 자료의 분석 유형은 사례 전체에 대한 총체적 분석(holistic analysis) 또는 사례의 구체적인 측면에 대한 삽입적 분석(embedded analysis)이다. 이러한 자료수집을 통해 사례의 세부적인 기술이 나타나며, 연구자는 사례의 역사, 사건의 연대기, 사례의 활동에 대한 매일의 묘사와 같은 측면들을 상세하게 기술한다. 이러한 기술 이후에(비교적 경합되지 않은 자료), 연구자는 사례를 넘어 일반화하려는 것이 아니라 사례의 복잡성을 이해하기 위해 소수의 주요 이슈들(또는 주제 분석)에 초점을 맞출 수 있다.
- 마지막 해석 단계에서 연구자는 사례의 의미를 보고하게 되는데, 그 의미는 사례의 이슈에 대해 알게 된 것에서 나올 수도 있고(도구적 사례), 비일상적인 상황에 대한 학습(본직적 사례)에서 올 수도 있다. 이 단계에서는 사례를 통해 배운 교훈들을 보고한다.

3. 질적 연구의 자료수집

질적 연구의 자료수집은 인터뷰, 참여관찰, 문서, 심층면접 및 포커스 그룹 면접을 통해 이루어지게 되는데, 이를 구체적으로 살펴보면 다음과 같다(박선희, 천정웅, 2018; 이세형, 2019).

1) 인터뷰

인터뷰는 오늘날의 질적 자료수집방법 중에서도 가장 보편적으로 널리 활용되는 강력한 방법 중의 하나로 볼 수 있다. 질적 연구방법에서 주목하는 인터뷰는 친밀감을 매개로 이루어지는 통상적인 대화나 의견교환과는 구분되며, 일종의 형식과 구조를 가지고 있는 대화, 또는 의도적인 의사소통과정으로 규정할 수 있다(유기웅 외, 2012). 연구자가 관심을 갖는 주제와 관련한 지식의 생산을 목적으로 이루어지는 연구자와 참여자 간의 의도적인 대화로 볼 수 있으며, 연구자가 보고자 하는 집단이나 사례의 사람들의 일상경험의 패턴이나 내용 파악뿐 아니라 개념적 범주나 논리 등을 파악하는 데 큰 이점을 갖는다.

2) 참여관찰

참여관찰(Participation Observation)이란 연구대상자의 생활이나 활동영역에 참여하여 관찰하는 방법을 말한다. 이 방법은 어떤 특수한 행위의 미묘한 감정관계 등 외부에 나타나지 않는 사실까지 직접 경험할 수 있고, 관찰대상을 자연적인 상태에서 파악할 수 있는 장점이 있다. 참여관찰은 관찰자의 참여 정도와 공개 여부에 따라 완전참여자, 관찰참여자, 참여관찰자, 완전관찰자의 4가지 유형으로 구분할 수 있다.

표 11-12 참여관찰의 유형과 단계

구분		내용
유형	완전참여자	완전참여자는 필수적인 매일의 역할을 성공적으로 할 수 있거나 하도록 배울 수 있는 상황에서, 관찰대상의 어떤 생활영역이든 관심을 갖고 있으며, 받아들일 수 있는 영역에서 가능한 한 자연스럽게 관찰대상들과 상호작용을 한다.

구분		내용
	관찰참여자	관찰참여자 역할을 하는 연구조사자는 연구를 하는 집단에 완전히 참여하지만, 자신이 연구조사를 수행하고 있다는 것을 분명히 밝힌다.
	참여관찰자	참여관찰자는 자신을 조사연구자로 신분을 밝히고 사회과정에서 참여자들과 상호작용을 하지만 실제 참여자인 것처럼 언행을 하지 않는다.
	완전관찰자	완전관찰자는 어떤 방식으로든 사회과정의 일부가 되지 않으면서 사회과정을 관찰한다.
참여관찰의 단계		• 연구장소의 선택 • 연구대상으로의 접근 • 표집 • 자료수집 • 현장에서의 철수 • 자료분석 및 보고

3) 문서

문서(document)는 질적 연구에서 인터뷰나 관찰에 비해 덜 사용되고 과소평가되어 왔다. 인터뷰나 관찰방법을 통해 얻은 자료를 보완하는 정도로 사용되는 측면이 있다(김인숙, 2016). 그러나 이것은 문서가 어떻게 생산되고 소비되며 어떻게 사람들의 일상의 삶에서 작동하는지를 잘 모르기 때문이다. 사실 모든 문서는 특별한 맥락에서 그리고 특정한 목적으로 누군가에 의해 쓰여지고 만들어진다. 문서의 내용은 쓰여진다고 해서 단순히 사실이나 진실이 되는 것이 아니지만, 왜 그리고 어떻게 그것이 특별한 형식으로 그리고 특정한 맥락에서 쓰여졌는지를 알아보는 것은 조사연구에서 중요한 일이 될 수 있는 것이다(Matthews & Ross, 2010).

질적 연구의 자료수집방법으로서의 문서는 질적 연구와 관련한 모든 형태의 문자로 쓰여진(written), 시각적(visual), 그리고 물리적 형태의 자료를 의미한다. 즉, 문서는 연구와 관련한 모든 형태의 손으로 작성된 문서, 컴퓨터로 작성된 문서, 그리고 각종 인쇄물 등이 포함되며, 연구자는 이러한 문서에 나타난 글이나 기호 등을 분석하고 해석하는 노력을 통해 연구문제를 해결하고자 하는 것이다(유기웅 외, 2012). 질적 연구에서 흔히 수집하고 활용되는 문서자료는 개인문서(personal documents), 공적 문서(public documents), 각종 인공물(artifacts), 연구자에 의해서 또는 연구를 위해 작성된 문서, 그리고 온라인(on-line) 형태의 문서 등으로 구분할 수 있다.

4) 심층면접

심층면접은 응답의 이유, 의견, 가치, 동기, 경험 등 언어적인 표현뿐만 아니라 몸짓, 표정 등 비언어적인 반응까지 관찰이 가능하다. 개인면접과 달리 면접시간이 많이 걸리고 내용도 깊어져서 매우 상세한 정보를 얻을 수 있다.

표 11-13 심층면접의 유형

구분	내용
비공식 대화면접	가장 개방적인 면접형태로서 관찰과정 중에서 면접자와 응답자 사이에 계획되지 않고 예측되지 않는 상호작용이다. 관찰하고 있는 사람들이 현재 일어나고 있는 일에 대해 어떻게 생각하는지에 대한 이해를 극대화하고자 할 때 자연스럽게 일어나는 면접의 유형이다.
면접지침 접근법	면접에 대해 미리 계획하여 개방적이지만, 비공식 대화면접보다는 더 구조화된 면접지침을 가지고 관찰하는 면접법이다. 이 방법은 사전에 계획되어 면접자의 편견을 줄일 수 있고 면접 후 자료분석이나 보고서 작성에 더 효과적이다.
표준화 개방형 면접	면접에서 하게 될 질문을 미리 정확하게 써 놓고 순서와 표현에 주의를 기울이면서 면접하는 방법이다. 면접자의 영향과 편견을 최소화하면서 일관성을 유지하고 자원이 부족하여 응답자와 포괄적으로 면접을 추구할 시간이 없을 때 유용한 방법이며, 면접에서 하게 될 질문을 정확하게 써 놓은 질문을 사용한다. 또한 질문의 표현과 순서에 대해 많은 주의를 기울인다.

5) 포커스 그룹 면접

포커스 그룹 면접은 참여하는 구성원들에게 어떤 주제에 대해 구성원끼리 상호작용을 유발하여 서로의 의견 및 제안을 도출할 수 있도록 하여 자료를 수집하는 방법이다. 포커스 그룹 면접은 6명에서 12명의 사람을 동시에 면접하는데, 핵심주제에 대해 상대적으로 자유로운 토론을 하게 되고, 응답자들을 이끄는 한 사람의 사회자가 있다. 포커스 그룹 면접은 어떤 주제나 현상에 대해 예비적인 정보를 수집하는 데 주로 사용되며, 예비조사로 다른 조사방법을 이용하는 조사를 발전시키기 위한 아이디어를 발견하는 데 활용된다.

4. 질적 자료의 분석

질적 연구의 자료분석은 자료수집과 동시에 이루어진다. 그러므로 질적 연구에서는 자료분석방법만 따로 떼어 내서 설명하는 것은 부적절하다. 수집된 자료는 연구자에 의해 분석되고, 이 같은 분석과정에서 추가적인 의문이 생기면 연구자는 다시 현장에 들어가서 자료를 재수집하는 등 자료의 수집과 분석과정은 해석학적 순환을 거치게 된다. 따라서 질적 연구의 분석은 당초 자료수집방법이 담고 있는 연구설계의 틀과 그 철학적 배경이 직·간접적으로 연결되어 있다(김진우, 2012).

1) 질적 자료의 일반적 분석과정

질적 연구에서 분석을 실시하는 과정은 학자들마다 다르게 제시되고 있다. 마일즈와 허버만(Miles & Huberman, 1984)은 질적 분석의 과정을 자료의 감소, 자료의 배열, 그리고 결론 도출 등으로 구분한다. 자료의 감소에는 자료의 선정과 응축, 범주화, 주제로 세분화시키기가 포함되며, 자료의 배열에는 자료가 의미하는 바를 잘 나타내기 위하여 감소된 자료를 다이어그램, 그림, 시각적 형태로 표현하는 것, 결론의 도출을 가능하게 하는 정보를 조직적으로 그리고 응축적으로 배열하는 것 등이 포함된다. 또한 결론의 도출이란 배열된 자료로부터 의미를 도출하는 것을 의미한다.

크레스웰(Creswell, 2009)은 자료분석의 과정을 6단계로 설명하고 있다. 1단계는 분석할 자료를 조직하고 준비한다. 2단계는 모든 자료를 읽는다. 3단계는 코딩과정을 통한 구체적 분석을 시작한다. 4단계는 코딩절차를 사용하여 장소나 사람에 대한 기술, 분석을 위한 범주(category)나 주제를 생성한다. 5단계는 서술과 주제가 질적 내러티브에서 어떻게 표현될 것인지를 생각한다. 6단계는 자료분석의 마지막 단계로서 해석하기이다. 이렇게 다양한 분석과정에 대한 논의가 있지만, 질적자료의 분석과정은 대체로 전사와 코딩 그리고 자료의 범주화로 크게 나눌 수 있다(김윤옥 외, 2009).

(1) 전사과정

전사(transcribing)는 자료를 기록하고 저장하는 작업이다. 전사는 현장작업에서 수집된 자료(녹음 자료, 연구자의 관찰 노트, 일지) 등을 분석과 해석을 위하여 체계적으로 기록하는 것을 뜻한다. 전사는 또한 이 작업을 컴퓨터에 저장하는 것도 포함한다. 전사과정이 분석작업에서 중요한 이유는 자료의 보관, 기밀유지, 편집을 자유롭게 할 수 있는 간편성, 경제성, 계속 사용할 수 있는 용이성 등과 같은 효과적인 자료관리를 위해서도 필요하며, 동시에 전사과정 자체가 연구자의 현장경험과 생각을 정리할 수 있는 분석의 과정이 된다는 점이다(김윤옥 외, 2009).

전사를 하는 사람은 연구자가 아닐 수도 있지만, 본인이 하는 것이 바람직하다. 본인이 듣고 옮기는 것과 옮겨진 내용을 읽는 것은 다를 수 있는 것이다. 전사과정이 끝나면 연구자는 저장된 자료를 출력하여 의사소통에 문제가 있을 수 있는 틀린 글자, 띄어쓰기에 대한 편집, 그리고 원문에서 생략된 내용을 보완한 다음 그 과정을 마무리한다. 특히 개인정보보호에 대해 약속을 했다면 더욱 데이터 보호에 신경을 써야 할 것이다. 자료 데이터의 분석과정에서 손상될 가능성에 대비해서 백업을 받고 출력을 하거나 인쇄물로 챙겨 놓는 것도 바람직할 것이다(김진우, 2012).

(2) 코딩과정

전사의 다음 단계는 '코딩(coding)'을 개발하고 적용하는 과정이다. 코딩은 정보에 의미를 부여하기 전에 자료를 텍스트 조각으로 조직하는 과정이다. 이는 전사된 자료를 읽으면서 텍스트의 특정부분이 어떤 특정한 주제나 이슈를 언급하고 있다고 느낄 때 연구문제나 연구자 자신의 이론적 관점에 근거하여 그 텍스트의 특정한 부분을 가장 잘 설명해 주는 주제로서 이름을 부여하는 것을 말한다(김윤옥 외, 2009).

그러한 과정, 즉 질적 자료로부터 의미들을 찾아내고 핵심주제(themes)로 발전시켜 나가는 과정을 코딩(coding)과정이라고 하며 찾아내어진 의미를 코드(code)라고 한다. 이러한 코드(code)는 초기에는 수집된 자료들을 군집화하고 이에 대해 특정한 속성을 부여하는 기술적 코드의 형태를 가지지만 이후에는 좀 더 추론적이고 설명적인 패턴코드(pattern code)로 변화하게 된다. 패턴코드는 떠오르는 주제, 윤곽 또는 설명을 확인하는, 설명적이고 추론적인 코드를 의미한다. 첫 단계의 코드는 데이터 부분을 요약하는 데 쓰이는 도구라면, 패턴코드는 그러한 요약들을 더 작은 수의 단위, 주제 또는 구성들로 묶어 내는 방법을 의미한다. 그것은 통계분석에서 요인분석 도구와 유사하다(김진우, 2012).

(3) 범주화 과정

코딩의 다음 단계는 '자료의 범주화' 작업이다. 범주화 작업은 전사된 자료를 정독하면서 자료 속에 내재된 주제를 찾아가고, 수집된 자료를 주제별로 구분하여 체계화시키는 작업을 뜻한다. 연구자는 범주화 과정을 통하여 원래의 자료들이 특정한 개념이나 범주 또는 주제들로 특정화하거나 발전될 수 있음을 알게 된다.

연구자는 도출된 여러 가지 코드를 면밀히 읽고 분석하면서 추론하는 과정을 통하여 이들 자료의 내용을 전체적으로 포괄하여 설명해 줄 수 있는 또 다른 새로운 개념이나 범주를 생성하는 것이다. 이 과정은 자료를 수집하는 동안 텍스트 자료와 시각자료를 수집하고 문장(또는 문단)이나 시각자료를 범주화하고 범주에 이름을 붙인다. 이름은 보통 참여자가 실제 사용하는 언어를 사용한다(in vivo라고 부른다)(Creswell, 2009).

연구자의 범주화 작업은 코드들을 출현 빈도 수에 따라서 계산하여 서열을 정하는 방법, 규칙적인 패턴을 찾는 방법, 동일한 현상을 한 개의 새로운 단위로 묶는 방법, 상황을 잘 설득할 수 있게 하는 은유를 개발하는 방법, 인과관계를 구성하는 방법 등이 있다(김윤옥 외, 2009). 연구자는 범주화된 자료 사이의 관계를 해석하여, 주제를 개념화시키게 된다. 이 과정에서 연구자의 상상력과 창의성이 요구되는데, 이는 허구적 상상력이 아니라 범주화된 자료를 사유하고 해석하는 연구자의 능력이 필요하다는 것을 뜻한다.

2) 질적 자료분석의 종류

질적 자료분석 과정은 연구자의 인식의 흐름에서 도출된다. 질적 자료분석 컴퓨터 프로그램은 이를 대신해 주는 것이 아니라 여러 주제와 개념들 간의 복잡한 관계를 기억하고 표현하는 데 따르는 어려움을 도와주는 것에 불과하다. 질적 자료수집 방법과 자료분석 기법의 선택은 그림 11-2와 같다.

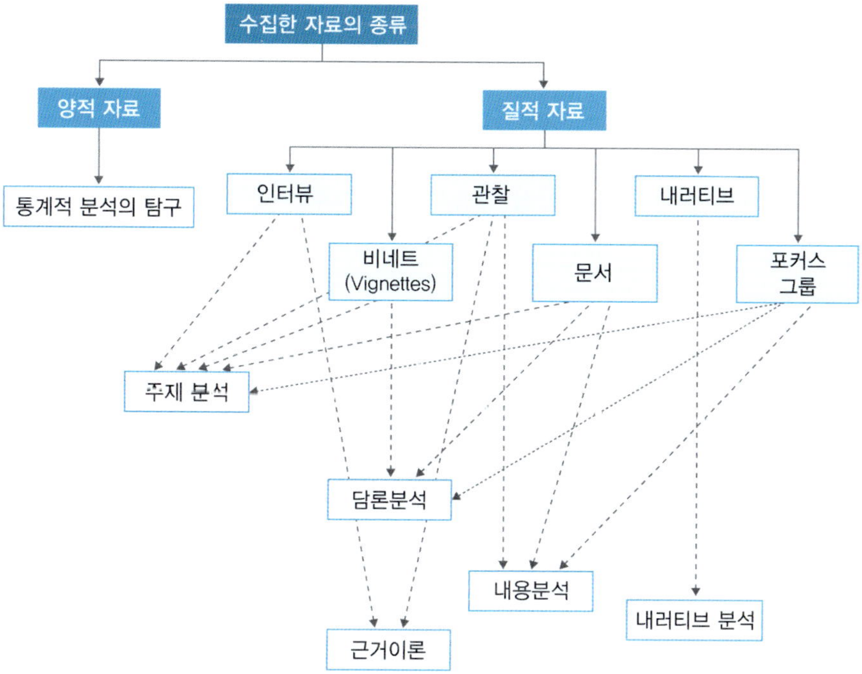

그림 11-2 질적 자료수집 방법과 자료분석 기법의 선택

출처: Matthews, B., & Ross, L. (2010). Research Methods: A Practical guide for the social science. London: Pearson Education.

그림 11-2는 자료수집의 형태와 분석방법 간의 관계를 도식화한 것이다. 그러나 관찰(Observation)은 과학적인 양적 조사에서도 흔히 쓰인다는 것을 들 수 있는 바와 같이, 실제로는 연구의 내용, 연구의 철학적 기반에 따라 다양하게 적용될 수 있다.

(1) 내용분석

내용분석(Content Analysis) 방법은 관심 변인이나 현상을 연구하기 위하여 산출해 놓은 텍스트(text)를 체계적으로 양적 · 질적으로 분석하는 방법을 말한다. 양적 내용분석은 메시지의 내적 구조나 언어의 함축적, 복합적 의미를 분석하는 데는 한계를 지닐 수밖에 없기 때문에 질적 내용분석 방법은 메시지가 그 사회와 문화의 이데올로기를 반영하고 있다는 점을 중시하면서 양적 내용분석의 한계를 극복하고자 한다(김진우, 2012).

(2) 주제분석

주제분석(Thematic Analysis)은 무정형의 질적 자료를 질서 짓는 과정에서 현상이나 경험 속에 들어 있는 주제를 찾아내는 것이다. 주제분석은 흔히 서술을 목적으로 한 연구에서 사용된다. 서술을 목적으로 한 연구는 이론을 개발하거나 입증하려는 연구와 구별된다(김인숙, 2016). 이는 경험적 자료를 근거로 하여 그로부터 현상의 구조, 과정, 유형, 기재 등을 밝히기 위해 새로운 개념을 발견하거나 기존의 개념을 재개념화한다. 모든 해석적 질적 연구에서 얻고자 하는 가장 기본적이고 공통적인 것은 주제(theme)이다.

주제란 좁게는 자료들을 기술하고 조직화하는 것이며 넓게는 현상의 측면을 해석하는 정보 속에서 드러나는 패턴이다. 즉, 주제는 해당 자료를 관통하는 중요한 아이디어를 의미하는 것이다. 질적 분석에서 '주제'를 이해하는 방법 중 하나는 주제가 가져야 하는 속성들을 중심으로 접근하는 것이다. 질적 분석에서 주제는 자료로부터 나오고, 주제는 자료에서 추출하거나 추론하는 것이므로 추상성을 지니며, 주제는 패턴(patterns)으로 표현되는 다양한 경험들이 반복해서 일어나는 것이며, 주제는 다양한 수준에서 통합되고 결합되어야 한다.

이와 같이 보면, 주제분석은 일반적으로 귀납적 논리, 즉 자료로부터 도출되는 과정을 따르고 있음을 알 수 있다. 사실, 주제분석은 문화기술지, 현상학적 연구, 사례연구, 근거이론 등과 같은 다양한 질적 접근에 공통적으로 사용된다. 이들 각 접근에서 사용하는 분석방법들과 용어는 구체적으로 서로 다르지만, 이를 관통하는 것은 패턴과 주제를 찾고자 한다는 점이다(김인숙, 2016).

(3) 담론분석

담론분석(Discourse Analysis)은 언어 사용자 또는 담론 생산자를 언어과정의 능동적인 주체로 두고, 그들이 일상적인 사회생활 속에서 언어규칙을 이용하여 자신의 의도를 관철하고 의미를 창출하며 목적을 달성하는 과정을 이해하기 위해서 전체적 맥락(Context) 속에서 담론을 연구하는 것을 말한다. 담론분석은 인간적 상호작용에서 생겨난 언어적 또는 비언어적 산물, 즉 텍스트를 분석하여 그 속에서 구성된 실재성(constructed reality)을 찾아내는 것을 분석의 목표로 삼는다(김진우, 2012).

(4) 내러티브 분석

내러티브 분석(Analysing Narrative)은 인간은 이야기하고 싶어 하고 이야기를 통해 자신의 삶을 정돈하고 싶어 하는 속성이 있다는 것을 전제한다. 과거의 사건에 대하여 이야기한다는 자체가 인간의 보편적인 행동이며 과거사건에 대한 현재화, 현재의 상태에 대한 리뷰(review), 미래에 대한 예상 · 추측의 현재화, 과거와 미래 그리고 내적 및 외적 사건에 대한 스토리텔링(storytelling)이 삶의 핵심을 이룬다(김진우, 2012).

(5) 근거이론 분석

근거이론 분석(Analysis in Grounded Theory)은 실체 영역에서 무엇이 일어나고 있는지를 알기 위해 자료를 개념화하고 이 개념들을 위계화하여 이론으로 만드는 접근방법이다. 근거이론은 자료분석을 위한 하나의 방법이기도 하지만, 자료에 대해 사고하는 하나의 방식이기도 하다. 출현되는 아이디어들은 추상화과정을 거쳐 개념화되며, 이 개념들의 위계화를 통해 가설적 관계가 그려진다. 개념들의 위계화를 시도하면 공통점이 없어 보이는 자료 내의 경험적 본질을 넘어서 더 많은 것을 얻을 수 있다고 보는 것이다. 근거이론의 자료분석적 핵심전략은 표 11-14와 같이, 지속적 비교와 이론적 표집의 두 가지로 볼 수 있다(김인숙, 2016).

표 11-14 근거이론의 자료분석적 핵심전략

구분	내용
지속적 비교	지속적 비교는 질적 분석의 핵심적 전략이자 원리이다. 자료들을 비교하지 않고는 질적 분석이 이루어질 수 없으며 분석의 타당성도 확보하기 어렵다. 이러한 비교의 중요성을 가장 분명히 보여 준 것이 근거이론 방법이며, 비교의 원리는 '지속적 비교방법(constant comparative method)'으로 불린다. 지속적 비교방법은 근거이론을 넘어, 근거이론 밖에서도 질적 분석의 핵심전략으로 사용되며 그 활용범위는 점차 확장되고 있다. 지속적 비교방법은 범주들과 속성들을 개발하고 포화시키고 통합시키기 위해 자료와 자료를 비교하고, 자료와 개념들을 비교하는 것이다.
이론적 표집	이론적 표집(theoreical sampling)은 근거이론에 사용되는 또 다른 중요한 방법이다. 이론적 표집은 "이론 창출을 위한 자료수집과정으로 이론 개발을 위해 자료를 수집하고 코딩하고 분석해서 그 다음에 어떤 자료를 수집할지, 어디서 자료를 수집할지를 결정하는 것이다. 이 정의만 놓고 보면 질적 연구에서 행해지는 여타의 표집과 별 차이가 없어 보인다. 그러나 이론적 표집을 사용하지 않은 이론은 근거이론이라고 할 수 없다고 한다. 이론적 표집을 사용했다고 하는 경우도 사실은 선택적 표집(selective sampling)을 사용하는 경우가 많다는 것이다.

Chapter **12**

양적 자료분석

배울 내용

1. 추리통계
2. 기술통계
3. 점수 표시 방법

학습목표

1. 추리통계에 대한 이해와 주요 개념을 숙지한다.
2. 기술통계의 주요 개념과 방법을 설명할 수 있다.
3. 점수 표시 방법을 숙지한다.

12

Chapter

양적 자료분석

1. 추리통계

수집된 자료를 처리하는 통계방법은 두 가지로 구분된다. 즉, 조사를 실시하여 얻은 자료를 정리하고 요약하여 자료의 특성을 쉽고 편리하게 서술하려는 기술통계(descriptive statistics)가 있고, 수집된 표본의 자료를 사용하여 모집단의 현상이나 특징을 추정, 예견, 일반화하려는 추리통계(inferential statistics)가 있다.

모집단은 변하지 않기 때문에 모수도 변하지 않는다. 반면에 표본은 추출방법에 따라 달라지기 때문에 통계량은 달라지게 된다. 연구자들은 이론적으로 모수는 측정할 수 없기 때문에 통계량으로 모수를 추정하려고 한다. 이러한 모집단과 표본, 모수와 통계량의 관계를 살펴보면 그림 12-1과 같다.

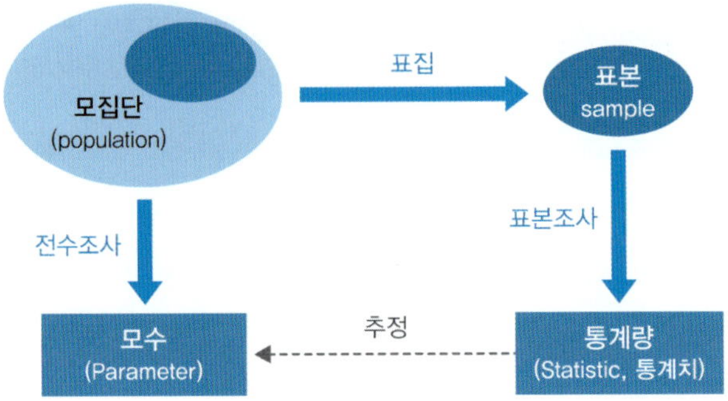

그림 12-1 모수와 통계량의 관계

통계량이 확률변수이고, 확률변수의 확률분포가 정규분포를 따른다고 가정한다. 특정 확률변수와 확률함수를 안다면 특정 사건이 발생할 확률을 예측할 수 있다. 이처럼 모수와 통계량의 관계를 안다면 모수에 대한 통계적 추정을 할 수 있는 것이다. 즉, 표본을 이용해 모집단에 대한 결론을 도출하는 통계적 방법을 추리통계(Inferential Statistics)라고 한다. 추리통계의 주요 개념은 표 12-1, 자료분석에서 추리통계의 중요성은 표 12-2와 같다.

표 12-1 추리통계의 주요 개념

구분	내용
확률(Probability)	사건 발생의 가능성을 나타내는 척도로, 조건부 확률, 독립 사건, 종속 사건 등의 개념을 포함한다.
확률분포(Probability Distribution)	확률변수의 가능한 값에 대한 확률을 설명하는 분포로, 이산 확률분포와 연속 확률분포가 있다.
표본추출(Sampling) 및 표본분포(Sampling Distribution)	모집단에서 표본을 추출하는 방법과 표본 통계량의 분포를 의미한다.
점추정(Point Estimation) 및 구간추정(Interval Estimation)	모수를 추정하는 방법으로, 최대우도추정법 등의 점추정과 신뢰구간을 사용한 구간추정이 있다.

구분	내용
가설검정(Hypothesis Testing)	귀무가설과 대립가설을 설정하고, 검정통계량 및 P-값을 사용해 가설을 기각할지 여부를 결정한다.
회귀분석(Regression Analysis)[1] 및 분산분석[2](ANOVA)	변수 간의 관계를 분석하고, 모델의 적합도와 예측력을 평가한다.

표 12-2 자료분석에서 추리통계의 중요성

구분	내용
모집단 추론	추리통계를 통해 표본 데이터를 기반으로 모집단의 특성을 추론할 수 있다. 이를 통해 전체 모집단에 대한 결론을 도출하고, 일반화할 수 있다.
가설검정	추리통계를 사용하여 가설을 설정하고, 이를 검정하여 통계적으로 유의한지 여부를 판단할 수 있다. 이를 통해 변수 간의 관계, 인과성 등을 분석하고, 의사결정에 활용할 수 있다.
예측 및 모델링	추리통계를 통해 회귀분석, 분산분석 등 다양한 통계 모델을 구축하고, 이를 사용해 종속변수를 예측할 수 있다. 이러한 모델은 머신러닝 및 데이터 분석의 기초가 되기도 한다.

1) 회귀모형은 독립변수와 종속변수 간의 관계를 설명하기 위해 사용되는 통계 모델이며, 회귀분석은 회귀모형을 만들기 위한 일련의 과정을 의미한다. 종속변수는 설명변수 값에 따라 값이 변화하는 변수이며, 독립변수(설명변수)는 종속변수에 영향을 주는 변수를 말한다. 따라서 회귀모형의 회귀식은 종속변수와 독립변수 간의 관계식을 나타낸다.

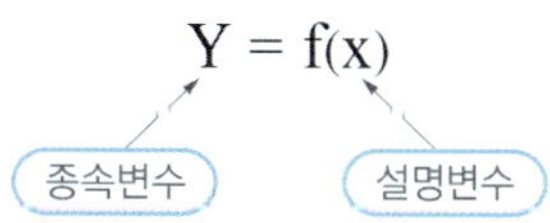

2) 분산분석은 두 개 이상 집단들의 평균을 비교하는 통계분석 기법이다. 즉, 분산분석은 두 개 이상 집단들의 평균 간 차이에 대한 통계적 유의성을 검증하는 방법이다. 그리고 이 분석은 평균검증에 사용되는데, 표본집단이 2개인 경우에는 t검증과 함께, 표본집단이 3개 이상인 경우에는 단독으로 사용한다.

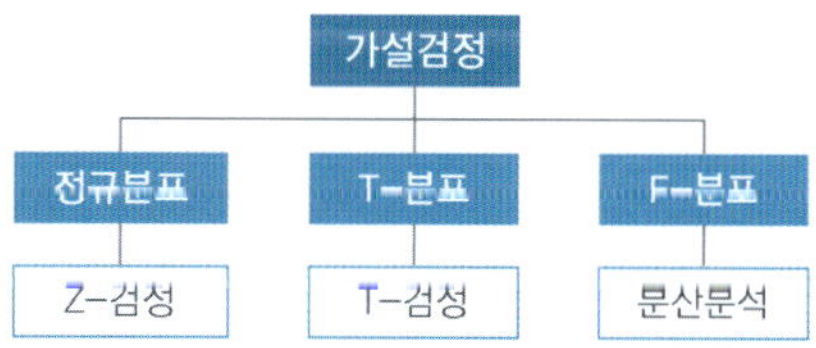

2. 기술통계

기술통계는 자료를 요약하고 설명하는 데 사용되는 통계적 방법으로 주요 개념은 표 12-3, 자료분석에서 기술통계의 중요성은 표 12-4와 같다.

표 12-3 기술통계의 주요 개념

<table>
<tr><th>구분</th><th>내용</th></tr>
<tr><td>집중
경향치</td><td>집중경향치(Central Tendency)는 자료를 중심을 나타내는 지표로 평균, 중앙값, 최빈값이 있다.
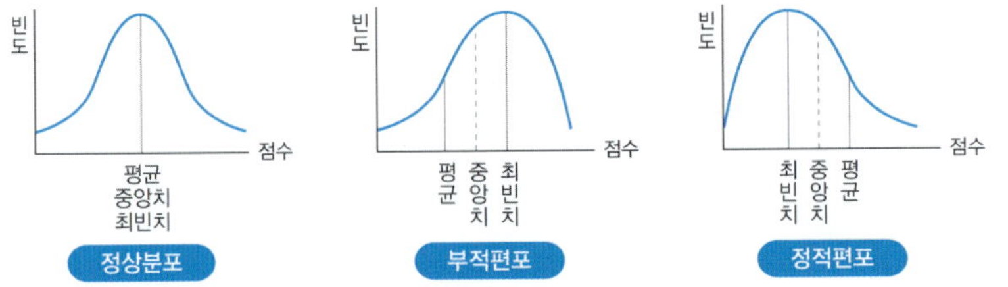

그림 12-2 집중경향치</td></tr>
<tr><td>산포도</td><td>산포도(Dispersion)는 자료의 퍼짐 정도를 나타내는 지표로 범위, 분산, 표준편차, 사분위수 등이 있다.</td></tr>
<tr><td>모양</td><td>모양(Shape)은 자료분포의 형태를 나타내는 지표로 왜도(Skewness, 비대칭도)와 첨도(Kurtosis, 뾰족함) 등이 있다.
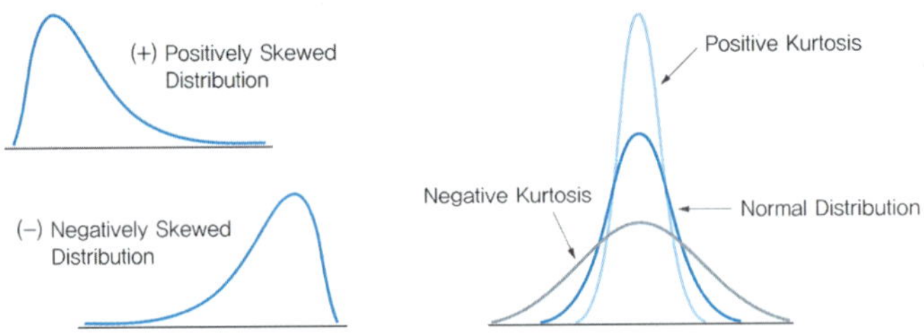

그림 12-3 왜도와 첨도</td></tr>
</table>

표 12-4 자료분석에서 기술통계의 중요성

구분	내용
자료의 요약	기술통계는 대량의 자료를 몇 가지로 요약해서 통계량으로 축소하여, 자료의 전반적인 특성을 쉽게 파악할 수 있게 해 준다. 이를 통해 자료의 중심 위치, 퍼짐 정도, 분포 형태 등을 신속하게 이해할 수 있다.
자료의 품질 평가	기술통계를 사용하면 자료의 이상치, 결측치 등의 문제가 있는지 확인할 수 있다. 이를 통해 자료의 전처리 및 정제 작업을 계획하고 수행할 수 있다.
자료의 시각화	기술통계를 통해 얻은 정보를 바탕으로 자료를 시각화할 수 있다. 이를 통해 자료의 패턴, 경향성, 관계 등을 직관적으로 파악할 수 있다.

다시 말해, 기술통계는 측정이나 실험에서 수집한 자료의 정리, 요약, 해석, 표현 등을 통해 자료의 특성을 규명하는 통계적 방법이다. 기술통계의 방법에는 빈도분포와 그래프, 집중경향치, 변산도 및 상관계수 등이 있다.

1) 빈도분포와 그래프

빈도분포는 수집한 자료를 분류하거나 요약하기 위해 특성이나 크기가 유사한 자료를 순서대로 정리하여 표로 나타낸 것으로 도수분포라고도 한다. 따라서 빈도분포표(frequency table)는 적당한 크기의 급간(빈도분포에서 자료를 일정한 간격으로 나눈 구간)으로 묶어 그 점수대에 있는 점수를 받은 인원수를 헤아려 만든 표를 말한다.

빈도분포표를 시각적으로 표시한 그림이 그래프이다. 그래프는 자료가 지닌 속성을 왜곡하지 않고 독자에게 쉽고 빠르게 제시한다는 장점을 지니고 있다. 일반적으로 독립변수와 종속변수가 있는 자료를 그래프로 표시할 경우에 X축에는 독립변수를 Y축에는 종속변수를 각각 일정한 단위로 나누어 표시한다. 그래프의 종류에는 막대그래프, 히스토그램, 절선그래프 등이 있다.

표 12-5 그래프의 종류와 특징

구분	내용
막대그래프	변인이 질적 변인일 때, 양적 변인 중 비연속변인일 경우 빈도를 표시하기 위해 사용한다. X축은 유목(범주)을 나타내고, Y축은 빈도(또는 백분율)을 나타낸다.
히스토그램	연속변인일 경우 사용한다. 범위와 정확한계를 설정한 후, X축을 변인의 정확한계를 경계로 나누고, Y축에는 빈도를 표시한다.
절선그래프	히스토그램의 중간점에 해당되는 점을 연결한 그래프로 두 집단 이상 비교하는 데 유용하다.

그래프의 사용은 요약된 자료를 시각적으로 좀 더 쉽게 이해할 수 있는 것이 장점이지만, 똑같은 자료의 속성을 어떤 그래프를 사용하느냐에 따라 다르게 해석될 가능이 높다는 점을 명심해야 한다. 따라서 그래프는 대개 Y축 길이는 X축 길이의 2/3~3/4 전후의 비율로 작성하는 것이 좋다. 무엇보다 자료의 특성이 사용 목적에 따라 적합한 그래프 유형을 선택하여 사용하는 것이 좋다.

2) 집중경향치

집중경향치(central tendency)는 어떤 빈도분포에 있는 득점을 하나의 수로 설명할 수 있는 가장 대표적인 수치를 말한다. 집중경향을 나타내는 지수에는 최빈치, 중앙치 및 평균이 있으며, 각각의 특성은 표 12-6과 같다.

표 12-6 집중경향치의 종류와 특성

구분	내용
최빈치(Mo)	최빈치는 빈도가 가장 높은 점수를 의미한다. 분포에서 가장 많은 도수를 갖는 점수이기 때문에 손쉽게 구할 수 있으며, 간단한 예비분석에 유용하다.
중앙치(Md)	중앙치는 가장 작은 수부터 가장 큰 수까지 크기에 의하여 배열하였을 때 중앙에 위치하는 사례의 값을 의미한다. 분포에 극단 점수가 있거나 편포되었을 때, 중앙치에 관심이 있을 때, 개방적 분포일 때 주로 사용한다.
평균(M)	평균은 전체 사례 수의 값을 더한 다음 총 사례 수로 나눈 값을 의미한다. 집중경향치 중에서 가장 흔히 사용되는 것으로 수학적 학습의 용이성이 있어 중요한 통계적 공식과 절차에 더 쉽게 적용된다. 특히 자세한 통계적 분석을 해야 할 경우에 가장 유용하게 사용된다. 그리고 평균을 사용할 때 표집 안정성도 가장 좋다.

예를 들어, 10명의 학생에게 쪽지 시험을 본 결과, 각각 10, 8, 8, 7, 6, 5, 4, 4, 4, 3점을 획득했다고 가정해 보자. 그럼 10명의 쪽지 시험의 결과에 대한 집중경향치를 구한다면, 평균은 5.8점, 중앙치는 5.5점, 최빈치는 4점이다.

3) 변산도

변산도(variability)란 어떤 분포에서 측정치가 흩어져 있는 정도를 나타내는 지수를 의미한다. 이는 분산도라고 부르기도 하며, 자료의 집중경향치가 같다고 하더라도 자료의 분포가 넓게 또는 좁게 퍼져 있을 수 있으므로 자료의 성실을 이해하는 데 있어서 중요한 수치이다. 변산도를 나타내는 지수로는 표 12-7과 같이 범위, 표준편차, 변량 및 사분위편차가 대표적이다.

표 12-7 변산도를 나타내는 지수

구분	내용
범위	분포의 흩어진 정도를 의미하며, 자료의 최고치에서 최저치를 뺀 구간 또는 수치를 의미한다.
표준편차	편차를 자승하여 그 합을 총 사례 수로 나누고 다시 루트한 값을 의미한다. 표준편차가 작으면 자료의 값이 평균을 중심으로 밀집해 있고, 표준편차가 크면 자료의 값이 평균을 중심으로 퍼져 있음을 의미한다.
변량	평균을 중심으로 자료의 값이 얼마나 흩어져 있는가를 나타낸 것이다. 즉, 편차를 모두 제곱한 후 그 수를 모두 더하여 총 사례 수로 나눈 값을 의미한다.
사분위편차	자료가 흩어져 있는 상태를 나타낸 것으로 자료의 크기 순서로 배열하여 4등분 한 값을 의미한다. 사분위 간 범위가 길면 좀 더 흩어진 분포이고, 짧으면 밀집된 분포를 나타낸다.

4) 상관계수

상관연구(correlation design)에서 연구자들은 일반적으로 자연적 생활환경이나 개인정보를 모으면 되고 경험을 바꾸는 노력을 하지 않아도 된다. 그 상황에서 피험자들의 특성과 그들의 행동이나 발달 간에 관계를 보는 것이다. 상관연구에서 상관이란 어떤 변수와 또 다른 어떤 변수와의 관계를 말하며 상관연구는 이 관계를 밝히는 것이다. 따라서 상관연구는 관계를 규명하는 것이기 때문에 인과관계를 추론할 수 없다. 예를 들어, 부모와의 상호작용이 아동의 지능과 관련이 있다는 것을 발견했다고 할지라도, 부모의 행동 차이가 아동들 간의 지능적 차이에 실제적인 원인이 되는지는 명확하지 않다. 사실 그 역인, 지능이 부모와의 상호작용에 영향을 미칠 수도 있기 때문이다. 혹은 연구자가 고려하지 않은 변인 중, 가정에서의 소란함, 주의 산만이 부모와의 상호작용과 아동의 지능 변화 모두 영향을 미칠 가능성도 있기 때문이다(김이영 외, 2018).

상관연구에서 연구자들은 두 측정이나 변인들 사이에 어떻게 서로 관련이 있는지를 수량화하여 나타내는 상관계수(correlation coefficient)를 사용함으로써 연구를 수행한다〈그림 12-4〉. 상관계수는 +1.00에서 −1.00까지의 가치로 표기된다. 예를 들어, 상관 −.78은 높고, −.52는 중간이고, −.18은 낮다는 것을 의미한다. 그러므로 +.52와 −.52는 동등한 강도를 의미한다. 수의 부호는 상관의 방향을 의미한다. 정적인 표시(+)는 하나의 변인이 증가하면 다른 변인도 증가한다는 것을 의미한다. 부적인 표시(-)는 하나의 변인이 증가하면 다른 변인은 감소한다는 것을 의미한다.

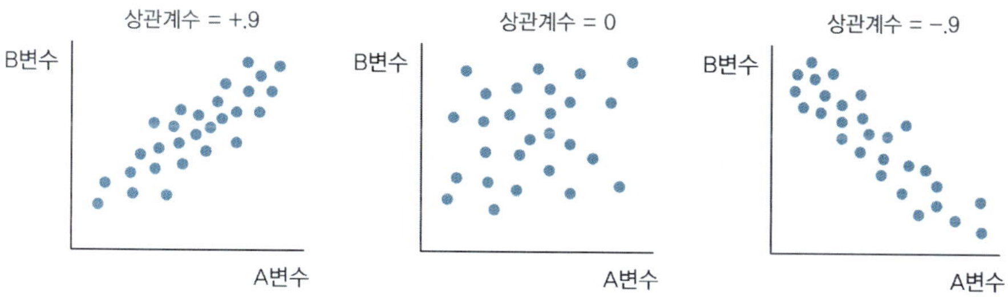

그림 12-4 상관관계와 산포도

출처: 신명희 외(2016). 유아발달. 학지사.

3. 점수 표시 방법

조사결과의 보고는 조사를 실시해서 자료를 수집하고 분석한 결과를 통보하는 일뿐만 아니라 일정한 서식에 맞추어 문서로 작성하고 기록, 보관하는 일도 포함된다. 결과보고를 할 때 조사결과를 점수로 표시하는 방법에는 원점수, 평점, 백분위 및 표준점수 등이 있다.

1) 원점수

원점수(raw score)는 소점이라고 부르기도 하며, 측정도구 또는 척도기준에 따라 직접 얻은 점수를 의미한다. 즉, 원점수(原點數)는 문항당 배점의 합에 의해 채점 결과 얻은 그대로의 점수를 의미한다. 쉽게 말해서 우리가 각종 시험을 치뤘을 때 일반적으로 말하는 점수를 말한다. 원점수는 준거집단과 비교하기 위하여 점수를 변환하거나 재척도화하기 이전의 점수이므로 원점수 자체만으로 얼마나 우수한 성적인지를 정확하게 파악하기는 힘든 점수이다.

2) 백분위수와 백분위

백분위수(Percentile, 百分位數)는 크기가 있는 값들로 이뤄진 자료를 순서대로 나열했을 때 백분율로 나타낸 특정 위치의 값을 이르는 용어이다. 일반적으로 크기가 작은 것부터 나열하여 가장 작은 것을 0, 가장 큰 것을 100으로 한다. 100개의 값을 가진 어떤 자료의 20 백분위수는 그 자료의 값들 중 20번째로 작은 값을 뜻한다. 50 백분위수는 중앙값과 같다. 백분위수와 유사한 표현으로 백분위(Percentile rank)가 있다. 백분위수는 자료의 특정 위치에 어떤 값이 있는지 나타내기 위해 쓰는 반면, 백분위는 자료의 특정 값이 전체에서 어느 위치에 있는지 나타내고자 할 때 쓴다. 예를 들어, 어느 시험 점수 분포의 80 백분위수가 90점이라면, 90점을 맞은 수험생의 백분위는 80이라고 표현할 수 있다.

3) 표준점수

표준점수(標準 點數, Standard score)는 통계학적으로 정규분포를 만들고 개개의 경우가 표준편차상에 어떤 위치를 차지하는지를 보여 주는 차원 없는 수치이다. 표준값, Z값(Z-value), Z점수(Z score)라고도 한다.

우리나라의 학력고사 등의 평가에서 개개인의 성적이 전체에서 어떤 위치를 차지하는지를 보여 주기 위해 쓰이기도 한다. 대체로 75에서 25까지 분포한다. 19세기 중엽 벨기에 통계학자 케틀레(Adolphe Quetelet)의 연구 "인간과 능력개발에 관한 연구(A Treatise on Man and the Development of His Faculties, 1835)"로부터 발전되기 시작하였다. 현재에는 표준점수에서 가독성을 높이도록 환산된 값인 편차치(偏差値)인 t값(t score)을 많이 사용한다. 표준점수를 구하는 공식은 표 12-8, 정규분포에 기초한 스태나인(stanine) 점수[3]와 그에 해당하는 Z점수와 T점수는 그림 12-5와 같다.

표 12-8 표준점수 구하는 공식

표준값 z는 원수치인 x가 평균에서 얼마나 떨어져 있는지를 나타낸다. 음수이면 평균 이하, 양수이면 평균 이상이다.

$$z = \frac{x - \mu}{\sigma}$$

- 여기서 x는 정상화되는 원수치이다.
- σ는 모집단에서의 표준편차이다.
- μ는 모집단에서의 평균이다

따라서 원점수 x로부터 표준점수 z로의 선형변환(linear transformation)이다. 한편 소수점과 음수와

3) 스태나인(stanine) 점수는 9개의 범주를 가진 표준점수로 평균을 5, 표준편차를 2로 표준화한 점수이다. 이 점수는 원점수의 분포를 정상분포로 가정하고 가장 낮은 점수부터 높은 점수로 배열한 후, 일정한 구간마다 점수를 부여하게 된다.

양수의 정수값을 갖는 표준점수(z)로부터 자연수 및 백분위수로 변환하는 과정을 통해서 t값(t score)을 구할 수 있다.

$$t = 10z + 50$$

t값(t score)은 z값이 소수로서 음수와 양수에 걸쳐 분포하는 것을 재설정해 줌으로써 자연수와 백분위수로 표현해 보여 줄 수 있다는 점에서 데이터의 가독성이 보다 높아진다.

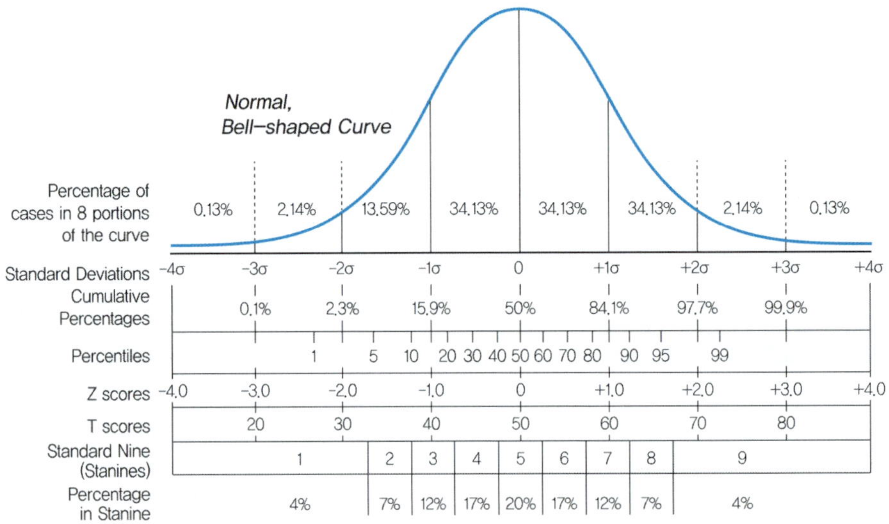

그림 12-5 스태나인(stanine) 점수와 Z점수 및 T점수

Chapter 13

연구보고서 작성

배울 내용

1. 조사계획서
2. 조사보고서
3. 프로그램 평가보고서

학습목표

1. 조사계획서의 작성 이유와 작성방법을 익힌다.
2. 조사보고서의 유형, 작성 및 구성을 숙지한다.
3. 프로그램 평가보고서의 구성요소와 활용방안을 설명할 수 있다.

13
Chapter

연구보고서 작성

1. 조사계획서

사회복지학은 인간의 구체적인 욕구를 채우기 위해 과학적인 지식을 사용하는 학문이다. 또한 인간의 구체적인 욕구를 만족시키고 가까운 분야에서 개발된 지식과 기술을 사용하는 응용과학 중의 하나이다. 즉, 사회복지학은 실제 현장에서 실천되는 실천과학이기도 한다. 따라서 이러한 사회복지학은 사회과학이라고도 할 수 있다.

사회과학은 인간관계 현상과 사회현상을 대상으로 연구하며 사회복지학이 인간의 욕구를 충족하고 그에 따르는 사회문제를 대처하기 위한 사회적인 노력의 한 모습이므로 사회복지학은 어떠한 연구주제와 연구방법을 취하든 간에 사회과학이라고 할 수 있게 되는 것이다. 그러나 연구하는 방법에는 일정한 형식이 있게 마련이다. 그 시작은 조사나 연구를 할 수 있도록 하는 계획서부터인데, 이러한 부분을 이떻게 작성하느냐에 따라 방향을 잘 설정하여 전체 사회복지조사의 성패를 좌우하게 되는 것이다.

1) 조사계획서 작성 이유

조사계획서에는 조사의 목적 설정, 조사내용의 안내, 조사대상 선정계획, 자료수집 방법과 조사도구 계획, 조사비용, 조사일정 등을 명확히 밝혀야 한다. 그렇게 함으로써 조사담당자, 조사의뢰자, 조사감독자 및 기타 이해 관련자들이 조사수행에 필요한 사항이나 자원을 먼저 준비하게 되고, 조사의 흐름과 방향을 이해하며, 조사 실시 여부에 대한 의사결정을 하는 데 필요한 정보를 제공하기 위하여 작성하게 된다. 조사계획서는 조사 설문의 내용과 조사의 중요성을 나타내게 하고, 조사를 담당할 사람이나 기관들과 그들이 수행해야 할 활동내용을 소개하며, 조사과정에서 필요한 인적, 물적 자원이나 정보를 제시하고, 어떻게 조사목적상 필요한 자료를 수집하고, 어떻게 처리하고, 분석하고, 해석하는가를 제시하기 위해서도 작성하게 된다. 이러한 조사계획서는 조사를 누가, 무엇을, 언제, 왜, 어디서, 어떻게 행할 것인가에 대해서 설명해야 한다. 또한 조사를 통해서 얻을 수 있는 좋은 점에 관해 설명하고, 조사하는 과정을 감독하는 사람이나 조사를 의뢰한 사람은 조사계획서를 통해서 조사목적이 적절한지, 조사설계가 명확한지, 기초자료의 범위, 조사업무의 수행가능성, 조사결과의 사회적 이익 등에 관해서 확인하여 평가할 수 있게 되는 것이다.

2) 효율적인 조사계획서 작성 방법

조사계획서가 효과적으로 이해관계자들에게 작용할 수 있기 위해서는, 첫째, 조사 혹은 연구내용을 자세하고 명확하게 제시해야 한다. 조사계획 중 하나는 조사를 통해서 얻게 될 정보의 내용들을 밝히게 하는 것이다. 정보의 내용이 지나치게 많다면 비용과 시간의 낭비를 가져오고, 반대로 지나치게 적다면 조사문제의 해결에 필요한 알

맞은 방안을 충분히 구할 수 없게 된다. 따라서 조사시간과 비용을 가능한 줄이면서 조사문제의 해결에 필요한 정보들을 담아야 한다. 일반적으로 조사의 내용을 소개함에 있어 먼저 조사의 목적을 간단히 요약한 후 세부사항들을 항목별로 자세히 설명하게 된다. 세부사항은 설문지나 면접조사표, 관찰조사표를 통해 나타내는데, 세부적인 조사내용에 무엇을 포함시킬 것인지를 조사계획서에 포함시킨다. 조사내용에 대한 척도를 무엇을 사용할지에 대해서도 제시하게 된다.

둘째, 조사(연구)계획상에 조사일정과 조사에 필요한 예산을 산정해야 한다. 이는 조사 일정이 미루어짐으로써 조사가치가 하락하는 것을 막기 위함이다. 조사계획을 할 때 조사에 필요한 예산을 수립하여 조사진행에 문제가 없도록 해야 한다. 조사비용은 표본의 크기, 자료수집방법, 조사원의 전문성, 조사대상, 조사내용의 정확성 등에 의해서 변경될 수 있으며, 조사비용은 조사인력관리비용, 조사자료비용, 기타 비용으로 이루어진다. 조사인력관리비용이란 노무비용으로 조사관리자, 설문작성자, 조사면접자, 자료입력자, 자료분석자 등 조사를 수행하거나 관련 활동을 직접 수행하는 사람들에게 지급되는 비용을 의미하고, 조사자료비용이란 자료수집을 위한 출장조사비, 전화비, 우편료, 인터넷 사용비, 전산처리비, 소모품비 등을 의미하며, 기타 비용은 조사수행과정에서 사용되는 조사 관련 홍보비, 조사도구나 장비의 구입비나 임대료, 조사보조요원의 활동비 등을 의미한다.

조사계획을 수립할 때 이러한 비용들을 미리 예측하여 조사와 관련된 재정계획을 수립해야 하며, 재정계획에는 지출항목마다 산출근거를 나타내어야 한다

2. 조사보고서

조사의 최종단계는 보고서를 작성하는 것이다. 훌륭한 설계에 의해 좋은 결과를 얻었다 하더라도 그것을 다른 사람들에게 효과적으로 전달하지 못한다면 조사 자체가 무의미한 것으로 끝나 버릴 수도 있다. 보고서를 작성하는 목적은 조사결과에 관심을 가진 많은 사람들에게 알림과 동시에 이를 공개해서 그것의 보편타당성과 객관성을 검증받는 데 있다.

조사보고서 작성에는 일정한 법칙이 있는 것이 아니고 자기의 연구결과를 잘 알릴 수 있도록 각자가 알아서 결정하면 된다.

1) 조사보고서의 유형

조사보고서는 조사와 관련된 사항이나 조사결과를 독자들에게 알리는 데 그 목적이 있다. 조사보고서는 조사의 수준과 목적에 따라 표 13-1과 같이 탐색적 조사보고서, 기술적 조사보고서, 설명적 조사보고서, 제안적 조사보고서로 구분할 수 있다(박선희, 천정웅, 2018; 이세형, 2019).

표 13-1 조사보고서의 유형

구분	내용
탐색적 조사보고서	탐색적 조사보고서는 조사문제를 규명하거나 가설을 정립하는 데 도움을 준다. 향후 보다 논리적이며 정교한 조사를 실시하도록 하기 위해 수행한 조사의 결과를 보고하는 문서이다. 보고가 탐색적 목적을 가지고 있으며, 여기서 내린 결론은 단정적인 것이 아니라 잠정적인 것임을 밝혀야 한다.

구분	내용
기술적 조시보고서	기술적 조사보고서는 조사문제와 관련된 사회적 현상의 특성과 변수 간의 상호관계성을 서술하기 위해서 수행되어진 조사의 결과를 보고하는 문서이다. 보고의 목적이 기술적인 것임을 밝혀야 하고, 기술적인 내용이 모집단 전체에 관한 것인지 아니면 표본에만 한정된 것인지와 통계적 오차의 범위에 대해서도 기술해야 한다.
설명적 조사보고서	설명적 조사보고서는 변수 간의 인과관계를 밝히기 위해 수행된 조사결과를 보고하는 문서이다. 보고의 목적이 설명적인 것임을 밝혀야 하고, 독자들이 원인과 결과 간의 관계를 어느 정도 신뢰할 수 있는지를 판단할 수 있는 근거를 제시해야 한다. 또한 추리통계분석 결과를 간략히 요약하되, 세부적인 통계분석 결과는 부록에 첨부하여 제시하는 것이 바람직하다.
제안적 조사보고서	제안적 조사보고서는 수집된 자료의 분석결과에 따라 특정한 정책대안이나 개입방안을 개발하여 보고하는 문서이다. 보고의 목적이 제안적인 것임을 밝혀야 하고, 제안하고 있는 정책대안이나 개입방안들이 자료분석을 통해 어떻게 도출되었는지에 대한 과정을 논리적으로 제시하여야 한다.

2) 조사보고서 작성 및 구성

조사보고서는 조사의 목적, 보고대상, 보고방법 등에 따라 서로 다른 형태를 취하게 되지만 일반적으로 유의해야 할 사항과 작성요령은 표 13-2와 같다(박선희, 천정웅, 2018; 이세형, 2019).

표 13-2 조사보고서 작성요령

- 조사보고서는 보고대상에 적합하게 작성되어야 한다.
- 문장표현에 주의를 기울여야 한다. 문장의 시제는 과거와 현재를 혼용하되, 구분해서 사용하는 것이 좋다.
- 통계자료분석의 결과는 가능한 도표 등을 사용하여 제시한다.
- 조사보고서는 정확하고 명료해야 한다.
- 조사보고서는 간결해야 한다.

조사보고서는 조사의 목적 및 대상 독자에 따라 구성의 내용과 순서가 결정된다고 볼 수 있다. 조사보고서의 구조가 하나의 형태로 정해져 있지는 않지만, 일반적으로는 앞부분, 본문부분, 그리고 참고부분의 세 가지로 구분할 수 있는데 앞부분에서는 제목, 요약, 내용 목차, 표와 그림의 목차 등을 포함하고 본문은 서론(조사의 필요성과 목적, 연구문제, 용어정의 등), 본론(이론적 배경, 선행연구고찰, 조사대상, 측정도구, 표집방법, 분석방법, 조사결과 등), 결론(논의, 함의, 제한점, 향후 연구과제 등)으로 구성된다. 참고부분은 참고문헌과 부록(설문지) 등을 포함하는 것으로 볼 수 있다. 조사보고서를 학술논문의 형태로 하는 경우는 일반적인 논문작성의 양식을 준수하는 것으로 나타난다. 조사보고서의 구조를 살펴보면 표 13-3과 같다(이세형, 2019).

표 13-3 조사보고서의 구조

구분		내용
표제		표제에는 조사제목, 조사자 혹은 조사기관의 이름, 의뢰조사인 경우 조사 의뢰기관의 이름과 작성일자 등을 표기한다.
목차		목차는 보고서의 세부 내용을 나타내는 세부 제목들을 순서에 따라 나열하고, 해당 면을 표시하여 독자들이 쉽게 내용을 찾을 수 있도록 한다. 그리고 필요에 따라 표목차와 그림목차를 제시한다.
개요		개요란 조사보고서의 전체 가운데 중요한 부분을 요약해 정리함으로써 짧은 시간 내에 조사보고서의 전체 내용을 개관할 수 있도록 작성한 부분이다.
서론		서론에서는 조사의 취지 또는 필요성, 조사의 목적, 조사범위, 기존의 연구와 비교, 용어의 설명 등을 기술한다. 또한 조사의 목적이나 주요 관심사를 구체적으로 언급해야 하며, 조사문제와 가설 그리고 조사의 범위 등에 대해서도 간략히 언급해야 한다.
본문	조사의 목적	조사의 목적이 탐색적 목적인지, 기술적 목적인지, 설명적 목적인지, 제안적 목적인지를 명확히 밝혀야 한다.
	문제와 가설	조사문제를 서술하고, 만일 가설검증을 포함하는 연구라면 가설에 대해 설명해야 한다. 또한 가설에서 사용된 개념들을 개념적으로 정의한 후, 조작적 정의를 하여야 한다.
	이론적 배경	조사문제와 조사방법에 대한 이론적 배경을 서술한다. 이론적 배경에 대한 고찰은 기존의 연구결과를 검토하고 비교함으로써 수행된다. 본 조사가 사회적으로 또는 학문적으로 어떻게 기여할 수 있는가를 제시하여야 한다.

구분		내용
	조사설계 및 조사방법	조사설계, 자료수집 방법, 표본추출, 통계적 자료분석 방법과 조사결과에 대해 자세히 언급한다.
결론 및 제언		본문에서 조사결과가 정리되면 이를 토대로 결론을 내리고 제언을 하게 된다. 이 부분에서는 전체적으로 조사목적, 조사과정, 조사방법, 조사내용 등을 간략히 언급하고, 조사결과를 토대로 결론을 내린다. 결론부분에서는 조사상의 제한점과 오류 발생 가능성을 정직하게 제시하여야 한다. 이는 조사결과에 대해서 보고 대상자가 본 조사의 가치와 결론의 신빙성 여부를 판단할 수 있도록 하여 주고, 조사결과를 어느 정도 일반화시킬 수 있을 것인가를 알려 주는 기회가 된다. 또한 조사윤리를 침해하지 않기 위해서 노력한 결과도 언급한다. 만일 어떤 조사문제에 대해 해답을 얻을 수 없는 경우에는 그 이유를 논리적으로 명백하게 언급하여야 한다.
참고문헌		이 부분에서는 조사를 계획하고 실시하고 평가하는 과정에서 참고한 자료의 출처를 밝힌다. 최근에는 문헌자료뿐만 아니라 인터넷상의 사이버 자료들도 많이 사용하는데 이러한 자료들도 그 출처를 밝혀 주어야 한다.
부록		부록에는 통계분포, 사회지표, 프로그램 소개, 이용자 현황, 설문지 원본 등과 같이 복잡하거나, 세부적이거나, 전문적인 지식을 필요로 하는 자료 또는 부수적인 자료를 첨부한다.

3. 프로그램 평가보고서

프로그램 평가보고서는 일반대중에게 프로그램의 가치를 전달하는 기능을 한다. 또한 프로그램 결과를 기관에게 보고하는 동시에 일반대중에게 자기 프로그램을 홍보하는 역할도 한다. 이는 프로그램의 효과성을 보고함으로써 더 나은 프로그램 개발과 개선을 위한 기반을 제공해 준다. 프로그램 평가보고를 거치지 않은 프로그램은 프로그램 개발자와 기관, 프로그램 참여자 이외의 대중(잠재적 클라이언트 및 잠재적 후원자)에게 알릴 수 있는 기회를 잃게 되는 것이다. 즉, 프로그램 평가보고는 프로그램을 종료한 후, 보고서를 작성하며 해당 보고서를 기반으로 프로그램 결과를 검토하여 기관에 제출해야 한다. 이를 바탕으로 평가회에서 문제점을 분석하여 프로그램을 개선시키는 하나의 사이클이 순환적이고 통합적으로 역동하여 하나의 프로그램을 제공하게 되는 것이다.

1) 프로그램 평가보고서의 구성요소

평가보고서는 평가에 대한 공식적인 기록이며, 평가기간 동안 진행된 각종 활동과 그 결과를 발표하는 것이다. 평가보고서는 그 평가보고서를 읽는 사람이 쉽게 이해할 수 있도록 작성되어야 하며, 신뢰감을 줄 수 있어야 한다. 따라서 체계적인 절차와 논리적인 설명이 필요하다. 일반적으로 평가결과보고서에 포함되어야 할 구성요소는 표 13-4와 같다(이복희, 유인숙, 2020).

표 13-4 평가결과보고서의 구성요소

구분	내용
평가의 근거와 목적	평가관련자, 필요성(이유) 등
평가대상 프로그램의 간략한 안내	목적, 대상, 내용, 활동 등
평가대상 내용 및 강조점	평가준거의 설정
평가의 기획 및 수행	평가자료 수집방법 및 절차 등
평가결과의 제시	주요 평가자료, 평가기준 등
평가의 결론 제시	평가적 판단 결과, 장점과 약점, 제한점 등
권고 및 제언	시사점, 한계점 및 제언 등

프로그램 평가보고서를 작성할 때 특히 관심을 두어야 할 것은 보고서의 내용을 어떤 내용으로 어떻게 구성할 것인가에 관한 것이다. 보고서의 내용을 선정하고 조직할 경우 평가자가 유의해야 할 사항은 표 13-5와 같다(이복희, 유인숙, 2020).

표 13-5 프로그램 평가보고서 작성 시 유의사항

- 평가목적에 적절한 내용의 선정
- 특정한 편견 없이 공정하고 균형 있는 내용의 선정
- 다양한 평가 관련자의 다양한 관점 수용
- 결과 보고 대상자가 이해하기에 용이한 간편하고 쉬운 용어의 사용
- 애매모호한 점이 없는 명료한 진술
- 보고내용의 의도와 초점이 분명한 진술
- 보고서 독자의 반응(피드백)을 유발시킬 수 있는 전략의 사용
- 전반적인 개요를 제시하여 평가결과의 윤곽을 파악할 수 있도록 하는 배려
- 주요내용의 간략한 요약을 제시
- 독자에게 필요한 안내의 제시

2) 프로그램 평가결과의 활용

프로그램 평가의 결과는 프로그램의 집행상태를 점검하거나 집행전략을 수정 혹은 보완하기 위하여, 그리고 정책종결에 따른 환류 및 학습을 위해 활용된다. 프로그램 평가의 활용방식은 도구적 활용과 관념적 활용, 설득적 활용으로 구분하여 살펴볼 수 있다. 이러한 프로그램 평가 활용방식을 정리하면 그림 13-1과 같다.

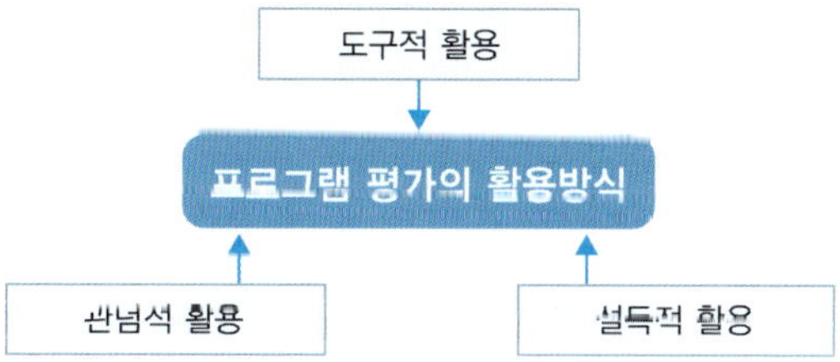

그림 13-1 프로그램 평가의 활용방식

첫째, 도구적 활용(instrumental use)은 프로그램 평가의 결과가 프로그램의 결정이나 문제해결을 위해 도구적으로 활용되는 것을 말한다. 프로그램 평가의 결과 프로그램이 효과가 없다고 판단되면 그 프로그램을 폐기할 수 있다. 둘째, 관념적 활용(conceptual use)은 프로그램 결정이나 집행에 직접 결과를 활용하는 것이 아니라, 어떤 문제에 대한 프로그램 결정자의 사고방식이나 관념에 변화를 일으켜서 간접적으로 영향을 미치게 하는 것을 말한다. 셋째, 설득적 활용(persuasive use)은 평가결과를 특정 정치적 입장을 지지하는 데 활용하는 경우이다. 한편, 이러한 프로그램 평가결과 활용을 제약하는 요인들이 있다(원아연, 2018; 이기원 외, 2022).

표 13-6 프로그램 평가결과 활용의 제약 요인

- **정책결정자의 요구(needs)**이다. 정책결정자와 사업담당자의 요구와 평가결과가 얼마나 일치하느냐의 정도와 그러한 요구가 평가과정에서 어떻게 반영되는가와 관련된 변수이다. 정책결정자의 경우 그 일치도와 반영정도가 클수록 활용을 높여 줄 수 있다.
- **적시성(timeliness)**이다. 평가의 시기와 결과가 산출되어 나오는 시기가 정책이나 프로그램 결정시기와 얼마나 일치하느냐와 관련된 것이다. 시간적으로 적시성 있게 산출되어 나올수록 활용이 높아질 수 있다.
- **평가이용자와의 의사소통(communication)**이다. 평가이용자가 평가과정에서 평가자와 직접적인 의사소통을 하느냐와 관련된 변수이다. 직접적인 의사소통의 정도가 높을수록 활용이 촉진될 수 있다.
- **평가결과의 배포(dissemination)**이다. 평가결과를 처리하는 방법과 관련된 변수이다. 평가결과보고서 전체를 공개하느냐 혹은 요약본을 제시하느냐에 따라 평가결과 활용이 다르게 나타날 수 있다. 요약본을 제시하는 경우 특히 부정적 평가결과에 대한 왜곡이나 누락이 발생할 수 있고, 이때는 활용이 오용될 수 있는 소지가 있다.
- **적절성의 인식(awareness of relevance)**이다. 평가의 목적이 분명하고 평가결과를 통해 얻고 싶은 정보가 분명하게 명시되어 있으면 평가활용이 촉진될 수 있다.
- **평가결과의 발표형식(presentation)**이다. 평가결과의 발표형식이 지나치게 전문적인 용어로 서술되거나 잘 조직화되지 않은 형태로 서술되어 있는 경우에는 활용에 방해가 된다.
- **평가이용자의 태도(attitude)**이다. 행정 실무자와 평가자인 전문가 사이의 방법론에 대한 선호도의 차이나 평가를 통해 얻고자 하는 정보와 다를 때 평가이용자의 태도는 소극적이 되며, 이는 평가활용에 방해가 된다.

- 평가이용자의 활용의지(commitment to evaluation)이다. 평가대상사업에 평가이용자가 얼마나 관심을 가지고 개입되어 있느냐와 관련된 변수로서, 관심이 높고 개입의 정도가 클수록 평가활용은 촉진될 수 있다.
- 경쟁적 평가결과의 존재(rivalry contradiction)이다. 해당 평가결과 외에 다른 경로에서 나온 평가결과가 존재하고 그 결과와 상충되는 경우가 있으면 평가활용에 방해가 된다.
- 평가방법의 질(quality)이다. 평가방법론의 질과 관련된 변수로서 방법론의 엄격성이 돋보이는 경우 평가활용은 촉진될 수 있다.
- 평가정책에 대한 옹호정도(advocacy of program and policies)이다. 평가대상사업에 대해 평가이용자가 옹호하는 정도에 따라 평가결과가 부정적인 경우와 긍정적인 경우 각각 다르게 활용에 영향을 미치게 된다. 부정적 평가결과가 산출되어 나오는 경우 활용은 저해받을 수 있을 것이다.

이러한 평가결과 활용에 영향을 미치는 요인을 정리하면 표 13-7과 같다(원아연, 2018).

표 13-7 평가결과 활용에 영향을 미치는 요인

구분	요인
적절성의 인식	• 정책결정자의 요구 • 프로그램집행자의 요구 • 적시성
의사소통	• 평가이용자와의 의사소통 • 평가결과의 배포
결과처리과정	• 평가결과의 발표형식 • 평가이용자의 태도
신뢰성	• 경쟁적 평가결과의 존재 • 평가방법의 질
평가이용자 관여와 옹호	• 평가이용자의 활용의지 • 평가정책에 대한 옹호정도

참고문헌

강순희, 김연진, 김이영, 김재현, 김중기, 김현실, 배경란, 시옥진, 이용환, 장지현(2022). **영유아발달**. 경기: 수양재.

강은석(2015). 질적연구에 있어 체육활동현장의 참여관찰에 대한 고찰. **한국체육과학회지**, 24(4), 49-62.

강종수(2011). **사회복지행정의 이해: 복지경영적 접근**. 서울: 학지사.

강종수(2013). **사회복지조사방법론**. 경기: 양서원.

강훈(2016). 지방자치단체의 평생교육기관 평가모형 개발연구. 충남대학교 대학원 박사학위논문.

고수현, 박성복(2013). **사회복지조사론**. 경기: 정민사.

공계순, 서인해(2005). 전통모델과 증거기반실천모델(증거기반실천모델의 실제와 한국에서의 적용가능성). **한국사회복지학회**, 159-180.

공계순, 서인해(2006). 증거기반 사회복지실천에 대한 이해와 한국에서의 적용가능성에 관한 연구. **사회복지연구**, 77-102.

곽종형, 김경섭, 김준환, 박영, 이남순, 이상주, 이영희, 오선영, 전해황, 방혜선(2013). **사회복지조사방법론**. 경기: 양서원.

권경희, 고정미, 서은경, 서준혁, 이남희, 이상구, 정윤아, 허금희(2021). **생명윤리**. 경기: 양성원.

권기헌(2009). **정책학: 현대 정책이론의 창조적 탐색**. 서울: 박영사.

김갑용, 전남련, 이은화, 이상호, 정현숙, 박순철, 권태연(2010). **사회복지조사론**. 경기: 학현사.

김경희(2014). 대학평생교육원의 BSC 성과평가모형 개발. 동의대학교 대학원 박사학위논문.

김시형, 추정완(2015). 대학 생명윤리위원회의 심의 기준에 관한 연구. **생명윤리정책연구**, 9(2), 25-56.

김영천(2013). **질적연구방법론 Ⅱ**. 경기: 아카데미프레스.

김윤옥, 박성미, 박소영, 손미, 신경숙, 이은화, 정명화, 허승희, 황희숙(2009). **질적연구 실천방법**.

경기: 교육과학사.

김이영, 곽은복, 김태인, 김현정, 윤정임, 이경희, 장기덕, 장정애(2018). 아동관찰 및 행동연구. 경기: 양성원.

김인숙(2016). 사회복지연구에서 질적방법과 분석. 서울: 집문당.

김진숙(2015). 사회복지조사론. 서울: 신정.

김진우(2012). 질적연구 자료분석방법의 다양성 이해. 세종: 한국청소년정책연구원.

김진우(2012). 질적연구 자료수집방법에 대한 이해. 세종: 한국청소년정책연구원.

김진화(2003). 평생교육 프로그램개발의 전문성 탐구와 평생교육학의 과제. 평생교육학연구, 8(1), 69-96.

박선희, 천정웅(2018). 사회복지조사론. 경기: 양성원.

박승민(2009). 증거기반 사회복지실천을 향하여: 흡연 임산부 금연프로그램의 효과성, 지속성, 비용효과성 분석. 극동사회복지저널, 7-13.

박은징(2000). 생명공학시대의 법과 윤리. 서울: 이화여자대학교출판부.

방화11종합사회복지관(2020). 복지관 운영목적에 부합한 사회복지실천을 위한 지역주민 욕구조사.

백유나(2020). 미술교육에서 지속가능발전교육(ESD)의 방향 모색: 질적연구방법 포토보이스(Photovoice)를 중심으로. 고려대학교 교육대학원 석사학위논문.

사회복지교육연구센터(2016). 사회복지사1급 이론서. 서울: 나눔의집.

서소희(2014). 성인학습자의 평생교육프로그램 참여특성에 따른 평가요소별 중요도인식 차이에 관한 연구. 대구대학교 대학원 석사학위논문.

서이종, 김도균, 김미경, 김옥주, 박성호, 박재학, 홍성욱(2013). 학문 후속세대를 위한 연구윤리. 서울: 박영사.

성낙돈, 김창엽(2010). 평생교육 프로그램 개발론. 서울: 성목출판사.

성태제, 시기자(2006). 연구방법론. 서울: 학지사.

손병덕, 신연희, 양혜원, 이상무(2010). 사회복지조사방법론: 이해와 실천. 서울: 학지사.

신경림, 조명옥, 양진향(2004). 질적연구방법론. 서울: 이화여자대학교 출판부.

신명희, 강소연, 김은경, 김정민, 노원경, 서은희, 송수지, 원영실, 임호용(2016). 유아발달. 서울: 학지사.

양성관, 김진수, 김형수, 박귀영, 이용환, 전선영, 박옥신(2014). 사회복지조사론. 경기: 정민사.

원이언(2018). 평생교육 프로그램 평가방법의 유효성에 대한 연구: 평가설문지를 중심으로. 서강대학교 교육대학원 석사학위논문.

유기웅, 정종원, 김영석, 김한별(2012). **질적연구방법의 이해**. 서울: 박영사.
유영준(2014). **사회복지조사론의 이해**. 서울: 학지사.
이기원, 송재만, 김태희, 이미경, 김미선, 최주리(2022). **평생교육 프로그램 개발론**. 경기: 양성원.
이민영(1999). 사회복지전공자들의 빈곤에 대한 태도: 태도수준과 영향요인을 중심으로. 이화여자대학교 대학원 석사학위논문.
이복희, 유인숙(2020). **평생교육 프로그램개발론**. 경기: 양성원.
이세형(2019). **사회복지조사론**. 경기: 양성원.
이정효(2007). 증거기반실천(EBP)을 바탕으로 한 ADHD 아동의 Social Story Program 효과성 검증. **사회복지개발연구**, 285-308.
이창희, 김병, 김준규, 이강, 이용한, 장천식, 조병철(2007). **사회복지조사론**. 서울: 창지사.
이창희, 김병, 김준규, 이강, 이용한, 장천식, 조병철(2011). **사회복지조사론**. 서울: 창지사.
이창희, 김예경, 손경화, 장창균, 한승협(2021). **사회복지조사론**. 서울: 창지사.
이팔환, 설진화, 박영준(2007). **사회복지조사방법론**. 서울: 신정.
이현주(2013). 증거기반실천을 위한 정신보건 프로그램의 효과성에 대한 메타분석: 정신장애인을 중심으로. 가톨릭대학교 대학원 박사학위논문.
임봉호, 이인수, 김승훈, 김동호(2012). **사회복지조사론**. 경기: 양서원.
임우열(2007). 인체실험에 대한 연구윤리. 동아대학교 교육대학원 석사학위논문.
장유림(2010). 학교사회복지사의 증거기반실천태도에 관한 연구. 계명대학교 대학원 석사학위논문.
장정순(2016). **사회복지조사방법론**. 경기: 양서원.
정영숙(2006). **사회복지조사방법론**. 경기: 공동체.
정옥분(2014). **영아발달**. 서울: 학지사.
정은희(2008). 증거기반실천(Evidence-Based Practice) 적용에 대한 지역사회 일선 정신보건서비스종사자의 태도연구. 서울대학교 대학원 석사학위논문.
정정길, 최종원, 이시원, 정준금, 정광호(2005). **정책학원론**. 서울: 대명출판사.
조양숙, 이윤식(2015). CIPP 평가모형에 의한 학교컨설팅 평가 준거 개발. **교육행정학연구**, **33**(4), 277-301.
조원덕(2013). 성인자녀가 독립한 중년여성의 부부친밀감: 현상학적 연구. 한남대학교 대학원 석사학위논문.
조흥식, 정선욱, 김진숙, 권지성(2015). **질적 연구방법: 다섯 가지 접근**. 서울: 학지사.
차갑부(2014). **평생교육론**. 경기: 교육과학사.

채구묵(2003). **사회복지조사방법론**. 경기: 양서원.

채구묵(2010). **사회복지조사방법론**. 경기: 양서원.

천정웅(2019). **질적연구방법: 총론**. 경기: 양서원

최성재(2005). **사회복지조사방법론**. 경기: 나남.

최성재(2008). **사회복지조사방법론**. 경기: 나남.

최성재(2012). **사회복지조사방법론**. 경기: 나남.

하연섭(2011). **제도분석**. 서울: 다산출판사.

한국조형교육학회(2016). **미술교육의 기초**. 경기: 교육과학사.

한성숙, 안성희, 구인회, 이미송(2007). 생명과학 연구자의 연구윤리 교육과정 개발을 위한 기초 연구: 연구윤리 경험, 교육현황 및 요구. **한국의료윤리학회지, 10**(1), 83-98.

홍대식(1993). **심리연구법**. 서울: 양영각.

황창순, 유지영(2010). **사회복지조사사론**. 경기: 양서원.

Campbell, A. (1981). *The sense of well-being in America*. New York: McGraw-Hill.

Clandinin, D. J. & Connelly, F. M. (2000). *Narrative Inquiry Experience and Story in Qualitative Research*. San Francisco: Jossey-Bass,

Cournoyer, B. R. (2004). *The Evidence-Based Social Work Skills Book*. NY: Allyn and Bacon.

Creswell, J. W. (2009). *Research design: qualitative, quantitative, and mixed methods approaches* (3rd ed.). Los Angeles: Sage.

Creswell, J. W. (2013). *Qualitative Inquiry & Research Design: Choosing among Five Approaches* (3rd ed.). Thousand Oaks, CA: SAGE.

Fishbein, M., & Ajzen, I. (1975). *Belief, Attitude, Intention, and Behavior: An Introduction to Theory and Research. Reading*. MA: Addison-Wesley.

Fraser, M. W. (2003). Intervention research in social work: A basis for evidence-based practice and practice guidelines. In A. Rosen & E. K. Proctor(Eds.), *Developing practice guidelines for social work intervention: Issues, methods, and research agenda* (pp. 17-36). New York: Columbia University Press.

Gambrill, E. D. (1999). Evidence Based Practice: An Alternative to Authority Based Practice. *Families in Society: The Journal of Contemporary Human Services, 80*, 341-350.

Gibbs, L. E., & Gambrill. E. (2002). Evidence-Based Practice: Counterarguments to Objections. *Research on Social Work Practice, 12*, 452-476.

Guba, E., & Lincoln, Y. (1994). Competing paradigms in qualitative research, In Denzin, N,

K. & Lincoln, Y. (Eds.), *Handbook of Qualitative Research.* Newbury Park: Sage.

Heitman, E., Olsen, C. H., Anestidou, L., & Bulger, R. E. (2007). New graduate students' baseline knowledge of the responsible conduct of research. *Academic Medicine, 82*(9), 838-845.

Leach, M. J. (2006). Evidence Based Practice: A Framework for Clinical Practice and Research Design. *International Journal of Nursing Practice, 12*, 248-251.

Matthews, B., & Ross, L. (2010). *Research Methods: A Practical guide for the social science.* London: Pearson Education.

Miles, B. M., & Huberman, A. M. (1984). *Qualitative Data Analysis—A Source Book for New Method.* Thousand Oaks, CA: Sage.

Mullen, E. J., & Streiner, D. L. (2004). The Evidence forand Against Evidence-Based Practice. *Brief Treatment and Crisis Intervention, 4*(2), 111-121.

Newman, L. W. (2013). **사회 연구 조사 방법론: 질적 연구와 양적 연구 방법.** [Qualitative and quantitative approaches (7th ed.)](박기우, 이정우, 유희숙, 문성균, 박혜상 역). 서울: 이앤비플러스(원저출간: 2010).

Rosenthal, R. N. (2004). Overview of evidence-based practice. In A. R. Roberts & K. Yeager (Eds.), *Evidence-based practice manual: Research and outcome measures in health and human services* (pp. 20-29). New York: Oxford University Press.

Rubin, A., & Babbie, E. R. (2016). **사회복지조사방법론.** [Research methods for social work (8th ed.)] (김기덕, 김용석, 유태균, 이기영, 이선우, 정슬기 역). 서울: 센게이지러닝코리아(원저출간: 2013).

Stainback, S., & Stainback, W. (1997). **질적연구의 이해와 실천.** [Understanding & conduting qualitative research] (김병하 역). 서울: 특수교육(원저출간: 1988).

Tate, B. G., & Baroff, A. S. (1966). Aversive control of self-injurious behavior in a psychotic boy. *Behaviour Research and Therapy, 4,* 281-287.

Tormala, Z. L., & Petty, R. E. (2002). What doesn't kill me makes me stronger: The effects of resisting persuasion on attitude certainty. *Journal of Personality and Social Psychology, 83,* 1298-1313.

Witkin., S. L., & Harrison, W. D. (2001). Whose Evidence and for What Purpose? *Social Work, 46*(4), 293-296.

전남대학교 생명의학기관생명윤리위원회(http://irb.cnuh.com).

찾아보기

저자 소개

■ **고관우**

제주대학교 행정학박사(사회복지 전공)
현, 제주대학교 실버케어복지학과 교수
〈저서〉 지역사회복지론 외

■ **김경민**

일본 류코쿠대학 박사후기 과정 수료
한서대학교 대학원 문학박사
현, 대구한의대학교 휴먼상담복지학부 교수
〈저서〉 사회복지개론, 노인복지, 개호(care)복지개론 외

■ **김현수**

일본사회사업대학대학원 석사
경성대학교대학원 박사과정 수료
현, 호산대학교 LIFE 휴먼복지학부 교수
〈저서〉 재가복지론, 자원봉사론, 아동복지론 외

■ **백창환**

대구대학교 사회복지대학원 석사
대구대학교 사회복지대학원 박사 수료
현, 수성대학교 사회복지과 교수
〈저서〉 지역사회복지론 외

■ **서민호**

대구한의대학교 대학원 사회복지학박사

현, 영남외국어대학교 사회복지과 교수

〈저서〉 사회복지실천기술론, 사회복지학개론, 정신건강론 외

■ **유승창**

일본 나고야대학교대학원 문학박사

현, 고구려대학교 사회복지실천과 교수

〈저서〉 사회복지정책론, 노인복지론, 문학으로 보는 일본의 온천문화 외

■ **이수진**

서울여자대학교 대학원 행정학석사

서울여자대학교 대학원 사회복지학박사 수료

현, 경북전문대학교 사회복지과 교수

〈저서〉 사회복지법제와 실천 외

■ **전대성**

단국대학교 대학원 행정학박사

현, 경북전문대학교 사회복지과 교수

〈저서〉 사회복지학개론, 사회복지윤리와 철학, 사회복지실천론 외

사회복지조사론

1판 1쇄 인쇄 — 2023년 7월 25일
1판 1쇄 발행 — 2023년 7월 28일

저　　자 - 고관우　김경민　김현수　백창환
　　　　　 서민호　유승창　이수진　전대성
발 행 인 - 강성민
발 행 처 - 수양재
주　　소 - 경기도 파주시 검산로 173번길 29-12
전　　화 - 031-946-3863(代)
팩　　스 - 031-946-3864
이 메 일 - syjpub@naver.com
출판등록 - 2016년 6월 3일 제 406-2016-000069 호

ISBN 979-11-89457-29-7

정가 22,000원